牧野论史——河南师范大学历史文化学院史学文库

苏全有　主编

近代文献学科史论稿

杨翔宇　著

河南人民出版社
·郑州·

图书在版编目(CIP)数据

近代文献学科史论稿 / 杨翔宇著. — 郑州 ：河南
人民出版社，2025. 6
ISBN 978-7-215-13415-7

Ⅰ. ①近… Ⅱ. ①杨… Ⅲ. ①文献学－学科发展－中
国－近代 Ⅳ. ①G256

中国国家版本馆 CIP 数据核字(2023)第 239315 号

河南人民出版社 出版发行

（地址：郑州市郑东新区祥盛街 27 号 邮政编码：450016 电话：65788065）
新华书店经销 河南锦华印务有限公司印刷
开本 710mm×1000mm 1/16 印张 21.5
字数 290 千
2025 年 6 月第 1 版 2025 年 6 月第 1 次印刷

定价：58.00 元

目　　录

绪　论 ……………………………………………………………………… 1

　　一、研究缘起及意义 ……………………………………………… 1

　　二、研究回顾与反思 ……………………………………………… 4

　　三、研究范围的界定 ……………………………………………… 29

第一章　相关概念的厘定 …………………………………………… 31

　　第一节　"文献"一词的由来及涵义 …………………………… 31

　　第二节　"文献学""古文献"与"古文献学" ………………… 35

　　　　一、文献学 ………………………………………………… 35

　　　　二、古文献 ………………………………………………… 38

　　　　三、古文献学 ……………………………………………… 39

　　第三节　"学术""分科""学科"及"学科体系" …………… 41

　　　　一、学术 …………………………………………………… 41

　　　　二、分科 …………………………………………………… 42

　　　　三、学科 …………………………………………………… 44

　　　　四、学科体系 ……………………………………………… 46

第二章　古代校雠学体系的形成与发展 ………………………… 48

　　第一节　中国校雠学的萌芽 ……………………………………… 48

　　　　一、先秦诸子校雠活动概述 …………………………… 49

　　　　二、司马迁的校雠学方法及成就 ……………………… 52

　　第二节　刘向、刘歆校雠学的确立 …………………………… 54

　　第三节　郑樵《校雠略》对校雠学理论的总结 ……………… 58

　　第四节　章学诚《校雠通义》对校雠学理论的推进 ………… 64

第三章　近代文献学学科体系的构建与演进 ················· 71

　第一节　清末民初文献学学科意识的初萌(19世纪末20世纪初) ······ 71

　第二节　梁启超对文献学体系的初步构建(1920—1927) ········· 75

　　一、梁启超文献学概念及体系 ························· 75

　　二、地位和影响 ······························· 80

　第三节　郑鹤声、郑鹤春《中国文献学概要》与文献学科建设

　　　　　(1928—1930) ·························· 82

　　一、研究缘起 ······························· 82

　　二、文献学理论体系 ··························· 85

　　三、地位和影响 ······························· 87

　第四节　近代校雠学著作对文献学体系的建构(1934—1948) ········· 89

　　一、胡朴安、胡道静《校雠学》 ····················· 90

　　二、蒋元卿《校雠学史》 ························· 93

　　三、向宗鲁《校雠学》 ························· 95

　　四、刘咸炘的校雠目录学著作 ····················· 100

　　五、蒋伯谦《校雠目录学纂要》 ··················· 103

　　六、张舜徽《广校雠略》 ························· 106

　　七、简短的结论 ······························· 109

第四章　近代文献学的分支学科(上) ················· 111

　第一节　目录学 ······························· 111

　　一、目录学学科理念的深化 ····················· 112

　　二、中国目录学史研究 ························· 120

　　三、图书分类与编目方法的传承与创新 ··············· 128

　　四、书目类型的区分 ··························· 136

　　五、其他目录学著作 ··························· 140

　第二节　版本学 ······························· 145

　　一、传统版本学的持续发展 ····················· 146

　　二、版本学研究的新成就和新体例 ················· 152

　　三、西方学者对雕版印刷史的研究 ················· 155

　　四、孙毓修《中国雕板源流考》 ··················· 157

　　五、其他版本学论述 ··· 162

　第三节　校勘学 ··· 164

　　一、对文献校勘重要性的认识 ··································· 165

　　二、校勘方法的归纳与总结 ····································· 168

　　三、校勘程序的阐释 ··· 177

　　四、校勘通例和校勘原则的提炼 ································· 182

第五章　近代文献学的分支学科(下) ······························· 187

　第一节　辨伪学 ··· 187

　　一、近代文献辨伪学的基本面貌 ································· 188

　　二、胡适辨伪学:"但开风气不为师" ···························· 191

　　三、梁启超对辨伪学理论的奠基之功 ····························· 199

　　四、顾颉刚对中国辨伪学史的系统总结 ··························· 207

　　五、20世纪文献辨伪集大成之作——张心澂《伪书通考》 ········· 216

　第二节　辑佚学 ··· 226

　　一、近代辑佚学的进步 ··· 227

　　二、近代代表性辑佚学家及其理论成就 ··························· 230

第六章　近代文献学的相关学科 ··································· 244

　第一节　典藏学 ··· 244

　　一、袁同礼的古代藏书史研究 ··································· 245

　　二、陈登原《古今典籍聚散考》 ································· 252

　第二节　年代学 ··· 255

　第三节　史讳学 ··· 261

　第四节　史源学 ··· 264

第七章　近代文献学的课程设置与教学建设 ······················· 267

　第一节　课程设置及教学概览 ······································· 268

　　一、图书馆学教育中的文献学课程 ······························· 268

　　二、文史学教育中的文献学课程 ································· 281

　第二节　课程设置与教学特点 ······································· 294

　　一、以目录学为主体的多样化多层次教学体系 ····················· 294

　　二、学术研究带动课程教学的教育理念 ··························· 298

　　　三、注重培养学生实践能力的教学思想 ……………………… 301

第八章　近代文献学科发展的现代走向 …………………………… 304

　　第一节　文献学著作的博通与普及 ……………………… 304

　　第二节　文献学理论的趋同与差异 ……………………… 309

结　语 …………………………………………………………… 316

主要参考资料 …………………………………………………… 322

绪　论

一、研究缘起及意义

近代文献学上承传统校雠学,下启现代文献学,在中国文献学发展史上占有重要地位。选择近代文献学学科史作为课题研究对象,主要基于以下四点考虑。

首先是学术本体层面的意义。文献作为知识和文化的载体,在人类认知世界的过程中发挥了重要作用。正是因为有了文献的存在,人类的文明才能得以不断延续,人类社会才能不断向前发展。研读前代历史文献,不仅是后人追寻历史真相的基本途径,同时也是继承优秀文化遗产的主要方式。在这一过程中,人类逐渐积聚经验,形成了关于文献生产、整理、研究、利用、阐释、典藏、传播等的一系列学问。在此基础上,先贤们对实践中总结的经验进行理论的提升,于是现代文献学的前身——校雠学应运而生。进入 20 世纪,中国文献学又迎来了一个新的发展时期。近代以来在弘扬国粹力量的感召下,学者们以高度的热情投入中国传统文化典籍的整理与研究中,大量经典学术著作问世,学术文化得以空前发展。同时,西方的学术著作和理论也在这一时期大量涌入并被一部分人接受和提倡。在中西激荡的学术环境中,中国文献学在扎根传统校雠学的基础上得到了不同程度的发展,现代文献学的雏形初现端倪。除此以外,这一时期新材料(如甲骨文、简牍、写本,以及石刻、铭文、帛书、盟书、封泥、泉文、敦煌遗书、明清档案等)的发现,使得该时期的文献学研究呈现出鲜明的特点,很有必要加以系统总结。然而学界关于中国断代文献学的专题研究①,目前所见仍未涉及民国时期。民国时期的文献学研究,虽有文献学家的成就及思

---

① 笔者目前所知仅有张富祥《宋代文献学研究》,上海古籍出版社 2006 年版;陈一梅《汉代文献学及其思想研究》,西北大学 2007 年博士学位论文。

想研究,如对梁启超①、吕思勉②、陈垣③等的研究,但近代文献学断代史研究的学术专著和学位论文仍付之阙如。现有通论性文献学著作虽有零星涉及,但篇幅较小、不成系统且未能深入。因此,选择近代文献学学科史作为课题研究对象,有着积极的学术本体意义。

其次是学科建设层面的意义。由于文献学是"一门具有边缘性、综合性、交叉性的学科"④,因此,在现行的学科分类体系中,文献学分属于历史学、中国语言文学、图书情报学三个学科。同时在新闻传播学科还有编辑出版学专业,而编辑出版属于文献的生产。由于这些专业分属于不同的学科,它们之间互不干涉,各自发展,从而使得学科设置和课程的设置较为混乱,反映在教材和专著编著方面,往往出现很多问题。如有的教材或专著名称相同,内容却相差很大;还有一些教材名称不同,内容却相差无几。有的著作既讲图书情报档案学,又讲编辑出版发行学。即使对于中国古代的文献学,学术界对于其名称也存在较大的争议,概括起来主要有以下几种,如"古典文献学""历史文献学""古文献学""传统文献学"等。对于现代文献学应该涵盖的内容,它是否包括文献的生产、整理、典藏等,学术界亦众说纷纭、各持己见、莫衷一是。这些学科和专业的长期分离不利于文献学学科的发展,于是有学者提出建立大文献学概念和体系⑤或者文献学一级学科(或"独立学科")⑥的建议。由于民国时期是现代文献

---

① 彭树欣:《梁启超文献学思想研究》,光明日报出版社 2010 年版。

② 何周:《吕思勉的文献学成就》,安徽大学 2012 年博士学位论文。

③ 有关陈垣文献学方面的研究成果较多,对其文献学成就及贡献开展研究的有吴怀祺、朱正娴、周宏琰、刘丹、崔文媛、张俊燕、周少川、邹应龙等,研究其文献学思想的有张美莉、王纯、肖雪等。牛润珍在其专著《陈垣学术思想评传》(北京图书馆出版社 1999 年版)设立独立章节(第 168—197 页)对陈垣历史文献学思想和成就进行了深入系统论述。

④ 冯浩菲:《我国文献学的现状及历史文献学的定位》,《学术界》2000 年第 4 期。

⑤ 如林申清在《现代文献学定义综述》(《大学图书馆学报》1990 年第 1 期)、柯平在《文献学理论研究》三篇系列论文(《河南图书馆学刊》1995 年第 1 期、1996 年第 1 期、1997 年第 1 期)、于鸣镝在《试论大文献学》和《再论大文献学》(《图书馆工作与研究》2000 年第 1、6 期)、潘树广在《大文献学散论》(《图书馆工作与研究》2000 年第 3 期)中都有论述。

⑥ 冯浩菲在《我国文献学的现状及历史文献学的定位》(《学术界》2000 年第 4 期)和《试论中国文献学学科体系的改革》(《文史哲》2002 年第 1 期)中都提出了建立文献学一级学科或独立学科的设想,但对于文献学学科体系的构建,两篇文章的观点有所不同。前者主张将文献学列为与哲学、法学、历史学、文学并列的一级学科,文献学下设的二级学科为中国古典文献学和现代文献学;后者主张将文献学作为独立的学科分类对待,然后下设综合文献学和单一文献学一级学科。综合文献学下设中国古典文献学和现代文献学两个二级学科,单一文献学下设专科文献学、专题文献学和专书文献学三个二级学科。

学学科体系形成的初始时期,因此通过对这一时期的文献学学科史进行研究,可以为文献学独立学科或一级学科的设立提供学理依据。

再次是古籍整理层面的意义。文献学和古籍整理二者紧密相连,彼此相辅相成、不可分离。一方面,古籍整理的实践有利于文献学理论的形成和发展;另一方面,文献学的理论对古籍整理的实践具有重要的指导作用。正是这种实践与理论的作用和反作用,共同推动了中国文献学和古籍整理事业的发展和进步。在中国古代,著名的文献学家多为古籍整理成就卓著的学者。因此,文献学的研究有利于古籍整理事业的发展。民国时期的文献学理论是在扎根中国传统校雠学、总结几千年古籍整理实践经验的基础上形成的,是中国传统文献学理论的集大成者。因此,对这一时期的文献学理论进行研究具有较强的针对性和重要的现实指导作用。如我们熟知的"校勘四法"就是陈垣在校勘《元典章》的基础上,汲取传统校勘学的理论和方法总结出来的。时至今日,"校勘四法"仍被公认为校勘学的"正规方法","其体系之完整不仅非前此种种校勘论著之所能及,即今后的校勘工作者也很难从根本上加以否定并另起炉灶"①。其他如辨伪和辑佚的方法,对今天的古籍整理都有重要的指导作用和借鉴意义。因此,通过对近代文献学理论与方法的研究,可以更好地服务于今天的古籍整理实践,促进中国古籍整理事业的进一步发展。

最后是文化建设层面的意义。文献是知识和文化的载体。继承和弘扬中华民族优秀的传统文化离不开文献,学习和借鉴国外优秀的知识和文化也离不开文献。然而,由于种种主观和客观的原因,现存的中国古籍文献可能出现破损、讹误、残缺等方面的问题;而国外的文献又由于语言文字、风俗习惯、文化等方面的差异,在对其理解和解读时存在较大的困难,以致最终影响先进文化的继承和传播。在这种情况下,就需要对文献进行开发、整理、翻译等。因此,文献学学科的发展有利于先进文化的继承和传播。近代文献学上承古代校雠学,下启现代文献学。它既继承了传统校雠学的优良传统,又积极借鉴国外文献学学科的理念与方法,从而为现代文献学的发展奠定了坚实基础。因此,在当前国际文化交流日益频繁,我国文化处于大繁荣大发展的时代,对近代文献学学科形成与发展进行系统研究,有利于当前的文化建设。同时,近代文献学家在治学过程中体现出的严谨求实、孜孜不倦的治学态度和寡欲少求、甘坐

---

① 黄永年:《古籍整理概论》,陕西人民出版社 1985 年版,第 68 页。

冷板凳的奉献精神,也使他们成为后世文献学家学习的典范。因此,选择近代文献学学科史作为课题研究对象,对于当今的文化建设有着重要的现实借鉴意义。

二、研究回顾与反思

(一)研究现状综述

1. 近代文献学的整体研究

(1)梁启超文献学理论著述研究

1920 年,梁启超在《清代学术概论》中首次提出"文献学"的概念。① 此后,在其文章和专著中,梁氏多次使用"文献学"一词及相关表述,据统计达 20 次(其中包括"文献学"15 次、"文献之学"3 次、"文献学问"1 次、"文献的学问"1 次),涉及 7 种专著(或文章)。② 1923 年,梁氏在《读书法讲义》中再次提出了"中国文献学"的概念。③ 因此,梁氏不仅是"文献学"概念的最早提出者,而且也是"中国文献学"概念的最早提出者。④ 与此同时,梁氏还对文献学研究的方法、原则和标准进行了阐释。应该说,自梁氏之后,中国文献学开始以独立的姿态蹒跚前行于现代学术之林,梁氏的开创之功不可磨灭。20 世纪 90 年代以来,学术界开始从整体层面研究梁启超文献学思想、成就及贡献,如农卫东(1992)、罗欣(1992)、谢灼华(1994)、张永瑾(1994)、袁晓华(1997)、刘倩(2011)等人的研究成果,但这些成果多是从文献学分支学科视角对梁氏文献学成就进行了"初步的粗线条的梳理","内容很不全面"。⑤ 除此之外,吴春梅通过分析梁氏关于文献学的相关论述,认为梁启超的文献学思想既"会通中西",又"继承了乾嘉史学在文献整理上的优良传统"。⑥ 冯海坤指出,梁氏文献学思想的产生源于清学思潮中"实事求是"的科学精神,同时也与其"致用"思想和国民政治理念密不可分,梁氏文献学是其"在史学范围、内容和功用认识上的扩展加深"。⑦

---

① 王余光、汪涛、陈幼华:《中国文献学理论研究百年概述》,《图书与情报》1999 年第 3 期。

② 彭树欣:《梁启超文献学思想研究》,光明日报出版社 2010 年版,第 32 页。

③ 梁启超著,夏晓虹辑:《〈饮冰室合集〉集外文》,北京大学出版社 2005 年版,第 1362 页。

④ 彭树欣:《梁启超文献学思想研究》,光明日报出版社 2010 年版,第 32 页。

⑤ 梁松涛、孙小超:《梁启超文献学研究状况述评》,《图书馆工作与研究》2006 年第 2 期。

⑥ 吴春梅:《略论梁启超的历史文献学思想》,《安徽大学学报(哲学社会科学版)》2004 年第 2 期。

⑦ 冯海坤:《梁启超文献学思想的产生及其科学内涵》,《大众文艺》2010 年第 12 期。

彭树欣则对梁启超文献学普及化的目的、方法、贡献和意义进行了系统研究。①
他还进一步指出，梁启超文献学思想对郑鹤声兄弟和张舜徽影响颇深，郑鹤声
《中国文献学概要》和张舜徽《中国文献学》都不同程度地受梁启超文献学思想
的影响。② 这些成果从不同方面推动了梁启超文献学理论研究的深入。

　　学科体系的建构是学科发展的重要标志。谢灼华等说："一门学科自身内
容体系结构的健全，表明这一学科发展与建设的趋于成熟。"③柯平认为，当代文
献学研究已经从文献工作实践的描述转向基本理论方面的研究，文献学体系构
建作为文献学基本理论方面研究的重要内容日益凸显，"是当前文献学理论研
究的重点"④。相对于整体宏观研究来说，学术界对梁氏文献学体系构建研究起
步较晚。2007 年，彭树欣在《梁启超——"文献学"的最早提出者和阐释者》（以
下简称"彭文"）一文中对梁启超文献学体系构成、文献学研究方法和原则及文
献学研究三个标准进行了阐释。他将梁氏文献学体系分为三级，即文献学包括
历史、文字学、社会状态学、古典考释学、艺术鉴评学等，而二级的古典考释学又
包括经书的笺释、史料的搜补鉴别、辨伪书、辑佚书、校勘、文字训诂、音韵、算
学、地理、金石、方志之编纂、类书之编纂、丛书之校刻十三种工作。基于这种认
识，彭树欣认为梁启超对文献学体系的思考"并不成熟"，"只是初步的探讨"。⑤
彭树欣在资料的收集方面用力颇多，在梁启超文献学体系研究方面作出了开创
性的贡献，可谓功不可没。

　　关于梁启超文献学方面的系统研究成果（指专著或硕博学位论文，下同）有
吴铭能《梁启超文献学研究——目录学、辨伪学为例》⑥和梁松涛硕士论文《梁
启超文献学思想研究》⑦。梁松涛论文从目录学、辨伪学、辑佚校勘学、方志学、
人物年谱、图书馆学、文献传播等方面进行了系统梳理，开创了大陆学界梁启超
文献学系统研究的先河，为推动梁启超文献学系统研究作出了积极贡献。该论
文涉及梁氏文献学研究的多个方面，内容较为全面。但因为硕士论文篇幅较
短，很多方面的论述仍不够深入。2007 年，彭树欣完成了博士论文《梁启超与中

①　彭树欣：《梁启超对文献学普及化方向的探索及意义》，《图书馆论坛》2009 年第 6 期。
②　彭树欣：《梁启超的"文献学"概念的历史地位和影响》，《图书馆论坛》2010 年第 6 期。
③　谢灼华、石宝军：《中国文献学研究发展述略》，《中国图书馆学报》1993 年第 2 期。
④　柯平：《关于文献学体系的来源——文献学理论研究之一》，《河南图书馆学刊》1995 年第 1 期。
⑤　彭树欣：《梁启超——"文献学"的最早提出者和阐释者》，《大学图书馆学报》2007 年第 5 期。
⑥　吴铭能：《梁启超文献学研究——目录学，辨伪学为例》，台北出版社 2002 年版。
⑦　梁松涛：《梁启超文献学思想研究》，河北大学 2005 年版。

国文献学的发展》,该文从宏阔的时代背景和学术背景等方面分析了梁氏"文献学"概念的提出、阐释和影响及梁氏对目录学、辨伪学的贡献,他还进一步分析了梁氏的西学思想、文献整理方法及文献学未来发展的方向。① 在博士论文基础上,彭树欣将其改编为《梁启超文献学思想研究》②一书出版,这是迄今较为全面系统阐述梁启超文献学理论的最新成果。

(2)郑鹤声、郑鹤春《中国文献学概要》研究

梁启超"文献学"概念的提出和阐释,开启了中国近现代文献学的发展之路。在梁氏文献学思想的影响下,郑鹤声、郑鹤春《中国文献学概要》(以下简称《概要》)一书应运而生。《概要》不仅借用了梁氏提出的"文献学"概念来命名这一学科,而且初步突破了传统校雠学的樊篱,开始由"治书"之学向"治学"之学转变。同时,《概要》对中国文献学价值的重视也受到梁氏文献学思想的影响。③ 在《概要》一书中,引用梁启超相关著述 7 种,引用字数达 19400 之多,引用率达 15.29%。④ 由此可见,郑氏《概要》受梁启超文献学思想影响之深。

郑氏《概要》写于 1928 年,1930 年由上海商务印书馆出版,后经多次重印,影响颇大。⑤ 该书是目前所知我国历史上第一部直接以"文献学"命名的学术专著⑥,它不仅"初步建构了中国古典文献学学科体系"⑦,而且也是在中西文化激烈碰撞的时代背景下,对"中国文献学的世界价值、地位重新审视的创新之作"⑧。由此可见,该书"在学科史上的影响是深远的,意义是重大的"⑨。《概要》虽仅 10 万言左右,但内容较为全面,举凡中国历代教育方针,讲学盛衰,文化隆替,均已叙述其梗概。与此同时,《概要》还有导引治学之功能,治中国学术

① 彭树欣:《梁启超与中国文献学的发展》,华中师范大学 2007 年博士学位论文,第 1—185 页。

② 彭树欣:《梁启超文献学思想研究》,光明日报出版社 2010 年版。

③ 彭树欣:《梁启超文献学思想研究》,光明日报出版社 2010 年版,第 58—59 页。

④ 彭树欣:《梁启超文献学思想研究》,光明日报出版社 2010 年版,第 58 页。

⑤ 郑鹤声、郑鹤春撰,郑一奇导读:《中国文献学概要》,上海古籍出版社 2001 年版,"导读"第 12—13 页。

⑥ 王余光:《20 世纪中国文献学研究综论》,《图书情报工作》2002 年第 11 期。

⑦ 邓声国:《关于中国古典文献学学科内容设置问题之我见——20 世纪诸家古典文献学著述比较研究之一》,(台北)《书目季刊》2004 年第 4 期。

⑧ 郑鹤声、郑鹤春撰,郑一奇导读:《中国文献学概要》,上海古籍出版社 2001 年版,"导读"第 1 页。

⑨ 邓声国:《关于中国古典文献学学科内容设置问题之我见——20 世纪诸家古典文献学著述比较研究之一》,(台北)《书目季刊》2004 年第 4 期。

者应"先览此书,明了其统系,然后研究精深学业,自能头头是道,不入歧途"①。1949 年之后,关于此书的研究隐而不彰。20 世纪 80 年代之后,随着文献学研究的勃兴,《概要》一书不断被提起,在此后出版的很多通论型文献学著作、教材和论文中多有涉及,但却蜻蜓点水,一带而过。在文献学体系构建方面,张君炎认为《概要》一书更多继承了中国传统的校雠学思想,涉及了"古籍的分类目录、典校整理、经籍传授、编纂、版本和刻印源流等问题,实际上包括了古籍整理和研究中有关目录学、版本学、编纂学、校勘学以及中国书史等许多方面的内容,近似章学诚、范希曾、张舜徽等所说'校雠学'"②。台湾学者周彦文则更多肯定该书在学科创建方面的贡献,他指出《概要》一书从整体上讨论中国历代所有典籍的结集、整理和传播情形,事实上已将"文""献"两字合而为一,"'文献学'因之变成一门完全新兴的学科"③。

21 世纪以来,学术界出现了对《概要》一书进行专题研究的学术文章,如郑一奇(2001)、马林(2009)和张九龙(2014)的研究成果,这些论文多是对该书概要性的分析和总结,未能深入系统研究。其中郑一奇《〈中国文献学概要〉导读》是这一时期较有分量的研究成果,现已收入上海古籍出版社 2001 年版"蓬莱阁"丛书《中国文献学概要》一书中。对于《概要》在文献学体系构建方面的贡献,多数学者给予肯定,如张大可、俞樟华在总结《概要》的特点和成绩后,认为此书整合了校雠学的重要分支学科(目录、版本、校勘),将翻译和编纂纳入文献学的理论体系,强调《概要》基本构建了文献学的体系,奠定了文献学的基础,是"学术界在 20 世纪 20 年代末成功地建构文献学理论的尝试","对文献学理论建构的开创之功,是不容置疑的"④。马林指出,《概要》一书是郑鹤声"建设现代历史文献学的初步尝试"⑤。该书除了其提法的开创之功外,"也贯穿了南高史地学派的一些精神和主旨"⑥。《概要》所涵盖的内容,不仅对于传统文献学有所继承,而且在"努力走向与现代历史文献学运用科学方法进行古籍整理

---

① 《书报介绍:中国文献学概要》,《国立北平图书馆读书月刊》1931 年第 1 卷第 2 期。
② 张君炎:《中国文学文献学》,江西人民出版社 1986 年版,第 11 页。
③ 周彦文:《中国文献学》,(台北)五南图书出版公司 1993 年版,第 448 页。
④ 张大可、俞樟华:《中国文献学》,福建人民出版社 2005 年版,第 285—286 页。
⑤ 马林:《郑鹤声史学初探》,华东师范大学 2010 年硕士学位论文,第 7 页。
⑥ 马林:《中国文献学的开山之作——读郑鹤声、郑鹤春〈中国文献学概要〉》,《山东教育学院学报》2009 年第 5 期。

的学科体系接轨"①。张九龙认为,郑鹤声在《概要》一书中提出的"六位一体"的新文献观,"初步构建起了文献学的学科框架,奠定了文献学现代化的基础"②。他还进一步分析《概要》一书形成的思想渊源及写作背景,指出该书是在梁启超文献学思想的基础上,首次运用现代化视野研究文献学的有益尝试,书中融入了郑氏兄弟的民族情怀和全球史观,并指出"郑鹤声是文献学现代化进程的开拓者,文献学学科体系的奠基人"③。当然了,由于时代的局限,《概要》一书在构建文献学体系方面还存在一些问题,正如王余光所说,该书"缺少内在逻辑性以构成文献学的学科体系"④,这也是《概要》一书问世后长期未引起学术界重视的重要原因。还有学者指出,该书在介绍和阐发古籍整理诸多方法时只注意到了目录、版本、校勘、编纂等方面,而忽略了辨伪、辑佚、训诂等内容。此外,还缺乏对传统文献学史的论述,"历代校雠学家整理文献的业绩,未能得到足够的总结"。但不可否认的是,该书第一次使传统文献学成为一门现代意义上的学科,初步建构了古典文献学的学科理论体系,其"筚路蓝缕、导夫先路之功不可没"⑤。由此可见,《概要》一书在中国文献学发展史上占有重要地位。近年来,学界对《概要》的研究出现了向纵深发展的趋势,如对《概要》与张舜徽《中国文献学》二书的比较研究。⑥ 但成果依然较少,系统性研究成果更无从谈起,这与《概要》在中国文献学史上的地位极不相称。

(3)近代的校雠学著作研究

近代是中西学术激荡、新旧学术融合发展时期。20 世纪 30 年代,随着民族危机的加深,学术界开始逐渐以理性客观的态度重新评估和反思中西文化,"学术中国化"的思潮逐渐取代了"文化贩卖主义"。在此种情势下,文献学领域出现了一些以"校雠学"命名的著作,如胡朴安、胡道静《校雠学》(商务印书馆,1934)、向宗鲁《校雠学》(商务印书馆,1944)、刘咸炘《校雠述林》《续校雠通

---

① 马林:《郑鹤声史学初探》,华东师范大学 2010 年硕士学位论文,第 9 页。

② 张九龙:《听采其谊叙而述之——郑鹤声文献观探析》,《黑龙江史志》2014 年第 3 期。

③ 张九龙:《郑鹤声与文献学现代化——以〈中国文献学概要〉为例》,《顺德职业技术学院学报》2014 年第 1 期。

④ 王余光:《中国文献史》(第一卷),武汉大学出版社 1993 年版,第 53 页。

⑤ 邓声国:《关于中国古典文献学学科内容设置问题之我见——20 世纪诸家古典文献学著述比较研究之一》,(台北)《书目季刊》2004 年第 4 期。

⑥ 赵海丽、王希平:《"郑""张"中国文献学著述之比较》,《重庆交通大学学报(社科版)》2008 年第 3 期。

义》、蒋元卿《校雠学史》(商务印书馆,1930)、蒋伯谦《校雠目录学纂要》(重庆正中书局,1944)、张舜徽《广校雠略》(成书于1945年)、程千帆《校雠广义》(体例和观点形成于20世纪40年代)等,这些著作在文献学体系构建方面都做出了自己独特的贡献。相对于梁启超和郑鹤声以"治学"之学为导向的文献学思想来说,民国校雠学著作则有重新回归传统校雠学"治书"之学的倾向,努力构建版本、校勘、目录三位一体的理论体系。关于民国校雠学理论著作的整体研究,李晓明(2007)对其校雠学定义进行了辨析,还有学者从编辑视角对其产生背景、内容体系、思想理念进行了梳理。

关于胡氏《校雠学》的研究,目前仅见李勇《胡朴安、胡道静〈校雠学〉述论》一文,该文除分析总结胡氏学术观点之外,文末还附有《校雠学》引《汉书·艺文志》《通志·校雠略》和《校雠通义》诸书校异①,是目前不可多得的关于《校雠学》的研究成果。向宗鲁《校雠学》最初为1937年至1940年在四川大学时所写讲稿②,向氏卒后,弟子屈守元、王利器对其遗稿进行收集整理,《校雠学》一书遂于1944年由商务印书馆出版发行。该书在学术界有较高的评价,张固也、熊展钊从校雠见解、方法、成果三个方面总结了向宗鲁的校雠学成就和思想③,开创了向宗鲁《校雠学》的研究先河。蒋伯谦《校雠目录学纂要》是其在文献学方面的代表作,目前学界未见相关研究。近年来关于刘咸炘的研究成果逐渐增多,内容涉及文学、哲学、史学等诸多方面,经检索多达100余篇,其中不乏博士和硕士学位论文。但对刘咸炘《校雠述林》《续校雠通义》和《目录学》进行研究的成果仍然较少且多是对其文献学成就和贡献的介绍,如徐有富(2009)、王化平(2009)、贾艳艳(2010)、李桂清(2017)等人的成果。还有一些研究以论述刘氏校雠目录学著作具体内容为主,如曾纪刚(2008)、王化平(2011)、关兴业(2013)、周燕(2014)、陈开林(2015)等。着眼于校雠目录学整体文本进行的全面系统研究还比较薄弱。因此,刘咸炘校雠目录学著作研究仍有较大的开拓空间。蒋元卿《校雠学史》作为国内第一部"有系统"地记载校雠学发展历史的专书,"条理井然""非常

---

① 李勇:《胡朴安、胡道静〈校雠学〉述论》,《安徽文献研究集刊》2004年第1期。
② 向宗鲁:《校雠学》,商务印书馆1944年版,"序言"第1页。
③ 张固也、熊展钊:《向宗鲁校雠学成就述评——以〈校雠学〉为中心》,《北京理工大学学报(社会科学版)》2017年第3期。

详细"。① 目前学界相关研究主要集中在蒋氏学术事迹的介绍和图书分类法的阐述上,对其文献学成就的研究仅见江贻隆《蒋元卿先生的文献学成就》(2005),该文结合蒋氏的三部文献学著作(《校雠学史》《中国图书分类之沿革》《皖人书录》)对其文献学成就进行了剖析,但对《校雠学史》的专题研究成果仍未面世。

《广校雠略》是张舜徽的成名作,也是他的代表作之一,是他庞大学术著作体系的第一部,也是20世纪中国文献学理论的重要著作。近年来,学界对张舜徽的研究逐渐增多,成果多达160余篇,内容涉及张舜徽学术成就的各个方面。关于《广校雠略》的研究,李晓明在《张舜徽与〈广校雠略〉》一文中阐述了《广校雠略》的主要观点和学术贡献②,他还对《广校雠略》卷五内容进行了介绍和评析③。在研究《广校雠略》的系统成果方面,李华斌对张舜徽及《广校雠略》做了"初步的总结和研究",力图通过研究"来理解张舜徽学术,确立《广校雠略》对张舜徽文献学的影响及在文献学上的地位",该文是目前唯一关于《广校雠略》的学位论文。④ 与此同时,他还分析了《广校雠略》在其众多学术著作中的地位,认为其导"文献学研究"和"清学研究"之先路。⑤ 此外,他对《广校雠略》在构建学科体系方面的贡献也给予了充分的肯定。⑥ 程千帆《校雠广义》体例和观点形成于20世纪40年代,程氏曾著文阐释其校雠学思想。⑦ 该书出版后,学界誉其"为我国治书之学从理论到方法,作了创造性的总结和阐发","建立了一个清晰而完整的学科体系"。⑧ 20世纪80年代之后,学术界出现了一些从宏观方面介绍和评价《校雠广义》的文章,如张志伟(1989)、张三夕(1994)、徐雁(1999)、王绍曾(2001)、张甜(2010)等人的成果,其中以陆倩倩《〈古籍版本学〉与〈校雠广义·版本编〉之比较》(2012)一文论述相对较为深入。此外,张慧丽《程千帆先生的文献学成就》(2009)对《校雠广义》及其贡献进行了分析和研

① 梦酣:《书报评介:校雠学史》,《学风(安庆)》1936年第1期。
② 李晓明:《张舜徽与〈广校雠略〉》,《光明日报》2008年6月23日第12版。
③ 李晓明:《〈广校雠略〉与汉唐宋清学术论》,载《历史文献研究》(总第24辑),华中师范大学出版社2005年版,第83—97页。
④ 李华斌:《张舜徽与〈广校雠略〉》,湖北大学2006年硕士学位论文,第1—44页。
⑤ 李华斌、鲁毅:《〈广校雠略〉在张舜徽学术著作中的地位》,(台北)《书目季刊》2009年第2期。
⑥ 李华斌、鲁毅:《张舜徽会通校雠学发微》,(台北)《书目季刊》2009年第4期。
⑦ 程会昌:《校雠广义叙目》,《斯文》1941年第20期。
⑧ 王绍曾:《治书之学的入门向导——读程千帆、徐有富著〈校雠广义〉》,(台北)《书目季刊》2000年第4期。

究。这些成果的发表奠定了《校雠广义》的研究基础,在推动程千帆校雠学研究方面做出了积极贡献。但由于种种原因,相关成果未能从时空的跨度、学域的深度将其置于近代文献学的大环境中对其做出准确的学术定位,更没有在文献学体系的构建方面对其进行深入讨论。

2. 近代文献学分支学科研究

白寿彝认为古文献学包含以下几个方面:"一、目录学,二、版本学,三、校勘学,四、辑佚学,五、辨伪学。"①陈东辉指出,古文献学不仅包括目录、版本和校勘,还应该包括辨伪、辑佚、编纂和典藏。② 根据上述观点,结合现行通论性文献学理论著述对文献学分支学科的论述,本课题拟从目录、版本、校勘、辨伪、辑佚五个方面进行相关研究论述。近代文献学的分支学科的研究是本课题重点论述的内容,希望通过对民国时期目录、版本、校勘、辨伪、辑佚理论著述的研究,从而抽绎出其中蕴含的丰富的文献学思想,揭示出这些理论著述关于文献学与分支学科之间关系的认识。

(1) 目录学

作为中国目录学理论发展的高峰时期,近代目录学家人才辈出、目录学理论著作层出不穷。大致说来,主要有:梁启超《佛家经录在中国目录学之位置》、容肇祖《中国目录学大纲》、杜定友《校雠新义》《西洋图书馆目录史略》、刘纪泽《目录学概论》、郑鹤声《中国史部目录学》、黎锦熙《新目录学论丛》、余嘉锡《目录学发微》、姚名达《目录学》《中国目录学史》、王重民《普通目录学》《中国目录学史》《中国目录版本学》、刘异《目录学》、汪辟疆《目录学研究》、毛坤《目录学通论》、周贞亮《目录学》、程千帆《目录学丛考》、蒋元卿《中国图书分类之沿革》、张遵俭《中西目录学要论》、裴开明《中国图书编目法》、闵锋译《西洋目录学要籍及名辞述略》及英国福开森著《目录学概论》(1930 年由耿靖民翻译)等。其中有些著作未曾出版,有的已经遗失。

根据目前所见目录学著作所体现的目录学思想,近代的目录学著作大致可分为三派:旧派、新派、新旧俱全派。^① 其中旧派即传统派以余嘉锡《目录学发微》、刘纪泽《目录学概论》为代表;新派即改革派以杜定友《校雠新义》、楼云林《中文图书编目法》为代表;新旧俱全派以姚名达《中国目录学史》、汪辟疆《目录学研究》为代表。迄今为止,学界关于近代目录学研究较为全面的最新成果为倪梁鸣《民国目录学研究——以传统目录学为中心》(中国人民大学 2010 年博士学位论文),该文从民国目录学理论及代表人物、图书分类法、综合目录、文史哲专科目录四个方面进行了深入系统研究,将近代目录学的研究进一步推向深入。此外,乔好勤《略论我国 1919—1949 年的目录学》(《云南图书馆》1982年第 1 期)、陈传夫《近代目录学的基本流派及其理论成就》(《四川图书馆学报》1985 年第 5 期)、宋谊《试评二十世纪中国目录学史的研究》及其续篇(分别刊于《山东图书馆季刊》1993 年第 1、2 期)、王国强《20 世纪 30 年代中国目录学的历史地位》(《图书与情报》2000 年第 1 期)、彭斐章和付先华《20 世纪中国目录学研究的回眸与思考》(《图书馆论坛》2004 年第 6 期)从宏观方面梳理了民国时期目录学的发展及特征,也是这一时期目录学理论研究方面的重要文献。目前学界对民国目录学著作有不同程度的涉及,但未能从学术史视角深入分析它们之间的相互影响和学术继承关系,更没有将其放在民国目录学研究的大环境中进行准确的学术定位。

在近代的目录学理论著作中,有的学术界关注度较高,研究成果相对较多;有的学术界关注度较低,研究成果寥寥或暂无研究成果。现分述如下:

近代目录学理论著述方面较早的研究文献是梁启超《佛家经录在中国目录学之位置》(以下简称《佛家经录》)一文,这是中国目录学史研究首篇较为系统探讨元以前佛经目录的学术论文,为佛教目录学研究的开山之作,在中国古典目录学研究史上占有重要地位,后世评价其"为目录学史研究独辟一径,其功不

---

① 学界关于民国目录学流派的说法主要有三种。①以乔好勤为代表的三分法:旧派、新派、新旧俱全派。见乔好勤《略论我国 1919—1949 年的目录学》,《云南图书馆》1982 年第 1 期。②以陈传夫为代表的四分法:目录家之目录学、版本目录学、校雠目录学、文史目录学四派。见陈传夫《近代目录学的基本流派及其理论成就》,《四川图书馆学报》1985 年第 5 期。③以彭斐章为代表的四分法:史的目录学家、版本目录学家、校雠目录学家、"中西合璧式"目录学家。见彭斐章、付先华《20 世纪中国目录学研究的回眸与思考》,《图书馆论坛》2004 年第 6 期。陈说和彭说都是基于广义目录学(即目录学包括目录、版本和校雠等)而言的,并且陈说所指多为传统目录学而忽视了现代目录学,故笔者在此以乔说为据。

可泯灭"①。它最初发表在 1925 年《图书馆学季刊》创刊号上,梁氏在文中选取魏晋至明清佛经诸录十例,评判得失,褒贬相宜。20 世纪 60 年代尤其是 80 年代以来,学界对梁启超目录学的研究持续不断,出现了较多成果,但这些成果多是对梁氏《西学书目表》《东籍月旦》等书目或目录书的分析和评述,《佛家经录》的研究成果相对较少。1985 年,李杰发表的《梁启超〈佛家经录在中国目录学之位置〉初探》②,是这一时期较早研究《佛家经录》的成果。该文在分析《佛家经录》主要内容的同时,还对其包含的目录学思想进行了探讨,并简要说明了它在中国目录学史上的地位。随后,刘明铛(2000)、王丽英(2015)也发表了相关成果,这些成果高度评价了梁氏《佛家经录》的学术地位和历史作用,认为它不仅"构建了近代目录学的理论框架",而且"规定了近代目录学应遵循的基本原则和方法"。③ 总之,这一时期研究比较显著的特点是"更加科学、更加系统地总结了梁启超在目录学上的基本理论,比较客观地评价了他在中国目录学史发展中的贡献"④。

在民国时期的目录学著作中,学术界对余嘉锡《目录学发微》、姚名达《目录学》《中国目录学史》、汪辟疆《目录学研究》关注度较高,研究成果相对较多,归纳起来,主要分为三大类:第一类是从整体方面进行概述和评介,肯定其成就和贡献,指摘其缺陷与不足,进而总结其目录学思想,如李樱(1983)、宋谊(1993)、肖希明(1998)、张绪峰(2006)、谭焰(2006)、张玉春(2007)、李岩(2009)、曾贻芬(2011)、高旭(2012)、史小军(2012)、刘祎(2016)等人关于余嘉锡《目录学发微》的研究;卢贤中(1982、1983)、李玉进(1982)、晓亮(1985)、董广文(1986)、张春菊(2003、2004)、尤小平(2009)等人对姚名达目录学著作的研究;敬卿(1983)、滑红彬(2009)、李雅(2009)等人发表的探讨汪辟疆《目录学研究》的论文。第二类侧重于对这些目录学著作局部内容的讹误辨析与补证,如贺春燕(2002)、方坚伟(2014)、孙振田(2014)等人关于《目录学发微》的研究文章,冯秋季(1992)、周旖(2007)等对《中国目录学史》相关内容的质疑。第三类是对

---

① 李杰:《梁启超〈佛家经录在中国目录学之位置〉初探》,《江西师范大学学报(哲学社会科学版)》1985 年第 3 期。

② 同上。

③ 刘明铛:《读〈佛家经录在中国目录学之位置〉——浅析梁启超目录学思想》,《湖北大学学报(哲学社会科学版)》2000 年第 6 期。

④ 梁松涛、孙小超:《梁启超文献学研究状况述评》,《图书馆工作与研究》2006 年第 2 期。

相关目录学专著进行的比较研究,如柯平(2003)对王重民与姚名达目录学思想的比较分析,李梦丹(2012)对余嘉锡和姚名达目录学理论的对比研究,滑红彬(2012)对刘咸炘和汪辟疆目录学思想的辨析。学界虽然目前尚无系统性的研究成果出现,但也有一些《目录学发微》这样专题研究的论文。此外,一些学者在研究余嘉锡学术思想和文献学思想时对《目录学发微》一书多有涉及,如滕兰花《余嘉锡文献学思想研究》(广西师范大学,2001)、杜志勇《民国〈汉书·艺文志〉研究四家论稿》(河北师范大学,2012)、安学勇《余嘉锡学术思想研究》(南开大学,2014)。相对于余嘉锡《目录学发微》的研究来说,近年来,学术界出现了研究姚名达目录学著作的学位论文,如刘华正《论姚名达对中国目录学的贡献》(广西师范大学,1999)、王晓霞《姚名达目录学研究》(西南民族大学,2012)、王聪《姚名达古典目录学成就研究》(黑龙江大学,2014)和赵元斌《姚名达学术成就研究》(北京大学,2018),这些成果从不同侧面对姚名达目录学著作进行了研究,为学界深入研究姚名达目录学理论做出了重要贡献。由于多数为硕士学位论文,篇幅较短,研究很不充分。因此,关于姚名达目录学理论著述研究仍有较大推进空间。

作为民国知名的图书馆学专家,学界关于杜定友的研究从未中断,自20世纪50年代以来成果达百余篇,这些成果主要集中在图书馆管理、图书分类、图书馆事业发展等方面。杜定友生平著述颇丰,仅图书分类学的著作就达四十多种二百多万字[1],关于目录学方面的理论著作主要有《校雠新义》(1930)、《图书分类法》(1935)、《图书目录学》(1926)等。《校雠新义》是杜氏唯一一部以"校雠"命名的学术著作,1930年由中华书局初版,1991年上海书店据中华书局本影印重版。在该书出版之前,杜氏曾自述编纂背景及缘起,"惟于班氏之论,过为贬驳,有失古人之心。明焦竑撰《国史经籍志》《纠缪》一卷,亦多所论列。清儒章学诚乃折中诸家,作《校雠通义》,究其源委,勒成一家。然仍不免于门户之见,是非得失未能厘别","近来欧化东渐,图书之学成为专门,取其成法融会而贯通之"。[2] 基于此理念,杜氏以"述而不作"为撰述宗旨,编成《校雠新义》十卷。该书出版后,相关报刊进行了推介。[3] 宋谊认为,该书站在当时目录学研究

---

①　白国应:《杜定友图书分类思想的发展》,《晋图学刊》2000年第4期。
②　杜定友:《校雠新义》,《中山大学图书馆周刊》1928年第2期。
③　《新书介绍:校雠新义》,《中华图书馆协会会报》1931年第4期。

的高度,"对中国古代目录学进行了大胆的反思"①。王国强则撰文简要介绍了《校雠新义》创作的学术背景、主要内容及历史影响,尤其强调了其"批判的理念"和"批判的成果"。② 朱晓梅在肯定《校雠新义》图书分类观念价值的同时,指出了其值得辩证的地方,如以杜威法为蓝本的十进标准是否"科学",西方图书分类法是否适用于中国传统文献等问题。③ 该文也是目前所知专题研究杜定友《校雠新义》唯一的一篇学术论文。此外,周文骏(2005)、李云霞(2017)在其研究论著中对杜氏其他目录学著作(如《图书目录学》等)亦有论述。

郑鹤声《中国史部目录学》是其在历史文献学研究领域的又一力作,也是迄今为止唯一跨年度广阔的史部专科目录学著作。该书完成于 1928 年(1930 年初版,1956 年重版),分十章论述了传统史部目录学的沿革和现代中西书籍分类的发展趋势,评价古今各家史书和文献分类理论与方法,并在此基础上提出了自己对今后史部目录分类的见解。桑良知较早对该书结构、特点、贡献和不足进行了分析,认为这是一部"很有实用价值"的史部目录总汇。④ 2010 年,马林在其硕士学位论文中设立专门章节对该书内容进行了梳理。⑤ 相对于前述桑文重总结和评论来说,马林硕士论文则重在介绍和分析。

周贞亮《目录学》初为其任职民国高校时的讲义,曾连载于《安雅》月刊第一卷四、六、八、十、十一各期,时人谓其"引征详实,编著得体,间有超人之论,非坊间潦草盗窃成章者所可比拟"⑥。既有的研究侧重于对周贞亮及其学术成就的概述,如王媛认为,周贞亮是"第一位在高等院校中讲授目录学的人",他所编纂的《目录学》讲义,"提出非常科学的文献学分支学科建构草图","对于目录学理论建构有独到见解"。⑦ 虽然周贞亮《目录学》有较高的学术价值,但相关研究非常薄弱。因此,该书有进一步强化研究的必要。

刘纪泽《目录学概论》(以下简称《概论》)是民国时期较早出版的目录学著

---

① 宋谊:《试评二十世纪中国目录学史的研究》,《山东图书馆季刊》1993 年第 1 期。
② 王国强:《20 世纪 30 年代中国目录学的历史地位》,《图书与情报》2000 年第 1 期。
③ 朱晓梅:《论杜定友〈校雠新义〉的图书分类观念》,《图书馆建设》2014 年第 10 期。
④ 桑良知:《专科目录学著作——〈中国史部目录学〉》,《图书馆学刊》1984 年第 2 期。
⑤ 马林:《郑鹤声史学初探》,华东师范大学 2010 年硕士学位论文,9—12 页。
⑥ 周贞亮、怡斋:《时论撮要:目录学》,《图书馆学季刊》1937 年第 2 期。《时论撮要·目录学》是怡斋将周贞亮的作品整理刊出并评价的,评价中有"引征详实"此句。
⑦ 王媛:《周贞亮与近代目录学》,《版本目录学研究(第八辑)》,北京大学出版社 2018 年版,第 121 页。

作之一。刘氏感于"自来治学之士,无不先窥目录以为津逮,诚'学中第一要紧事','读书入门之学也'。然昔贤之事此者,有目录之学,有目录之书,而无治目录之书"①,于是撰述这部"治目录之书"。目前学界尚无该书专题性的研究成果,但有学者曾撰文论及,如王国强从刘纪泽生平介绍、《概论》主要内容等六个方面总结了该书的主要观点并分析了其对后世目录学研究的深远影响,并且认为《概论》为"早期保守派的代表作"②。该文篇幅较短,但却开创了刘纪泽《目录学概论》研究的先河,奠定了后续研究的基础。

(2)版本学

民国时期,以叶德辉、钱基博、缪荃孙、王国维、鲁迅、陶湘、孙毓修、张元济、郑振铎等为代表的版本学家纷纷出现。同时,这一时期也出现了一些版本学理论著作,如叶德辉《书林清话》《书林余话》、钱基博《版本通义》、孙毓修《中国雕版源流考》及张元济《中国版本学》等。自此,版本学逐渐成为一门独立的现代学科。

目前学界对民国版本学进行总体研究的系统性成果为杜少霞《民国时期古籍版本学研究》(郑州大学,2007),该文从民国古籍版本学发展的时代背景、版本学理论研究、版本学实践研究、民国版本学的历史地位四个方面论述了民国时期版本学的研究状况,是一篇不可多得的研究成果。但该文对民国版本学的研究有所疏漏,理论层次也有待进一步提高。

叶德辉《书林清话》是中国第一部真正有系统的版本学专著,用笔记体写成,梁启超曾评价该书"论刻书源流及掌故甚好"③。较早专题研究叶德辉《书林清话》的系统性成果有王晓娟《〈书林清话〉研究》(湖南师范大学,2007)和任莉莉《〈书林清话〉笺证》(华东师范大学,2009)。前文侧重于宏观方面(成书背景、内容概述、学术价值、谬误考辨)的述评,后文侧重于微观方面的校注。值得一提的是,江瑞芹《叶德辉〈书林清话〉版本学思想研究》(华中师范大学,2009)是目前所知唯一的一篇从版本学视角研究《书林清话》的系统成果,该论文对《书林清话》版本学内容、版本学地位和价值以及所蕴含的版本学思想及实践三个方面进行了全面梳理,凸显了叶氏《书林清话》的版本学思想及价值,资料翔

---

① 刘纪泽:《目录学概论》,台湾中华书局1979年版,"自序"第4—5页。
② 王国强:《20世纪30年代中国目录学的历史地位》,《图书与情报》2000年第1期。
③ 梁启超:《饮冰室合集·专集七十一》,中华书局2003年版,第18页。

实,层次清晰,对于推进《书林清话》版本学思想研究大有裨益。此外,刘孝平在其《叶德辉文献学研究》(武汉大学,2005)论文中对《书林清话》也有涉及。除了系统性研究成果,对《书林清话》《书林余话》研究的单篇学术论文也很多,内容涉及其史料价值、出版思想、书史地位等多个方面,但从版本学视角进行研究的只有江曦《〈书林清话〉与古籍版本学》(《四川图书馆学报》2009 年第 6 期)一文。

　　钱基博《版本通义》是继叶德辉《书林清话》之后又一部版本学专著,该书"叙目"最早刊发于《小雅》(1930 年第 1 期)和《无锡图书馆协会会报》(1932 年第 1 期)。1933 年,《中华图书馆协会会报》(第 8 卷第 5 期)和《浙江省立图书馆馆刊》(第 2 卷第 2 期)进行了推介。《版本通义》是第一部以"版本"命名的版本学著作,更是"第一次试图从理论与实践两方面对版本学进行研究的专著"①。相对于叶德辉《书林清话》来说,关于钱基博《版本通义》的研究成果相对较少且多侧重于对《版本通义》的介绍和评述,如鲁远军(2000)、刘佳(2009)、段福德(2010)等人的研究。钱基博《版本通义》篇幅较小,目前学术界尚无专题系统性研究成果。由此可见,对该书研究力度有待进一步加强。

　　《中国雕板源流考》(以下简称《源流考》)是孙毓修的代表作之一,也是中国较早的版刻学史专著。此书初版于民国七年(1918 年),由上海商务印书馆作为《文艺丛刻·乙集》之一刊行面世,版权页有英文书名 *The History of Chinese Printing*(《中国印刷史》),署名"留庵"。此后,该书被多次重版,如商务印书馆《万有文库》第一集(1930 年)和《国学小丛书》(1933 年)均收有此书。在此书出版之前,有稿本《雕板印书考》②一册传世。稿本内所述内容,虽与铅印本在书名、叙述方式、体例等方面存在差异,然其内容及所述要点,与铅印本大同小异,故可认定此稿本为铅印本《中国雕板源流考》未完底稿。③ 自 1913 年至1916 年,商务印书馆在其自办刊物《图书汇报》④杂志陆续以《中国雕板印书源

---

① 鲁远军:《从〈版本通义〉看版本研究思想》,《新疆师范大学学报(哲学社会科学版)》2000 年第 1 期。

② 此稿本收入孙毓修所辑《小绿天丛钞》第二十八册,黑格十行稿纸,版心中题"雕版考"及页数。有"孙印毓修"朱方、"小绿天藏书"朱长方印,卷端题"雕板印书考卷一"。

③ 乐怡:《孙毓修版本目录学著述研究》,复旦大学 2011 年博士学位论文,第 99 页。

④ 此刊物由商务印书馆编辑发行,主要刊发图书广告,免费赠阅,间或发表少量小品文及学术文章。

流考》为名连载该书内容①，时间长达数年之久，由此可见此书写作时间之长。这种在结集出版之前以期刊文章形式连续刊发此书内容之做法，似为面向社会征求公众之意见。② 乐怡《孙毓修版本目录学著述研究》（复旦大学，2011）、柳和城《孙毓修评传》（上海人民出版社 2011 年版）设有章节介绍此书。二者比较，柳氏的研究相对来说较为深入。

近年来，随着研究的深入，学者们开始尝试对民国时期的版本学理论著作进行比较研究，如通过对《版本通义》和《书林清话》进行对比探讨，进一步归纳出《版本通义》的学术特色。郑春汛（2008）、林强伟（2018）等人的研究，厘清了二书中关于版本学相关概念、版本源流和版本观差异的相关问题，大大推进了版本学理论问题及民国版本学著作的研究。

（3）校勘学

民国时期是校勘学理论体系的创立时期，这一时期涌现出一批在校勘学研究方面卓有成就的学者，如梁启超、陈垣、胡适、张舜徽等，他们"为现代校勘学的创立与发展作出了突出的贡献"③。梁启超关于校勘学方法的总结集中体现在其《清代学者整理旧学之总成绩》之"校注古籍"部分，该文最早发表于《东方杂志》1921 年第 21 卷第 15 期，现为其专著《中国近三百年学术史》中的一部分。梁氏论述的五种方法是对历代一般校勘方法的总结，"对近代校勘学有开创之功"④，是"现代校勘学的奠基之作"⑤，对陈垣"校勘四法"（对校、本校、他校、理校）产生了重要影响⑥。陈垣《校勘学释例》卷六的"校法四例"是陈垣校勘学的精华所在，学界誉其为"中国校勘学的第一伟大工作"，"是中国校勘学的第一次走上科学的路"⑦，是"土法校书的最大成功，也就是新的中国校勘学的最大成功"⑧。此后，胡适发表《校勘学方法论》，集校勘学理论、方法、历史于一身，对校勘学进行了更加科学的系统总结，进一步完善了校勘学理论体系。张

---

① 详见商务印书馆《图书汇报》第 19、21、27、30、35、52、58 等期。
② 柳和城：《孙毓修评传》，上海人民出版社 2011 年版，第 187 页。
③ 邓怡周：《民国时期的校勘学研究》，《编辑之友》2012 年第 9 期。
④ 安尊华：《略论梁启超的古籍整理思想》，《贵州文史丛刊》2007 年第 1 期。
⑤ 赵艳平、张小芹：《浅论梁启超的校勘学思想》，《编辑之友》2008 年第 2 期。
⑥ 杨战朋：《论陈垣校勘四法对梁启超校勘方法的继承和发展》，《大学图书情报学刊》2014 年第 4 期。
⑦ 胡适：《元典章校补释例序》，载陈垣《校勘学释例》，上海书店出版社 1997 年版，第 8 页。
⑧ 胡适：《元典章校补释例序》，载陈垣《校勘学释例》，上海书店出版社 1997 年版，第 14 页。

舜徽的校勘学思想集中体现在其早期著作《广校雠略》一书中,张舜徽的理论创新大大推进了校勘学的发展,使校勘学发展到一个新的阶段。民国校勘学理论与方法的嬗变促进了这一学科的快速发展,也为校勘学屹立于现代学术之林奠定了基础。目前学术界对民国校勘学总体研究的成果只有《民国时期的校勘学研究》(《编辑之友》2012 年第 9 期)和《民国校勘学理论与方法的嬗变》(《史学史研究》2015 年第 1 期)两篇文章,前者侧重于从宏观方面梳理民国校勘学创立的历史条件、创立标志、理论体系等问题,后者则从"内在理路"上分析了校勘学理论和方法的演变轨迹。

　　梁启超是现代校勘学的奠基者①,目前对梁启超校勘学思想进行研究的学术论文只有赵艳平、张小芹《浅论梁启超的校勘学思想》(《编辑之友》2008 年第 3 期),此外在研究梁启超文献学思想的论文中对其校勘学思想也有涉及,如农卫东认为,梁启超校勘学方法是对"清儒校勘实践的初步总结"②,梁松涛在其论文中不仅介绍了梁启超的五种校勘方法,而且还分析了其校勘学思想形成的原因③。与此同时,还出现了关于梁启超与陈垣校勘学方法比较研究的学术文章。如张永瑾认为,梁启超的四种校勘方法与陈垣的校法四例相比显得"有些粗糙",但其贡献却"不可磨灭"④。李本军也有类似的认识,认为两家校法大同小异,"梁氏重在发凡起例,故其方法论略显粗糙;陈氏则注重对梁氏校勘方法论的发展和完善"⑤。杨战朋指出,梁启超关于校勘学方法的论述对陈垣产生了重要影响。⑥

　　如果说梁启超是现代校勘学的奠基者,那么陈垣则是将中国传统的校勘实践升华为现代校勘学的第一人。⑦ 陈垣是著名史学家和教育家,其关于校勘学的代表性成果是《校勘学释例》。时至今日,学界关于此方面的研究论文有 10 余篇,多是对其校勘学理论和方法的介绍。除此之外,研究陈垣学术思想的专

① 邓怡舟:《民国时期的校勘学研究》,《编辑之友》2012 年第 9 期。
② 农卫东:《梁启超文献学思想研究》,《广西师范大学学报(研究生专辑)》1992 年增刊。
③ 梁松涛:《梁启超文献学思想研究》,河北大学 2005 年硕士学位论文,第 46—48 页。
④ 张永瑾:《论梁启超在文献学上的贡献》,《淮北煤炭师范学院学报(社会科学版)》1994 年第 2 期。
⑤ 李本军:《论陈垣与梁启超二家校勘方法论异同及渊源》,《安徽文学(下半月)》2008 年第 10 期。
⑥ 杨战朋:《论陈垣校勘四法对梁启超校勘学方法的继承和发展》,《大学图书情报学刊》2014 年第 4 期。
⑦ 邓怡周:《民国时期的校勘学研究》,《编辑之友》2012 年第 9 期。

著中对此也有涉及,最有代表性的为牛润珍《陈垣学术思想评传》(北京图书馆出版社 1999 年版),其中对陈垣的历史文献学成就尤其是校勘学成就进行了深入细致的分析,为后来有关陈垣校勘学的研究作了重要铺垫。在研究陈垣文献学、史学、古籍整理等方面成就的著述中也有涉及,这方面的论文也有 10 余篇。他们对陈垣"校勘四法"均给予较高的评价,但也有人对此提出质疑,认为陈垣没有做出具体精确的定义,认为"四法界限不清,存在着相互交叉重叠,因而是不够严谨的分类"①。近年来,还出现了将陈垣校勘学与西方校勘学比较的文章,如李开升《试比较陈垣〈校勘学释例〉与保罗·马斯〈校勘学〉》(《古籍研究》2015 年第 2 期)、刘怡君《中西文献校勘方法比较研究》(郑州大学,2013)等论文。

　　胡适的《校勘学方法论》原为 1934 年为陈垣《元典章校补释例》(1959 年中华书局重印本改名《校勘学释例》,以下简称《释例》)写的一篇序言②,最早发表于《国学季刊》第 4 卷第 3 期。王绍曾认为,此文中胡适在总结了历史上的校书经验的基础上,将校勘学提高到了一个全新的高度,从而使校勘学更加具有自己的理论体系。他特意指出,"在胡适之前,还没有人做过这种系统的总结"③。胡适《校勘学方法论》之所以成为经典之作,在于其对中国校勘学的理论、方法和历史进行了系统科学的总结,并且以其宏阔的学术视野对中西校勘学进行了对比研究。在仅有的几篇研究胡适校勘学理论的学术论文中,以王绍曾《胡适〈校勘学方法论〉的再评价》(《学术月刊》1981 年第 8 期)、柴纯青《胡适校勘学思想浅析》(《安徽史学》1990 年第 3 期)、陈冬冬等《西方校勘学中的"理校"问题——兼评胡适介绍西方校勘学的得失》[《河南大学学报(社会科学版)》2013 年第 2 期]论述较为深入,王培霞《胡适创新校勘学理论之功》(《兰台世界》2008 年第 9 期)和孙菊芳《胡适与校勘学》[《河北建筑科技学院学报(社科版)》1999 年第 4 期]两文相对简略。

　　张舜徽在《广校雠略》卷 4 中分 4 个专题对其校勘学思想进行了论述,其中前两个专题"书籍必须校勘论"和"校书非易事论"属于张氏校勘学的"理论"部

---

①　沈澍农:《校勘方法的新认识》,《南京中医药大学学报(社会科学版)》2009 年第 3 期。

②　胡适《校勘学方法论》原载陈垣《元典章校补释例》(1934 年排印本)卷首,1935 年收入商务印书馆《胡适论学近著》(第一集),1997 年上海书店出版社以《元典章校补释例序》命名重新将其编入陈垣《校勘学释例》。

③　王绍曾:《胡适〈校勘学方法论〉的再评价》,《学术月刊》1981 年第 8 期。

分,也是其校勘学的特色所在。第三专题六篇属于校勘学的"方法"论,在前人校勘学方法的基础上作了进一步推进,提升了理论层次。第四专题属于张氏校勘学的"历史"部分,主要就清代校勘学考证得失进行考覆和评论。张舜徽的理论创新使校勘学发展到一个新的阶段。张氏在校勘学方面的突出成就在于提出了四条具体的校勘条例和六种保存校勘成果的具体方式,目前对此方面的研究仅见韦顺莉《张舜徽先生的校勘学思想探析》(《东南亚纵横》2002年第7期)一文。王慧东在《论张舜徽的文献学学科理论与方法》(安徽大学,2007)一文中对张氏校勘学与文献学的关系进行了较为详尽的论述,其他研究张氏文献学成就的论文中虽有涉及其校勘学思想,但多为只言片语,较为简略。

(4)辨伪学

20世纪初,古籍辨伪学"从理论和方法上"真正获得"突破"。[1] 这一时期的学者,如胡适、梁启超、顾颉刚、张心澂等,他们的相关理论与著述,为民国时期中国文献辨伪学理论的构建做出了重大贡献。对近代辨伪学进行系统介绍的有刘重来《中国二十世纪文献辨伪学述略》(《历史研究》1999年第6期)和陈力《二十世纪古籍辨伪学之检讨》(《文献》2004年第3期)。

民国时期,胡适在辨伪学理论方面的研究可谓"开风气之先"。胡适的辨伪学理论和方法集中体现在《中国哲学史大纲》[2]一书中。目前学术界对此方面的研究主要有路新生《诸子学研究与胡适的疑古辨伪学》[《华东师范大学学报(哲学社会科学版)》2000年第4期]、王琼《胡适的辨伪学理论和实践》(《兰州教育学院学报》2006年第4期)、盛韵《观念与材料——论近代诸子考辨方法之变迁》(复旦大学,2008)等,这些成果高度评价了胡适的辨伪学成就。

梁启超不仅是"传统辨伪方法的总结者"[3],同时也是民国辨伪学理论的奠基者。作为现代辨伪学开创性人物之一,其辨伪学研究"实际上促成了辨伪学从古代的重辨伪实践向现代的重理论建构的转型"[4]。梁启超的辨伪学理论阐

---

[1]　陈力:《二十世纪古籍辨伪学之检讨》,《文献》2004年第3期。

[2]　《中国哲学史大纲》是胡适在自己的博士论文《先秦名学史》和北京大学中国哲学史讲义的基础上修改扩充而成的,初版于1919年2月。出版后两个月内再版,到1922年已出至第八版,在当时的学术界乃至整个文化界有很大反响。

[3]　陈力:《二十世纪古籍辨伪学之检讨》,《文献》2004年第3期。

[4]　彭树欣:《梁启超文献学思想研究》,光明日报出版社2010年版,第150页。

述集中出现在 20 世纪 20 年代①的相关著述中,如《中国历史研究法》(1921)、《中国近三百年学术史》(1924) 和《古书真伪及其年代》(1927) 等。这些著述不仅构建了新史学理论,也建构了辨伪学理论。关于梁启超辨伪学成就的研究论文有十余篇,涉及梁氏辨伪学的思想和方法来源、辨伪学成就和贡献、辨伪学的具体实践等多个方面。对于梁氏的辨伪学成就,多数学者给予肯定,如张永瑾认为,梁启超辨别伪书的十二条公例,不仅囊括了胡应麟辨伪八法的全部内容,而且更加"具体"和"严密",对今人的古籍整理工作具有重要的指导意义。② 叶树声认为,梁启超对伪书的危害、成因、类型及方法的总结"颇为全面","进一步充实和完善了辨伪学理论,为辨伪学的发展作出了一定的贡献"。③ 李廷勇指出,梁氏《古书真伪及其年代》"是梁启超辨伪理论的最高成就,同时又由于所论贯穿古今,阶段分明,脉络清晰,较前人更全面系统,故此书被视为我国近现代文献辨伪的第一部理论专著,成功地构建起了辨伪学的理论体系"④。孙钦善在总结近人对辨伪方法的发展时也有类似的观点,认为梁启超辨伪十二条公例及方法"有承于胡应麟之说,而又有所发展"⑤。彭树欣更是将梁氏辨伪学理论提高到无以复加的高度,说"梁启超开创的现代辨伪学,不但启发和引导了后学,而且在学科体系上至今未被完全超越,当之无愧是现代辨伪学研究第一人"⑥。此外,李正辉也认为"梁启超是现代辨伪学的奠基者,他在辨伪方面的成就在中国辨伪学史上占有重要地位"⑦。在这些学者高度评价梁启超辨伪成就的同时,也有人提出质疑。如廖名春从考古资料、出土文献的大量事实及余嘉锡先生的《古书通例》入手,逐一批驳了梁启超的辨伪观点,全盘否定了梁氏的辨伪方法。⑧ 不同于单纯肯定和否定的观点,一些学者给予了中肯客观的分析,如梁

① 因梁启超横跨晚清民国两个时期,故有些学者将其列入近代人物,如杨绪敏《中国辨伪学史》(天津人民出版社 2007 年版) 就将梁氏的辨伪学放入"第三章　辨伪学的成熟时期——明清近代"而非"第四章　辨伪学的再发展时期——现当代"。因梁氏的辨伪学理论论述集中出现在 20 世纪 20 年代,故将其放入"现当代"部分更为合适,也更加符合历史事实。
② 张永瑾:《论梁启超在文献学上的贡献》,《淮北煤炭师范学院学报(社会科学版)》1994 年第 2 期。
③ 叶树声:《梁启超对辨伪学的贡献》,《淮北煤炭师范学院学报(社会科学版)》1997 年第 2 期。
④ 李廷勇:《传统与近代的交融——梁启超古籍辨伪成就述论》,《史学理论研究》2002 年第 2 期。
⑤ 孙钦善:《中国古文献学》,北京大学出版社 2006 年版,第 160 页。
⑥ 彭树欣:《梁启超——现代辨伪学研究第一人》,《兰台世界》2012 年第 4 期。
⑦ 李正辉:《由〈古书真伪及其年代〉看梁启超的辨伪学思想》,《兰台世界》2015 年第 10 期。
⑧ 廖名春:《梁启超古书辨伪方法平议》,载陈明主编《原道》(第三辑),中国广播电视出版社 1996 年版,第 143—166 页。

松涛、孙小超认为,"梁启超是继胡应麟之后最系统也最完善地阐述了辨伪学的基本理论,他的《古书真伪及其年代》可以说是辨伪学理论的集大成者。但是梁启超治学有粗疏的一面,有的方法的确值得商榷,但全盘否定也似乎不妥,尽管现在的出土文献证明梁启超的辨伪方法有些是错误的,但这是科学发展的必然,任何古籍的伪否都是一种推断,所以两派的绝对赞成或完全否定都欠妥当。不管是哪派意见都忽略了一个问题:梁启超辨伪的理论是在怎样的学术背景下提出的,其思想根源又是什么"①。李伟也发表了类似的观点,在肯定《古书真伪及其年代》成就的同时,也指出其存在的问题,如"受时代与传统文化背景的影响,对中国古书的认识存在欠缺,辨伪方法缺乏逻辑,对伪书的评价显得肤浅,而这丝毫不影响它在中国辨伪学史上的地位,给后人研究文献辨伪提供借鉴与导向"②。目前对梁氏辨伪学开展较为系统的研究学者是彭树欣,他在专著《梁启超文献学思想研究》(光明日报出版社 2010 年版)设有专章(第三章 梁启超的辨伪学思想)对此进行论述。

作为现代著名历史学家和古史辨学派的创始人,顾颉刚不仅在史学研究和辨伪考证方面成就斐然,而且在辨伪学理论方面也有卓越建树,《中国辨伪史略》是"迄今所能看到的较为详尽的辨伪学专著"③。由于顾氏"学术启蒙于江浙,对目录版本之学极为谙熟,一生治学实以目录之学为主线"④,加之受西方思潮的影响,其对中国史学传统中的史官制度、实录精神、书法义例缺乏必要的认识和了解,从而对中国传统史学作了过低估计。但不可否认的是,作为辨伪学史上较为详尽的专著,顾氏所具有的开拓精神及本书所具有的导向意义却是不容忽视的,书中的某些观点及顾氏勾勒的中国辨伪学史的发展线索一直为后世所沿袭。⑤ 作为疑古派的健将,学界对顾颉刚学术思想、疑古思潮、古史辨派研究的成果较多,对顾氏《中国辨伪史略》一书的研究鲜见。目前所见只有张京华

① 梁松涛、孙小超:《梁启超文献学研究状况述评》,《图书馆工作与研究》2006 年第 2 期。
② 李伟:《略论梁启超的〈古书真伪及其年代〉——文献辨伪学史上一部里程碑式著作》,《图书馆工作与研究》2017 年第 3 期。
③ 杨绪敏:《中国辨伪学史》,天津人民出版社 2007 年版,第 296 页。
④ 吴少珉、赵金昭、张京华:《二十世纪疑古思潮》,学苑出版社 2003 年版,第 138—139 页。
⑤ 如"辨伪工作,萌芽于战国、秦、汉,而勃发于唐、宋、元、明,到了清代濒近于成熟阶段"(顾颉刚:《秦汉的方士与儒生(附〈中国辨伪史略〉)》,上海古籍出版社 1998 年版,第 248 页)这一观点就被杨绪敏继承并进一步发展,在《中国辨伪学史》(天津人民出版社 2007 年版)一书中以篇章标题的形式呈现出来。

《辨伪学与辨伪史的再评价——顾颉刚〈中国辨伪史略〉读后》(《咸阳师范学院学报》2007 年第 1 期)一文,也仅仅是对该书的简要评介。此外,洪认清还对胡适和顾颉刚辨伪学思想进行了比较分析,发表了《顾颉刚的"疑古辨伪"思想与胡适的学术影响》(《安徽史学》2002 年第 1 期)一文。相对于《中国辨伪史略》的学术地位和成就来说,目前学界对其研究明显不足,很有深入"挖掘"的必要。

在中国传统辨伪方法和理论的基础上,经过 20 世纪初期胡适、梁启超、顾颉刚、曹养吾等人的系统总结和研究,中国辨伪学理论得到了长足发展。受此影响,张心澂积十年之力完成的《伪书通考》一书,成为 20 世纪文献辨伪的集大成之作。其中有关辨伪学理论的阐述,将民国辨伪学理论推进到一个新的发展阶段。1939 年,《图书季刊》誉其"采辑之勤,使是书成历代辨伪成绩之汇,亦考镜目录者所不废也"①。1940 年,《中和月刊》对该书进行了详细的介绍和评论,认为:"是书之作,在使学者尽知前人之成说,以为治学之基础。""今本书所收,四部之外,佛道二藏,兼录并采,足见致力之勤矣。"②学界关于《伪书通考》的研究成果有杨绪敏《张心澂与〈伪书通考〉》(《徐州师范大学学报(哲学社会科学版)》2000 年第 2 期)、李岚《张心澂与〈伪书通考〉》(广西师范大学,2001)、林艳红《张心澂与〈伪书通考〉》(《津图学刊》2003 年第 5 期)和《从〈伪书通考〉中考寻张心澂的辨伪学思想及贡献》(《桂林师范高等专科学校学报(综合版)》2005 年第 3 期)等。随着研究的深入,近年来出现了对张心澂与郑良树辨伪学成就的比较研究,如孙新梅《张心澂和郑良树的辨伪成就》(《河南图书馆学刊》2016 年第 8 期)。《伪书通考》面世 80 多年来,除了 21 世纪初短暂的研究"繁荣"外,近十年来又出现明显"沉寂"的局面。

(5)辑佚学

20 世纪初,随着西方自然科学和人文社会科学理论和方法的引进,中国的辑佚学理论在传统辑佚学成就的基础上得到较快发展,出现了一批论述辑佚学理论的成果,如梁启超的《中国近三百年学术史·清代学者整理旧学之总成绩·辑佚书》、刘咸炘的《目录学·存佚》《校雠述林·辑佚书纠缪》、蒋元卿的《校雠学史·校雠学的鼎盛时期·辑佚与辨伪》、蒋伯潜的《校雠目录学纂要·搜辑佚文》、张舜徽的《广校雠略·搜辑佚书论》、王重民的《清代两个大辑佚书

---

① 张心澂:《图书介绍:伪书通考》,《图书季刊》1939 年第 4 期。

② 张心澂:《书林偶拾:伪书通考》,《中和月刊》1940 年第 5 期。

家评传》等。

对民国辑佚学理论的研究始于 20 世纪 80 年代之后。1998 年,曹书杰在《中国古籍辑佚学论稿》中对民国辑佚学理论进行了梳理,重点分析了梁启超、刘咸炘、王重民的辑佚学成就①,但却失之于略。2009 年,臧其猛完成了硕士论文《民国辑佚学研究》,对民国诸多学者的辑佚实践成果进行了总结,但对辑佚学理论的论述略显薄弱。随后,他又发表了《论民国时期辑佚理论的讨论和创立》(《淮阴师范学院学报(哲学社会科学版)》2015 年第 3 期)一文,该文从典籍散佚的原因、辑佚的定义和范围界定、辑佚的起源、辑佚的取材、鉴定辑佚书优劣的标准、辑佚中应注意的事项、辑佚的价值意义等方面进行了分析论述。② 这些成果大致梳理了民国辑佚学史的基本线索,对于推动民国辑佚学理论研究走向深入发挥了积极作用。

关于梁启超辑佚学理论的研究,除了曹书杰等人的研究成果之外,还有臧其猛《梁启超在辑佚学理论方面的成就》(《巢湖学院学报》2008 年第 5 期)和彭忱《略论梁启超先生的辑佚学思想》(《黑河学刊》2015 年第 12 期)两篇文章,这些文章从多个方面对梁启超辑佚学思想进行了阐述,奠定了梁氏辑佚学研究的基础。

张舜徽辑佚理论的研究论文有臧其猛《论张舜徽先生的辑佚学思想》(《大学图书情报学刊》2009 年第 2 期)。该文从辑佚之依据、方法、意义三个方面分析了张氏辑佚学思想,肯定了其"创造性的劳动"及为辑佚学学科建设作出的巨大贡献。③

《清代两个大辑佚书家评传》是王重民辑佚学研究成果④中具有较强理论

---

① 曹书杰:《中国古籍辑佚学论稿》,东北师范大学出版社 1998 年版,第 268—274 页。

② 臧其猛:《论民国时期辑佚理论的讨论和创立》,《淮阴师范学院学报(哲学社会科学版)》2015 年第 3 期。

③ 臧其猛:《论张舜徽先生的辑佚学思想》,《大学图书情报学刊》2009 年第 2 期。

④ 曹书杰认为,王重民为民国年间辑佚学研究成果较多的学者,其先后共撰写发表有 9 篇此方面的成果,分别为《〈补晋书艺文志〉书后》(《北平北海图书馆月刊》1 卷 5 期,1928 年 10 月)、《读〈汉书艺文志拾遗〉》(《国立北平图书馆月刊》3 卷 3 期,1929 年 9 月)、《孙渊如外集自序》(《图书馆学季刊》5 卷 3、4 期,1932 年 12 月)、《清代两个大辑佚家评传》(《辅仁学志》第 3 卷第 1 期,1932 年 1 月)、《张澍辑佚书〈补晋书艺文志〉》(《学文》1 卷 5 期,1932 年 5 月)、《苍颉篇辑本述评》(《辅仁学志》4 卷 1 期,1933 年 12 月)、《〈永乐大典〉的续纂及其价值》(1963 年修订)(《社会科学战线》1980 年 2 期)、《〈七志〉与〈七录〉》(《图书馆杂志》1962 年 1 月),后两篇为中华人民共和国成立后发表,曹说此处疏忽。详见曹书杰《中国古籍辑佚学论稿》,东北师范大学出版社 1998 年版,第 273 页。

色彩的一篇文章。该文最初发表于 1932 年 1 月的《辅仁学志》第 3 卷第 1 期，现已收入王重民《中国目录学史论丛》(中华书局 1984 年版)。曹书杰在《中国古籍辑佚学论稿》(东北师范大学出版社 1998 年版)、《20 世纪的辑佚学研究(1949 年以前)》(《淮阴师范学院学报》2000 年第 5 期)及《中国辑佚学研究百年》(《东南学术》2001 年第 5 期)等文中对此略有涉及。

相对于个体研究来说，比较研究的成果更少，目前仅见对刘咸炘与梁启超辑佚学思想的比较研究，该文从"辑佚产生的原因及发展历程、辑佚的材料、辑佚优劣的评判以及辑佚的价值"等方面进行了分析，认为"二人成就各有建树"。①

3. 近代文献学相关学科研究

白寿彝在界定古文献学的分支学科②之后，又指出了与古文献学有联系的学科，如古汉语、古民族语文、甲骨文字、金石文字、年代学、历史地理学等等③。在此基础上，周少川认为，文献学的分支学科只包括"目录、版本、校勘、辑佚、辨伪、注释等六门专学"，"其他的一些专学，应分属于边缘学科和相关学科"④，如典藏、编纂、考证、史源、避讳、文字、音韵、训诂、金石、档案等。因此对文献学相关的专学进行探讨也成为本课题研究的应有之义。

(1) 典藏学

袁同礼在中国古代藏书史方面有深入研究，著有《宋代私家藏书概略》《明代私家藏书概略》《清代私家藏书概略》(分别刊于《图书馆学季刊》1928 年第 2 卷第 2 期、第 2 卷第 1 期、第 1 卷第 1 期)等文，这些私家藏书系列论文大致勾勒了宋、明、清三代私家藏书发展的线索，资料翔实，考证严密，在"图书馆史研究上具有划时代意义"⑤。同时，也为后世学者从事此方面研究奠定了良好的基础，其筚路蓝缕的开拓之功不容忽视。目前学界仅有蔡振翔《袁同礼的中国藏书史研究》(《国家图书馆学刊》2015 年第 2 期)一文对袁氏系列论文进行概述和分析，对于深入理解袁同礼在中国近代学术史上的地位和作用大有裨益。

----

① 顾文杰：《试比较刘咸炘和梁启超的辑佚学思想》，《兰台世界》2017 年第 14 期。
② 白寿彝：《谈历史文献学——谈史学遗产答客问之二》，《史学史研究》1981 年第 2 期。
③ 白寿彝：《关于历史文献学问题答客问》，《文献》1982 年第 4 期。
④ 周少川：《当前历史文献学学科建设刍议》，《淮北师范大学学报(哲学社会科学版)》2012 年第 6 期。
⑤ 蔡振翔：《袁同礼的中国藏书史研究》，《国家图书馆学刊》2015 年第 2 期。

陈登原《古今典籍聚散考》是全面论述中国藏书史上图书典籍散佚、毁失现象的著作，也是陈氏文献学研究的集大成之作。该书又名《艺林四劫》①，撰成于1932年10月②，被誉为"中国藏书史上第一部史论结合的专著"③，"中国文献史研究的滥觞"④，"20世纪初主要的文献史研究著作之一"⑤。谢灼华认为，该书从"古代典籍聚散得失的角度，扩大考察的范围，从政治原因的影响、军事破坏的损失、个人兴趣爱好和经济因素引发藏书的流散，以至自然因素如水、火、虫等对典籍的干扰，全面地解剖了中国典籍发展的历史轨迹"⑥。诸多学者虽然对该书有所提及，但却鲜有整体性的研究成果，仅有的几篇也是对该书的述评和辨析，如吴华（1986）、郭海清（2005）、刘鹏（2012）等人的成果。由此可见，学界对该书的研究仍处于起步阶段，研究很不充分。

杨立诚、金步瀛《中国藏书家考略》初版于1929年，主要以《藏书纪事诗》的资料为据写成传略体，补充资料不多。上海古籍出版社的新印本附有俞运之的校补，补充了100多位藏家和部分数据，可裨参考。⑦该书收录了自秦汉至清末的藏书家共计741人，是研究我国藏书文化的重要著作。目前关于此书的研究也仅限于对其进行指误，如范凤书《新版〈中国藏书家考略〉讹误数例》（《江苏图书馆学报》1991年第2期）和《中国私家藏书文献主要讹误考订》（《图书馆杂志》1999年第6期）。

除此之外，关于民国时期典藏学的理论著述还有觉迷《铁琴铜剑楼藏书》（1913）、洪有丰《清代藏书家考》系列论文（1926—1927）、聂光南《山西藏书考》（1928）、王献唐《海源阁藏书之损失与善后处理》（1931）、陈登原《天一阁藏书考》（1932）、何多源《广东藏书家考》（1933）、赵万里《重整范氏天一阁藏书记略》（1934）等，还有一些已收入李希泌等人所编《中国古代藏书与近代图书馆史料（春秋至五四前后）》（中华书局，1982）一书，这些有关民国典藏学的理论

---

① 陈登原有言，"兹编所述，以书之聚散为经，而以年事为纬。其在聚散之际，艺林故事，足资兴怀，亦如采录。因颜吾书，曰《艺林四劫》，又名为《古今典籍聚散考》云"（陈登原：《古今典籍聚散考》，华东师范大学出版社2010年版，第14页）。
② 该书的"凡例"中注有"民国二十一年十月，余姚陈登原记"（陈登原：《古今典籍聚散考·凡例》，华东师范大学出版社2010年版，第2页）。由此可知，该书撰成于1932年10月。
③ 范凡：《陈登原及其文献学论著》，《图书情报工作》2006年第2期。
④ 谢灼华、朱宁：《20年来我国文献学理论研究综述（1978—1998）》，《津图学刊》1999年第3期。
⑤ 王余光：《20世纪中国文献学研究综论》，《图书情报工作》2002年第11期。
⑥ 谢灼华：《回顾民国时期古代藏书与近代图书馆史研究》，《图书馆理论与实践》2009年第10期。
⑦ 林夕：《"二分尘土一分流水"——评藏书家传略与记事之作》，《读书》1992年第2期。

著述,很多学界并未涉及。

(2)年代学

陈垣不仅在校勘学方面成就巨大,而且在历史年代学、史讳学方面也有精深的研究,为近代文献学的发展作出了突出贡献。对此,白寿彝曾给予高度评价。① 陈垣在年代学研究方面的代表作是《二十史朔闰表》和《中西回史日历》。韦莲莲从历史年代学渊源、《二十史朔闰表》《中西回史日历》编制原因和过程及二书学术价值三个方面分析了陈垣对历史年代学的贡献②,这篇文章是目前所知专题研究陈垣年代学的学术论文。此外,在研究陈垣历史文献学成就和学术思想的论著中对此也有涉及,如张俊燕《试论陈垣对中国历史文献学的贡献》(《广西师范大学学报(研究生专辑)》1992 年增刊)、肖雪《论陈垣先生的历史文献学思想》(《图书与情报》2004 年第 3 期)、崔文媛《试论陈垣对历史文献学的建基性贡献》(《河南师范大学学报(哲学社会科学版)》2009 年第 5 期)及牛润珍《陈垣学术思想评传》(北京图书馆出版社 1999 年版)等,其中以牛润珍《陈垣学术思想评传》论述较为深入。这些成果的发表为陈垣年代学研究做了重要铺垫,有利于深化文献学相关学科的研究。

(3)史讳学

民国史讳学方面的代表作是陈垣的《史讳举例》,关于此方面的研究可以分为两大类:一类是宏观方面的研究,如罗邦柱《因其例得其正——论陈垣〈史讳举例〉的学术地位》(《社会科学战线》1992 年第 4 期)、邓瑞全《陈垣的〈史讳举例〉》(《文史知识》1999 年第 7 期)、牛润珍《陈垣学术思想评传》(北京图书馆出版社 1999 年版)、张恒俊《陈垣与避讳学》(《东南亚纵横》2003 年第 6 期)、周少川《陈垣的避讳学研究——论〈史讳举例〉的历史文献学价值》(《淮北煤炭师范学院学报(哲学社会科学版)》2006 年第 4 期)、朱露川《陈垣〈史讳举例〉的思想、结构和方法论意义》(《学术研究》2015 年第 10 期)、卞仁海《中国避讳学史》(中国社会科学出版社 2017 年版)等;另一类是对《史讳举例》的补充和纠谬,如王旭光《对〈史讳举例〉的一条补充》(《文献》1989 年第 3 期)、张涌泉《〈对《史讳举例》的一条补充〉再补》(《文献》1990 年第 2 期)、杨朝明《东晋后讳并不甚严说——陈垣先生〈史讳举例〉中的一处疏忽》(《历史教学》1991 年第 7 期)、郭

---

① 白寿彝:《要继承这份遗产》,《励耘书屋问学记》代序,三联书店 1982 年版,第 2 页。
② 韦莲莲:《陈垣对历史年代学的贡献》,《兰台世界》2009 年第 1 期。

康松《对〈史讳举例〉的补充与修正》(《湖北民族学院学报(社会科学版)》1996年第 4 期)、马秀兰《〈十驾斋养新录〉〈史讳举例〉"刘聘君"避讳改字说商榷》(《文献》2012 年第 2 期)等。这些研究成果开创了陈垣史讳学研究的先河,成为本项目研究的基础和起点。

(二)研究现状反思

通过对近代文献学理论著述研究状况的考察,笔者认为,前贤时哲关于此方面的研究,可谓视角多元,成果丰硕,为本项目的研究提供了基本的研究思路。但前期的研究成果也存在一些亟须改进的地方和拓展的空间,这也是本课题研究努力的方向。概括起来,前期研究成果主要有以下几点不足:

第一,缺乏整体性的研究成果。虽然相关通论性文献学著作对近代文献学的研究有所论述,但篇幅较小,不够系统且未能深入,许多著名的文献学家和重大的文献学理论成就也往往被忽略。学界对近代文献学理论成就尤其是文献学学科建设的成就进行整体研究的学术论文、学位论文及专著目前尚无。因此,对近代文献学的理论成就、发展历史进行系统研究便显得尤为必要。

第二,研究范围较小且未能注意到个案研究之间的学术关联度。前期成果多属个案研究,如对一个文献学家、一本文献学著作的研究较多,对文献学家之间的学术继承研究得较少。同时也未能将文献学家及文献学著述置于民国学术的大环境中进行深入考察分析并给出恰如其分的学术定位和评价。

第三,重复研究的现象较为普遍。前期研究成果主要集中在对个别学术人物及著述的研究,如对陈垣、王国维、顾颉刚的研究相对较多,并且很多文章在内容上也有较多相似之处。

第四,研究的深度不够。很多文章仅仅局限于对文献学家的文献学理论成就的简单介绍,未能进行高度概括的经验总结和深入细致的理论分析,更没有将其置于网络化的学术环境中进行研究。

第五,一些学术观点仍有待商榷。关于近代文献学的研究,尽管出现了较多个案研究的有深度的学术论文,但由于受到特定学术环境等因素的影响,其中仍存在着一些亟待解决的问题,现有的某些观点也有待进一步商榷。

三、研究范围的界定

本书侧重于 20 世纪上半期的文献学研究。由于很多学者横跨晚清、民国、中华人民共和国三个历史时期,许多学术著作的撰著、出版、印制的时间也不尽相同。因此,关于近代的文献学研究,需要界定其研究范围。

本书涉及的理论著述包括:撰著于晚清,但出版于民国时期的著作,如叶德辉《书林清话》等;撰著和出版均在民国时期的著作,本课题研究的理论著述绝大多数属于此类;基本思想和体例形成于民国时期,但学术著作出版在中华人民共和国成立之后,如程千帆《校雠广义》、顾颉刚《中国辨伪史略》等。

本书所说的文献学"理论"是相对于古籍整理的"实践"而言的。这里的"理论"不仅包括文献学的基本理论(如文献、文献学、古文献等的定义,文献的载体、体裁、体例、体式等)、文献学的方法(目录、版本、校勘、辨伪、辑佚、编纂等)①,还包括文献学的发展史,如蒋元卿《校雠学史》和《中国图书分类之沿革》、孙毓修《中国雕板源流考》、顾颉刚《中国辨伪史略》、王重民《清代两个大辑佚书家评传》、袁同礼的宋明清《私家藏书概略》系列论文的研究,在本书中都有论述。对于目录书和其他工具书,因其属于古籍整理的实践成果,理论色彩较为淡薄,故一般不予涉及。但也有例外,如张心澂《伪书通考》、陈垣《二十史朔闰表》等,这些著述里也有理论的论述,对于近代文献学学科建设意义重大,不容忽略。

"著述"指的是"著作"和"论述"。"著作"不仅包括文献学的理论专著(如余嘉锡《目录学发微》、钱基博《版本通义》等),还包括散见于其他著作中的有关文献学的论述片段及某些著作的序、跋等(如胡适在《中国哲学史大纲》中关于辨伪的论述、陈垣《通鉴胡注表微》中关于避讳的论述等)。而"论述"一般指的是课堂所用讲义及讲话稿、演讲稿之类,这些论述大多已由本人或后人整理成文字编入著作或专著中。

---

① 洪湛侯认为,文献学方法论的专著,是"文献学理论的另一种形式"。"同以说理为主的系统理论著作在形式上可能微有差别,但它所起指导实践的作用是相同的,甚至还更加明显。把技术性方法论归入文献学理论宝库之中,应该说是符合实际情况而且是富有现实意义的。"参见洪湛侯:《中国文献学新编》,杭州大学出版社1994年版,第395页。

第一章　相关概念的厘定

在学术研究规范中,相关概念的厘定往往是学术研究的起点,因为其关涉到研究对象的明确与否。诚如所言,"盖学术之研究,第一贵有概念。……既不知有概念,既(疑为'即'——引者按)不知对于一个概念而下定义;不知下定义,则此概念与彼概念之不同,无由辨别;此学问与彼学问之分界,亦无由确定"①。即使同一概念,由于时代变迁及适用语境不同,其内涵和外延亦会有所变化。陈寅恪有言:"盖一时代之名词,有一时代之界说。其涵义之广狭,随政治社会之变迁而不同,往往巨大之纠纷讹谬,即因兹细故而起,此尤为治史学者所宜审慎也。"②本课题的相关概念,"文献""文献学""古文献学""学术""学科""体系"等,长期以来学界众说纷纭、聚讼不已、莫衷一是。为此,《文献》编辑部在 20 世纪 80 年代曾专门组织相关讨论。然迄今为止,似仍未有定论。因此,对于治史者来说,概念的厘定尤为关键。在进行本课题研究之前,对相关概念进行梳理、阐释及本文立场上的界说显得尤为必要。

第一节　"文献"一词的由来及涵义

"文献"一词,据考最早见于《论语·八佾》篇:"夏礼吾能言之,杞不足征也;殷礼吾能言之,宋不足征也。文献不足故也,足则吾能征之矣。"对此,学界

---

① 张君劢:《明日之中国文化》,山东人民出版社 1998 年重排本,第 78 页。
② 陈寅恪:《元代汉人译名考》,载《金明馆丛稿二编》,三联书店 2001 年版,第 105 页。

似无异议。① 《礼记·礼运》篇有与之相似的文字："孔子曰：我欲观夏道，是故之杞而不足征也，吾得《夏时》焉；我欲观殷道，是故之宋而不足征也，吾得《乾坤》焉。"据此可知，孔子深感不足的所谓"文献"，此处所指为《夏时》与《乾坤》，而两者均为夏殷两代的重要史料。应该说，这是对于"文献"一词的最早解释。

对于"文"的解说，后世基本趋于一致。如《说文》有"文，错画也，象交文"，在此基础上衍生出"图画""文字"等意义。郑玄注《论语·八佾》篇亦用"文章"二字解释"文"字，但对"献"的解释却不尽相同。《说文》："献，宗庙犬名羹献，犬肥者以献之。从犬，鬳声。"段玉裁注："献本祭祀奉犬牲之称。"郑注则认为："献，犹贤也。"郑注可能源于《尔雅·释言》："献，圣也。"圣之于贤，乃同一意义。后世学者，多沿用郑注，如南宋朱熹《四书集注》云："文，典籍也；献，贤也。"清代刘宝楠亦认为："文谓典册，献谓秉礼之贤士大夫。"②明代焦竑《国朝献征录》、清代李桓编《国朝耆献类征》中的"献"均为"人物""贤才"之意。③ 因此，当今有学者把"文献"理解为"文字材料和活材料"④。对于后者，段玉裁虽不认可，但却通过考证相关文献得出"献""仪"通假的结论并对郑注进行了解释，他说："凡训诂之例，义隔而通之曰'犹'。'献'本不训'贤'，直以其为'仪'字之假借，故曰'犹贤也'。"⑤刘师培在段氏观点的基础上作了进一步的解说："仪、献古通。……文献即文仪也。书之所载谓之文，即古人所谓典章制度也；身之所习谓之仪，即古人所谓动作威仪也……孔子言夏殷文献不足，谓夏殷简策不备，而夏殷之礼又鲜有习行之。"⑥但对于这一"迂回解释"，有人认为其"颇嫌牵强"。⑦

直至今天，对"献"解释的两个"版本"依然存在。董恩林认为，"献"有"献进"之义，古有"贡献""膳献""羹献"等说法。"文献"之"献"即古代祭祀荐进

① 郑鹤声、郑鹤春《中国文献学概要》（上海书店 1983 年版）、王欣夫《文献学讲义》（上海古籍出版社 2005 年版）、张舜徽《中国文献学》（上海古籍出版社 2011 年版）、洪湛侯《中国文献学新编》（杭州大学出版社 1994 年版）、杜泽逊《文献学概要》（中华书局 2001 年版）、张富祥《宋代文献学研究》（上海古籍出版社 2006 年版）、陈一梅《汉代文献学及其思想研究》（西北大学 2007 年博士学位论文）等均持此说。
② 刘宝楠：《论语正义》，中华书局 1990 年版，第 92 页。
③ 杜泽逊：《文献学概要》，中华书局 2001 年版，第 4 页。
④ 李泽厚：《论语今读》，安徽文艺出版社 1998 年版，第 83—84 页。
⑤ 阮元：《清经解（第四册）》，上海书店 1988 年版，第 33、82 页。
⑥ 刘师培：《文献解》，载《刘师培全集（第三册）》，中共中央党校出版社 1997 年版，第 26—27 页。
⑦ 陈一梅：《汉代文献学及其思想研究》，西北大学 2007 年博士学位论文。

之物中的"献进之文"，子夏等百二十国宝书进献给孔子亦属其类，故孔子有"文献"之谓。① 张富祥对"献"的理解与之类似："大概在初是指祭祀活动中的犬牲献，亦指一切牺牲的进献；及祝辞颂语或其他与享荐相关的内容形于文字，写于简牍或缣帛之上献于祖宗神灵，则按之事物名义，便当称之为'文献'。"②但简牍缣帛在夏商时代是否为文献的载体尚存质疑。③ 郑注则得到更多人的认可，如郑鹤声、王欣夫、张舜徽、吴枫、张三夕、洪湛侯、杜泽逊、张家璠、杨燕起、程树德等。④

　　从史学史的视角来看，在文字产生之前的远古时期，先人们依靠口耳相传的方式延续古老的记忆，于是神话和传说便成为重要的史料来源。由此可知，"献"先于"文"而产生。在书写条件极不发达的先秦时期，贤者及其所拥有的智慧和信息对于当时社会上层甚至整个社会都显得尤为重要。"文"和"献"不仅为当时重要的知识载体，而且也是学术创作的重要源泉，如司马迁在写作《史记》的过程中，正是根据"史记石室金匮之书"和"天下放失旧闻"⑤两种重要的信息来源进行创作的。此时"文""献"作为知识的两种载体是相互独立的，"文献"一词也是作为联合式的合成词而存在的。随着历史的发展及书写条件的改善，"文献"逐渐成为一个相互流动的概念，前贤的智慧、知识、口传一旦登于典册，此时的"献"变成了"文"，昔日之"献"便成为今日之"文"。应该说，自"献"至"文"的这种流动始于文字产生之后，先秦时期的这种流动已经十分明显。对于孔子的弟子来说，孔子及其所负载的知识便是名副其实的"献"，而其一旦被弟子用文字记载并编辑成册，便成为不折不扣的"文"。而贤人们通过汲取典籍（"文"）上的知识和智慧并在此基础上进行理论的升华，此时的"文"又转变成

① 董恩林：《"文献"之我见——兼与单柳溪同志商榷》，《文献》1986年第4期。
② 张富祥：《宋代文献学研究》，上海古籍出版社2006年版，第2页。
③ 陈一梅：《汉代文献学及其思想研究》，西北大学2007年博士学位论文，第2页。
④ 郑鹤声、郑鹤春：《中国文献学概要·例言》，上海书店1983年版，第1页；王欣夫：《文献学讲义》，上海古籍出版社2005年版，第1—2页；张舜徽：《中国文献学》，上海古籍出版社2011年版，第1—2页；吴枫：《中国古典文献学》，齐鲁书社1982年版，第1页；张三夕：《中国古典文献学》（第二版），华中师范大学出版社2007年版，第1页；洪湛侯：《中国文献学新编》，杭州大学出版社1994年版，第1页；杜泽逊：《文献学概要》，中华书局2001年版，第2页；张家璠、黄宝权：《中国历史文献学》，广西师范大学出版社1989年版，第2页；杨燕起、高国抗：《中国历史文献学》（修订本），北京图书馆出版社2003年版，第1—2页；程树德：《论语集释》卷五《八佾上》，第一册，中华书局1990年版，第164页。
⑤ 司马迁：《史记·太史公自序》，中华书局2008年版，第2562、2594页。

了"献"。"文"与"献"便在这种相互转换和流动中实现了知识的传承和发扬光大，并不断推动社会向前发展。同时社会的发展又加速了"文""献"之间的相互转换。与此同时，"文献"一词的内涵和外延也在悄然发生变化，岁月的长河逐渐漫漶了二者的界限，从汉迄唐的史料之中，"文献"一词于谥号之外已不多见，宋代的典籍中的"文献"已不再强调二者的独立，"文献"一词逐渐向"文"转化，其也由一个联合式的合成词向偏义复合词的方向转化。

　　宋末元初马端临所著《文献通考》是目前所知我国最早的以"文献"命名的典籍，马氏在该书《总序》中对"文献"二字进行了解说。① 马氏以"文""叙事"，以"献""论事"，但无论是"叙事"的"经史""会要""百家传记之书"，还是"论事"的"奏疏""近代诸儒之评论"②，似都为形诸文字的典籍或史料。综观全书，材料也多取自典籍一类的文字记录。因此，马氏所说的"文献"其实更多的侧重于古义所说的"文"，"献"在此似乎成了具文。宋元以降，"文献"一词在典籍中更多成为图书资料的代名词，如："我欲东夷访文献，归来中土校全经。""锐然以兴起斯文为己任，搜罗文献，表彰风化。""睹乔木而思故家，考文献而爱旧邦。"③

　　概念是在不断发展变化的，现代汉语中的"文献"已是一个不能分开理解的具有单一语素的名词。由于记录手段和载体形式的不断变化，"文献"一词的内涵与外延也在不断发生变化，对于不同研究者来说，其所理解的含义则不尽相同，或说"一切历史性的材料"④"古今一切社会史料的总称"⑤"比较重要的文字资料"⑥"有意义的比较主要的书面材料"⑦"以字符、声像等为信号的以便于长期保存和广泛传播的物体为信道或载体的人类精神信息的固态品"⑧"以一定

---

① 参见马端临：《文献通考》（第一册），中华书局1972年版，第3页。
② 张舜徽继承和发展了马端临的这一观点，在《中国文献学》一书中，张说："过去封建学者们所强调的'征文考献'便是说了解过去的历史，一方面取证于书本记载，一方面探索于耆旧言论。言论的内容，自然包括世代相承的许多传说和文人学士的一些评议在内。"（张舜徽：《中国文献学》，上海古籍出版社2011年版，第1页）他把"献"理解为"耆旧言论"并对言论进行了具体的解说。随着历史的发展，"耆旧言论"多形诸文字转换为史料和典籍。
③ 杨维祯：《东维子文集（卷5）》，《四部丛刊》初编本；赵尔巽等：《清史稿》卷485《朱筠传》，中华书局点校本；张元济：《四部丛刊征启》，《四部丛刊征录》卷首。
④ 王欣夫：《文献学讲义》，上海古籍出版社2005年版，第2页。
⑤ 杜泽逊：《文献学概要》，中华书局2001年版，第4页。
⑥ 张家璠、黄宝权：《中国历史文献学》，广西师范大学出版社1989年版，第4页。
⑦ 白寿彝：《谈历史文献学》，《史学史研究》1981年第2期。
⑧ 朱建亮：《论文献观》，《图书情报工作》1986年第6期。

方式将人类所获得的知识或信息记录于一定载体之上所形成的东西"①"任何具有一定历史或科学价值的含有知识信息的物质载体"②等等。董恩林认为,"文献"一词出现歧义的原因主要是很多人将传统文献概念与现代文献概念混为一谈,现代文献概念是"着眼于图书资料所含有用的知识和信息"③而言的,因此其含义相对宽泛。即使对于传统文献概念,也应结合具体的研究情况进行限定,如对特定时段或特定地域的某种文献进行研究。概念是空洞的,只有把概念放在特定的语境中,才能彰显其具体而微的形象,现实中的研究才具有可操作性。本课题所界定的文献概念为侧重于古籍图书资料的传统文献概念,与现代图书情报学专业的文献概念(如音频、视频、情报等)有着严格的区分。

第二节　"文献学""古文献"与"古文献学"

一、文献学

相对于"文献"概念,"文献学"概念出现的时间较晚。20 世纪 20 年代,梁启超首先提出了这一概念:"清代史学极盛于浙,鄞县万斯同最称首出。斯同则宗羲弟子也。……其后斯同同县有全祖望,亦私淑宗羲,言'文献学'者宗焉。"④此后他在其著述中又多次使用这一概念,如《国学入门书要目及其读法》《要籍解题及其读法》《读书法讲义》《治国学的两条大路》《中国近三百年学术史》等七种。据统计,其使用"文献学"的概念达 20 次,其中"文献学"15 次、"文献之学"3 次、"文献学问"1 次、"文献的学问"1 次。⑤ 与此同时,梁启超也对"文献学"这一概念进行了有意无意的界定,如"这种学问,我们名之曰'文献学'——大部分是历史,但比普通所谓历史的范围要广"⑥。"明清之交各大师,大率都重视史学——或广义的史学,即文献学。"⑦梁启超把"文献学"定义为广义的史

① 杨燕起、高国抗:《中国历史文献学》(修订本),北京图书馆出版社 2003 年版,第 4 页。
② 赵国璋、潘树广:《文献学辞典》,江西教育出版社 1991 年版,第 186 页。
③ 董恩林:《中国传统文献学概论》,华中师范大学出版社 2007 年版,第 4 页。
④ 梁启超:《清代学术概论》,上海古籍出版社 1998 年版,第 18 页。
⑤ 彭树欣:《梁启超文献学思想研究》,光明日报出版社 2010 年版,第 32 页。
⑥ 梁启超:《读书法讲义》,载梁启超著、夏晓虹辑《〈饮冰室〉集外文(下册)》,北京大学出版社 2005 年版,第 1355 页。
⑦ 梁启超:《中国近三百年学术史》,东方出版社 1996 年版,第 105—106 页。

学,似乎"混淆了二者的研究对象和范围"①。但他在其著述中总结了乾嘉考据学的方法,从学术系统、科学方法上肯定了其意义和重要性。同时也阐述了文献学研究对于国民素质提高和学术文化影响所发挥的重要作用,大大提高了文献学的地位。因此,梁启超对于中国文献学发展的贡献是有目共睹的。② 同时梁启超的"文献学"思想对郑鹤声、郑鹤春兄弟及张舜徽等人均产生了重要影响。③

在借鉴梁启超文献学思想的基础之上,郑鹤声、郑鹤春兄弟编著了目前所知我国第一部以"文献学"命名的专著——《中国文献学概要》。在该著《例言》中,二郑对郑玄注及马端临"文献"定义进行了梳理,然后对"文献学"这一概念进行了具体的阐释。④ 郑氏对"文献学"的解说较为周全,但也失之笼统。有人认为,该书没有廓清所谓的中国文献,实质上是中国文献流布史。⑤ 有人认为其体系结构缺乏内在逻辑性,体现了古典文献学脱离校雠学之名初期理论研究的片面性和迷茫性。⑥ 但该书从六个方面分篇叙述,涉及了"古籍的分类目录、点校整理、经籍传授、编纂、版本和刻印源流等问题",实际上包括了"古籍整理研究中有关目录学、版本学、编纂学、校勘学以及中国书史等许多方面的内容"。⑦ 其重要意义在于通过对古典文献学研究对象、范围、内容的高度概括,初步构建了其研究体系。最为重要的是,在中西文化冲撞的时代背景下,该书"重新审订、申明中国文献学的世界地位、价值"⑧,强调在提倡科学救国的同时,不能废弃对中国固有文献的研究,同时呼吁对中国文献的研究应当世界化和国际化。

继承梁启超文献学观点的还有郭沫若。1945 年,郭沫若在《十批判书》的后记中说:"秦汉以前的材料,差不多被我彻底剿翻了。考古学上的、文献学上的、文字学、音韵学、因明学,就我所能涉猎的范围内,我都作了尽我可能的准备和耕耘。"⑨显然,郭沫若在这里以"文献学"一词代替史学。

20 世纪 50 年代,王欣夫在复旦大学讲授文献学课程,他认为,马端临《文献

① 陈一梅:《汉代文献学及其思想研究》,西北大学 2007 年博士学位论文,第 6 页。
② 谢灼华:《中国近现代学者文献观之发展》,《图书情报知识》1994 年第 4 期。
③ 彭树欣:《梁启超文献学思想研究》,光明日报出版社 2010 年版,第 55—66 页。
④ 参见郑鹤声、郑鹤春:《中国文献学概要·例言》,上海古籍出版社 2001 年版,第 1 页。
⑤ 华夫:《中国文献与子母工具书纵论》,《天津大学学报》1987 年第 6 期。
⑥ 王余光、汪涛、陈幼华:《中国文献学理论研究百年论述》,《图书与情报》1999 年第 3 期。
⑦ 张君炎:《中国文学文献学》,江西人民出版社 1986 年版,第 11 页。
⑧ 郑一奇:《中国文献学概要·导读》,上海古籍出版社 2001 年版,第 1 页。
⑨ 郭沫若:《十批判书》,科学出版社 1956 年版,第 465 页。

通考》所包含内容属于广义的"文献学",而广义的"文献学"在课堂上是无法讲授的。他说:"既称为'文献学',就必须名副其实,至少要掌握怎样来认识、运用、处理、接收文献的方法。这方法要能够执简御繁,举一反三,譬如一把多种形状的钥匙,可以开启多种形式的锁。……根据前人积累的经验,实践的效果,本课定为三个内容:一、目录;二、版本;三、校雠。"①张舜徽认为,古代的校雠学就是现代的文献学,现代文献学家担负起了古代校雠学家整理、编纂、注释文献的工作。② 白寿彝对历史文献学的分支学科和相关学科也有论述。③ 他还指出,作为一门学科,历史文献学可以包含四个部分,即理论的部分、历史的部分、分类学的部分、应用的部分。④ 洪湛侯在继承前人观点的基础上提出了自己的文献学概念和学科体系⑤,包括文献的"体、法、史、论"等几个方面的内容,并且强调把这几个方面融为一体进行系统研究的必要性。《文献学辞典》参考了张君炎的观点,将"文献学"定义为"研究文献的产生、发展、整理和利用"的专门学科,并且认为"文献学"在我国通常有两个含义,即传统意义上的文献学(或称古典文献学)和现代文献学。在解释传统文献学时他指出,传统文献学是在综合校雠、目录、版本诸学基础上发展起来的一门学科。⑥

20 世纪以来,随着西方现代图书馆学、情报学在中国的产生和发展,有别于传统文献学的图书情报系统的现代"文献学"概念开始产生并逐渐流行,一些相关学者也纷纷加入文献学研究阵容。于是,有些学者试图将传统文献学概念与现代文献学概念进行糅合,建立无所不包的大文献学概念及体系。⑦ 这样无疑混淆了传统文献学与现代文献学的界限。

---

① 王欣夫:《文献学讲义》,上海古籍出版社 2005 年版,第 3 页。
② 参见张舜徽:《中国文献学》,上海古籍出版社 2011 年版,第 3 页。
③ 白寿彝:《谈历史文献学——谈史学遗产答客问之二》,《史学史研究》1981 年第 2 期。
④ 白寿彝:《关于历史文献学问题答客问》,《文献》1982 年第 4 期。
⑤ 洪湛侯:《中国文献学新编》,杭州大学出版社 1994 年版,第 2—3 页。
⑥ 赵国璋、潘树广:《文献学辞典》,江西教育出版社 1991 年版,第 186 页。
⑦ 相关论述可参阅林申清《现代文献学定义综述》(《大学图书馆学报》1990 年第 1 期),该文指出:"建立一门能够兼容古今的系统的文献学仍是必要的,其中很多部分是情报学无法替代的。"柯平《文献学理论研究》之一、之二、之三(连载于《河南图书馆学刊》1995 年—1997 年第 1 期),他总结了文献学理论研究的成果,提出了"大一统文献学体系"的设想。有关大文献学的论述还可参阅于鸣镝《试论大文献学》《再论大文献学》,潘树广《大文献学散论》(载《图书馆工作与研究》2000 年第 1、3、6 期)。潘树广《文献学纲要》(广西师范大学出版社 2000 年版)所云"文献学是以文献和文献工作为对象,研究文献的产生、发展、整理、传播、利用及其一般规律的学科",说明这本书就是按照大文献学的思路撰写的文献学专著。

近年,学界出现了"把文献学还给文献本身"的观点。如台湾学者周彦文在其主编的《中国文献学》中驳斥了张舜徽、王欣夫等人以校雠、目录、版本定义"文献学"的观点。他认为,目录学、版本学等为了解文献的工具性学科。文献是资料,目录版本学是工具,"文献学"的研究范围就不应"只限于文献类型的介绍,甚或典籍内容的说明",而应是"各类型文献产生和演变的探究,及其和学术史之间的相互影响"。① 综观全书,其更像一部研究中国文献学史的专著。周氏强调的"工具、资料、文献学三者分离"的观点有其合理的成分,实为一家之言,但却大大缩小了文献学的研究范围。

关于文献学的定义众说纷纭、莫衷一是,广义的文献学包罗万象。本书依据张舜徽、白寿彝等人的观点,以目录、版本、校勘、辨伪、辑佚为文献学的分支学科开展研究。

二、古文献

《说文》释"古"曰:"故也;从十口,识前言者也。""故"谓之过去,"从十口,是十口相传的意思,是指它纵的联系——时间的联系来说的"②。因此,"古文献"应为过去的文献,它是以"现代"为时间坐标点来界定的。但"现代"作为一个时间概念是流动的,选取的"现代"时间坐标点不同,其所指代的研究对象则不尽相同。如隋唐文献在明清时即为古文献,现代的图书若干年后也会成为古文献。因此,对文献进行时间坐标点界定是非常必要的。

在 20 世纪现代文献学产生之前,没有必要区分传统文献学与现代文献学,一般意义上所说的"文献"即为"古文献",这方面的例子在郑氏《中国文献学概要》、张舜徽《中国文献学》、王欣夫《文献学讲义》中表现得比较明显,其中的文献即为古文献之意。

有人认为,古文献与古籍、传统文献、历史文献、古典文献是一个概念。③ 应该说,把古文献等同于传统文献、历史文献、古典文献的说法异议不大。但以"古文献"等同于"古籍"则有待商榷,因为古籍一般指代装帧成册的图书,不包括未装订的奏折、档案等。古文献中的绝大多数为古籍,一般情况下,二者相互

---

① 周彦文:《中国文献学·序》,台湾五南图书出版公司 1993 年版,第 2—4 页。
② 张舜徽:《中国文献学》,上海古籍出版社 2011 年版,第 1 页。
③ 董恩林:《中国传统文献学概论》,华中师范大学出版社 2007 年版,第 8 页。

通用。因此,如何界定古籍便成为定义古文献的关键。

目前关于古籍的界定标准,主要有四种:(一)以装订形式为标准,凡是线装书都是古籍。(二)以著者的年代为标准,凡是古人所著之书都叫古籍。(三)以语言表达形式为标准,凡是用古代汉语写成的著作都叫古籍。(四)以成书年代为标准。成书年代的界定标准又分为三种,一是以 1840 年鸦片战争为界;二是以 1911 年辛亥革命为界;三是以 1919 年五四运动为界。以 1911 年为下限作为古籍的界定标准,得到了多数学者的赞同。需要指出的是,把 1911 年作为下限是粗线条的。通常情况下,出于保管和利用的需要,民国时期出版的线装图书(古人所著),通常仍然当作“古籍”看待。① 本课题使用的古文献概念即循此之意。

三、古文献学

20 世纪 80 年代之前出版的“古文献学”著作,大多名之为“文献学”。之所以如此是因为当时“现代文献学”尚处于起步阶段,没有必要对“文献学”概念进行限定,人们约定俗成地认为“文献学”即为“古文献学”。后来随着“现代文献学”的蓬勃发展,对“文献学”概念进行区分就显得尤为必要。在这种情况下,各种关于古文献学的名称便接踵而至,如传统文献学、历史文献学、古典文献学等。后来吴枫等所指的“古典文献学”,张舜徽、白寿彝等人所说的“历史文献学”都是指有别于现代文献学的“古文献学”。

多数学者认为,古文献学与传统文献学、历史文献学、古典文献学应为同一概念,打破了一些学者将历史文献学囿于史学文献的观点。如黄永年指出,历史文献就是研究历史上的文献而非史学文献,和古典文献学是一个意思。② 后来黄氏还专门撰写了《古文献学四讲》(鹭江出版社 2003 年版)一书,意欲以“古文献学”统领其他概念。张舜徽、曾贻芬、崔文印都曾有过“历史文献”为“古代文献”“古典文献”的说法③,“古代文献”和“古典文献”简称为“古文献”。此外,黄永年还曾撰文反对用“古典文献学”和“历史文献学”代表文史两门学

---

① 曹之:《中国古籍版本学》,武汉大学出版社 1992 年版,第 3—6 页。
② 黄永年:《古籍整理概论》,上海书店 2001 年版,第 9 页。
③ 参见张舜徽:《与诸同志再论历史文献的整理工作》,载《中国历史文献研究集刊(第三集)》,岳麓书社 1982 年版;曾贻芬、崔文印:《中国历史文献学》,学苑出版社 2001 年版,第 1 页。

科文献学。①

有人对历史学门类下的历史文献学和文学门类下的中国古典文献学从研究对象、研究内容和研究目的三个方面进行了对比分析,得出二者实为名异实同。② 鉴于中国古代文史哲不分家或文史一家的传统,诸多学者提出以"古文献学"替代其他概念③,认定这是一门"有关古代文献典籍阅读、搜集、整理、研究和利用的学问"④,就是大家在文史哲古籍以至一些专科(如科技、医学等)文献上,分别开展整理研究工作,从而使各类古籍的面貌更清晰、更真实、更生动,更易于为社会所接受、借鉴,目的是为了继承并弘扬前人为我们留下的丰富的文化遗产和精神财富。

孙钦善对"古文献学"的内涵与性质的认识也经历了一个不断变化的过程。他在《中国古文献学史》的"绪言"中对"古文献学"的定义相对较为简单,认为它是以古代文献典籍的形式内容和整理它的各个环节为骨架而形成的一个独立的学科。⑤ 同时他还对古文献学学科的性质进行了界定,指出它不仅是一种综合性的边缘学科,又是实践性很强的应用学科,而且还是带有基础性质的学科。⑥ 在上述定义的基础上,后来孙氏对古文献学的内涵与意义不断修订和完善。⑦ 应该说,孙氏对"古文献学"的解读内容充实,逻辑缜密,具有一定的合理性,得到了部分学者的认可。根据这一界定,孙氏还出版了专著《中国古文献学》⑧。但孙氏的这一定义有将"古文献学"严重泛化的倾向,有些学者指出,古文献学实际研究的并不是古文献的整体,而仅仅是古文献的"文本形态",即古文献学为"治书之学"。它是通过对不同版本的校勘以辨别文献文本的真假、正误、完缺,然后通过补救和编目以提高文献文本的完整性、准确性、实用性,从而确保人们对古文献的传承与利用。这种将"古文献学"界定为古文献整理学的

---

① 黄永年:《中国古典文献学与历史文献学概念和文史分合问题》,载《古籍整理与研究(第二期)》,上海古籍出版社 1987 年版。

② 董恩林:《中国传统文献学概论》,华中师范大学出版社 2008 年版,第 8—10 页;江涛:《中国古典文献学与历史文献学比较研究》,《湖北广播电视大学学报》2011 年第 4 期。

③ 周国林:《二十世纪中国古文献学检讨》,《淮北煤炭师范学院学报(哲学社会科学版)》2006 年第 4 期。

④ 孙钦善:《中国古文献学史简编·绪论》,北京大学出版社 2008 年版,第 1 页。

⑤ 孙钦善:《中国古文献学史·绪言》,中华书局 1994 年版,第 3 页。

⑥ 孙钦善:《中国古文献学史·绪言》,中华书局 1994 年版,第 3—4 页。

⑦ 参见孙钦善:《古文献学的内涵与意义》,《江西社会科学》2006 年第 8 期。

⑧ 孙钦善《中国古文献学》一书于 2006 年 5 月由北京大学出版社出版。

观点增强了古文献学研究的针对性,避免了古文献学研究中出现的"大而无边"的现象,从而得到了较多学者的认可,如张舜徽、王欣夫、白寿彝等。本课题即是以此来界定古文献学的研究对象。

第三节 "学术""分科""学科"及"学科体系"

一、学术

在中国传统语境中,"学术"是同义语词的重叠。"学"为"学识","术"乃"道术",两者为并列关系,故古代典籍中常写作"术学"。如《史记·张丞相列传》中,太史公曰:"申屠嘉可谓刚毅守节矣,然无术学。"《汉书·车千秋传》称车千秋"无他材能术学"。《后汉书·赵彦传》称其"少有术学"。

在英文文献中,可以翻译为"学术"的单词包括 scholarship、academic、learning 等,从这些英文单词的释义中,我们可以发现学术和学问、知识、科学有相近的意义。"学问"一词注重于学习和问难的过程,"知识"泛指人类经验和文明的积累和总结,而"科学"是指运用范畴、定理、定律等思维形式反映现实世界各种现象的本质和规律的知识体系。

梁启超在《学与术》一文中,曾为"学术"下过定义,他说:"学也者,观察事物而发明其真理者也;术也者,取所发明而至于用者也。例如以石投水则沉,投以木则浮,观察此事物,以证明水之有浮力,此物理学也,应用此真理以驾驶船舶,则航海术也;研究人体之组织,辨别器官之机能,此生理学也,应用此真理以疗病,则医术也。学者术之体,术者学之用。"①由此可见,梁氏所言"学术"约略等于今日之"科学"与"技术",其中将"术"解释为"学"的应用。现代学者刘梦溪认为,这是迄今看到的对"学术"一词所作的最明晰的解释。学与术连用,学的内涵在于能够揭示出研究对象的因果联系,形成建立在累积知识基础上的理性认知,在学理上有所发明;术则是这种理性认知的具体运用。所以梁启超又有"学者术之体,术者学之用"的说法。他反对学与术相混淆或者学与术相分

---

① 梁启超:《学与术》,载刘梦溪《中国现代学术经典·梁启超卷》,河北教育出版社 1996 年版,第723 页。

离。① 与此同时,严复和蔡元培也曾有类似的论述,如严复为《原富》一书所写的一则按语:"盖学与术异。学者考自然之理,立必然之例。术者据既知之理,求可成之功。学主知,术主行。"②梁启超与严复对"学术"概念的界定可谓异曲同工,反映了清末民初中西学术激荡背景下知识界对这一概念的普遍认知。

"学术"这一概念具有极大的涵括性。时至今日,关于其概念和认识,仍有许多观点和争论,尚无统一定论。一些学者曾总结出学术活动的三个基本特征:第一,学术具有严谨的特征,即科学性。名词性的学术可以定义为人类各种知识的总和,动词性的学术则是对真理的追求和验证过程。其外在表现形式是学术活动的参与者通过严谨、规范的研究、讨论和交流,对相关理论和应用进行不断的去伪存真的过程。第二,学术活动中具有知识系统划分的概念。中国古代学术就曾经建立了以经、史、子、集"四部之学"为主要框架的学术分科体系及知识系统,而西方学术体系是以自然科学和社会科学为基础建立的"学科"分类标准,在近代西学东渐大潮的冲击下,西方学科分类体系逐渐被引入中国。尽管这些分类体系存在编排思想上的根本差异,但都反映出学术活动具有学科性要求——学术活动的参与者必须在共同的符号系统下进行交流和讨论。第三,学术活动具有创新性,学术创新是学术活动的生命力所在。在学科研究中发现新课题,提出新观点,完善相关理论,纠正错误观点,创造新方法和新技术都是学科创新的表现,这也是学术区别于其他社会活动的最重要的判断标准。③ 本书的研究即是着眼于学术活动的第二个基本特征上的。

二、分科

许慎《说文解字》解释:"分,别也。从八、刀。""分",指分别。而"八"的原义,指"别"。《说文解字》曰:"八,别也。象分别相背之形,凡八之属皆从八。"④这是秦汉时期对"分"的理解。实际上,"分"在先秦典籍中就曾多次出现。这一时期文献中的"分"既有分别之意,又有名分之说。如《论语·微子》曰:"四体不勤,五谷不分,孰为夫子?"《礼记·曲礼上》:"很毋求胜,分毋求多。"此处

---

① 刘梦溪:《中国现代学术要略》,生活·读书·新知三联书店 2008 年版,第 6 页。
② 严复:《严复集(第 4 册)》,中华书局 1986 年版,第 885 页。
③ 张盛强、唐李杏:《互联网视角下的学术传播》,四川大学出版社 2012 年版,第 16 页。
④ 许慎撰,段玉裁注:《说文解字注》,上海古籍出版社 1981 年版,第 48 页。

的"分",即为分别和分理之意。《荀子·个相》篇中的"辨莫大于分,分莫大于礼,礼莫大于圣王",《荀子·天论》中的"故明于天人之分则可谓至人矣",此处作为名词的"分"指贫富、贵贱、长幼等社会地位差别,即"名分"。《荀子·荣辱》篇亦曰:"况夫先王之道,仁义之统,诗书礼乐之分乎?"由此可见,此时"名分"观念比较强烈。秦汉以后,"分"之概念成为中国学术思想的重要概念。程颐在《答杨时论西铭书》中提出"理一分殊"。"分"后来与科、类、条、目等"类名"相连,组成分科、分类、分条、分目等,均表示分别。

先秦时期,"科"的概念就已出现,但当时运用并不普遍。《论语·八佾》载:"为力不同科,古之道也。"这是先秦较早出现"科"名之文字。按照《说文解字》解释:"科,程也。"段玉裁注:"《广韵》曰:程也,条也,本也,品也,又科断也。按实一之引申耳。"何谓"程"?《说文解字》曰:"程,程品也。十发为程,一程为分,十分为寸。"①可见,"科"的本义为"程",与"条""本""品"一样,同为类名。"分科"一词与"分类""分门"相似,先秦时并未连用。秦汉以后,"科"之含义略有变化。公羊学派注《春秋》时已经有"三科九旨"之说。徐彦《春秋公羊注疏》引何休之言曰:"三科九旨正是一物,若总言之,谓之三科。科者,段也。若析而言之,谓之九旨。旨者,意也。言三个科断之内有此九种之意。"何休所谓"三科九旨",已见于董仲舒《春秋繁露》。

值得注意的是,汉代以后,"科"并未成为学术"类名"被广泛使用,而是作为官吏考试之科目加以运用。所以,与近代意义上之学术分科不同,此时"科"及"分科",多指官吏考试之科目。一般认为,汉武帝开始立五经博士,"开弟子员,设科射策,劝以官禄"(《汉书·儒林传赞》),逐渐建立了科举制度。所谓科举制度,是指采取分科考试办法,按照不同的科目通过考试来选取人才、选拔官吏的制度。西汉时举士以举孝廉,东汉时更多采用察举。据《后汉书》记载,东汉顺帝时,"试明经下第补弟子,增甲乙之科员各十人"(《后汉书·儒林列传》)。因此,这一时期的分科观念主要不是在学术分类上使用,而是运用在科举考试中,特指考试科目。换言之,"分科"一词连用,是指考试科目之分门别类,非近代意义上之学术分科。汉代考试制度实行后确立之主要科目,如茂才、明经、明法等,无论是常科还是特科,均非近代意义上之学术分科。"分科"之概念没有在学术分类上普遍使用,而是在考试制度中得到发挥。由此可见,汉代

---

① 许慎撰,段玉裁注:《说文解字注》,上海古籍出版社 1981 年版,第 327 页。

以后,"科"成为考试制度的一部分,特指考试"科目""科举""科业"等。但宋元之后,有时也指书院教学的科目门类。①

先秦以来的学术分类随着中国学术的发展而逐步演化,到明清时代,开始由考试科目或书院讲授科目,逐渐向近代意义上之"学科"演化。晚清以降,"科"逐渐成了"学科""科学"的代称。近人陈黻宸曾说:"夫彼族之所以强且智者,亦以人各有学,学各有科,一理之存,源流毕贯,一事之具,颠末必详。而我国固非无学也,然乃古古相承,迁流失实,一切但存形式,人鲜折衷,故有学而往往不能成科。即列而为科矣,亦但有科之名而究无科之义。其穷理也,不问其始于何点,终于何极。其论事也,不问其所致何端,所推何委。"②陈氏在这里以西方近代"学科"标准衡量中国传统学术,指出中国古代"有学而往往不能成科""但有科之名而究无科之义"。也就是说,中国虽然有学术分科,但不是近代西方式学术分科。

对于中西不同语境中的学术分科,左玉河认为,中国学术分科主要是以研究者主体(人)和地域为准,而西方学术分科是以研究客体(对象)为主要标准;中国学术分科研究对象主要集中于古代典籍涵盖的范围内,而西方直接以自然界为对象;中国学术分科主要集中在经学、小学等人文学科中,非如近代西方集中于社会科学及自然科学领域中。换言之,中国自先秦时期起就有着强烈的学术分类观念,不仅存在着一套不同于西方近代式的分科体系,而且存在着不同于近代学科分类的独特知识系统。③ 本课题所言"分科"即为西方意义上的"学科"而非中国传统学术分科。

三、学科

学科是知识分化和融合的产物。由于世界的整体复杂性,加之人们认识能力的局限,将整体的知识分为部分进行探究便成为必然,学科由此而产生。通过各学科的不断深入研究,人们对世界的认识不断深化。随着分学科研究的深

---

① 左玉河:《从四部之学到七科之学——学术分科与近代中国知识系统之创建》,上海书店出版社2004年版,第31—34页。

② 陈黻宸:《京师大学堂中国史讲义》,载《陈黻宸集(下册)》,中华书局1995年版,第675页。

③ 左玉河:《从四部之学到七科之学——学术分科与近代中国知识系统之创建》,上海书店出版社2004年版,第19—20页。

入,学科出现分化并进一步推进,这便是学科的发展历程。①

　　"学科"一词,在西方源自印欧字根,拉丁文"disciplina",其本身含义有知识、教导、纪律之义,英文"discipline"、法文"discipline"、德文"disiziplin"则是由此衍生借用而来的。② 经过长期的历史沿革,英文的"学科"(discipline)具有多重而相关的含义,综合来看主要包含三层意思:第一层含义是用作动词的"训练",特指对学生在智力和品德方面的教导和训练;第二层含义是用作名词的"纪律",是指在第一层含义"教导"的过程中对训练行为的约束和惩戒;第三层含义是用作名词的"学科",意指知识的分类。③ 在我国现代汉语语境中,学科主要包括两层含义,一是学术的分类,一是教学的科目。④

　　孔寒冰、邹碧金认为,从传递知识、教育教学的角度看,学科的涵义是"教学的科目",即"教"的科目或"学"的科目;从生产知识、研究学问的角度看,学科的涵义则是"学问的分支",即科学的分支或知识的分门别类;从高校教学与组织研究的角度看,学科又可指学界或学术的组织单位,即从事教学与研究的机构。⑤ 还有人认为,学科概念的范畴可以归为三类:第一类是作为"知识"的学科,第二类是作为"活动"的学科,第三类是兼具知识与活动的学科。作为知识的学科是"形而上"的,即《辞海》所表述的"学术分类"或"教学科目"。然而,无论是作为学术的分类还是教学的科目都不外乎是从知识分类的角度加以描述的。这种描述是基于对经验和事实、形式和结构的抽象,是静态的分析、归纳与分类,因而是"形而上"的。作为活动的学科是"形而下"的。它是一个由学者、知识信息、学术成果、物质资料等所组成的实体化了的组织体系。如比利时专家阿玻斯特尔教授所指出的,学科活动是学者们依赖一定学术物质基础围绕知识进行创造、传递、融合与应用的活动。这种学科的描述是基于动态的和社会活动过程的实体分析,因而是"形而下"的,作为活动的学科与我们通常所说的高校学科建设中的学科是在同一语义上使用的。而兼具知识与活动的学科既

---

①　田定湘、胡建强:《对大学学科建设几个问题的思考》,《湖南社会科学》2003 年第 2 期。

②　可参阅鲍嵘:《学科制度的源起及走向初探》,《高等教育研究》2002 年第 4 期;赵文华:《论高等学校的学科建设》,《高等师范教育研究》1998 年第 2 期。

③　李娟、李晓旭:《高等学校重点学科建设研究》,中国科学技术出版社 2015 年版,第 30 页。

④　中国大陆出版的诸多词典,如《现代汉语词典》《西方教育词典》《古今汉语词典》《新华词典》《教育大辞典》等多作此解释。

⑤　孔寒冰、邹碧金:《高等学校学术结构重建的动因》,载胡建雄等《学科组织创新——高等学校院系等学科结构的改革研究》,浙江大学出版社 2001 年版,第 243—244 页。

有"形而上"又有"形而下"的特征,它是二者的综合体。①

通过分析,我们不难看出,不同学者对"学科"概念的理解不尽相同,但大体上可以分为三类:一类认为"学科"是认识的结果,即知识或知识体系;一类认为"学科"是围绕特定对象领域、遵循共同范式所进行的研究活动及其组织(学术组织);一类认为"学科"是一种活动及其活动内容(如教学)或结果(如科研)。我们也可以把以上三类对"学科"的不同理解简单归结为广义和狭义两个方面。狭义的学科就是学术(或知识)的分类或教学科目,而广义的学科既包含学科是一个知识体系,也包含学科是一个遵循共同范式开展活动的学术组织。② 本书中"学科"一词侧重于"狭义的学科"概念,研究主要就作为学术(或知识)分类的文献学和教学科目的文献学进行展开,对于文献学学会和文献学组织的领导、组织、管理、策划等学科建设活动等暂不专题论述。但在论述文献学教学科目时,可能对个别文献学教学机构有所涉及。

四、学科体系

学科是科学发展和分类的产物,学科体系是对科学知识加以分类的学科制度。根据学科内部研究对象的不同及它们之间的相互区别和联系,对不同研究对象进行组织和管理并确定其在学科内部的位置,从而进一步揭示学科的内部结构,这样就构成了学科体系。学科体系是一种对知识世界的结构化分析方法,提供了对学术世界概念分析的工具。学科体系的建构,既是知识体系自身逻辑发展的结果,同时又渗透了人为主观的意识,即通过某种"制度"把学科知识的分类予以自然化和公理化,使得人为精心策划的社会建构隐而不显。学科体系随着知识的累积和人类认识的深化而不断充实和完善,从不同维度和视角去进行知识分类,就可以划分得到不同的知识类型,形成不同的学科体系。任何一门学科的学科体系都直接影响着其专业设置、教材体系和课程体系,影响着学科及专业的健康发展。因此,科学的学科体系建构是教材体系及课程体系建设的前提和基础。

关于文献学的学科体系,学界历来众说纷纭,莫衷一是。20世纪20年代以来,梁启超、郑鹤声、胡朴安、刘咸炘、向宗鲁、蒋伯谦、蒋元卿、张舜徽等在建构

---

① 王梅:《高等学校学科建设若干问题的探讨》,天津大学2003年硕士学位论文,第15—18页。

② 李娟、李晓旭:《高等学校重点学科建设研究》,中国科学技术出版社2015年版,第33页。

文献学学科体系方面都作出了自己独特的贡献,促进了文献学学科的建立和发展。与此同时,20 世纪上半期也是文献学分支学科快速发展的时期。关于文献学的分支学科构成,20 世纪 80 年代以来,张舜徽、白寿彝、刘乃和、周少川等都曾有论述。本课题主要从文献学学科体系建构和分支学科发展方面进行研究,以期全面展示近代文献学及其分支学科的发展历程。

第二章　古代校雠学体系的形成与发展

中国校雠学的历史源远流长，自从有了文献，就有了对文献进行整理的历史，校雠之事伴随着文献整理而出现。虽然校雠之事出现较早，但直至西汉刘向、刘歆校理秘书才形成较为完整的程序，校雠学由此而确立。① 随后，中国校雠学在刘向、刘歆校雠程序的基础上不断推进和积累经验。南宋时期，郑樵祖述圣哲，远绍前人，以既往校雠学理论与实践为基础编写出第一部校雠学理论专著《校雠略》，"扩大了校雠学的范围"，"为校雠学设定了一个完善的体系"。② 历经六百余年，清代章学诚在郑樵《通志·二十略》基础上将校雠学理论进一步发扬光大，"折衷诸家，究其源委"，成《校雠通义》，校雠学理论发展进入一个新的历史阶段。③ 由此可见，中国校雠学说"从先秦的萌芽状态到西汉的初步形成、然后到唐宋的理论构建、再到明清的学术繁荣，经历漫长的起源与演变过程"④。

第一节　中国校雠学的萌芽

关于"校雠"二字的解释最早出现在西汉时期，汉成帝时诏刘向等人校书秘

---

① 王子舟：《图书馆学是什么》，北京大学出版社 2008 年版，第 155 页。

② 吴利华：《论郑樵》，安徽大学 2007 年硕士学位论文，第 30 页。

③ 古代校雠学"刘向、刘歆父子—郑樵—章学诚"三段式建构肇始于章学诚，《校雠通义》"自序"中有言："校雠之义，盖自刘向父子部次条别，将以辨章学术，考镜源流，非深明于道术精微，群言得失之故者，不足与此。郑樵生千载而后，慨然有会于向、歆讨论之旨。今为折衷诸家，究其源委，作《校雠通义》。"清代学者朱一新沿袭了这一观点，《无邪堂答问》卷二曰："刘中垒父子成《七略》一书，为后世校雠之祖。班志掇其精要，以著于篇后。惟郑渔仲章实斋能窥斯旨，商榷学术，洞彻源流。"现代学者杨家骆也以此三段论辑纂《校雠学系编》(台湾鼎文书局 1977 年版)。

④ 龚蛟腾：《中国图书馆学的起源与转型——从校雠学说到近现代图书馆学的演变》，国家图书馆出版社 2013 年版，第 68 页。

阁,"一人读书,校上下得谬误为校;一人持本,一人读书,若冤家相对为雠"是也。校雠之"名","亦自向定之"。① 虽然校雠之"名"出现较晚,但校雠之"实"早在先秦时期就已经出现,其萌芽与起源至少应当追溯到夏商周时期。② 这一时期"已经普遍存在文献生产、收藏、整理与利用等现象,这为校雠活动的产生发展及其经验总结提供了有利条件"③。

一、先秦诸子校雠活动概述

自从有了文献,就有了对文献典籍的整理,校雠活动由此而产生。因此,校雠之事是伴随文献典籍的整理而产生与发展的。比如商代卜官将同一类型的有辞卜骨搜集保存在一起,即为文献整理。商周史官把记事竹木简按时间顺序编联起来,也是一种整理。但因无史书记载,故此处略而不论。多数学者认为,有史料记载的校雠之事起于西周宣王时期。④ 郑玄《诗谱·商颂谱》记载,宋大夫正考父校商名颂十二篇于周太师,以《那》为首,归以祀其先王。宋国为商纣王同母庶兄微子启所封,故尚存有《商颂》。自微子启至宋戴公时已经历七世,所存《商颂》十二篇已有错乱讹误,故以周太师所藏者校之,定其次序,以《那》篇为首。所以孔颖达《毛诗正义》中说:"言校者,宋之礼乐虽则亡散,犹有此诗之本。考父恐其舛谬,故就太师校之也。"由于年湮代远,关于正考父校雠之具体方法,文献无征,今已无从考证。然推测其为校勘编次、整齐脱误、是正文字,似无大碍。基于此,诸多学者以正考父校《商颂》为中国校雠事业之肇始,"校勘事业,自兹发端"⑤。

---

① 张舜徽:《广校雠略》,上海古籍出版社 2013 年版,"自序"第 1 页。

② 张舜徽认为,古人辨章学术,考镜源流的工作,"不是从刘向、刘歆校书时开始的"。如《庄子·天下篇》《荀子·非十二子篇》《吕览·不二篇》《淮南子·要略篇》及司马谈《论六家要旨》等都是整理历史文献工作者们所应当探讨的重要论著。参见张舜徽编著《文献学论著辑要》,中国历史文献研究会丛书之一,"前言"第 2 页。

③ 龚蛟腾:《中国图书馆学的起源与转型——从校雠学说到近现代图书馆学的演变》,国家图书馆出版社 2013 年版,第 67 页。

④ 胡朴安《校雠学》(岳麓书社 2013 年版)、向宗鲁《校雠学》(国家图书馆出版社 2012 年版)、张舜徽《广校雠略》(上海古籍出版社 2013 年版)、蒋元卿《校雠学史》(黄山书社 1985 年版)、蒋伯潜《校雠目录学纂要》(北京大学出版社 1990 年版)、姚名达《中国目录学史》(上海古籍出版社 2011 年版)、叶长青《十五年来之校雠学》(《学术世界》1935 年第 1 期)均将正考父《商颂》作为校雠之始,后世学者多沿袭这一观点。关于校雠起源,一些学者提出了不同看法,如段玉裁《经义杂记序》认为,校雠一事,应自孔子开端,他说:"校书何昉乎? 昉于孔子。"俞樾《札迻序》:"校雠之法,出于孔子。"孔子为正考父七世孙,故校雠之事应以正考父为先。

⑤ 胡朴安、胡道静:《校雠学》,岳麓书社 2013 年版,第 6 页。

　　春秋时期,周室衰微,礼崩乐坏,纲纪散乱。诸侯群雄纷争,各国史官朝不保夕,图书典籍不断散佚,原来作为官府之学的图书典籍,得以广泛流传民间。官方文献的流传和下移,客观上为私人讲学提供了有利条件。这一时期,孔子提倡"有教无类",始开私人讲学之风,"学在官府"的局面被打破。在授徒讲学的过程中,孔子及其弟子整理编次《诗》《书》《礼》《易》《乐》《春秋》等典籍文献①,为图书存续和文化传承作出了重大贡献,亦为先秦校雠之重大事件。据司马迁《史记·孔子世家》记载,"古者诗三千余篇,及至孔子,去其重,取可施于礼义……礼乐自此可得而述,以备王道,成六艺"。"孔子之时,周室微而《礼》《乐》废,《诗》《书》缺。追迹三代之礼,序《书传》,上纪唐虞之际,下至秦缪,编次其事……故《书传》《礼记》自孔氏。""孔子晚而喜《易》,序《彖》《系》《象》《说卦》《文言》。读《易》,韦编三绝。""孔子语鲁大师:'乐其可知也。始作翕如,纵之纯如,皦如,绎如也,以成。''吾自卫反鲁,然后乐正,雅颂各得其所。'""子曰:'弗乎弗乎,君子病没世而名不称焉。吾道不行矣,吾何以自见于后世哉?'乃因史记作《春秋》。""孔子在位听讼,文辞有可与人共者,弗独有也。至于为《春秋》,笔则笔,削则削,子夏之徒不能赞一辞。"②班固亦认为,"孔子纯取周诗,上采殷,下取鲁,凡三百五篇"。"《书》之所起远矣,至孔子纂焉,上断于尧,下讫于秦,凡百篇,而为之序,言其作意。"③《孔子家语》有言:"孔子生于衰周,先王典籍,错乱无纪,而乃论百家之遗记,考正其义,祖述尧舜,宪章文武,删《诗》述《书》,定《礼》理《乐》,制作《春秋》,赞明易道,垂训后嗣,以为法式。"④此外,《论语》中也有类似关于孔子校雠六经文献的记载。

　　在整理六经文献的过程中,对于不同的文献,孔子采用了不同的校雠方法,如删繁编次、条理分类;鉴别考证、校勘文字;创立笔法、注释文献;注重实践、演练归纳;评介讲授、传播文献。孔子对于校雠文献的态度,为后世树立了典范,如校雠文献注重社会效益、不主观武断处理校勘成果。⑤ 蒋元卿认为,孔子删

①　孔子与六经的关系十分密切,似确定无疑,据《史记·孔子世家》记载:"孔子以《诗》《书》《礼》《乐》教,弟子盖三千焉。"(参见司马迁《史记》,中华书局 2006 年版,第 329 页)清代学者章学诚说:"故夫子之述六经,皆取先王典章。"(参见章学诚著,叶瑛校注《文史通义校注》,中华书局 1985 年版,第 102 页)这些足以说明孔子与六经等典籍文献的关系。

②　〔西汉〕司马迁:《史记》,中华书局 2006 年版,第 329—330 页。

③　〔东汉〕班固:《汉书》,中华书局 1962 年版,第 1708、1706 页。

④　〔三国〕王肃注:《孔子家语》,上海古籍出版社 1990 年版,第 100 页。

⑤　谢玉杰、王继光主编:《中国历史文献学》(修订版),上海古籍出版社 2014 年版,第 322—325 页。

《诗》、辑《书》、定《礼》、正《乐》、述《易》的最大目的就是"传道后世",独于《春秋》则在乎"正明大义"。①其校雠方法可以归纳为"精细详审",《公羊传·昭公十二年》有记载:"十有二年,春,齐高偃帅师纳北燕伯于阳。伯于阳者何?公子阳生也。子曰:'我乃知之矣。'在侧者曰:'子苟知之,何以不革?'曰:'如尔所不知何?'"②东汉学者何休曾阐述孔子校勘典籍微言大义:"此夫子欲为后人法,不欲令人妄亿错,子绝四:毋意、毋必、毋固、毋我。"③与此同时,孔子还在"文献不足征"的情况下,坚持进行实地调查寻访。由此可见,孔子不仅搜集整理文献,而且校读极为审慎,孔子校勘文献时不妄加揣测,更不固执武断和自以为是。孔子校雠"四绝",足为后世立法。

传孔子校雠之学者为其弟子子夏,子夏校雠事业之精博,于《吕氏春秋》可见一斑:"子夏之晋,过卫,有读史记者曰:'晋师三豕涉河。'子夏曰:'非也,是己亥也。夫己与三相近,豕与亥相似。'至于晋而问之,则曰:'晋师己亥涉河也。'"此外,子夏亦有治书传经、发明章句之功,如《后汉书·徐防传》中说:"《诗》《书》《礼》《乐》,定自孔子;发明章句,始自子夏。"南宋洪迈《容斋随笔》记载更为具体:"孔子弟子,惟子夏于诸经独有书。虽传记杂言未可尽信,然要为与他人不同矣。于《易》则有《传》,于《诗》则有《序》……于《礼》则有《仪礼·丧服》一篇……于《春秋》所云'不能赞一辞',盖亦尝从事于斯矣。"从中可以看出,孔子之后,子夏在六经的传注整理方面作出了巨大贡献。值得一提的是,在《春秋》校雠方面,子夏弟子公羊高和穀梁赤分别著有《公羊传》和《穀梁传》,从不同角度注释和说明《春秋》的"微言大义",两传的起讫年代与《春秋》相同,注释偏重义理而少及史实。由于《春秋》过于简略,读后使人迷惑不解,因此,作为注释文献的《公羊传》《穀梁传》和《左传》便成为后世了解先秦历史的重要文献。

战国末期法家思想集大成者韩非子对历史文献的分类和考辨也提出了自己的看法,如《韩非子·显学》中说:"世之显学,儒、墨也。儒之所至,孔丘也。墨之所至,墨翟也。自孔子之死也,有子张之儒,有子思之儒,有颜氏之儒,有孟氏之儒,有漆雕氏之儒,有仲良氏之儒,有孙氏之儒,有乐正乐之儒。自墨子之

---

①　蒋元卿:《校雠学史》,黄山书社 1985 年版,第 17 页。
②　公羊高撰,顾馨、徐明校点:《春秋公羊传》,辽宁教育出版社 1997 年版,第 116 页。
③　何休:《春秋公羊传注疏》卷 22《昭公十二年》,十三经注疏本。

死也,有相里氏之墨,有相夫氏之墨,有邓陵氏之墨。故孔、墨之后,儒分为八,墨离为三,取舍相反不同。"①由上文可知,韩非子认为,诸子百家中最有影响力的学派为儒、墨两家,他又将儒、墨两个学派分为八家和三家,这种对先秦文献进行的层次划分,已经具有了初步的分类原则。与此同时,《韩非子》还提出了"定儒墨之真"的问题,这涉及文献辨别真伪的必要性和重要性。此外,《韩非子》中的《解老》《喻老》篇以二十五则历史故事形式分别解释了道家经典《老子》的相关内容,其中涉《德经》八章和《道经》四章。韩非是作,使得《老子》中抽象的哲学思想有了具体而可感的呈现,可以看作是先秦时期对历史文献的较早解释。《庄子·天子篇》条理九家学说,《荀子·非十二子篇》列举十二家等也初步具有文献分类的原则。综上可知,战国诸子在文献校勘、分类、考辨等方面作出了自己独特的贡献②,在中国校雠史上占有重要地位。

二、司马迁的校雠学方法及成就

秦朝建立后设立博士制度,博士官专门负责收藏整理文献典籍以备皇帝顾问。这一时期的秦人非常注重对现实各种档案文献的编辑整理,《汉书·艺文志》录有《奏事》二十篇,即是当时大臣奏事及始皇巡行天下刻石铭文汇编,20世纪湖北云梦睡虎地秦墓出土的《南郡守腾文书》《为吏之道》及律文也具有这种性质。后秦始皇焚书坑儒,商周历史档案多被焚毁,文献典籍遭受重大损失。刘邦入咸阳,萧何将秦官府收藏图籍、律令、户籍等据之,"具知天下阨塞,户口多少,强弱之处,民所疾苦"③,有利于刘邦统一天下。汉朝建立之后,改秦之败,重视文治,惠帝三年(前192年)下令废除秦以来的"挟书律",之后"大收篇籍,广开献书之路"。武帝时"建藏书之策,置写书之官,下及诸子传说,皆充秘府"。成帝时"以书颇散亡,使谒者陈农求遗书于天下"④,广泛搜求图书。到西汉中后期,中秘藏书已达数万卷,为司马迁校雠图书、撰述《史记》及汉代校雠学的发展提供了有利条件。

司马迁父司马谈为汉初五大夫,建元、元封年间任太史令,学识广博,曾作《论六家要旨》,纵论儒墨名法等六家长短,初步表现出学术思想分类的理念。

---

① 王先慎集解,姜俊俊校点:《韩非子》,上海古籍出版社2015年版,第553页。
② 曾贻芬、崔文印:《中国历史文献学史述要》(增订本),商务印书馆2010年版,第29—34页。
③ 司马迁:《史记》,中华书局2006年版,第353页。
④ 班固:《汉书》,中华书局1962年版,第1701页。

司马迁继承父亲遗愿,以"究天人之际、通古今之变、成一家之言"为编纂宗旨,撰成中国历史上首部纪传体通史《史记》,彪炳史册。在文献校雠方面,司马迁同样作出了重大贡献,在校雠学史上占有重要地位。

首先,在文献搜集方面,司马迁在充分利用西汉官方档案的同时,坚持实地调查研究,通过游历南北各地,走访名山大川,收集了大量珍贵文献,为编纂《史记》做了充分准备,同时也增强了《史记》的真实性和生动性。为了更好地印证远古传说,司马迁以相关记载为基本线索,亲历其地采访,摄取书契以外有用材料,"表里相资"。如赴曲阜,"观孔子之遗风",实地考察长城了解秦使蒙恬筑长城、通直道及秦灭亡是否与修筑长城有关,进一步印证相关传说和历史记载,故《汉书·司马迁传》赞《史记》"其文直,其事核,不虚美,不隐恶,故谓之实录"。

其次,在文献辨伪方面,司马迁以不同文献记载相互印证,进行辨析,"择其言尤雅者"。如"五帝""三代"之历史,由于年代久远,后经过方士附会和神化而变得日益离奇和荒诞。而有些可靠历史传说,因非所谓"正经","儒者或不传"。对此,司马迁以《五帝德》《帝系姓》材料与《春秋》《国语》相对照撰写黄帝之事,剔除其中荒诞无稽之说法。[1] 对于那些众说纷纭、莫衷一是、不能定夺的记载,司马迁采取了"疑则传疑"的做法。如关于殷商起点问题,司马迁既在《殷本纪》中记载了殷契无父而生的感应传说,同时又在《三代世表》中记载了殷先祖的父系血缘系统。在看似矛盾的记载中,体现了司马迁对待史料"信以传信,疑则传疑"的客观态度。殷之前的历史记载,"多阙,不可录",又"咸不同,乖异",司马迁以"疑则传疑"的方式,舍《年表》而作《世表》。墨翟生卒时代,汉时已不可考,司马迁便记为"或曰并孔子时,或曰在其后"[2]。关于"儋"是否为老子,汉人亦不能确定,司马迁就用"世莫知其然否"[3]作结论。这些都反映了司马迁在对待文献资料方面客观、求实的谨慎态度。

再次,在文献注释方面,司马迁也作出了突出贡献。众所周知,先秦文献《诗经》《尚书》,晦涩难懂,司马迁在《史记》中进行注解,使之通俗易懂。司马迁注释文献有两种方式:一是改动先秦典籍中难懂之字词,如《尚书》中"钦若昊

---

[1] 吕晴:《好学深思心知其义——远古传说与司马迁慎于辨析的文献学思想》,《光明日报》2020 年6 月 20 日第 11 版。
[2] 司马迁:《史记》,中华书局 2006 年版,第 457 页。
[3] 司马迁:《史记》,中华书局 2006 年版,第 394 页。

天",《五帝本纪》中以"乃命羲、和,敬顺昊天"进行注释。又如《尚书》中"克明俊德""允厘百工,庶绩咸熙",司马迁分别以"能明训德""信饬百官,众功皆兴"进行注解。二是采用意译的方法,如《尚书·尧典》中"帝曰:'吁,嚣讼可乎?'帝曰:'畴咨若予采?'"《史记·五帝本纪》中则译作"尧曰:'吁,顽凶可乎?'尧又曰:'谁可者?'"再如《尚书·尧典》中"岳曰:异哉,试可乃已",《史记·五帝本纪》中译为"异哉,试不可用而已"①。

由此可见,司马迁在文献搜集、辨伪、注释和翻译等文献整理活动方面的功绩是卓著的,在中国校雠学的初创阶段,理应有他的一席之地。

第二节　刘向、刘歆校雠学的确立

秦亡汉兴,天下初定,刚刚经历战乱的西汉王朝经济凋敝,民生维艰,百姓流离失所,社会呈现一派荒凉惨败景象,以致出现"天子不能具醇驷,而将相或乘牛车"的情况。在这种情况下,汉高祖刘邦采取"轻徭薄赋""与民休息"的政策,致力于社会的稳定和经济的恢复,无暇文事。文帝、景帝时期继续励精图治,"躬行俭节,思安百姓",重视"以德化民",社会较为安定,经济迅速恢复和发展,为汉武帝时期国力强盛奠定了坚实的物质基础。武帝时期,便出现了府库丰盈,家给人足,"京师之钱累百钜万,贯朽而不可校"的盛况。武帝时期经济的发展和繁荣为成帝时刘向等大规模校雠文献奠定了物质基础,而大规模校书加速了作为传统学术门类的校雠学的建立。

西汉前期大规模搜集图书也为刘向等校理图书准备了条件,据姚名达统计,汉代校书共有七次。② 第一次是高帝时期,据《史记·太史公自序》记载,周灭秦兴,始皇帝"拨去古文,焚灭诗书",使得图书典籍惨遭毁灭性损失,"明堂石室、金匮玉版,图籍散乱"。汉朝建立后,高祖命"萧何次律令,韩信申军法,张苍为章程,叔孙通定礼仪"。于是品学兼优文学之士逐渐进用,《诗》《书》等先秦典籍不断地在各地发现。"自曹参荐盖公言黄老,而贾生、晁错明申、商,公孙弘

---

① 杨燕起、高国抗等:《中国历史文献学》,北京图书馆出版社 2003 年版,第 69—70 页。
② 姚名达撰,严佐之导读:《中国目录学史》,上海古籍出版社 2002 年版,第 143 页。

以儒显,百年之间,天下遗文古事靡不毕集太史公。"①经过萧何、韩信等人的整理,汉代官府藏书显著增长。汉武帝时期是西汉政府第二次较大规模整理文献的时期,这一时期,中央立五经博士,由专门的官员"抄写"书籍,《汉书·艺文志》记载,汉武帝时"建藏书之策,置写书之官,下及诸子传说,皆充秘府"②。今文经学于官学斯盛。值得一提的是,西汉名将杨仆主持整理兵书编成的专科目录《兵录》也出现在这一时期。第三次是在汉宣帝甘露三年(公元前51年),诏萧望之、刘更生、韦玄成等儒生,在长安未央宫北石渠阁讲论"五经"异同,汉宣帝亲自裁定评判。石渠讲论的奏疏经过汇集,辑成《石渠议奏》一书,共155篇,又名《石渠论》。昭、宣、元、成四帝时期,图书文献不断增加,"百年之间书积如丘山"。大量没有整理和编目的藏书无法使用,如不加以校勘整理,将难以逃脱再度散佚之命运。其中许多图籍简编断朽,错乱残缺,文字脱讹,也有必要进一步别择考辨。此时,古文经学未列学官,任其自生自灭,将严重影响儒学的发展。而汉成帝本人的"好经书"和"博览古今"也在一定程度上促成了西汉王朝对所藏图书的整理编目。

　　刘氏父子校雠图书有一定的规程和方法,概括起来,主要有:第一是兼备众本。刘氏校雠,其首要工作是广搜异书,其所备本子既有官府现有的藏书,也有民间搜集来的遗书,还有整理者和学者同僚个人的著述和藏书,可谓来源多样。如《列子叙录》说:"所校中书《列子》五篇,谨与长社尉臣参校雠太常书三篇,太史书四篇,臣向书六篇,臣参书二篇。"第二是比勘文字。在汇聚众本的基础上,接下来便是修正文字讹误。古书传流年代久远,辗转传写,错误在所难免,因此比勘文字显得尤为重要,如《战国策叙录》记载,《战国策》中"本"字多脱误为"半"字,以"赵"为"肖",以"齐"为"立",如此者众多。又《晏子叙录》中说,中秘本以"芺"为"芳"、"又"为"备"、"先"为"牛"、"章"为"长"等等,不一而足。《列子叙录》指出,校书中发现以"尽"为"进"、以"贤"为"形"的情况也较为常见。刘向等比勘文字之功,嘉惠士林。第三是审定篇第。篇第之于书籍,如同纲之于网。篇第混淆,如同网失其纲。从现有的资料来看,刘向这一工作,有两点值得注意:一是存佚文,不妄删。汉以前图书多为简策书,一般是单篇传抄流传,篇章差异较大。秦火以后,图书篇章多有残缺,同是一书,篇目往往不尽相

---

①　司马迁:《史记》,中华书局2006年版,第769页。

②　班固:《汉书》,中华书局1962年版,第1701页。

同。刘氏父子校书籍,就是对所有书籍篇章进行梳理。比如《晏子》内外之书共有 30 篇 830 章,重复的有 22 篇 638 章,刘向等人审定为 8 篇 215 章。对所存各篇"重而异者"及"不合经术者",刘向虽然认为其"文辞颇异",但终"不敢失",皆予保留。二是辑佚文,备篇章。对于散篇流传之书,刘氏父子等人经过考订,剔除伪托,定其篇目,将其合为一书。① 第四是定立书名。古书经过几次传抄之后,不仅误字衍文在所难免,而且书名也往往因之更改。如《战国策》一书,在刘向校理之前,官府所藏不同版本,或曰《国策》《国事》《短长》《事语》《长事》《修书》等,刘向以其"为战国时游士辅所用之国,为之策谋",将其命名为《战国策》。再如东汉《白虎通义》,不同时期称谓不同,《隋志》称为《白虎通》,《崇文总目》称为《白虎通德论》。因此,定立书名,便是刘氏校雠之重要工作。用严谨细密之观察,审其内容,定立恰当之书名,实为近世科学家之态度。第五是厘定部居。随着图书文献的增多,书籍分类便显得尤为必要,郑樵《校雠略》曾多次强调图书分类的重要性:"学之不专者,为书之不明也,书之不明者,为类例之不分也。""类例分,则百家九流,各有条例,虽亡而不能亡。"刘氏校雠典籍成《七略》者,正是为使学术有条理,按图可以索骥。即使书有散亡,观其类例之所在,便可求之其邻。第六是叙述源流。战国时期,诸子之论,各成一家之言,自前世皆存而不绝。刘向校雠之时,对整理图书,剖析其源流,详究其得失,进一步而叙述其源流。刘氏《别录》不仅说明学术的源流,而且包括作者生平行事、本书优劣之点、流传盛衰及影响、写作价值及校雠经过。② 所以章学诚说:"校雠之义,盖自刘向父子。部次条别,将以辨章学术,考镜源流,非深明于道术精微,群言得失之故者,不足与此。后世部次甲乙,纪录经史者,代有其人,而求能推阐大义、条别学术异同、使人由委溯源、以想见坟籍之初者,千百之中,十不一焉。"③张舜徽也将刘氏父子校雠方法归纳总结为六个方面,分别是:广罗异本、仔细勘对;彼此互参、除去重复;校出脱简、订正讹文;整齐篇章、定著目次;摒弃异号、确定书名;每书校毕、写成《叙录》。④ 其中"广罗异本、仔细勘对""校出脱简、订正讹文""整齐篇章、定著目次、写成《叙录》"分别属于版本学、校勘学和

---

① 曾贻芬、崔文印:《中国历史文献学史述要》(增订本),商务印书馆 2010 年版,第 49—50 页。
② 刘向父子校雠典籍的六种方法,详参蒋元卿《校雠学史》,齐鲁书社 1985 年版,第 20—23 页。
③ 章学诚著,王重民通解,傅杰导读,田映曦补注:《校雠通义通解》,上海古籍出版社 2009 年版,"自序"第 1 页。
④ 详参张舜徽:《中国文献学》,上海古籍出版社 2011 年版,第 201—203 页。

目录学的内容。孙德谦在《刘向校雠学纂微》中将刘向校雠方法细化为23种方法：备众本、订脱误、删复重、条篇目、定书名、谨编次、析内外、待刊改、分部类、辨异同、通学术、叙源流、究得失、撮指意、撰序录、述疑似、准经义、征史传、辟旧流、增佚文、考师承、纪图卷、存别义。① 其中备众本、订脱误到待刊改属于现代意义上的校勘学内容，从分部类、辨异同到存别义属于现代意义上的目录学内容②，而备众本又涉及版本学的相关知识。虽然对刘氏父子校雠方法归纳总结有所不同，但都涉及三种基础知识，即目录、版本和校勘。"向每校一书，辄为一录，论其指归，辨其讹谬，随竟奏上。后又集众录，谓之《别录》，盖即后世目录解题之始。向校书时，广储副本，有所谓中书，有所谓外书，有所谓太常书，有所谓太史书，有所谓臣向书，有所谓臣某书，博求诸本，用以雠正一书，盖即后世致详版本之意。观向所为《战国策叙录》云：'本字多误脱为半字，以赵为肖，以齐为立。'然则向校雠时，留心文字讹误之是正，盖即后世校勘之权舆。由此论之，目录、版本、校勘，皆校雠家事也。"③基于这种认识，张舜徽特意指出，刘向校书，"除勘对文字异同、订正讹误之外，还大有事在，实包括版本、校勘、目录三方面的内容"。总之，刘向父子整理文献的程序是符合实际的，是科学的，他为后世的文献整理、校勘提供了行之有效的方法和经验。

刘向、刘歆在中国校雠学发展史上占有重要地位，其校雠图书也成为中国文献学史上的里程碑事件。归纳起来，刘氏父子主要功绩表现在如下几个方面：首先，创造了一套科学并行之有效的校雠方法，其校雠规程和方法成为后世校雠文献的基本模式，直至今天仍在发挥作用。其次，创造性地编撰了《别录》，《别录》是我国书目提要之始祖。它作为各类文献的叙录，是提要式的内容简介，后世著作前的序文当是源于《别录》。再次，完成了我国第一部综合性的图书分类目录《七略》。尽管它在分类上采用的标准不一，也有失当之处，但后代编辑书目的原则、体例、方法，都是在《七略》的基础上发展起来的。④ 最后，刘氏校雠方法奠定了后世校勘学的理论基础。刘氏不仅首次提出"校雠"一词，而且明确阐释了"校雠"的含义，其方法后来成为本校法和对校法的雏形。⑤ 刘

① 孙德谦：《刘向校雠学纂微》，驽骀小站（近代稀见汉籍电子化工作室）整理。
② 周余姣：《郑樵与章学诚的校雠学研究》，齐鲁书社2015年版，第8—9页。
③ 张舜徽：《广校雠略》，上海古籍出版社2013年版，第1—2页。
④ 杨燕起、高国抗：《中国历史文献学》，书目文献出版社1989年版，第70页。
⑤ 黄爱平：《中国历史文献学》，中国人民大学出版社2010年版，第220页。

向、刘歆父子"为中国校雠学开辟了道路,奠定了基础"①。正因为如此,后人均以刘氏父子的校雠活动为广义校雠学之宗主,这也是"依刘向故事""探子政之学"之说的由来。至此,中国校雠学正式确立。

刘氏父子《别录》《七略》在我国学术史和文化史上产生了重大的影响,后世曾给予高度评价,如班固指出,"刘向司籍,九流以别""《七略》剖判艺文,总百家之绪"。王充认为,"六略之录万三千篇,虽不尽见,指趣可知"。尽管后来《别录》《七略》部分亡佚,但班固《汉志》仍保存了《七略》的大体内容,后人仍可从中略窥其貌。《别录》作为中国目录学史上首部书目解题目录,历来为学者所重视,姚名达认为中国目录学诸内容,"其优于西洋目录者,仅恃解题一宗"②。而《七略》所创六分法,开启了中国古代目录分类法的先河,即使后世长期占据主导地位的四分法也是在《七略》基础上的拆分与合并,"分类之纲目始终不能超出《七略》与《七录》之矩矱,纵有改易,未能远胜"③。王重民认为《七略》是"组织严密,并有高度水平的系统目录",是"全世界上任何古代文明国家所没有的"。④ 历史学家范文澜也认为,《七略》的价值不仅在于奠定了目录学的基础,它还称得上是一部极可贵的古代文化史,足以和《史记》比肩。⑤ 由此可见,刘氏父子校雠活动的巨大贡献及对后世学术发展的影响。

第三节　郑樵《校雠略》对校雠学理论的总结

先秦至隋唐五代时期,中国校雠实践不断发展,同时也在不断积累校雠经验。但这些校雠经验多是局部和片面的,散见于不同书目的序、跋等文献中,表述也多为只言片语,整体性和系统性的校雠学理论著作并没有出现。到了宋代,先前丰富的校雠实践经验为理论总结提供了坚实基础,中国校雠学进入了理论总结时期,出现系统性总结校雠学理论著作的时机已经成熟。与此同时,宋代以文治国,学术昌明,文献数量众多,校雠实践不断,整体社会氛围有利于

---

①　张舜徽:《中国文献学》,上海古籍出版社 2011 年版,第 200 页。

②　姚名达撰,严佐之导读:《中国目录学史》,上海古籍出版社 2002 年版,第 346 页。

③　姚名达撰,严佐之导读:《中国目录学史》,上海古籍出版社 2002 年版,第 346 页。

④　王重民:《中国目录学史论丛》,中华书局 1984 年版,第 24 页。

⑤　范文澜:《中国通史简编》(第三编),人民出版社 1964 年版,第 126 页。

校雠学的发展。相对于汉唐学者来说，宋代学者更为自信，学术上也更为成熟，显示出与汉唐不同的学术风格，"出现了探求义理的共同趋势"①，这些都为郑樵《校雠略》的出现提供了某种契机。

郑樵《通志·校雠略》共 21 论 69 篇，"评述了历代各家目录，总结了自刘向、刘歆以后千余年的目录工作实践，提出了不同于前人的学术观点"②。《校雠略》系统阐述了类例(分类原理)、著录范围、著录方法和类书、解题四大方面。郑樵坚持广义校雠学的理念，他认为，"举凡设官专守、汇集图书、辨别真伪、校订误谬、确定类例、详究编次、设法流传等，都是校雠的范围"③。由此显现出其理论的系统性和广义性。在《校雠略》中，郑樵在继承前人思想基础上建构其集求书、校书、分编三要素于一体的较为完整的校雠学理论体系，这一体系中的求书理论成为辑佚学的理论依据，校书思想则进一步规范和完善了传统校雠学的范畴，发展成为独立的校勘学，分编则为后来的目录学奠定了理论基础。④

郑樵求书方面的论述是其辑佚学理论的重要组成部分，在这方面，郑樵坚持"会通"的学术理念，不以一时一地一人之书亡佚为亡佚，从"长时段"和全局视角提出自己的观点，他说："书有亡者，有虽亡而不亡者，有不可以不求者，有不可求者。"为说明这一观点，他还举出了很多例子，如《三礼目录》虽亡，可取诸《三礼》；汉、魏、吴《鼓吹曲》虽亡，而《乐府》俱在；《文言略例》虽亡，而《周易》俱在，"凡此之类，名虽亡而实不亡者也"⑤。郑樵指出，搜求图书和辑佚文是文献增益的过程，如陶渊明诗文集，魏晋南北朝时仅为五卷，隋唐时逐渐增至九卷到二十卷，"古之书籍，有不足于前朝，而足以后世者"。对于文献散佚的原因，郑樵也进行了分析，他认为书籍之亡，"皆校雠之官失职矣"，萧何律令、张苍章程，皆为"汉之大典"，但"刘氏《七略》、班固《汉志》全不收"，"此刘氏、班氏之过也"，这也是亡书出于后世的重要原因。由于种种原因，还有一部分图书散落在民间，"古之书籍，有上代所无，而出于今民间者"，如《古文尚书音》，唐宋皆无，"今出于漳州之吴氏"。陆机《正训》，隋唐志书亦无记载，"今出于荆州之田氏"。由此可知,"古书散落民间者,可胜计哉,求之之道未至耳"①。郑樵的某些看法虽然不一定完全正确,但也"揭示了书籍散佚的某种内在规律",一定程度上"指出了许多种辑佚的具体途径"。② 正是在多年实践探索、不遗余力搜集文献的基础上,郑樵提出了所谓的"求书八法"③。郑樵求书理论和原则是他在广泛实践基础上总结概括出来的,"这既是他之所以能对中国古代历史文献整理作出重大贡献的关键所在,又是历史文献学能成其为一门独立学科的理论基础,更是后世历代文献学家尊奉的光辉典范"④。"求书八法"结合具体的实例进行了说明,具有较强实践指导性和可操作性。⑤ 胡应麟称赞其"曲尽求书之道,非沉涵典籍者不能知",高度评价郑樵求书"备矣精矣"。⑥ 清代章学诚认为郑樵《校雠略》"其见甚卓"⑦。郑樵的辑佚理论对后世产生了很大的影响,"为王应麟等后世辑佚工作提供了理论依据及实践途径"⑧。明清时期,辑佚活动逐渐兴盛并于乾嘉时期达到顶峰,其中郑樵的首创类书辑佚之功难以磨灭。从这一意义上说,郑樵求书有可行性,其求书方法理论有"开先河之功",为后来辑佚理论和实践的发展奠定了坚实基础。

南宋官府非常重视校勘工作,曾先后分校和综校经史子集四部之书多达十二次,其中郑樵所处高宗朝就达一半之多。⑨ 在这样的学术氛围中,郑樵也极为重视校勘工作。《宋史·郑樵传》说他"好为考证伦类之学",明代周华在《兴化县志·郑樵传》中亦赞其"留心述作,笃志训诂"。在《校雠略》中,郑樵以《求书遣使校书久任论》说明校书的重要性。郑樵认为,校书之人须久且专,校勘工作才能得心应手,校勘事业才能取得成就,如"司马迁世为史官,刘向父子校雠天禄,虞世南、颜师古相继为秘书监,令狐德棻三朝当修史之任,孔颖达一生不离

① 郑樵撰,王树民点校:《通志·二十略》,中华书局1995年版,第1811—1812页。
② 张文明:《从文献整理看郑樵对文献传播的贡献》,《社会科学家》2009年第11期。
③ 郑樵在《校雠略》中有《求书之道有八论》一篇,此篇集中归纳了"求书八法",即"一曰即类以求,二曰旁类以求,三曰因地以求,四曰因家以求,五曰求之公,六曰求之私,七曰求人以求,八曰因代以求。当不一于所求也"。
④ 曾凡英:《论郑樵的文献学理论和方法》,《四川师范大学学报(社会科学版)》1991年第4期。
⑤ 张文明:《从文献整理看郑樵对文献传播的贡献》,《社会科学家》2009年第11期。
⑥ 胡应麟:《经籍会通》卷一,载《少室山房笔丛》,上海中华书局(上海编辑所)1958年版,第54页。
⑦ 章学诚著,叶瑛校注:《文史通义校注》,中华书局1985年版,第978页。
⑧ 张新民:《郑樵目录学思想体系及其广义性论——解读〈通志·校雠略〉》,《图书情报工作》2009年第21期。
⑨ 汝企和:《南宋官府校勘述论》,《河北大学学报(哲学社会科学版)》2003年第3期。

学校之官"。由此,他强调"校书之任不可不专"①。校书与编书分类关系密切,在《编书不明分类论》中,郑樵盛赞任宏、尹咸、李柱国等人校书,他说:"《七略》惟兵家一略任宏所校,分权谋、形势、阴阳、技巧为四种书,又有图四十三卷,与书参焉。观其类例,亦可知兵,况见其书乎。其次则尹咸校数术,李柱国校方技,亦有条理。"②在郑樵看来,只有任久且专的校雠官,编书才有条理。否则,可能会出现很多问题,"有见名不见书者,有看前不看后者"③,如作为兵书的《尉缭子》被误入诸子略,置放杂类。再如《汉朝驳议》《诸王奏事》《魏臣奏事》《魏台访议》《南台奏事》,隋人经过校勘将其归入刑法类,唐人见其名为奏事以为故事而将其编入故事类,这些都是"见名不见书"的明显例证。颜师古《刊谬正俗》本为杂记经史之书,因首篇为说《论语》,被《崇文总目》误为论语类,这是所谓的"看前不看后"。出现这种现象,都是校书不当造成的。要避免出现这种现象,那就要选聘专业久任校雠之人。曾凡英将郑樵校释文献的理论概括为四个方面,即必须以古本为依据、须对校理校互为用、必须一专二久、必须与实际知识相结合。④ 虽然《校雠略》中专题论述校勘的内容较少⑤,但不能由此否认郑樵重视校勘工作。综上所述,校勘学是郑樵文献学思想的重要组成部分。

中国古代目录学理论思考几乎都是在具体目录工作实践中展开的,"类例"作为分类目录在类型特征上形成的固定格式,是建构目录大厦的基本框架。所以,中国古代目录学首先要解决的就是"类例"问题,这决定了传统目录学中很大部分的智慧必然表现在类名的选用、具体文献分类、同类文献之排序等问题之上。虽然对目录在揭示源流方面有一定认识,但无疑是放在次要位置的。⑥

分类编目在郑樵校雠学思想中占有重要地位,"是求书、校书之旨归"⑦。郑樵《校雠略》以较大篇幅论述"类例"重要性及其原则方法,同时也指出既往

---

① 郑樵撰,王树民点校:《通志·二十略》,中华书局1995年版,第1812页。
② 郑樵撰,王树民点校:《通志·二十略》,中华书局1995年版,第1821页。
③ 参见郑樵撰,王树民点校:《通志·二十略》,中华书局1995年版,第1809—1810页。
④ 曾凡英:《论郑樵的文献学理论和方法》,《四川师范大学学报(社会科学版)》1991年第4期。
⑤ 彭国庆认为,郑樵《通志·校雠略》少论校勘原因有以下几个方面:一是"会通"思想指导下的体例创新;二是欲借《校雠略》为国家的搜求图书和编目工作提出建议;三是高宗一朝重视校勘以及"校雠式"的诞生给郑樵造成的积极影响;四是北宋以来轻视校勘的思想也给郑樵撰书带来了消极影响。参见氏著《郑樵〈通志·校雠略〉少论校勘刍议》,《法制与社会》2008年第2期。
⑥ 傅荣贤:《"辨章学术,考镜源流"正诂》,《图书馆理论与实践》2008年第4期。
⑦ 张新民:《郑樵目录学思想体系及其广义性论——解读〈通志·校雠略〉》,《图书情报工作》2009年第21期。

目录中存在的问题。在《编次必谨类例论六篇》中，郑樵指出，正确的图书分类对于读书明学极为重要①，并且有利于知识的承传②，"学之不专者，为书不明也。书之不明者，为类例之不分也"。"欲明书者在于明类例。""类书犹持军也，若有条理，虽多而治。若无条理，虽寡而纷。类例不患其多也，患处多之无术耳。"之所以如此强调"类例"，不仅是因为其能够在图书存续方面发挥重要作用，而且还因为它有利于很好地揭示学术源流，如其所言，"人守其学，学守其书，书守其类，人有存没而学不息，世有变故而书不亡"。"类例不明，图书失纪。""书籍之亡者，由类例之法不分也。类例分则百家九流各有条理，虽亡而不能亡也。"他还以卜筮之《易》和释老之书的流传说明这一道理。③ 在郑樵看来，只要"类例"明晰，读者便能"睹类而知义"，学术源流就能够自然明了，即"随其凡目，则其书自显"。"类例既分，学术自明。"提要在郑樵心目中的位置并不十分重要，完全视其"可不可"而定，不需要提要读者就能明晰学术源流的就不必写，否则就会出现"强为之说，使人意怠"的情况。在著录原则方面，郑樵倡导"会通"的学术理念，提出了"详今略古"的编纂思想，"今所纪者，欲以纪百代之有无。然汉、晋之事，最为希阔，故稍略；隋、唐之书，于今为近，故差详。崇文四库及民间之藏，乃近代之书，所当一一载也"④。更为重要的是，郑樵在当时已有知识类型基础上，根据自己尚"实学"而薄"空言"的知识价值标准，打破了四部分类所建构的知识系统，依据自己的"类例"原则，重新建构了我国古代的知识体系，即郑樵所说"散四百二十二种书可以穷百家之学，敛百家之学可以明十二类之所归"⑤。郑氏所分十二大类囊括了当时几乎所有的知识类型，"既表现了他极其开阔的学术视野，更显露了他难能可贵的学科意识"⑥。他把礼类、乐类、小学类从经部分离出来单独立类，把星数、五行、艺术、医方又从子部分出作为独立的一类，划分更细，"照顾到了古代各专门知识体系的发展，也更符合图书

① 杨世文指出，郑樵论述了"类例"两个方面的作用，即"明学"和"存书"，参见氏著《郑樵对古文献学的理论贡献》，载《宋代文化研究》第八辑，四川大学出版社1999年版，第107页。
② 戴建业：《"类例既分，学术自明"——论郑樵文献学的"类例"理论》，《图书情报知识》2009年第3期。
③ 郑樵撰，王树民点校：《通志·二十略》，中华书局1995年版，第1804—1806页。
④ 郑樵撰，王树民点校：《通志·二十略》，中华书局1995年版，第1806页。
⑤ 郑樵撰，王树民点校：《通志·二十略》，中华书局1995年版，第1805页。
⑥ 戴建业：《论郑樵文献学的知识论取向》，《图书情报知识》2009年第5期。

的实际情况,是中国古代图书分类法的一大进步"①。姚名达在《中国目录学史》中称其"胆量之巨,识见之宏,实旷古一人"②。郑樵关于图书分类的"绝识旷论"不只远迈前辈和时流,很长时期还引领后代。在《校雠略》中,"类例"观念是其文献学的核心和灵魂,他对文献学的贡献也当首推"类例"。"类例"理论的提出和成熟标志着我国古典文献学理论上的自觉,标志着这门学科从"自在"走向"自为",从"暗与理合"走向"以类明书"。③郑樵的"类例"主张不仅具有理论的前瞻性,在今天也仍然具有实践意义。

《通志·校雠略》是郑樵关于文献学理论和方法的系统总结,在中国校雠学史上占有重要地位。南宋之前,学者们虽然在辨章学术、定谬正误、厘定篇章、部类目次等方面取得了一些成绩,但对书籍的存佚、类例、搜求方面的理论则较少涉及,更没有对这些理论和方法进行系统总结。郑樵的文献学理论颇多创见,发前人所未发。他提出"设官专守、搜集图书、辨别真伪、振救亡书、确定类例、详究编次、设法流传等问题,以前的学者并没有专门的论述"④。此外,郑樵《校雠略》还建立起了集"求书、校书、分编三要素于一体"的文献学体系,反映出其文献学思想的"系统性"与"广义性"。"系统性"体现在三个阶段前后相续、自成体系,"广义性"则表现于与辑佚学、校勘学和目录学的紧密联系。⑤从这一意义上说,郑樵《校雠略》是"在总结汉唐以来文献整理实践的基础上,比较全面地建立起了文献学作为一门独立学科的规模,确乎是前无古人的"⑥。《通志·校雠略》作为我国第一部全面阐释校雠学说的理论著作,其在中国古代文献学、校雠学理论发展史上有着举足轻重的地位。

---

① 杨世文:《郑樵对古文献学的理论贡献》,载《宋代文化研究》第八辑,四川大学出版社1999年版,第106页。
② 姚名达撰,严佐之导读:《中国目录学史》,上海古籍出版社2002年版,第84页。
③ 戴建业:《"类例既分,学术自明"——论郑樵文献学的"类例"理论》,《图书情报知识》2009年第3期。
④ 杨世文:《郑樵对古文献学的理论贡献》,载《宋代文化研究》第八辑,四川大学出版社1999年版,第103—104页。
⑤ 参见张新民:《郑樵目录学思想体系及其广义性论——解读〈通志·校雠略〉》,《图书情报工作》2009年第21期。
⑥ 曾凡英:《论郑樵的文献学理论和方法》,《四川师范大学学报(社会科学版)》1991年第4期。

第四节   章学诚《校雠通义》对校雠学理论的推进

在郑樵《校雠略》系统总结校雠学理论的基础上,章学诚承其统绪,分析历代校雠学理论与方法,"折衷诸家",进一步阐发其理念,将校雠学推进到新的历史阶段。在《文史通义》中,章氏就有诸多篇章论述校雠之学,如"惟文史校雠二事,鄙人颇涉藩篱,以谓向、歆以后,校雠绝学失传,区区略有窥测"。"学诚从事于文史校雠,盖将有所发明。""至于史学义例,校雠心法,则皆前人从未言及。"①不仅如此,章氏还著有校雠学理论专著《校雠通义》②,其中对校雠学的内容、目的和任务,校雠学的起源和发展,校雠学的理论和方法等重要问题,都作了系统全面的论述,真正做到了集古代校雠学之大成,大大推进了校雠学理论的发展,对中国近现代校雠学理论和方法的建立与发展产生了深远影响。在校雠学体系建构方面,章氏独具匠心,丰富了校雠学的内涵,扩大其外延,使校雠学的体系更为完善。

在图书目录的分类著录上,章学诚尤为强调"叙录"的重要性。他认为,为图书作"叙录"是校雠学的重要任务,因为图书"叙录"最能起到"辨章学术,考镜源流"和"宣明大道"的作用。为此,他十分推崇刘氏父子的校雠理念,"由刘氏之旨以博求古今之载籍,则著部次,辨章流别,将以折衷六艺,宣明大道,不徒为甲乙纪数之需,亦已明矣"。他认为《辑略》为"刘氏讨论群书之旨","最为明道之要"。③ 在《校雠通义》和《文史通义》中,他多次将《辑略》奉为古代校雠学的"鼻祖"。对于后世"徒为甲乙纪数之需"之简单目录,章氏认为其有违刘氏《七略》之要旨。"辨章学术,考镜源流"是章学诚对其校雠学宗旨的高度概括,

①   章学诚著,仓修良编注:《文史通义新编新注》,商务印书馆 2017 年版,第 393、658、818 页。

②   章学诚《校雠通义》初稿是在《和州志艺文书序例》的基础上,仿郑樵《通志·校雠略》分章分节,用标题立论的形式编写的。初稿本来是代替三通馆给《续通志》所拟的稿子,原题为《续通志校雠略》。在初稿里,章学诚当然尽可能写出了他的目录学思想;但既然是给官书拟稿,就不能不有所保留,因而他自己在当时就不很满意。到 1788 年他编写《史籍考》的时候,又作了彻底的修改。我们今天看到的《校雠通义》就是这次修改成的定稿。可以说,章学诚的目录学系统思想,到这时候才完全成熟。参见章学诚著,王重民通解,傅杰导读,田映曦补注:《校雠通义通解》,上海古籍出版社 2009 年版,"序言"第 2—3 页。

③   章学诚著,王重民通解,傅杰导读,田映曦补注:《校雠通义通解》,上海古籍出版社 2009 年版,第4 页。

与之相类似的还有"即类求书,因书究学"①。傅荣贤认为,"辨章学术"即"辨别学术,使学术彰显、透彻","考镜源流"即"考订(学术)源流,使(学术)源流镜现,明晰"。简言之,即"别白学术和揭示源流"。他还特意指出,"别白学术和揭示源流两者密切相关,相得益彰",前人对此理论思考多有偏颇,没有或较少注意到书目除了别白学术(郑樵"类例既分,学术自明"是其较为完整的表述)之外,还要揭示学术源流。② 他进一步指出,《隋志》中的"剖析条流"即为章学诚校雠学思想的先导,因为"剖析"近似于"辨章学术",而"条流"相当于"考镜源流"。③ "条别异同""部次甲乙"侧重于分类和编次,"疏通伦类""推阐大义"侧重于撰叙和述录,运用这些方法及原理就能达到章氏所拟三大目标(即宗刘、补正和正俗)。④ 由此可见,章学诚主张"别白学术和揭示源流双轨并行"⑤。在《校雠通义》中,章氏提出种种"四部不能返《七略》"的理由,这是他对于综合性目录的看法。在分类实践方面,其撰《史籍考总目》分为十二类,"在我国的史学专科目录分类方面有着一定的典范意义"⑥。章学诚的"类例"观,是把他的"道器"理念应用到"类例"的逻辑排序中,即"先道后器",理论书籍在前,应用书籍在后,然后按时间次序、创书人或传书人先后进行排列。⑦ 在傅荣贤看来,章氏提出"互著""别裁"是对刻板的分类不能辨考时的"权宜之计"。章学诚"并不一概反对类例,而只是对固守类例却不知互著、别裁之变通手段,致使不能充分考辨提出批评"⑧。因此,要达到"辨章学术,考镜源流"的目的,必须凭借合理的类例、精微的类序和切题的叙录。与此同时,在著录过程中,还要合理使用"互著""别裁"两种方法。除此之外,索引思想也是章学诚目录学思想的重要内容,为避免"一书两人"之弊,章氏提出"先作长编","取著书之人与书之标名,按韵编之,详注一书源委于其韵下,至分部别类之时,但须按韵稽之,虽百人

① 章学诚著,王重民通解,傅杰导读,田映曦补注:《校雠通义通解》,上海古籍出版社2009年版,第15页。
② 傅荣贤:《〈汉书·艺文志〉研究源流考》,黄山书社2007年版,第303页。
③ 傅荣贤:《〈汉书·艺文志〉研究源流考》,黄山书社2007年版,第145—146页。
④ 钱亚新:《郑樵〈校雠略〉研究》,商务印书馆1948年版,第97页。
⑤ 傅荣贤:《"辨章学术,考镜源流"正诂》,《图书馆理论与实践》2008年第4期。
⑥ 周余姣:《郑樵与章学诚的校雠学研究》,齐鲁书社2015年版,第206页。
⑦ 周余姣:《郑樵与章学诚的校雠学研究》,齐鲁书社2015年版,第208页。
⑧ 傅荣贤:《"辨章学术,考镜源流"正诂》,《图书馆理论与实践》2008年第4期。

共事,千卷类同,可使疑似之书一无犯复矣"。① 在这里,章氏提出通过事先编制著者("著书之人")索引与书名("书之标名")索引以避免归类和著录上的错谬。对于"一书多名"和"一人多字号"的情况,章氏也提出了自己的应对之策,他说:"然则校书(雠)著录,其一书数名者,必当历注互名于卷帙之下;一人而有多字号者,亦当历注其字号于姓名之下,庶乎无嫌名歧出之弊矣。"②由此可见,书名和人名中的嫌名著录法是提高编目质量的关键因素。根据索引对象和功用的不同,章氏曾提出应编制种种不同的索引,如《校雠条理》中所说的包括四库书中的人名、地名、官阶和书目等的主题索引。他不仅自己编制索引,还鼓励其他人编制索引,章氏的索引学理论对后世产生了深远影响。

章学诚极为重视图书文献的校勘,《校雠通义》中的《校雠条理》集中体现了章学诚的校勘学思想。对于郑樵"校书久任"一说,章学诚予以认可,称其"真得校雠之要义也"。与此同时,章学诚更强调"治书在平时"。在总结了治书"四便"之后,他特意指出,治书之要,"当议于求书之前者也"③。诚然,校书工作本身是一项极为复杂的系统工程,仅就勘正文字来说,如果对古代汉字结构音读及语法问题没有深入研究,便很难对一字做出正确研判。因此,两汉时期刘向、扬雄、班固、郑玄等校雠学者都是"小学"名家,唐代陆德明、颜师古也都长于说字,清代学者在校书方面能够取得巨大成就也得益于其深入研究古文字、古声韵之学。其次对通行常见的古籍,务求比较精熟。不少学者校书能够深入,与他们读书的广博是分不开的。④ 因此,学术素养与校勘质量密切相关。但学术素养的提升并非一日之功,需要长期积累。从这一意义上说,章学诚所言"治书在平时"颇有道理。章氏还继承西汉刘向校雠的优良传统,提出"校书宜广储副本"和"必取专门名家"的观点,他说:"夫博求诸本,乃得雠正一书,则副本固将广储以待质也。""如太史尹咸校数术,侍医李柱国校方技,步兵校尉任宏校兵书之例,乃可无弊。否则文学之士但求之于文字语言,而术业之误,或且因

---

① 章学诚著,王重民通解,傅杰导读,田映曦补注:《校雠通义通解》,上海古籍出版社2009年版,第29页。

② 章学诚著,王重民通解,傅杰导读,田映曦补注:《校雠通义通解》,上海古籍出版社2009年版,第30页。

③ 章学诚著,王重民通解,傅杰导读,田映曦补注:《校雠通义通解》,上海古籍出版社2009年版,第36页。

④ 张舜徽:《中国文献学》,上海古籍出版社2011年版,第83—85页。

而受其累矣。"①对于古今校勘的变化,张氏也有自己的看法,他指出:"古者校雠书,终身守官,父子传业,故能讨论精详,有功坟典,而其校雠之法,则心领神会,无可传也。近代校书,不立专官,众手为之,限以程课,画以部次,盖亦势之不得已也。校书者既非专门之官,又非一人之力,则校雠之法不可不立也。"鉴于"典籍浩繁,闻见有限,在博雅者且不能悉究无遗"的情况,章氏提出校雠之前,先将所有书籍制成一部编韵的主题索引,以便参考稽查,可谓"极有见地"。在《校雠通义》中,章氏专门讨论了校勘记的写法,他说:"古人校雠,于书有讹误,更定其文者,必注原文于其下,其两说可通者,亦两存其说,删去篇次者,亦必存其阙目;所以备后人之采择,而未敢自以谓必是也。"②章氏校勘"存异"的做法,"与郑玄等人对校勘的审慎态度是一致的,也合乎北宋馆阁的校雠规程《校雠式》的法度"③。"校勘记"的做法是在保留原始资料的基础上,由读者自行判断进行抉择,这样就能较好地避免校勘者的主观武断和判断失误,这种做法也被后世校勘学家继承沿用。

作为校雠学家,章学诚也非常重视版本工作,对版本学有一定程度的研究。他不仅提出校书前应"广储副本",而且认为校书过程中应"博求诸本",以备校正一书时,对质互勘。④ 在研读了朱彝尊《经义考》后,他对《经义考》中"刊板"一条进行了实事求是的分析,既肯定了其"记载刊木原委"的优点,又对其"未载刊本之异同"表达遗憾和惋惜。在此基础上,他提出"当补朱氏《经考》之遗"的想法,"金石刻画,自欧、赵、洪、薛以来,详哉其言之矣。板刻之书,流传既广,讹失亦多,其所据何本,较订何人,出于谁氏,刻于何年,款识何若,有谁题跋,孰为序引,板存何处,有无缺讹,一书曾经几刻,诸刻有何异同,惜未尝有人仿前人《金石录》例而为之专书者也。如其有之,则按录求书,不迷所向,嘉惠后学,岂不远胜《金石录》乎?如有余力所及,则当补朱氏《经考》之遗,《史考》亦可以例

① 章学诚著,王重民通解,傅杰导读,田映曦补注:《校雠通义通解》,上海古籍出版社2009年版,第37、39页。
② 章学诚著,王重民通解,傅杰导读,田映曦补注:《校雠通义通解》,上海古籍出版社2009年版,第37、38页。
③ 周余姣:《郑樵与章学诚的校雠学研究》,齐鲁书社2015年版,第205页。
④ 章学诚著,王重民通解,傅杰导读,田映曦补注:《校雠通义通解》,上海古籍出版社2009年版,第37页。

仿也"①。雕版印刷术出现之后,版刻书数量增加,大大促进了知识文化的传播。但问题随之产生,版刻错误可能影响巨大。鉴于此,详细注明版本的相关信息就显得尤为必要。为更好嘉惠后学,章氏还提出应仿照宋代赵明诚《金石录》撰写专书以弥补朱彝尊《经义考》之不足。

章学诚对文献辨伪也有论述,其辨伪思想集中体现在《辨嫌名》和《论修史籍考要略》篇中。在《辨嫌名》中,章氏指出,《汉志》以后,因无互注之例,故重复著录大都不关义类,全是编次之错谬,编次错误可能导致"一书两入"或"一书两名"乃至"误认二家"。这就需要"深究载籍,详考史传,并当历究著录之家,求其所以同异两称之故而笔之于书",只有这样,才能"有功古人,而有光来学"。② 显然,这里的"一书两名""误认二家"属于梁启超所说"书不伪而书名伪者"③。若以作伪动机来说,则属于"非有意作伪"④。此外,章氏在《论修史籍考要略》中有"嫌名宜辨"一条,对辨伪思想做了进一步论述,"古人之书,或一书歧名,或异书同名者多矣,皆于标题之下,注明同异名目,以便稽检"⑤。王重民认为《辨嫌名》为章氏论"目录学"的方法理论问题,实不尽然。章氏在论述自己目录学思想的同时,也阐述了伪书出现的原因及辨伪的途径和方法,实为其辨伪学思想的重要组成部分。

章氏在《补郑》篇中还提出了辑佚书的新方法。"补郑"即补郑樵的《校雠略》,主要补《校雠略》中的《书有名亡实不亡论》和《阙书备于后世论》两篇。他认为郑樵的"书有名亡实不亡"理论虽有见地,但"亦有发言太易者",就是没有对"采辑补缀"之具体方法进行说明。在总结郑樵、王应麟等人辑佚工作的基础上,章氏提出了自己的一些主张,"今按纬候之书,往往见于《毛诗》《礼记》注疏及《后汉书注》;汉魏杂史,往往见于《三国志注》;挚虞《流别》及《文章志》,往往见于《文选注》;六朝诗文集,多见采于《北堂书钞》《艺文类聚》;唐人载籍,多见

---

① 章学诚著,王重民通解,傅杰导读,田映曦补注:《校雠通义通解》,上海古籍出版社 2009 年版,第 161 页。

② 章学诚著,王重民通解,傅杰导读,田映曦补注:《校雠通义通解》,上海古籍出版社 2009 年版,第 37、38 页。

③ 梁启超:《中国近三百年学术史》,东方出版社 2004 年版,第 276 页。

④ 梁启超:《古书真伪常识》,中华书局 2012 年版,第 33 页。

⑤ 章学诚著,王重民通解,傅杰导读,田映曦补注:《校雠通义通解》,上海古籍出版社 2009 年版,第 159 页。

采于《太平御览》《文苑英华》。一隅三反,充类求之,古逸之可采者多矣"①。这无疑为辑佚工作指明了一条捷径。在《论修史籍考要略》中,章氏专立"古逸宜存""逸篇宜采"二条,指出了辑存"古逸"的方法和必要性,他说:"今作《史考》,宜具源委,凡《六经》、《左》、《国》、周秦诸子所引古史逸文,如《左传》所称《军志》《周志》,《大戴》所称《丹书》《青史》之类,略仿《玉海·艺文》之意,首标古逸一门,以讨其原。"②在章氏看来,虽然在四部分类中,史部位列经部之后,但"史之原起实先于经",这与其"六经皆史"的观点是一致的。因此,他建议仿照《玉海·艺文》,在史部文献中,按照时间顺序,将古史提前,而不是像《隋书·经籍志》那样"正史"居首,这实际上为经文的辑佚指明了道路。对于两汉以降文献辑佚,章氏也有论述:"若两汉以下至于隋代,史氏家学尚未尽泯,亡逸之史,载在传志,崖略尚有可考。其遗篇逸句,散见群书称引,亦可宝贵。自隋代以前,古书存者无多,耳目易于周遍,可仿王伯厚氏采辑郑氏《书》《易》《三家诗训》之例,备录本书之下,亦朱竹垞氏采录纬候逸文之成法也。此于史学所补,实非浅鲜。"③不过,章氏认为,辑佚是为学术研究寻找材料的,其本身并不构成学术研究的目的。如果为辑佚而辑佚,无异于舍本逐末。④

章学诚《校雠通义》中专列《藏书》篇,从中可见章氏对典藏学的重视,藏书思想无疑也是其校雠思想的重要组成部分。在《藏书》篇中,章氏认为,中国藏书之法源远流长,"孔子欲藏书周室,子路以谓周室之守藏史老聃可以与谋,说虽出于《庄子》,然藏书之法,古有之矣。太史公抽石室金匮之书,成百三十篇,则谓藏之名山,副在京师。然则书之有藏,自古已然,不特佛、老二家有所谓《道藏》《佛藏》已也"。与此同时,他还强调永久之藏的重要性。在章氏看来,永久性的藏书不仅可以延续学术的命脉,同时亦可以丰富官方藏书之不足,"郑樵以谓性命之书,往往出于《道藏》,小学之书往往出于《释藏》。夫儒书散失,至于学者已久失其传,而反能得之二氏者,以二氏有藏以为之永久也。夫《道藏》必于洞天,而《佛藏》必于丛刹,然则尼山、泗水之间,有谋禹穴藏书之旧典者,抑亦

① 章学诚著,王重民通解,傅杰导读,田映曦补注:《校雠通义通解》,上海古籍出版社 2009 年版,第34 页。
② 章学诚著,王重民通解,傅杰导读,田映曦补注:《校雠通义通解》,上海古籍出版社 2009 年版,第157 页。
③ 章学诚著,王重民通解,傅杰导读,田映曦补注:《校雠通义通解》,上海古籍出版社 2009 年版,第158 页。
④ 章学诚著,叶瑛校注:《文史通义校注》,中华书局 1983 年版,第 162 页。

可以补中秘之所不逮欤!"王重民也有类似的认识,他说:"这一章所讲的藏书,并不是封建政府的藏书,而是'补中秘之所不逮'的藏书,这一思想对于建立学术团体的藏书,使图书馆走向半公开的形式,是很重要的。"①章学诚还认为私家藏书应服务于学术研究,要目的纯正,不可夹杂私利。他在《〈籍书园书目〉序》中说:"近世著录,若天一阁、菉竹堂、传是楼、述古堂诸家,纷纷著簿,私门所辑,殆与前古艺文相伯仲矣。然或以炫博,或以稽数,其指不过存一时之籍而不复计于永久,著一家之藏而不复能推明所以然者广之于天下。"②这些藏书思想丰富了典藏学的理论,也奠定了中国图书馆事业发展的基础。

在总结历代校雠学家尤其是刘氏父子、郑樵等人校雠学理论与方法的基础上,章学诚"折衷诸家",结合历史实际,提出了一整套系统的校雠学理论,推动了中国校雠学理论的发展和进步。在校雠学理论体系建构方面,章氏不仅对校雠学的三大内容——目录、校勘、版本方面进行了较为深入的论述,而且还在辨伪、辑佚和典藏方面提出了自己独到的见解,从而建构了较为完整的校雠学体系。在图书目录的分类著录上,章氏特别强调"序录"的重要性,并提出了互著与别裁、辨嫌名与著残逸、编韵编和制索引等具体方法。在校勘方法上,又提出了系统的"校勘条理",强调校勘必须持有的态度和方法。在版本方面,章氏有广储副本、采辑补缀、书掌于官等观点。③ 两宋以降尤其是明清时期,私人藏书之风兴盛,江南地区大量藏书家的出现和藏书楼的兴起进一步催生了章氏的藏书思想。章氏提出的私人藏书公开化及服务于学术研究的典藏理念,丰富了中国古代图书馆学思想。有清一代,乾嘉考据学勃兴,辨伪书、辑佚书成为学术主流。在此基础上,章氏提出了辨伪、辑佚的途径、目的和方法。综上所述,章氏心目中的校雠学是包括目录、版本、校勘、辨伪、辑佚和典藏在内的广义校雠学体系。章氏所有这些理论和方法,都围绕着一个中心,就是如何更好地发挥校雠学的功用,即起到"辨章学术,考镜源流"和"宣明大道"的作用,从而大大丰富和发展了古代校雠学理论,很多理念直到今天仍然具有现实借鉴意义。

---

① 章学诚著,王重民通解,傅杰导读,田映曦补注:《校雠通义通解》,上海古籍出版社2009年版,第42页。

② 章学诚:《章学诚遗书》,文物出版社1985年版,第68页。

③ 仓修良、叶建华:《章学诚评传》,南京大学出版社1996年版,第338页。

第三章　近代文献学学科体系的构建与演进

　　学科是一个历史的范畴,是一定历史时空中建构起来的规范化知识形式。学科体系是一种知识制度,即对知识加以分类的"学科分类制度"。清末民初,西学东渐,现代学科理念由此传入并逐渐取代中国传统学术分类理念。中国现代学术体系的建立与发展,是与这一时期的社会变革及知识转型分不开的。本着"学为政本"的理念,晚清及民国学人以现代大学制度确立及文献分类法编制为契机,对中国传统知识系统按照西方学科分类体系进行了革新和重组。自此之后,中国现代学科制度开始在摸索中蹒跚前行。

　　"文献"一词并非民国学人所创造,而把"文献学"作为一门学科来建设则始于民国时期。此后,文献学逐渐与"版本学""目录学""校勘学""辨伪学""辑佚学"等分支学科联系起来。梁启超最早提出"文献学"的说法,郑鹤声、郑鹤春所撰《中国文献学概要》是目前所知第一部以"文献学"命名的专著。此后,随着文献学各分支学科理论不断发展,各学科专著陆续出版,中国文献学涅槃重生,呈现出迅猛发展的势头。

第一节　清末民初文献学学科意识的初萌(19世纪末20世纪初)

　　中国文献产生已有三千多年的历史,有了文献,就有了文献整理和研究。在文献整理和研究的实践工作中,中国古代学者也积累了有关文献整理的经验和方法。然而,长期以来有关文献学理论的系统论述却较为少见。这一方面与中国古代文献本身的特点和文献学家的传统习惯有关,另一方面也与古代文献学家重实践轻理论有关。① 到了南宋,郑樵《通志·校雠略》的出现,使得此后中国古代文献学家开始逐渐重视文献学理论的归纳和总结。清代是中国古籍文献整理的恢复和鼎盛期,这一时期,考据之学勃兴、编纂成果丰富、校勘成绩斐然、辑佚风靡一时,同时文献学理论的研究也有了新的突破,出现了章学诚《校雠通义》。清末民初,西学东渐,文献学的理论研究又有了进一步的发展。缪荃孙、张尔田、叶德辉等人在文献学方面的理论成就彰显了文献学学科意识的初萌。

缪荃孙对于目录学理论有自己独到的见解,他说:"自更生(刘向)《七略》出而有天府之书目,自孝绪《七录》传而有私家之书目……书目亦分两类:一则宋椠明钞,分别行款,记刻书之年月,考流传之图记,以鉴古为高,以孤本自重,如《爱日精庐藏书志》《艺芸精舍宋元书目》是也。一则涉猎四部,交通九流,蓄重本以供考订,钞新佚以备记载,供通人之浏览,补秘府之缺遗,如高儒之《百川书志》、钱遵王之《述古书目》是也。"②缪荃孙认为,官家目录起自《七略》,私家书目源于《七录》,并将书目分为两派,这样概括是符合客观实际的。同时缪氏还指出,古代私人藏书书目可以分为两类:一类重在版本流传的鉴别,一类重在对书籍内容的考证。缪氏强调,目录学发展至清末,"例益加密,至于考撰人之仕履,释作者之宗旨,显征正史,僻采稗官,扬其所长,纠其不逮,《四库提要》实集古今之大成;若夫辨版刻之朝代,订钞校之精细,则黄氏荛圃蹊径独辟"③。可以看出,缪荃孙对于书目的内容特征及版本特征都是相当重视的。据此,缪荃孙提出了书目的编撰原则,"藏书、读书者循是而求,览一书而精神形式,无不具在"④。目录学家钱亚新说,所谓"精神"是指一书的内容实质,所谓"形式"是指一书的外表体制。这种要求是我国目录学上优良传统的标志,鲜明地加以强调的,却始于缪氏。⑤ 缪荃孙对私家著录又有精辟的论述,他说:"目录之学,始于向、歆。以私家著录,屹立于天壤者,以昭德晁氏与吉安陈氏为最。国朝以来,钱遵王《敏求记》为人所重,然钞刻不分,宋、元无别,往往空论,犹沿明人习气。若《也是园书目》《汲古阁珍藏秘本书目》《季沧苇藏书目》仅存一名,更无论

① 参见洪湛侯《中国文献学新编》,浙江大学出版社 2008 年版,第 394 页。
② 缪荃孙:《平湖葛氏书目序》,载《艺风堂文漫存》卷二,文史哲出版社 1973 年版。
③ 缪荃孙:《钱塘丁氏八千卷楼藏书志序》,载《艺风堂文续集》卷五,凤凰出版社 2014 年版。
④ 缪荃孙:《积学斋藏书志序》,载《艺风堂文漫存》卷二,文史哲出版社 1973 年版。
⑤ 钱亚新:《略论缪荃孙在目录学上的贡献》,《图书馆杂志》1982 年第 4 期。

已。"其批评可谓一针见血。而好的私人藏书目录在著录上,应该如缪氏在《积学斋藏书志序》中所指出的,"其书必列某本旧新之优劣,钞刻之异同,宋元本行数字数、高广若干、白口黑口、鱼尾、旁耳,展卷俱在,若指诸掌——其聚书之门径也。备载各家之序跋,原尾粲然,复略叙校雠、考证、训话、薄录、荟萃之所得,各发解题,兼及收藏家图书,其标读书之脉络也"①。或如他在《钱塘丁氏八千卷楼藏书志序》中所强调的,"考其事实,肋其得失,载其行款,陈其异同,成藏书志二十卷,实能上窥'提要',下兼'士礼居'之长,赏鉴考订,两家和而为一,可谓书目中惊人秘笈"②。遗憾的是,缪荃孙在此所提倡的"赏鉴考订,两家和而为一"的科学目录学理论,在相当长的时间内,应者寥寥。赏鉴考订,两家的门户之见,并未因德高望重的缪荃孙的登高一呼而涣如冰释。正是因为缪氏深刻地理解了目录的源流、作用和要求,所以他所编撰的一系列书目,才能在前人的基础上,有所扬弃,有所突破。

　　清末民初,随着西方学术分科理念的深入,中国古代校雠学已难以为继,渐次进入它的"分裂期"。这是因为,传统的校雠学不仅包括搜集众多版本以校一书,而且还要"撮指意而为叙录","寻源流而别部居"。只有三者完备,方可称为完整之校雠学。正如张尔田所说:"大哉校雠之为学也!非其人博通古今学术,而又审辨乎源流失得,则于一书旨意必不能索其奥而诏方来。"③而近代私家在校理图书时,或专门比勘文字异同,或专记载版本,或专编次书目。于是整个旧时校雠学便分裂为校勘学、版本学和目录学。清乾隆末年的王鸣盛在《十七史商榷》中说:"凡读书最切要者,目录之学。目录明,方可读书;不明,终是乱读。"他还说:"目录之学,学中第一紧要,必从此问途,方能得其门而入。然此事非古学精究,质之良师,未易明也。"高度强调目录学的作用,而随之附和者亦众。如张尔田说:"《隋书·经籍志·簿录篇》云:'古者史官既司典籍,盖有目录以为纲纪。汉时刘向《别录》,刘歆《七略》,剖析条流,各有其部,推寻事迹,疑则古之制。'知校雠者,目录之学也。"孙德谦曾说:"郑樵《通志·校雠略》,其论编次者,为目凡七……夫《校雠略》中而备论编次之事,则校雠,乃目录之

　　① 缪荃孙:《积学斋藏书志序》,载《艺风堂文漫存》卷二,文史哲出版社 1973 年版。
　　② 缪荃孙:《钱塘丁氏八千卷楼藏书志序》,载《艺风堂文续集》卷五,凤凰出版社 2014 年版。
　　③ 张尔田:《〈刘向校雠学纂微〉·序》,《经世报》1924 年第 2 卷第 12 号。

学,非仅如后世校雠家但辨订文字而已,是可知也。"①由此可见,乾嘉以后诸多学者,不但使目录之学脱离校雠学而独立,甚至不承认校雠之可以为学。为此,章学诚提出反对意见,他说:"校雠之学,自刘氏父子,渊源流别,最为推见古人大体,而校订字句则其小焉者也。绝学不传,千载而后,郑樵始有窥见,特著校雠之略而未尽其奥,人也无由知之。世之论校雠者,惟争辩于行墨字句之间,不复知有渊源流别矣。近人不得其说,而于古书有篇卷参差、叙例同异当考辨者,乃谓古人别有目录之学,真属诧闻。"②在章学诚看来,校雠学是一门古老博深的学问,它不仅注意"行墨字句",而且注意"渊源流别"。换言之,校雠学包括校勘、版本和目录,目录学仅为校雠学之一部分。到了后世,书籍日多,学问益分,目录之学便逐渐脱离校雠学而宣告独立,这也是时势所然。

书之校勘,必集合众本,始克奏功,此在西汉已开其端。后历代沿袭,概莫能外,如元代岳浚校刊"九经""三传",所据版本凡二十余种。可知校雠家之辨别版本,古已如此。后藏书家亦记载版本,但当时仅以镂版盛行,各种刊本版式大小并不相同,故藏书家搜罗不同刊本,仅为示其藏书之富而已,此时尚无真正意义上的版本之学。到了清代,考据学家以元明刊本之恶劣,不得不上溯古钞旧椠以为根据。于是,为利益所计,书商便假造宋版。在这种情况下,校雠学家便不得不精考版本之源流、刊刻之年月及人名、纸墨、款式、前后序跋、收藏图印等,以期不为俗刻伪造所误,于是版本之学越发兴盛。版本之学,其初始仅仅是为了辨别真伪,为校勘古书之依据,后逐渐演变为一种古董式的鉴赏且自诩其奇秘为事。清末民初,叶德辉著《书林清话》十卷,专言版本之沿革,后又有元和江标所著《宋元本行格表》二卷,由是版本之学便蒸蒸日上,与目录学并驾齐驱。此时比较文字异同之校勘则与目录、版本之学紧密相连,正如叶德辉所说:"近人言藏本者,分目录、版本为两种学派。……然二者皆兼校雠,是又为校勘之学。本朝文治超轶宋元,皆此三者为之根柢。"③自此之后,郑樵、章学诚提倡的校雠学为目录之学、版本之学和校勘之学所代替,"校雠学"之名逐渐式微,中国文献学的发展初现端倪。

---

① 孙德谦:《刘向校雠学纂微》,转引自彭斐章、谢灼华等编《目录学资料汇编》,武汉大学出版社1986年版,第111页。
② 章学诚:《章氏遗书》卷一《信摭》,载《章学诚遗书》,文物出版社1985年版,第367页。
③ 叶德辉:《书林清话》卷一"板本之名称",复旦大学出版社2008年版,第26页。

第二节 梁启超对文献学体系的初步构建(1920—1927)

作为清末民初"百科全书式"的知名学者,梁启超在中国学术史上占有重要地位;在中国文献学发展史上,梁启超同样是一个不可逾越的重要人物。他不仅是"文献学"概念的最早提出者,也是"中国文献学"概念的最早提出者。①

一、梁启超文献学概念及体系

梁启超在其专著、讲义和演讲稿中多次提到"文献学"的概念,据考涉七种论著,共二十次。② 梁氏虽然没有给"文献学"一个准确的定义,但通过其论述,大致可以确定其基本内涵。综合梁氏的各种论述可以得知,其关于"文献学"的概念有狭义与广义之分,狭义的"文献学"指的是史学,即"史部之学"③;而广义的"文献学"指的是"史料之学",包括经史子集四部。④ 梁氏以"史部之学"定义"文献学"缘于史书在中国古文献中占有较大比重,正如梁氏本人所言:"中国传下来的古籍,若问哪部分多,还是史部。中国和外国不同。外国史书固不少,但与全部书籍比较,不如中国。中国至少占十之七八。"⑤同时也缘于传统史部中的"目录类"契合了"校雠学"(传统文献学)的主要内容。梁氏在《国学入门书要目及其读法》中提到的"文献学书类"即是指狭义的文献学——史部之学,如其列举的相关书目有《二十四史》《廿二史札记》《史通》等。⑥

---

① 彭树欣:《梁启超文献学思想研究》,光明日报出版社 2010 年版,第 32 页。
② 其中"文献学"15 次,"文献之学"3 次,"文献学问"1 次,"文献的学问"1 次。参见彭树欣《梁启超文献学思想研究》,光明日报出版社 2010 年版,第 32 页。
③ 将狭义的"文献学"定义为"历史学"这一说法,彭树欣也予以认可,他认为梁启超的《中国历史研究法》和《中国历史研究法补编》二书既是梁氏"历史研究方法的探讨,实际上也可以视作为其文献学研究方法的探讨"。参见彭树欣《梁启超文献学思想研究》,光明日报出版社 2010 年版,第 38 页。
④ 梁启超在《治国学的两条大路》中说:"文献部分的学问,多属过去陈迹('史料之学'——引者注)。""清学正统派之考证学,他们的工作,算是经学方面做的最多,史学子学方面便差得远,佛学方面却完全没有动手。"由此可知,梁氏认为广义的"文献学"是包括"经史子集"在内的"史料之学"。
⑤ 梁启超:《中国历史研究法补编》,商务印书馆 1934 年版,第 218 页。
⑥ 详情可参考梁启超《国学入门书要目及其读法》,载《读书指南》,中华书局 2010 年版,第 11—16 页。

对于广义的"文献学",梁氏同样有所论述,在《治国学的两条大路》一文中,梁氏认为,文献的学问就是"近人所讲的'整理国故'这部分事业"。在"整理国故"事业中,"最浩博最繁难而且最有趣"的,便是历史。梁氏指出,中华民族是有着五千年文化的民族,"替人类积下一大份遗产",这份遗产"传到今日没有失掉"。同时我们的这些"文化产品",都是用"极优美的文字"记录下来的,就以现存的"正史、别史、杂史、编年、纪事本末、法典、政书、方志、谱牒,以至各种笔记、金石刻文等类"为例,如果以"历史家眼光看来",这里的一字一句,都是极其宝贵、非常珍贵的"史料"。在此基础上,梁氏强调,现存的"一切古书",即使在今天对于许多人来说是无用的,但如果"拿他当历史读,都立刻变成有用"①。对于章学诚的"六经皆史"说,梁氏持完全肯定的态度。② 梁氏认为,中国传统文化遗产包括诸子百家、诗文集乃至小说都可以当作历史书来读,因为这些古书里面都蕴含着丰富的历史讯息,都可以看作是宝贵的"史料"。因此,它们"和史部书同一价值"③。由此可知,在梁氏心目中,广义的"文献学"就是"史料学",它涵盖"一切古书"。在《要籍解题及其读法》一文中,梁氏以《左传》为例重申了自己的观点。④ 在《读书法讲义》中,梁氏再次表达了类似的看法。⑤正是基于这样的认识,梁氏说:"把所有书籍都当作史料看待,无论什么书籍都有用。何止书籍,乃至烂账簿、废田契、破搢绅、陈黄历……都有用。"因此,"第二部门的文献学",即使说"他包括国学知识的全范围,亦无不可"⑥。"这种学问,我们名之曰'文献学',大部分是历史,但比普通所谓历史的范围更广,我们

---

① 梁启超:《治国学的两条大路》,载《读书指南》,中华书局 2010 年版,第 174 页。
② 梁氏说:"章实斋说:六经皆史。这句话我原不敢赞成,但从历史家的立脚点看,说'六经皆史料',那便通了。"(梁启超:《治国学的两条大路》,载《读书指南》,中华书局 2010 年版,第 174 页)梁氏在《读书法讲义》中也有类似的表述,他说:"章实斋说:'六经皆史。'编述六经的人,是否目的在著史,虽不敢断言,但我们最少总可以说'六经皆史料'。"(载梁启超著,夏晓虹辑《〈饮冰室合集〉集外文》下册,北京大学出版社 2005 年版,第 1360 页)
③ 梁启超:《治国学的两条大路》,载《读书指南》,中华书局 2010 年版,第 174 页。
④ 梁氏说:"《左传》一书,内容极丰富,极复杂,作史料读之,可谓最有价值而且有趣味,在文献学上任何方面,皆可以于本书得若干资料以为研究基础。"(梁启超:《要籍解题及其读法》,载《饮冰室合集》专集之七十二,中华书局 1989 年版,第 58 页)
⑤ 详情可参阅梁启超:《读书法讲义》,载梁启超著,夏晓虹辑《〈饮冰室合集〉集外文》下册,北京大学出版社 2005 年版,第 1360 页。
⑥ 梁启超:《读书法讲义》,载梁启超著,夏晓虹辑《〈饮冰室合集〉集外文》下册,北京大学出版社 2005 年版,第 1360 页。

所提倡的国学,什有九属于这个范围"①。在这一理念指引下,梁氏在其著述中多次使用这一概念,如"明清之交各大师,大率都重视史学——或广义的史学,即文献学"②。前一"史学"代表"史部之学",后一"史学"代表包含"一切古书"的"史料之学"。③ 因"广义的史学"涵盖并包括"狭义的史学"。因此,诸多学者将"文献学"定义为"广义的史学"。④ 在这里,梁氏以"——"和"或"连接前后两部分("史学"和"广义的史学",即"史部之学"和"史料之学"),显然有其特定的含义。结合当时的语境,我们不难发现梁氏的本意,显然有将二者"并列"之意。因此,在梁氏心目中,传统文献学是有狭义与广义之分的。否则,以梁氏简洁明快的语言风格,完全没有必要作如此烦琐之表述。

梁氏认为,"文献学"是"国学"的主要组成部分,国学应包括两个方面,即"文献的学问"和"德性的学问"。"文献的学问"应该用"客观的科学方法"去研究,"德性的学问"必须用"内省的和躬行的方法"去研究。⑤ 在《儒家哲学》中,梁氏也对二者有所论述,他说:"陈、叶的文献经世之学,与阳明的身心性命之学,混合起来,头一个承继的人,便是黄梨洲,前面讲他对于阳明的建设,只算一部分,还有一部分——最大的部分,是文献之学,即史学。"⑥对于"文献的学问",梁氏将其比喻为"丰富的矿穴",认为只有用"客观的科学方法"("西法"——引者注)才能对这"丰富的矿穴"进行开采,最终服务于"世界人类"。他说:

> 我们家里头这些史料,真算得世界第一个丰富矿穴。从前仅用土法开采,采不出什么来,现在我们懂得西法了,从外国运来许多开矿机器了。这种机器是什么?是科学方法。我们只要把这种方法运用得精密巧妙而且耐烦,自然会将这学术界无尽藏的富源开发出来,不独对得起先人,而且可

① 梁启超:《读书法讲义》,载梁启超著,夏晓虹辑《〈饮冰室合集〉集外文》下册,北京大学出版社2005年版,第1355页。
② 梁启超:《中国近三百年学术史》,天津古籍出版社2003年版,第96页。
③ 现代学者高俊宽曾提出这样的观点,他说:"综而论之,梁启超的文献学可理解为史料学。"详见氏著《从校雠学到文献学:中国文献学理论认知的轨迹探讨》,《图书情报工作》2002年第10期。
④ 具体可参见:张舜徽《中国文献学》(上海古籍出版社2011年版,"前言"第1页);谢灼华《中国近现代学者文献观之发展》(载《图书情报知识》1994年第4期);王余光、汪涛、陈幼华《中国文献学理论研究百年概述》(载《图书与情报》1999年第3期);等等。
⑤ 梁启超:《治国学的两条大路》,载《读书指南》,中华书局2010年版,第174页。
⑥ 梁启超:《儒家哲学》,载《饮冰室合集》专集之一百三,中华书局1989年版,第67页。

以替世界人类恢复许多公共产业。①

　　由此可知,所谓"文献的学问"就是用"西法"这种"开矿机器"对中国"学术界无尽藏的富源"进行开发,就是"近人所讲的'整理国故'这部分事业"。基于此,我们说所谓"文献的学问"即是"治书之学",就是对古籍进行开发和整理的学问,这与传统"校雠学"②和现代学者认可的"传统文献学"③的概念一脉相承。

　　如果说"文献的学问"是"治书之学",侧重于知识和典籍的整理,那么,"德性的学问"(即"人生哲学")便是"修身之学",必须用"内省的和躬行的方法"去研究。对于"文献的学问"("治书之学")与"德性的学问"("修身之学")二者的关系,梁氏同样有所论述,他说:"一个是吕东莱,吕家世代都是有学问的人,所以吕家所传中原文献之学,一面讲身心修养,一面讲经世致用,就是我们前次所说内圣外王的学问。"④在这里,梁氏将"文献之学"定义为"内圣外王的学问",从表面上看似乎混淆了与"德性的学问"之间的区别,于是有人认为梁氏心目中的文献学概念"不是很确切","有时也很模糊"。⑤其实不然,众所周知,中国古代传统儒家经典为修身之学,即内圣外王之学,士大夫治学的最终目的是为了修身治国平天下,"吾国人对于典籍之观念,约有二点,曰修身治国而已"⑥。故梁氏认为,"德性的学问"是"我们最特出之点",并且强调儒学和佛教是"德性的学问"的"源泉"。⑦为了达到修身的目的,士大夫们必须在对儒家经典进行开发整理("文献的学问")的基础上熟读典籍,进而领悟经典的含义,然后躬行实践("德性的学问")。因此,"修身之学"内在地包含了"治书之学"。同时士大夫们也并非为了整理经典而整理经典,在整理经典的过程中也必然对

①　梁启超:《治国学的两条大路》,载《读书指南》,中华书局 2010 年版,第 174—175 页。
②　"校雠学者,治书之学也。自其狭义言之,则比勘篇籍文字同异而求其正,谓之雠校。此刘向《别录》之义也。自其广义言之,则搜集图书,辨别真伪,考订误缪,厘次部类,暨于装潢保存,举凡一切治书事业,均在校雠学范围之内。"参见胡朴安、胡道静《校雠学》,上海书店 1991 年版(据商务印书馆 1931 年版影印),第 1 页。
③　"文献指一切历史性的材料",文献学是"认识、运用、处理、接受文献的方法。……书籍是智识的宝库,对它怎样开启,进一步怎么发掘、整理,就是一个重要问题。根据前人积累的经验,实践的效果,本课定为三个内容:一、目录;二、版本;三、校勘"(王欣夫:《文献学讲义》,上海古籍出版社 2005 年版,第 2—4 页)。因此,古籍的开发与整理为传统文献学的重要内容。
④　梁启超:《儒家哲学》,载《饮冰室合集》专集之一百三,中华书局 1989 年版,第 48 页。
⑤　彭树欣:《梁启超文献学思想研究》,光明日报出版社 2010 年版,第 34 页。
⑥　郑鹤声、郑鹤春撰,郑一奇导读:《中国文献学概要》,上海古籍出版社 2001 年版,第 10 页。
⑦　梁启超:《治国学的两条大路》,载《读书指南》,中华书局 2010 年版,第 180—184 页。

经典进行品味和"内省"。这样，"治书之学"同样内在地包含了"修身之学"。从这一意义上说，"治书之学"即为"修身之学"，"文献的学问"即为"德性的学问"，二者犹如一枚硬币的两个侧面，彼此相辅相成、紧密相连、不可分离。因此才有梁氏所说"吕家所传中原文献之学"，就是"我们前次所说内圣外王的学问"。不仅吕家如此，关于此的例证可谓不胜枚举，如孔子、朱熹等。他们不仅是中国古代历史上著名的文献学家，整理校勘了大量古籍，而且是著名的哲学家、道德的楷模。在他们那里，"文献的学问"与"德行的学问"合二为一。

如果说中国传统典籍（"古书"）属于"文献学"的研究范畴，那么在中西学术激荡的背景下产生的新的学科是否属于"文献学"的研究范畴呢？回答是肯定的。为此，梁氏在《治国学的两条大路》一文中予以阐释和说明，他说"和史学①范围相出入或者性质相类似的文献学还有许多，都是要用科学方法研究去"②，并且列举了"文字学""社会状态学""古代考释学""艺术鉴评学"，最后梁氏强调"以上几件，都是举其重要者，其实文献学所包含的范围还有许多，就是以上所讲的几件，剖析下去，每件都有无数的细目"③。可见，梁氏心目中"文献学"的概念不仅包括中国传统学术，还包括中西学术激荡下的"现代"学术。换言之，对于作为学术载体的"文献"，梁氏认为它不仅包括"古书"，而且包括"新书"，即"现代"④文献。它不仅仅是因为"今天"的"材料"必将成为"明天"的"史料"，更重要的是这些材料中蕴含着"历史"的信息。如梁氏认为文字学"若能用新眼光去研究，做成一部'新说文解字'，可以当成一部民族思想变迁史或社会心理进化史读"。社会状态学可以"拿二十四史里头蛮夷传所记的风俗来参证"，从而使"几千年间一部竖的进化史，在一块横的地平上可以同时看出"。⑤ 由此可见，梁氏著作中关于文献学的内容极其丰富，范围非常广泛。

对于古典考释学，梁氏认为，这种工作"前清一代的学者已经做得不少"，我们一面凭借他们的基础，容易进行，一面"因外国学问的触发，可以有许多补所不及"。⑥ 因此，梁氏所说的"古典考释学"是乾嘉考据学与西方科学方法相融

---

① 笔者认为，梁氏此处所说的"史学"应为其一直倡导的"新史学"。
② 梁启超：《治国学的两条大路》，载《读书指南》，中华书局 2010 年版，第 175 页。
③ 梁启超：《治国学的两条大路》，载《读书指南》，中华书局 2010 年版，第 176 页。
④ 此处的"现代"不是确指，而是一个流动的概念。它不仅仅指梁启超所处的民国初年，而且包括之后的一切时代。
⑤ 梁启超：《治国学的两条大路》，载《读书指南》，中华书局 2010 年版，第 175—176 页。
⑥ 梁启超：《治国学的两条大路》，载《读书指南》，中华书局 2010 年版，第 176 页。

合的产物。对于乾嘉考据学派,梁氏把它称为"科学的古典学派",并且指出他们所做的工作,主要有经书的笺释、史料之搜补鉴别、辨伪书、辑佚书、校勘、文字训诂、音韵、算学、地理、金石、方志之编纂、类书之编纂、丛书之校刻十三大类等。① 梁氏认为,"乾嘉诸老"所做的这些工作"接近""新考证学",但并非近代西方科学意义上的考据学。这是因为,"文字训诂"不等于"文字学"、"校勘"不等于"考释学"、"辨伪书"不等于"辨伪学"、"辑佚书"不等于"辑佚学"。所谓"学",是指人们在实践工作的基础上,经过认真总结已上升为科学的理论,即"已形成一个大体为人们公认的科学体系,有系统且科学的理论"②支撑的学问。前者为清代学者所做的基础性的工作,后者为中西学术激荡背景下形成的具有科学意义的专门之学。

二、地位和影响

梁启超不仅是"文献学"和"中国文献学"概念的最早提出者,同时也是民国古文献学的积极倡导者。20 世纪初,在中西文化交汇融合的学术环境中,梁启超敏锐地察觉到中国传统校雠学的局限与不足,并对其概念和体系进行了大刀阔斧的改造和革新,中国传统校雠学在此发生嬗变并逐渐向具有科学概念的古文献学过渡。梁启超对文献学体系的构建奠定了中国现代古文献学学科的基础,为文献学走向专业化铺平了道路。

在梁启超之前,校雠学③多是指对古籍的目录编纂、版本考证、文字校订等方面的工作,大体也就是梁氏所说的"古典考释学",并没有涉及文字学、辨伪、考释等方面。梁氏强调,"文献学"不仅仅包括以上几个方面,其研究范围应该更大。④ 在梁氏的心目中,它们都是"和史学范围相出入或者性质相类似"⑤的,都应纳入"文献学"的研究范畴。这是因为,这些专学里面大都蕴含着"历史"

---

① 梁启超:《中国近三百年学术史》,东方出版社 2004 年版,第 24—25 页。
② 黄永年:《百年来的中国古文献研究》,载王元化主编《学术集林(卷十七)》,上海远东出版社 2000 年版,第 99 页。
③ 张舜徽认为,"我国古代,无所谓文献学,而有从事于研究、整理历史文献的学者,在过去称之为校雠学家。所谓校雠学无异成了文献学的别名"(张舜徽:《中国文献学》,上海古籍出版社 2011 年版,第 3 页),这里的校雠学为广义的校雠学。但校雠学有广义与狭义之分,广义的校雠学包括目录学、版本学和校勘学等内容;狭义的校雠学仅指校正文字的校勘学。本文"校雠学"取其广义之说。
④ 梁启超:《治国学的两条大路》,载《读书指南》,中华书局 2010 年版,第 176 页。
⑤ 梁启超:《治国学的两条大路》,载《读书指南》,中华书局 2010 年版,第 175 页。

的信息,都应该用科学的方法去研究。正是在这样的理念支撑下,梁氏超越了传统校雠学的研究范畴,力图将更多专学纳入文献学体系,扩大了校雠学的内涵与外延,构建了一个庞大的文献学学科体系。

20世纪20年代末,郑鹤声、郑鹤春兄弟编纂了中国文献学的开山之作——《中国文献学概要》。该书不仅首次以"文献学"命名其著作,而且大量引用了梁启超的观点和研究成果。据统计,该书全文约127400字,其中引用梁启超的文字约19400,引用率达15.29%,涉及梁启超的著述和文章分别为《清代学术概论》《中国近三百年学术史》《中国历史研究法》《论中国学术思想变迁之大势》《西学书目表》《西学书目表序列》《佛典之翻译》等,引用书目或文章达七种之多。① 由于受梁启超文献学体系的影响,郑氏兄弟《中国文献学概要》除了对传统校雠学的内容集中论述之外,同时增加了讲习、翻译与刻印的内容,而这些都是为了文献内容的传播而产生的,因此属于文献传播学的内容,他们与文献典藏学②一样,都应纳入文献学的范畴。《中国文献学概要》体例和结构的创新似乎也能从梁氏的文献学体系中找到影子。③ 因此,郑氏兄弟著作中的文献学体例和结构无疑是受梁启超现代文献学体系的影响。除此之外,郑氏兄弟对中国文献学价值和研究方法的认识,也受到梁启超文献学观念的影响。梁启超早年致力于西学的引进,对西方文化极为崇拜,对中国传统文化则持一种悲观的态度。1919年游历欧洲之后,其对中国文化的态度发生较大变化,较大程度地恢复了对中国文化的自信④,之后梁启超开始将主要精力转向对中国传统典籍的整理和研究并致力于中华文化的传播和发扬光大。他认为,东方文明是精神文明,西方文明是物质文明。东西方文明各有优劣,应相互尊重,互相学习,取长补短。只有这样,才能够促进人类文明向前发展。梁启超强调,中国的传统学术必须借鉴西方的研究方法才能形成新的系统从而与西方文化接轨,共同为世

---

① 彭树欣:《梁启超文献学思想研究》,光明日报出版社2010年版,第58页。

② 《中国文献学概要》原有"私家藏书"一章,因篇幅过大,后单独成书,名之曰《中国地方藏书小史》,详见《中国文献学概要》,上海古籍出版社2001年版,"例言"第2页。

③ "讲习"之前首先需要鉴赏,因此其与"艺术鉴评学"紧密相连;"翻译"与"文字学","刻印"与"古典考释学"中"丛书的校刻"灵犀相通。

④ 梁启超说:"此次游欧,为时短而历地多,故观察亦不甚透切,所带来之土产,亦不甚多,惟有一件可使精神上受大影响者,即将悲观之观念完全扫清是已。因此精神得以振作,换言之,即将暮气一扫而空。"这里的"悲观之观念"指对中国文化的"悲观",参见梁启超《梁任公在中国公学之演讲》,载陈崧编《五四前后东西文化问题论战文选》,中国社会科学出版社1985年版,第375页。

界文化的发展作出贡献。正是基于这样的理念,梁启超在深入研究中国传统典籍的基础上,提出了弘扬中华文明的四部曲。① 郑氏兄弟在《中国文献学概要》一书中专设篇章(第一章导言)强调中国文献的价值和世界化,申明"中国文献的地位与世界潮流之趋势"②,这与梁启超的文献学价值观一脉相承。

综而论之,梁启超对中国文献学理论发展的贡献巨大,影响深远。首先,他在总结乾嘉考据学方法的基础上,更多地从现代西方学术体系及系统方法上肯定其意义与重要性。正是在梁启超的努力之下,中国文献学一度实现了与西方现代精神和科学方法的对接。其次,梁氏阐述了文献学的研究对于国民素质的提高及学术文化的传承所产生的积极作用,一定程度上提高了文献学在现代学术体系中的地位。③ 应该说,自梁氏之后,中国文献学能够以独立的姿态开始自己的蹒跚前行并逐渐屹立于现代学术之林,梁氏的开创之功不可磨灭。

第三节　郑鹤声、郑鹤春《中国文献学概要》与文献学科建设(1928—1930)

《中国文献学概要》(以下简称《概要》)由郑鹤声、郑鹤春兄弟合著,写于1928年,1930年由上海商务印书馆出版,后经多次重印,影响颇大。该书是目前所知我国历史上第一部直接以"文献学"命名的学术专著,也是在中西文化激烈碰撞的时代背景下,对"中国文献学的世界价值、地位重新审视的创新之作"④。

一、研究缘起

郑鹤声兄弟对中国文献学的研究既源于其成长的经历,又与其生活的时代

---

① 详情请参阅梁启超:《欧游心影录节录》,载《饮冰室合集》专集之二十三,中华书局1989年版,第36—37页。

② 郑鹤声、郑鹤春撰,郑一奇导读:《中国文献学概要》,上海古籍出版社2001年版,"例言"第1页。

③ 高俊宽:《从校雠学到文献学:中国文献学理论认知的轨迹探讨》,《图书情报工作》2002年第10期。

④ 郑鹤声、郑鹤春撰,郑一奇导读:《中国文献学概要》,上海古籍出版社2001年版,"导读"第1页。

密切相关。郑鹤声(1901—1989),著名文献学家、历史学家。原名松表,又名松彪,以长兄鹤春名故,改名鹤声,取《诗经》"鹤鸣于九皋,声闻于天"之义,故又号鸣皋,以避族伯讳,改号蓂荪。① 郑鹤春(1892—1957),字蓂邨,郑鹤声长兄。郑氏兄弟母赵采和,知书达理,"有名于时"②。受其母影响,郑氏兄弟自幼酷爱历史。他们均为学堂出身,有较好的旧学功底。郑鹤春早年毕业于武昌国立高等师范文史地部,常指导郑鹤声研究学问的途径,曾将所有大学文史讲义及书籍给予郑鹤声阅读,大大拓展了郑鹤声的知识领域,为其后来的学术研究奠定了坚实的基础。1920 年,郑鹤声考入南京高等师范学堂文史地部,受学于历史学家柳诒徵、地理学家竺可桢等人。柳诒徵旧学根底深厚,在学术思想上主张"昌明国学",但更有"融通""不拘于一隅"的特色。③ 郑鹤声作为柳诒徵的高足,受其影响颇深。④ 在治学路径上,郑鹤声与其师较为相像,主张以民族文化为本位的现代文化建设,既注重传统文化的继承,又积极汲取外来文化的有益成分。在南京高师期间,郑鹤声先后担任高师史地研究会出版刊物《史地学报》编辑部副主任和总编辑。⑤ 1929 年任职于国民政府大学院(后改为教育部)编审处、国立编译馆。在国立编译馆期间,郑鹤声充分认识到文献整理的重要性并编辑整理了卷帙浩繁的史书。国立编译馆转为国史馆后,任纂修兼史料处处长。生平研究范围涉及清史、中华民国史、中国近代史、中国史学史、中国文献学、海外关系与中西交通问题、中国文化问题、中国民族问题等方面。他勤奋治学,一生出版和发表著述一百六十余种,两千余万字,先后出版了《史汉研究》《中国史部目录学》《中国文献学概要》《亚洲诸国史汇目》《中国史学史》《司马迁年谱》《班固年谱》《杜佑年谱》《袁枢年谱》等,此外还有《近世中西史日对照表》,他还主编有多种具有重要学术价值的大型资料著作。由于其重视资料的

---

① 郑鹤声:《郑鹤声自述》,载高增德、丁东编《世纪学人自述(第二卷)》,北京十月文艺出版社2000 年版,第 2 页。

② 郑鹤声:《郑鹤声自述》,载高增德、丁东编《世纪学人自述(第二卷)》,北京十月文艺出版社2000 年版,第 1 页。

③ 柳曾符、柳佳编:《劬堂学记》,上海书店出版社 2002 年版,第 310 页。

④ "余性喜治史,弱冠负笈南都,肄习国史于丹徒柳翼谋先生,先生故东南名硕,邃于史学,予得略窥史学门径者,实先生有以启之焉。"参见郑鹤声《记柳翼谋老师》,载柳曾符、柳佳编《劬堂学记》,上海书店出版社 2002 年版,第 105 页。

⑤ 郑鹤声:《郑鹤声自述》,载高增德、丁东编《世纪学人自述(第二卷)》,北京十月文艺出版社2000 年版,第 8 页。

搜集与整理且其论著以史料充分而见长,因此曾被学人视为史料派的代表①,郑
鹤声本人也曾公开声称不要怕当"史料派"②。郑鹤声长兄郑鹤春自武昌国立
高等师范文史地部毕业后长期担任教育工作,长于地理学、历史学、中国文献学
的教学与研究。著作有《中国地学史》《中国史著之研究》,并与郑鹤声合著《中
国文献学概要》。郑鹤声兄弟扎实的旧学功底、南高学派的学术背景、超前的学
术视野为其后来的文献学研究奠定了基础。

　　郑鹤声兄弟的文献学研究也与当时的学术环境密切相关。19世纪末20世
纪初,西方人文社会科学和自然科学的理论与方法如潮水般涌入中国,科学救
国的思想深入人心。在这种情况下,知识分子中的一部分人认为,传统的民族
文化是阻碍中国进步的主要因素,也是中国在近代落后挨打的主要原因,只有
学习西方才能挽救国家和民族的命运,正如钱穆所说:"中国知识界里颇有一辈
人主张把中国传统全部文化机构都彻底放弃了,如此好使中国切实学得像西
方。"③在此种情势下,中国传统文化和文献典籍遭受前所未有的冷落。为此,一
些有识之士忧心忡忡,表达了自己的忧虑,"国有珍闻,家有瑰宝,叩之学者,举
之不知,而惟震眩于殊方绝国钜人硕学之浩博,即沾溉于殊方绝国者,亦不外教
科讲义之常识,甚且掇拾剽末稗贩糟粕,并教科讲义之常识而不全,则吾国遂以
无学闻于世"④。正是在这种情势下,郑鹤声认为,中华文化具有极大的开放性
和包容性,有其存在的价值与合理性,主张对中国传统文献典籍进行科学的整
理。他强调,正是中华文明的这种包容性和开放性,才使得其能够连绵不断地
延续下来,并最终根深蒂固,枝繁叶茂,成为世界文明之最。然而到了近代,由
于形势的变化,传统典籍备受冷落,郑鹤声认为这是"因噎废食"的表现。为此,
他在该书《自序》中阐述了写作动因:

　　　　顾自晚清以来,国势削衰……致疑文化之堕落……因噎废食,甚可慨
　　焉!欧战既辍,人心惶扰,远西学者,时或想象东方之文化,国人亦颇思反
　　而自求。惟学科繁兴,能致力其间者盖鲜,号为学人,而叩以本国文献之要

①　参见蒋海升:《从主流到边缘:20世纪50年代初期的史料考订派》,《山东大学学报》2005年第6
　　期。
②　郑鹤声:《郑鹤声自述》,《世纪学人自述(第二卷)》,北京十月文艺出版社2000年版,第40页。
③　钱穆:《中国文化史导论》,商务印书馆1996年版,第211页。
④　此为柳诒徵为《史地学报》创刊号所作的序,发表于1921年11月1日。

略,瞠目而不知所对者,什八九也。与外人接,辄以和平二字为吾国文化之标帜,刺刺不离口,而空泛疏漏,每不足为外人所信服。于是群思东方学之研究,而国人仍鲜有迎头以与周旋之者,又可叹焉![①]

郑鹤声认为,中华文化是世界文化的重要组成部分,西方学者已经充分认识到东方文化的重要性,国人更应对中华文化给予足够的重视。作为"思想之结晶"、文明之载体的中国传统文献是"立国根源",只有对传统文献进行整理、开发、利用才能培养国民的爱国之心,"睹乔木而思故家,考文献而爱旧邦",增强民族的自尊心和自信心。

二、文献学理论体系

《概要》作为我国第一部直接以"文献学"命名的学术专著,在"例言"中首先追溯了"文献"的起源,梳理了相关典籍(如《四书集注》《文献通考》)对"文献"二字的解释,然后提出了自己的"文献"观点,在某种程度上建构了自己的文献学体系。在这里,《概要》以文献的生产(结集、翻译、编纂都属于文献的生产方式)来定义"文",以文献的传播(审定、讲习、印刻为文献的传播方式)来定义"献",这与马端临以"文""叙事"、以"献""论事"的观点有所不同。就《概要》全书内容来看,郑鹤声所说的"结集"涉及文献整理的目录学知识。"审订"讲述了古代文献典校整理的概况,涉及古籍整理中的校勘学。而"刻印"则与古文献学中的版本学知识有紧密的联系。因此《概要》所说的"文献学"实际上"包括了古籍整理、研究中有关目录学、版本学、编纂学、校勘学以及中国书史等许多方面的内容,近似章学诚、范希曾、张舜徽等所说的'校雠学'"[②]。除了传统文献学(即校雠学)的内容之外,《概要》还专题论述了"讲习""编纂"和"翻译",而这些内容是传统文献学不曾涉及的。尤其"翻译"一章,为其他传统文献学著作所罕见。《概要》将"翻译"纳入文献学的研究范畴,实际上已经突破了

---

① 郑鹤声、郑鹤春撰,郑一奇导读:《中国文献学概要》,上海古籍出版社 2001 年版,"自序"第 3 页。

② 张君炎:《中国文学文献学》,江西人民出版社 1986 年版,第 11 页。

古典文献学的研究体系,因为"文献的中外交流正是现代文献学①的特点之一"②。除此之外,郑鹤声文献学体系还包括文献的典藏,但因其内容较多,"几占全书之半"③,后不得不另为一书,名之曰《中国地方藏书小史》。显然,郑鹤声的文献学观念是在继承传统文献学的基础上,糅合了现代文献学的元素,显示出中西文化激烈冲撞的时代背景下文献学理论探索的某些特征。

　　在该书"例言"中,郑鹤声还详细说明了文献学诸方面之间的关系。④ 他认为,中国传统文化是世界文化的重要组成部分,中国传统文献的地位不容忽视,应将中国文献学的研究放入世界文化发展的总趋势、大潮流中进行考察以重新审视中国文献学研究的地位和价值。"结集"作为文献学上的最重大问题应放在首位进行研究。"审订"作为文献学的实质问题,其目的是去伪存真,取精用宏,择要弃微。"结集"和"审订"都是为了传播和利用文献的思想和观念,而"讲习"可以汲取文献的精华,将文献的思想进一步发扬光大,最终达到传播和利用文献思想和观念的目的。在近代中外文化交流融合的时代背景下,文献的"翻译"具有特别重要的意义,将这一课题纳入文献学研究体系也是题中应有之义。"编纂"和"刻印"作为中国文献学对世界的重大贡献,也必须"并而论之"。由此可见,郑鹤声的文献学体系逻辑严密,思路开阔,内容丰富,"不失为一部具有历史意义的文献学论著"⑤。

　　虽然《概要》对文献学理论和体系的构建进行了成功的尝试,但由于时代的

---

① 现代文献学如同现代其他学科分类一样,附属于图书馆学、情报学专业,它注重文献的开发和利用,传统文献学则"注重文献文本的价值及其内容的真实性,意在整理与保存"。"传统文献学以文献为对象,现代文献学以文献工作为研究对象;传统文献学以文献文本的整理研究为目标,现代文献学以文献内容的开发利用为目标;传统文献学以'辨章学术,考镜源流'为宗旨,现代文献学以开发、检索文献内容为大众服务为出发点。"(董恩林《论传统文献学的内涵、范围和体系诸问题》,《史学理论研究》2008 年第 3 期)"现代文献学较之传统文献学更重视研究文献的产生、分布、利用等规律的探讨。随着科技的发展,传播信息载体的变化,翻译作为世界文化的桥梁,是现代文献学的重要内容之一。"(赵海丽、王希平《"郑""张"中国文献学著述之比较》,《重庆交通大学学报(社科版)》2008 年第 3 期)

② 郑鹤声、郑鹤春撰,郑一奇导读:《中国文献学概要》,上海古籍出版社 2001 年版,"导读"第 4页。

③ 郑鹤声、郑鹤春撰,郑一奇导读:《中国文献学概要》,上海古籍出版社 2001 年版,"例言"第 2页。

④ 郑鹤声、郑鹤春撰,郑一奇导读:《中国文献学概要》,上海古籍出版社 2001 年版,"例言"第 1页。

⑤ 高俊宽:《从校雠学到文献学:中国文献学理论认知的轨迹探讨》,《图书情报工作》2002 年第 10期。

局限,其中的缺陷与不足也是显而易见的。首先,对"文献"概念的理解不够全面,将"文献"等同于"古籍"失之偏颇。《概要》全书所述均是对古籍的整理、传播和利用等,但除此之外,还有非古籍上的有文字记录的甲骨、青铜、竹木简、石碑等载体,它们也属于"古代文献"的范畴。其次,《概要》仅仅对古籍的结集、审订、讲习、翻译、编纂、刻印等方面的历史进行了梳理和说明,对文献学的理论与方法较少涉及。一门独立的学科不仅仅包括这门学科的历史,还包括学科的理论和方法。具体到文献学,它应包括文献的"体、法、史、论"等几个方面的内容,并且必须将这几个方面融为一体进行系统的研究。因此,从某种意义上说,它更像一部中国文献流布史。①

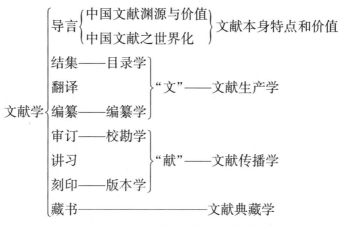

图 1　《中国文献学概要》文献学体系图

三、地位和影响

　　虽然"文献学""中国文献学"的概念最早由梁启超提出,但真正将其付诸实践,形成一门专学则起于郑鹤声兄弟编著的《中国文献学概要》。作为中国文献学的"开山之作",其意义和影响则是深远的。首先,它开启了中国文献学这门学科,奠定了后世中国古典文献学学科发展的基础。在此之前,中国古代并没有以"文献学"命名的著作。《概要》出版之后,以"文献学"命名的著作日益增多。尤其是到了 20 世纪 80 年代以后,几乎所有的文献学著作都是以"文献学"命名,"文献学"完全取代"校雠学",以"校雠学"命名的著作也逐渐淡出人们的视野。应该说,这与《概要》的开拓之功密不可分。其次,它构建了古典文

---

① 参见华夫:《中国文献与子母工具书纵论》,《天津大学学报》1987 年第 6 期。

献学的学科体系。众所周知,校雠学从广义上来说,是指包括目录、版本、校勘、典藏等方面的内容,狭义的校雠学则仅指校正文字的校勘学。与新时期的古典文献学研究相比,其内涵与外延相对较为狭窄。值得注意的是,《概要》不仅继承了校雠学的精华所在,涉及了校雠学所涵盖的目录、版本、校勘等内容,而且引入了翻译、编纂、讲习、藏书等内容,按照董恩林的说法,翻译、编纂、藏书属于传统文献学(即古典文献学)的研究内容。① 因此,《概要》的出版无疑是构建古典文献学学科体系的一次成功尝试。再次,它糅合了传统文献学与现代文献学,为现代文献学学科的发展奠定了基础。现代文献学起源于西方,同现代其他许多学科分类一样,带有浓厚的"舶来"色彩,它是以文献的典藏、分类、检索、传播、利用为主要内容,以最大限度地提供给读者文献为终极目标,与图书馆工作紧密联系在一起的一门应用性学科。② 从全书的结构和内容来看,《概要》无疑涵盖了上述内容。同时,《概要》对"文""献"二字的定义即着眼于典籍的开发、整理、传播和利用。尤其应该注意的是,《概要》的作者具有宽宏的学术视野,如在论述"结集"问题时,《概要》赞同中古以来欧洲各国文献保存的方法,积极倡议国家设立图书馆、博物馆保存文献以备研究之用,"直至今日,交通大开,国与世界者,各以文化相见,而我国自首都以至各省都会,仍竟无一完善之图书馆,无一博物馆,无一画苑,此其为国家之奇耻大辱且勿论,而学者欲治文献,复何所凭借?"③由此可知,《概要》尤为重视文献的传播和利用,并且强调以图书馆保存文献,这种思想契合了现代文献学的学科理念。从这一意义上说,《概要》在糅合传统文献学精华的基础上,开启了现代文献学的研究。

《概要》的出版在学界影响颇深,其文献学体例与思想潜移默化地影响着后世文献学家。作为文献学研究之翘楚,张舜徽编著的《中国文献学》(以下简称

---

① 董恩林认为,传统文献学(即古典文献学)的研究内容可以归纳为五个方面,即对传统文献文本的形体认知,对传统文献文本的内容实证,对传统文献文本的文字进行标点、注释与翻译,对传统文献文本的检索与典藏方法的探讨,对传统文献文本进行二次整理编纂、以求推陈出新的方法途径的研究。(董恩林:《论传统文献学的内涵、范围和体系诸问题》,《史学理论研究》2008年第3期)他还说,古文献的整理,不外以下五大方面的工作:"一、校勘(包括辨伪与辑佚);二、注译;三、编目;四、改编;五、典藏。"(董恩林:《论古文献编纂及其主要形式》,《史学理论研究》2012年第3期)

② 董恩林:《中国传统文献学概论·绪论》,华中师范大学出版社2008年版,第7页。

③ 郑鹤声、郑鹤春撰,郑一奇导读:《中国文献学概要》,上海古籍出版社2001年版,第33页。

《文献学》)是继《概要》之后又一部直接以"文献学"命名的扛鼎之作。首先，《文献学》除了继承《概要》论述的目录、版本、校勘等内容外①，对于《概要》所特有的"翻译"和"编纂"，《文献学》也设立专门章节进行了论述，这在其他文献学著作中是极为少见的。在"翻译"方面的内容上，二者有惊人的相似之处，如它们均认为隋唐以前印度佛教文化与明清之后欧西科学文化对中国学术文化的发展产生了重要影响，这两个时期也是中国学者翻译整理外来典籍的重要时期。② 对于"编纂"，《概要》设立专章详细论述了《永乐大典》等类书、《四库全书》等丛书的成书情况。《文献学》在"前人整理文献的丰硕成果"一编中通过六个方面来论述古籍的编纂，范围较为宽泛，内容也更为细化，但在他们的心目中，无疑都是认为编纂是"与版本、目录、校勘、辨伪、辑佚等并列的一项文献整理工作"③。其次，《概要》和《文献学》都用较大篇幅详细论述了文献学和古籍整理的发展历史，对于文献学的基本理论及文献整理的方法相对涉及较少，这也是二者的共同之处。

第四节　近代校雠学著作对文献学体系的建构(1934—1948)

校雠学，"研究中国古代整理文献的方法的学科"④。它是在整理古代文献的过程中而产生的学科，其本意主要是指"校正文字""订定篇次"。在中国校雠学发展史上，刘向、刘歆父子首次总结了校雠规程。至宋代，出现了中国校雠学发展史上第一部理论专著——郑樵《通志·校雠略》，该书奠定了传统校雠学的理论基础。清代则形成了以传统小学为基础，包括目录、版本、校勘在内的校雠学学科体系。民国时期，传统的校雠学继承了清代学术传统，得到不断发展，

①　《中国文献学概要》和《中国文献学》在目录、版本、校勘这些问题方面，论述的角度不同、深度有别，总体上《文献学》比《概要》更全面、详尽、深入。参见赵海丽、王希平《"郑""张"中国文献学著述之比较》，《重庆交通大学学报(社科版)》2008年第3期。

②　参见郑鹤声、郑鹤春撰，郑一奇导读《中国文献学概要》，上海古籍出版社2001年版，第102页；张舜徽《中国文献学》，上海古籍出版社2011年版，第147页。

③　董恩林：《论古文献编纂及其主要形式》，《史学理论研究》2012年第3期。

④　胡道静：《校雠学》，载《胡道静文集·古籍整理研究》，上海人民出版社2011年版，第175页。

涌现出诸多以校雠学①命名的著作,如胡朴安、胡道静《校雠学》、向宗鲁《校雠学》、刘咸炘《校雠述林》《续校雠通义》和《目录学》、蒋伯谦《校雠目录学纂要》、蒋元卿《校雠学史》、张舜徽《广校雠略》、程千帆《校雠广义》②等。

一、胡朴安、胡道静《校雠学》

胡朴安(1878—1947),近现代校雠学家和文字学家。字仲明、仲民、颂明,号朴安、半边翁;以号行世,安徽泾县人。曾先后任教于上海大学、持志大学、国民大学和群治大学等。叶楚伧任江苏省政府主席时曾聘其为江苏省民政厅厅长。胡朴安一生著述宏富,其代表作除《校雠学》外,还有《文字学 ABC》《中国训诂学史》等。

胡道静(1913—2003),古文献学家、科技史学家。为胡朴安侄儿,笔名有火马、李诗、绵铃,安徽泾县人。著有《校雠学》《公孙龙子考》等。

《校雠学》一书为胡朴安执掌江苏省民政厅时,在历史学家何炳松的嘱托下,由胡朴安"发凡起例"、草拟纲要,侄儿胡道静"先为笔记",在此基础上经过整理撰著而成。此书由商务印书馆 1934 年初版,胡朴安在该书序中曾述及撰述缘起:

> 余往岁掌教沪上诸大学,有古书校读法之编辑。关于校雠学一部分,虽未能畅所欲言,而大纲节目已毕具矣。侄道静从余学古书校读法,颇能明其条理而得其大要。嗣又肆力于古今校雠之著述,见闻颇富,理解亦晰。余私心极嘉许之。适何柏丞③先生以编辑校雠学相嘱,时余正长苏省民政,退食之余,发凡起例,命侄道静先为笔记,然后董而理之……虽极浅陋,然初学得此,亦可得校雠学之大概,而为读书之工具矣。④

---

① 按照张舜徽的观点,校雠学即为文献学。"我国古代,无所谓文献学,而有从事于研究、整理历史文献的学者,在过去称之为校雠学家。所以校雠学无异成了文献学的别名。"参见张舜徽《中国文献学》,上海古籍出版社 2011 年版,第 3 页。

② 程千帆《校雠广义》体例和观点形成于 20 世纪 40 年代,程氏曾著文阐释其校雠学思想。详见程会昌《校雠广义叙目》,《斯文》1941 年第 20 期,第 4—8 页。

③ 何柏丞,即何炳松(1890—1946),近现代历史学家。字柏丞,浙江京华人。历任北京大学、北京高等师范教授。1924 年起任上海商务印书馆编辑、史地部主任、东方图书馆总编兼副馆长等职,其间兼任光华大学、大夏大学、国民大学教授。主编有《中国史学丛书》《教育杂志》等;著有《中古欧洲史》《近世欧洲史》《通史新义》《浙东学派溯源》等。

④ 胡朴安、胡道静:《校雠学·序》,商务印书馆 1934 年版。

此序言简意赅,不仅说明了《校雠学》创作之缘由,而且强调了该书是在其研习古书校读法的基础上编纂而成的,并且认为校雠学可为"读书之工具",是学者治学的手段和基础。在此理念下,胡氏提出了自己对于"校雠学"理解①:

> 校雠学者,治书之学也……举凡一切治书事业,均在校雠学范围之内。掌此职者,在古为柱下史,在后世为秘书监。其一时特设者,如汉之天禄、东观,宋之崇文、中兴,清之四库馆,特延校雠家治群书也。……固自校正一书,撰述叙录,迄于分别部局,靡不治之。②

这一时期,持类似观点的还有作《书目答问补正》的范希曾,他说:"校雠学者,治书之学也。比勘篇籍文字同异而求其正,钩稽作述指要以见其凡,综合群书而归其类之学也。"③李晓明认为,胡氏关于校雠学即"治书之学"的观点是"那个时代较有代表性的观点",它"既参照了前人的理解,又继承了传统的校雠学研究成果",是"对校雠学最为清晰的表述"。④ 对于"治书"与"治学"的关系,胡氏也有明确的表述。他认为,治书是治学的基础,如其所言:"治书与治学有别。治书之对象为书本,其目的将校理讹乱书籍,使各还其真也。治学之对象为学科,其目的将发挥某科学术,使之光大也。然治学必以书本为根据,若书本不真,所治之学必敷浅误谬。故治书乃治学之基本功夫,此不可不判也。"⑤对于以治书之法治学者,胡氏认为其不在校雠学的范围之内,因为他们不是以求

---

① 有人认为,民国时期对于校雠学定义的理解有四种:第一种观点认为校雠学等同于目录学,持此观点者为孙德谦、刘咸炘;第二种观点认为目录学统领或涵盖校雠学,在这种观点看来,校雠几乎等同于校勘,而校勘又迹近校对,持此观点者为余嘉锡;第三种观点是视校雠学为治书之学,这种观点代表了一种从广义的角度理解和界定校雠学的趋势,以胡朴安、胡道静《校雠学》为代表;第四种观点是主张广义校雠学的,他们通过清理与辨析历史上有关校雠、目录、版本、校勘等争议问题,力图在实践中扩大校雠学的学科定义,代表人物是程千帆和张舜徽,前者代表作为《校雠广义》,后者代表作为《广校雠略》。参见李晓明:《20世纪上半期有关校雠学定义的辨析》,《华中科技大学学报(社会科学版)》2007年第5期。
② 胡朴安、胡道静:《校雠学》,商务印书馆1934年版,第1页。
③ 范希曾:《校雠学杂述》,《史学杂志》第1卷第1期,1929年3月。
④ 李晓明:《20世纪上半期有关校雠学定义的辨析》,《华中科技大学学报(社会科学版)》2007年第5期。
⑤ 胡朴安、胡道静:《校雠学》,商务印书馆1934年版,第2页。

解古书的真相为目的,而是另有所图。对于清代乾嘉考据学者搜集西汉经师遗说,因而造成今文学复兴之势的情况,因其"非事前所可预知,抑非挟别种目的"①,因此仍在校雠学的范围之内。胡氏认为,中国校雠学的三个鼎盛时期为汉、宋、清,而以清代为最,"清代则专以治书之学胜,故言校雠者,必归于清"。因为清代学者校勘书籍,不仅"能正版本缣素之误,抑能正古人立说之误"②。细察胡氏上述论说,不难发现,其对于"治学"的理解失之偏颇。如果说"治书"的目的在于"求真"、恢复古书原貌,那么"治学"的目的同样是"求真",即研究对象之"真",而不是或者说主要不是"发挥某科学术,使之光大也"。治学只有以"求真"为目的,其所治之"学"才能经得起时代和历史的考验,成为真的学术、有用的学术,否则只能称之为伪学。而这种"伪学"如若仍以"学术"名之,则只能是学术的赝品或次品,随着时代的发展,其终将摆脱不了被淘汰的命运。

在《校雠学》一书中,胡氏也建构了自己的校雠学体系,他将该书分为三卷,即"上卷叙论,中卷校雠学史,下卷校雠学方法"。胡氏认为,虽然该书较为浅陋,然"初学得此,亦可得校雠学之大概,而为读书之工具矣"③。在上卷叙论中,胡氏分别论述了校雠学之"定义"与"类别"。对于中卷校雠学史,胡氏按照朝代发展的顺序,分七篇论述了周代、两汉、魏晋南北朝、隋唐五代、两宋、元明、清代校雠学的发展状况。虽然较为系统,但却失之简略,为补其不足,近人蒋元卿以"平日抄积之史料,融会而贯通之"④,著成一部较为详细的《校雠学史》⑤。下卷校雠学方法,是胡氏论述的重点所在。⑥ 在总结清代学者校读古书所言"十事"⑦时,胡氏认为此十事"限于校勘学","可用之以分理群籍,而合理群籍之法

---

① 胡朴安、胡道静:《校雠学》,商务印书馆 1934 年版,第 2 页。
② 胡朴安、胡道静:《校雠学》,商务印书馆 1934 年版,第 40 页。
③ 胡朴安、胡道静:《校雠学·序》,商务印书馆 1934 年版,第 1 页。
④ 蒋元卿:《校雠学史》,黄山书社 1985 年版,第 13 页。
⑤ 该书初由商务印书馆出版,1985 年应黄山书社之邀,蒋元卿在前武昌文华图书馆专科学校藏本基础上经过补充和修正重新出版。
⑥ 蒋元卿也有类似的认识,他说,胡氏所著《校雠学》,"虽然已有史的记载,但二君所注重者为方法,于史之方面,仍多遗漏"。(蒋元卿:《校雠学史》,黄山书社 1985 年版,第 13 页)
⑦ 即"通训诂,一也。定句读,二也。征故实,三也。校异同,四也。订羡夺,五也。辨声假,六也。正错误,七也。援旁证,八也。辑逸文,九也。稽篇目,十也"。(胡朴安、胡道静:《校雠学·序》,商务印书馆 1934 年版,第 3 页)

不预也"①。由此可知,胡氏心目中的校勘学为校雠学的一部分。胡氏认可孙德谦②总结的刘向校理古书所用的二十三种方法③,"大抵校雠方法备于此矣"④。在此基础上,胡氏提出了自己的观点,他将校雠学方法归纳为六个方面,即逸书搜辑、真伪辨别、底本互勘、群籍钩稽、篇第审定、目录论次。他认为,逸书搜辑为第一步功夫,而真伪辨别、底本互勘、群籍钩稽、篇第审定为第二步功夫,第三步功夫为目录论次。胡氏所说的校雠学方法实际上已经包括了"辑佚、辨伪、版本、校勘、目录诸方面"⑤。

综上所述,我们不难发现,《校雠学》一书的结构具有明显的现代学术著作的"烙印"和痕迹。因为理论、历史和方法恰恰是西学影响下的现代学科构成所必备的基本要素,后来的文献学著作也大多据此展开论述。正是在胡氏等人的努力之下,校雠学这门传统学科逐渐摆脱了目录学的羁绊,在西学东渐的学术背景下得以成功地转型,向着成为一门独立的学科方向发展。因此,我们不能不为胡氏所具有的宽宏的学术视野和深刻的理论水平所深深折服。

二、蒋元卿《校雠学史》

蒋元卿(1905—1999),著名校雠学家、文献学家和图书馆学家。原名家相,山东海阳人,1905 年出生于青岛。少时随父母回原籍海阳念私塾,后入烟台益文学校学习。早在 20 世纪 30 年代,他就撰写了《校雠学史》和《中国图书分类之沿革》两本书,具有较高的学术造诣。

《校雠学史》成书于 1934 年,蒋氏花费了一年多的时间三易其稿编撰而成。⑥ 关于本书的写作动机,蒋氏有所述及,他认为中国校雠学已经有两千余年

---

① 胡朴安、胡道静:《校雠学·序》,商务印书馆 1934 年版,第 3 页。
② 孙德谦(1869—1935),字受之,一字寿芝,一字益庵。号龙鼎山人,晚号隘堪居士,江苏苏州吴县人。其学初承清吴中学辞章治经而兼小学,通声韵训诂,后兼治子史《文史通义》。历任东吴大学、大夏大学、交通大学、国立政治大学教授。著有《太史公书义法》《汉书艺文志举例》《刘向校雠学纂微》《六朝丽指》《稷山段氏二妙年谱》《诸子要略》《诸子通考》等。
③ 即"备众本,订脱误,删重复,条篇目,定书名,谨篇次,析内外,待刊改,分部类,辨异同,通学术,叙源流,究得失,撮指意,撰序录,述疑义,准经义,征史传,辟旧说,增佚文,考师承,纪图卷,存别义"。详参孙德谦:《刘向校雠学纂微》,四益室癸亥(1923 年)本。
④ 胡朴安、胡道静:《校雠学·序》,商务印书馆 1934 年版,第 3 页。
⑤ 李晓明:《20 世纪上半期有关校雠学定义的辨析》,《华中科技大学学报(社会科学版)》2007 年第 5 期。
⑥ 蒋元卿:《校雠学史·自序》,黄山书社 1985 年版,第 1 页。

的历史,然而国内目前尚无一本记载校雠学史的著作。虽然胡朴安、胡道静叔侄合著《校雠学》一书有校雠学史的记载,但"二君所注重者为方法,于史之方面,仍多遗漏"①。为弥补这一缺憾,蒋氏"以平日抄积之史料,融会而贯通之,写成此非中非西式的《校雠学史》"。书成之后,由商务印书馆于 20 世纪 30 年代出版。80 年代,黄山书社以前武昌文华图书馆学专科学校藏本为底本,由蒋氏订正其中明显错误后再版。②《校雠学史》以时间为序,按朝代"用提纲挈要之方法,将许多有名之校雠学家,特别叙出"③。全书由绪论和校雠学史两部分组成,绪论分别论及校雠学、校雠学史及写作动机,校雠学史由校雠的发轫、建立、衰落、复兴、鼎盛五个阶段组成。蒋氏对中国校雠学每一阶段的发展状况进行的科学归纳和总结,使人们对中国两千余年校雠学的发展有了较为准确的把握。因此,相对于胡朴安、胡道静《校雠学》中校雠学史的论述来说,蒋氏《校雠学史》的分析更为科学和理性。

尽管蒋氏的这部著作是对中国校雠学史的论述,但其对校雠学体系的构建也是显而易见的。在绪论部分,蒋氏对校雠之事进行了分析和论述,他说:"校雠之事,常人每以为能两本勘比,记其异同,便自诩为能事,其实不然。"④他认为,校雠学应为"治书之学",其有广义和狭义之分,狭义的校雠学为校勘学,即"比勘篇籍文字同异而求其正";广义的校雠学包罗甚广,举凡"搜辑图书,辨别真伪,考订误谬,厘次部居,以及于装潢保藏"等,凡与治书事业相关者,均在校雠学研究范围之内。正是基于这样的认识,他赞同范希曾《校雠学杂述》中对于校雠学的定义和论述。如果我们对比胡朴安、胡道静《校雠学》中所言,就会发现,蒋氏关于校雠学即"治书之学"的观点与胡氏不谋而合。

蒋氏认为,从校雠学发展史视角来看,最初版本、校勘、目录是三位一体的,如刘向校书,"其始则合众本以校一书,次则撮指意而为叙录,终则寻源流而别部居"。他强调,只有版本、校勘、目录三者俱备,才能称得上完备的校雠学。只是后来私家校书,全材难得,有的专记版本,有的专编书目,于是校雠学逐渐分化为校勘之学、版本之学、目录之学。"此亦时势所必然也,不能谓非整个校雠学之进步也。"也就是说,版本、校勘和目录三者逐渐独立成学,是校雠学后来发

①　蒋元卿:《校雠学史》,黄山书社 1985 年版,第 13 页。
②　蒋元卿:《校雠学史·后记》,黄山书社 1985 年版,第 219 页。
③　蒋元卿:《校雠学史》,黄山书社 1985 年版,第 13 页。
④　蒋元卿:《校雠学史》,黄山书社 1985 年版,第 2 页。

展的结果。但校雠学的本意绝不仅仅是比勘文字异同，还包括"钩稽作述指意""综合群籍而明其类"，最终要"由委溯源，以想见坟籍之初"。① 对于杜定友所言校雠不可以成为专学，也不可以名家的说法②，蒋氏极力反对。他指出，中国校雠学经历了漫长的发展过程，是我国固有的专门治书之学。他驳斥那种所谓校雠与书目、版本无关的说法，认为校雠必须合校勘、目录、版本三者，始可称为完全之学术。"虽以全材之难得而分裂，然三者仍互相因缘，皆有相通之道，并非风马牛之不相及。"③

通过上述分析，可见蒋氏所言校雠学为"治书之学"，是包括校勘、目录、版本在内的三位一体的一门学科。三者后来虽然独立成学，但仍紧密相连，共同构建起校雠学的学科体系。

三、向宗鲁《校雠学》

向宗鲁（1895—1941），著名校雠学家、文史学家。原名永年，学名承周，字宗鲁，四川巴县（今重庆市）人。幼读诗书，聪颖勤奋。入书院，进中学，皆因成绩优异享受奖学金，后入成都存古学堂（后为国学院）。先后在巴县小学、江北中学、武汉裕华纱厂教馆任教。1931 年执教于重庆大学，任中文系主任，并受聘于川东师范学堂、重庆联中、省二女师讲授古典文学。1935 年秋，重庆大学文、农两院并入四川大学，向宗鲁改任四川大学中文系教授。执教质朴谨严，神悟加苦学，讲授《昭明文选》可不带书本讲稿，正文全能背诵，旁征博引，不漏只字，当时文教界流传着"看史不如问宗鲁"的说法。一生校注经史子集多部，如《昭明文选》《史通》《管子》《春秋左传正义》《淮南子》《周易正义》等，另著有《文选理学权舆续补》《说苑校证》《校雠学》《〈周易疏〉校后记》《月令章句疏证叙录》等书。

《校雠学》最初为向氏 1937 年至 1940 年在川大时所写讲稿。④ 正文用骈文写就，文辞雅丽，又辅以精当的自注，可谓"文言美辞，列于章句；委曲叙事，存于

---

① 蒋元卿：《校雠学史》，黄山书社 1985 年版，第 12 页。
② 杜定友曾说："校雠之术，实为治学之法，故与书目学、目录学无所关系，且书有书之校雠，目有目之校雠，版有版之校雠，似未可以专成一学也，故校雠不可以名家，但自郑章而后，其义斯混。"杜定友：《校雠新义》（下册），上海书店 1991 年中华书局影印本，第 61—62 页。
③ 蒋元卿：《校雠学史》，黄山书社 1985 年版，第 12—13 页。
④ 向氏弟子王利器说："此先师在川大讲业之作也。民国二十六年秋，先师主讲川大，手创此稿，以授同门，盖自七班以至十一班，前后受业者，无虑百住，莫不彬彬然通迁今故之邮，读一书即晓传其书也。"（向宗鲁：《〈校雠学〉赞辞》，商务印书馆 1944 年版，第 1 页）

细书"①。向氏卒后,其弟子屈守元、王利器对其遗稿进行收集整理,《校雠学》一书遂于 1944 年 12 月由商务印书馆出版发行。《校雠学》出版后,学界好评如潮,王利器称其:"义据宏深,文章尔雅,求之古人,当在《文心》《史通》之间,盖千余年来无此作矣!"②屈守元说:"先生断郑章之末流,绍向歆之绝业,谠言弘说,咸具于斯,所举诸例,郑重周详,罗列群言,折衷至当,实校雠之矩矱,非苟为琐碎而已。"③著名历史学家、文献学家张舜徽曾说:"阅近人向宗鲁所著《校雠学》,诚不失为学有根底之人。余虽未从奉手,而于武昌徐行可先生处聆悉其学行甚备,故亟求得其书览之……《宗郑》一篇,意思极好,所见甚正,与余不谋而同。"④2012 年,国家图书馆出版社将向氏《校雠学》重新出版,同时将《〈周易疏〉校后记》⑤和《月令章句疏证叙录》⑥一并收入。《校雠学》和《月令章句疏证叙录》以商务印书馆排印本为底本,《〈周易疏〉校后记》则用原稿本。

关于《校雠学》一书的体系和结构,向氏曾自定其目为 12 篇:一曰《正名》,释校雠之名义;二曰《原始》,述校雠学之起源及二刘之梗概;三曰《宗郑》,取郑康成《礼注》《诗笺》之涉及校雠者以为校雠规则;四曰《评杜》,取杜预《春秋集解》之涉及校雠者论其得失;五曰《明颜》,黄门《家训》多涉及校雠,今表出之,而以颜籀《汉书注》《匡谬正俗》之涉及校雠者附焉;六曰《申陆》,取《经典释文》之论众本得失者为广申其义;七曰《议孔》,取《五经正义》之涉及校雠者,议其得失,贾公彦诸人之说附焉;八曰《择本上》,论石经;九曰《择本中》,论古抄本;十曰《择本下》,论刻本;十一曰《取材》,论类书、古注所引须慎择,以药近人窜易古书之失;十二曰《杂述》,古人及今人之从事校雠者,前目所不能有者,一并

---

① 向宗鲁著,陈晓莉点校:《校雠学(外二种)·点校说明》,国家图书馆出版社 2012 年版,第 1 页。
② 向宗鲁:《校雠学·序言》,商务印书馆 1944 年版,第 1 页。
③ 向宗鲁:《校雠学·目录》,商务印书馆 1944 年版,第 2 页。
④ 张舜徽:《张舜徽壮议轩日记·入陇编》,国家图书馆出版社 2010 年版,第 667—668 页。
⑤ 《〈周易疏〉校后记》为向氏 1940 年前后所作,当时其正在编写《校雠学》,欲论孔、贾诸疏校勘得失,遂先校勘《易疏》,成此题记。因此,此题记可补《校雠学》中《议孔》篇之阙失。《〈周易疏〉校后记》曾于 1941 年发表于《华西学报》,后又经屈守元先生整理,重载于《中国历史文献研究集刊》(第三集)(岳麓书社 1983 年版,第 90—99 页)。
⑥ 《月令章句疏证叙录》为向氏未完之遗著,今仅存《叙录》篇,《疏证》部分为着笔。该文考证详实,论断准确,其弟子王利器曾予以高度评价:"惟此稿虽仅止于叙录之部,而其抉择是非,辨章学术,举数千年依违不定之说而是正之,足以使辨之者怡然心服,惑之者涣然冰释,持以语陆德明之《经典释文叙录》,固无多让也。"参见向宗鲁著,陈晓莉点校:《校雠学(外二种)·点校说明》,国家图书馆出版社 2012 年版,第 2 页。

于此杂陈。^①但实际完成者仅六篇多，即为今印行者《正名》《原始》《宗郑》《明颜》《申陆》《择本上》，而《择本中》篇未成者犹三分之一^②，其余五篇未曾着笔，是一部未竟之作。《校雠学》的《议孔》篇的相关内容在向氏《〈周易疏〉校后记》一文中有所体现。

关于"校雠"的含义，在《正名》篇中，向氏给予了充分的论述。他认为，在刘向、刘歆时代，"校雠"就是以"正文字"为主："昔刘向司籍，校理秘文，谓勘其上下为校，持本相对为雠。是则昔人校雠之名，本以是正文字为主。"后来，郑樵、章学诚以"辨章学术，考镜源流"为校雠学宗旨，实际上偏离了校雠学本意。向氏强调，"校雠之终"才是编制书目的开始："郑樵、章学诚之流所谓辨章学术，考镜源流者，特为甲乙簿录语其宗极，而冒尸校雠之名，翩其反矣。彼徒见向、歆之业，著于《录》《略》，而不知簿录之始，必于校雠之终。事或相资，而名不可冒。辨章学术者，校雠之余事，是正文字者，校雠之本务也。"^③在这里，向氏不仅指出了"校雠"的本意，同时他还分析了"辨章学术"（目录）、"是正文字"（校勘）与"校雠"之间的关系。从刘向、刘歆父子校书的实践来看，他们先搜集不同类型的图书"版本"，然后进行对比"校勘"，找出讹误予以修正，最后编写出"目录"以"辨章学术，考镜源流"。"版本""校勘"和"目录"三位一体，共同服务于整体的校书工作。郑樵以"校雠"之名言"编纂类例""搜求亡书"等事，因此遭到后人的讥讽，被称作"目录家"也在情理之中。^④现代校雠学家王叔岷^⑤在肯定郑（樵）章（学诚）学说的基础上提出了自己的看法，他说："夫囿于行墨字句

---

① 向宗鲁：《校雠学·目录》，商务印书馆1944年版，第2页。
② "此篇首述钞书故实、中论倭人钞本，其未未成者，当涉及晚近所得敦煌写本也。"引自向宗鲁：《〈校雠学〉目录》，商务印书馆1944年版，第2页。
③ 向宗鲁著，陈晓莉点校：《校雠学（外二种）》，国家图书馆出版社2012年版，第1页。
④ 如李兆洛《顾广圻墓志》云："郑渔仲辑《艺文略》，始附以校雠之名，然其所言校雠之事，惟编纂类例，搜求亡书，不啻灌灌，则尚是目录家也，不与校雠事。"原载《养一斋集》卷十一，转引自《校雠学（外二种）》，第1页。
⑤ 王叔岷（1914—2008），历史语言学家、校雠名家，名邦濬，字叔岷，号慕庐，以字行。研究方向主要为先秦诸子、校雠学。1914年出生于简阳县（今成都市东郊洛带镇下街），1933年考入由国立成都大学、国立成都高等师范大学、公立四川大学合并的"国立四川大学"中文系，师从向宗鲁、徐中舒。后又考取北大文科研究所攻读硕士，师从傅斯年、汤用彤等，毕业后留在中央研究院历史语言研究所工作，1948年随史语所迁台。20世纪60年代后，先后在新加坡大学、台湾大学、马来西亚大学、新加坡南洋大学等校任教。主要著述有《诸子斠证》《庄子校诠》《庄学管窥》《左传考校》《先秦道法思想讲稿》《史记斠证（全五册）》《列仙传校笺》《陶渊明诗笺证稿》《钟嵘诗品笺证稿》《刘子集证》《斠雠学·校雠别录》等。

之间,往往不知渊源流别,此诚有见。惟渊源流别,究非校雠之事……盖'校订字句',其事虽小,究未可略而不论也。章氏发扬郑氏之旨,校雠之学,重在渊源流别,而轻视校订字句,或可称之为广义校雠学,然终非切实之见也。"①对于《汉书·艺文志序》中所言"诏光禄大夫刘向校经传、诸子、诗赋……每一书已,向辄条其篇目,撮其指意,录而奏之",王叔岷分析说:"是校(校雠)为一事,录(目录)为一事。章氏仅留意到刘向所谓'录'而忽略刘向所谓之'校'。校雠之学,有助于目录之学。'校订字句',有助于讨论学术之'渊源流别'。舍校雠而言目录,其弊将流于华而不实。以校雠为目录,其失在疏于名义。"②这里的"校雠"显然是就其狭义(或说本义)而言的。综合上述所言,我们不难发现,王叔岷反复强调"校雠"与"目录"之间的关系,认为二者不可分离,应该统一于整个校书实践中,这足以表明其对"校雠"的理解偏于广义之说。如果我们将其与向氏"辨章学术者,校雠之余事,是正文字者,校雠之本务"之说进行对比,可以发现,二者对"校雠"含义的理解是一致的,即广义的校雠包含"目录""版本"和"校勘",狭义的校雠仅仅指"是正文字"的"校勘"。

为了说明"是正文字"(校勘)为校雠之"本务"难于"辨章学术"(目录),向氏指出,"颖叔继作,《七略》乃奏。若以郑章之肤言,穷校雠之能事,则类聚群分,撮其指意,期年可毕,何以为累世之业乎!昧者或以辨章学术为难,是正文字为易,不思洛诵讹编,率由误简;寻文考义,理难徧(同"遍"——引者注)通;空语辨章,何由质定?此韩子所由讥先王有郢书,而后世多燕说也"③。在向氏看来,《七略》作为第一部官修目录是在刘向等人校书基础上形成的。没有刘向等人经年累月的校书之功,就不可能有《七略》的"期年可毕"。后世郑、章将校雠学导向"辨章学术"的目录学,实乃本末倒置。向氏认为,"是正文字"需要严谨的思维、深厚的学养和长期的学术积淀,只有像刘向、扬雄等学识渊博之人才能够胜任,他说:"惟其是正文字,精谛不够,故绵历岁时,未竟所业。颖叔继作,顾校雠之例,首重谨严;疑义阙文,焉资矫说。"④"颜黄门有言:'校定书籍,亦何容易。自刘向、扬雄,方称此职耳。观天下书未,不得妄下雌黄。'盖校雠之事,若斯之难也。彼踵武郑、章者,乃欲以蹈虚之业,易征实之功,显与《别录》之言

①　王叔岷:《校雠学·校雠别录》,中华书局2007年版,第2页。
②　王叔岷:《校雠学·校雠别录》,中华书局2007年版,第3页。
③　向宗鲁著,陈晓莉点校:《校雠学(外二种)》,国家图书馆出版社2012年版,第1页。
④　向宗鲁著,陈晓莉点校:《校雠学(外二种)》,国家图书馆出版社2012年版,第7页。

相背,未尝一顾,而曰:子政之校雠固如是也。不亦悖哉!"①在《正名》篇末,向氏还特意附录段玉裁《与诸同志书论校书之难》再次论证自己的观点,段氏说:"校书之难,非照本改字不讹不漏之难也,定其是非之难。是非有二:曰底本之是非,曰立说之是非。必先定底本之是非,而后可断其立说之是非。二者不分,轇轕如治丝而棼,如算之淆其法实而瞀乱乃至不可理。何谓底本?著书者之稿本是也。何谓立说?著书者所言之义理是也。"由此看来,校书之难已成古今之共识。显然,向氏所言之"校书"既包括文字方面的校勘,又包括论断义理之是非。由向氏的论断不难看出,其用意明显在申明前述"是正文字者,校雠之本务"之观点。

在《原始》篇中,向氏追溯了"校雠"的起源:"昔闵马父称正考父校商之名《颂》十二篇于周太师,以《那》为首。"②然后重点分析论述了刘向校书"八术"③:一曰聚本,二曰去复,三曰正讹,四曰补脱,五曰异文,六曰别义,七曰编次④。对于近人孙德谦在其专著《刘向校雠学纂微》中所述刘向校理古书的23种方法,向氏认为其"言多旁涉,不尽有关校雠"。"今参验子政诸书叙录,及旧辑《录》《略》,撮其指要,括以八目,至《纂微》之作,疏漏弘多,此不暇及也。"向氏认为,刘向校理群书奠定了后世校雠学的基础,与孔子删定六经同样功盖后世:"规模既远,衣被无穷。春秋以来,六艺折衷于夫子;西京以降,群书删定于子政。盖异世同行矣。"章太炎曾在《定孔上》中颂扬刘歆的校书之功,向氏予以反驳,认为"校雠之规,备于子政,国师因仍父业,事非独创,舍子政而颂刘歆,非其理也"⑤。通过向氏对刘向校书之术的分析,我们可以大致勾勒出其心目中的校雠学体系。如果说"聚本"属于"版本学"的研究范畴,"去复、正讹、补脱、异文、别义"则可归入"校勘学",而"编次"则是传统"目录学"的应有之义。

向氏强调,郑玄遍注群经,涉校雠事尤多,因此特设《宗郑》篇,他说:"高密郑君,生东汉之季,资惟天纵,学无常师,遍注群经,旁及秘纬,极深研几,蔚为圣译,游夏以来,盖未有匹也……其中勘旧本之是非,纠写官之讹误,盖亦多矣。"高度评价了郑玄在校雠事业上的巨大贡献。他还说:"子政校书,必聚众本,郑

---

① 向宗鲁著,陈晓莉点校:《校雠学(外二种)》,国家图书馆出版社2012年版,第8页。
② 向宗鲁著,陈晓莉点校:《校雠学(外二种)》,国家图书馆出版社2012年版,第16页。
③ 《校雠学》中所述为"寻向之校书也,其述有八",实为七种,此误。下文"括以八目"类同,亦误。
④ 向宗鲁著,陈晓莉点校:《校雠学(外二种)》,国家图书馆出版社2012年版,第18—21页。
⑤ 向宗鲁著,陈晓莉点校:《校雠学(外二种)》,国家图书馆出版社2012年版,第22页。

君亦然……《仪礼》有古文,有今文,有或本。郑君从古文则出今文于注中,从今文则出古文于注中……《礼记》传于汉师,本亦各异。郑君作注,兼存异文……后世校雠之规,略具于此矣。"①这里向氏对郑玄治学的论述涉及了校雠学中的"校勘"和"版本",但对于"注释"②,向氏认为与校雠无关,他说:"夫拟其音者,所以正其读,易其字者,所以会其通,斯二者义归故训之科,无关校雠之事。"③

综上所述,向氏在继承先贤学术成就的基础上,构建了自己的以"是正文字"为"本务"、"辨章学术"为"余事"的校雠学体系。向氏学术观点与郑、章异趣,但其《校雠学》一书的结构和体系却无疑受到章学诚《校雠通义》的影响。

四、刘咸炘的校雠目录学著作

刘咸炘(1896—1932),史学家、文献学家和书法家。字鉴泉,别号宥斋,四川双流人。刘氏出生于儒学世家,曾祖父刘汝钦,祖刘沅,父刘梖文,均为蜀中知名学者。刘氏自1916年起先后讲学于尚友书塾、敬业学院、成都大学、四川大学。虽英年早逝,但著述甚丰,据统计多达"二百三十一种,一千一百六十九篇,四百七十五卷,三百五十册"④。其学涉及文学、史学、哲学、诸子学、校雠学、方志学及道教研究等,陈寅恪、蒙文通、唐君毅等人对其学术成就推崇备至。

刘咸炘的校雠目录学著述有《目录学》《校雠述林》《续校雠通义》等。⑤《续校雠通义》⑥系以章学诚《校雠通义》为基础,发挥己意著述而成。全书分为上下两册,共十七篇。《校雠述林》分四册,共十三篇,本书的体例略显杂乱,主

---

① 向宗鲁著,陈晓莉点校:《校雠学(外二种)》,国家图书馆出版社2012年版,第26—29页。

② 张舜徽称之为"注解",把它同"抄写""翻译""考证""辨伪"和"辑佚"列为"前人整理文献的具体工作",而"版本""校勘"和"目录"则为"整理古代文献的基础知识"。由此可知,在张氏的文献学体系中,"注解"同"版本""校勘""目录"的地位并非相同。在现有的文献学理论著述中,也有将"注解"提高到与"版本""校勘""目录"相同的地位,如:张富祥《宋代文献学研究》(上海古籍出版社2006年版)、董恩林《中国传统文献学概论》(华中师范大学出版社2008年版)、杨燕起、高国抗《中国历史文献学》(修订本)(北京图书馆出版社2003年版)等。

③ 向宗鲁著,陈晓莉点校:《校雠学(外二种)》,国家图书馆出版社2012年版,第26页。

④ 徐国光、王道相:《双流刘鉴泉先生遗书总目》,载《刘咸炘学术论集(文学讲义编)》,广西师范大学出版社2007年版,第350页。

⑤ 王化平曾撰文对刘氏目录学成就进行研究并列举了刘氏7种目录学著作,他认为刘氏目录学著述"远不止以上七种"。根据《推十全书总目》及徐国光、王道相编撰的《双流刘鉴泉先生遗书总目》,"至少还有《旧书录》《余力录》《校雠丛录》《四库全书提要类叙》等14部"。参见王化平《刘咸炘先生目录学成就浅述》,《中华文化论坛》2009年第1期。

⑥ 此书撰成于1919年11月,刘咸炘时年24岁。参阅李克齐、罗体基编《系年录》,《刘咸炘学术论集(文学讲义编)》,广西师范大学出版社2007年版,第251页。

要收集了刘氏有关校雠学的一些零散篇章。《目录学》①共上下两编,分著录、存佚、真伪、名目、部类、别裁、互著、次第、解题、版本、校勘等十四篇,由刘氏授课用的讲义整理而成,该书为20世纪国内最早编著的目录学教材之一②,也是刘氏构建校雠学体系的重要著作。

在《目录学》"弁言"中,刘氏首先分析了校雠学与目录学的关系,他说:"所谓目录学者,古称校雠学,以部次书籍为职……要之,目录学者,所以明书之体性与其历史者也。"③刘氏认为,目录学就是古代的校雠学,只是古今说法不一,其重要职能为"部次书籍",目的是"辨章学术,考镜源流",间或考辨"书本真伪"及"名目篇卷"。只是到了后来,目录学的功能渐趋衰微,"部次之法,亦渐失传"。在这种情况下,郑樵和章学诚重拾目录学之旨趣,从而使目录学进一步发扬光大,随后版本学和校勘学亦迅猛崛起。刘氏的这种校雠学为目录学的观点受章学诚影响颇深,如果我们看章学诚在《校雠通义》开篇所言:"校雠之义,盖自刘向父子。部次条别,将以辨章学术,考镜源流,非深明于道术精微,群言得失之故者,不足与此。后世部次甲乙,记录经史者,代有其人,而求能推阐大义,条别学术异同,使人由委溯源,以想见坟籍之初者,千百之中,不十一焉。"不难发现,刘氏观点显然承袭章氏而来。④ 关于目录学与古书校读法之间的关系,刘氏认为"二名范围不同,不能相掩"。古书读校之法的目的是"通其文字,明其意旨",而"通文字"需要"正讹补脱,必资多本,此关于目录学者也。而亦有不资。版本者,其在一字,则资于文字学、声韵学,其在字群,则资于文法学、修辞学,皆不在目录学范围中矣"。"明意旨"则需要"定体达例,必知

---

① 此书撰成于1928年2月,刘咸炘时年33岁。参阅罗体基、王道诜、陈华鑫编《系年续录》,《刘咸炘学术论集(文学讲义编)》,广西师范大学出版社2007年版,第301—302页。刘氏在该书"弁言"中也说:"戊辰二月,匆匆始事,倩徒分秒,十日稿具,仅得成书。"(刘咸炘:《刘咸炘论目录学》,上海科学技术文献出版社2008年版,第4页)。

② 据学者考证,刘咸炘1926年3月到成都大学预科担任历史教师,《目录学》为其在成都大学任教时的讲义,此后该书还有1928年四川大学铅印本。而杜定友的《图书目录学》最早为商务印书馆1926年版;姚名达《目录学》为商务印书馆1933年版;汪辟疆《目录学研究》为商务印书馆1934年版;余嘉锡《目录学发微》初为1930年至1948年在北京各大学讲授目录学时所编讲义,也曾以此排印,但未正式出版。参见徐有富《试论刘咸炘的成材之路》,《古籍整理研究学刊》2009年第1期。

③ 刘咸炘:《刘咸炘论目录学》,上海科学技术文献出版社2008年版,第3页。

④ 刘氏"私淑"章学诚,"在史学与校雠学领域,特别是在史学理论与校雠学方法论两个方面,继承并发展了章学诚的学术思想"。参见徐有富《试论刘咸炘的成材之路》,《古籍整理研究学刊》2009年第1期。

部次,此关于目录学者也。至于事关考证,则所资者广,群学分门,各有读法。普通读书之法,则为格言理论,皆不在目录范围中矣"。他还说:"由上观之,目录学固古书校读法之一,而古书校读法则不止此。"①在这里,刘氏不仅明确了目录学与古书校读法二者的不同及其相互关系,而且指出了目录学所包含的分支学科。他认为,文字学、声韵学、文法学、修辞学及格言理论都不属于目录学的研究范畴,而涉及版本、"定体达例"、"部次"的有关问题则在目录学的研究范围之内。

刘氏强调,目录学为"明书之体性与其历史者"之学。因"此学所究事类殊繁",故刘氏设立十四篇目悉加论述,此十四篇目均围绕"书之体性与其历史"而作②。著录乃为目录学题中应有之义,章学诚在《校雠通义》中已有所述,故刘氏将其放在篇首,他说:"著录之事,官府则始于汉,私家则始盛于宋。""将明著录之义,先辨簿目之体。"对于明代胡应麟《经籍会通》将书目分为三种,近人周贞亮、李之鼎编《书目举要》罗列簿目十一类,刘氏不以为然,提出将书目分为四类,即总目、藏目、专目和选目。他还进一步指出,前人簿目多藏目,而总目、专目、选目则少,"故类次任意,体例不整,校雠之学,日以芜秽"。至于考订和版刻,因其与书目关系不大,故应附在上述四类之后,但其性质实与选目相近。刘氏认为,叶昌炽《藏书记事诗》、叶德辉《书林清话》等书,是目录学理论之书,而"实非簿目也"。他还引用章学诚《乙卯札记》所言,指出隋《众经目录》"极有条理,观其分别五例,后世著录之儒,不能及也"。《众经目录》所言五例为单本、重翻、别生、疑伪、阙本。刘氏认为,"专门之目,类例必精,郑樵之论,于此而验,固不必《七略》而始能也"③。

在《存佚》篇,他说:"著录者,所以保全书籍也,故必先议藏与求。"刘氏认为,在历史发展过程中,书的散佚是必然的,"书之不能无佚,势也"。有散佚必有搜求,故有郑樵之"求书八法"和祁承㸁《澹生堂藏书约》购书训所言"三说"。他认为,文献散佚种类繁多,形式多样,不仅群书中有逸书,存书中有逸文,经、子有逸篇,即使唐人小说及六朝、唐人文集,以类书校之,亦多有遗篇零条,"在今所传本外者,此有今本原是辑成,抑或原辑本有所弃也"。雕版印刷术出现之

---

① 刘咸炘:《刘咸炘论目录学》,上海科学技术文献出版社 2008 年版,第 3 页。
② 刘咸炘:《刘咸炘论目录学》,上海科学技术文献出版社 2008 年版,第 3 页。
③ 刘咸炘:《刘咸炘论目录学》,上海科学技术文献出版社 2008 年版,第 5—8 页。

后,版本的多样化为辑佚书提供了极大便利,学者可以通过多种版本的校勘比对还原书之原貌,"书之有足本、不足本之异者,尤为不少,盖篇简有完阙,版刻有先后,初刻或非定本,重翻或据残书,必凭多本,乃克补完"。为此,他还举例详细说明。刘氏还特别重视序跋在辑佚书中的作用,认为其重要性不亚于书之原文,"诸书序跋,则刻本佚脱尤多,盖宋、明一书重刻必有序跋,陈言累积,人多厌而删去。然其于版刻源流,或有序述,刊落则难稽考。至于郑氏《诗谱》之《序》、杜氏《春秋集解·后序》、《续汉书·志》刘昭《注》之《序》,宋本已多阙之,其重要不下于书文也"。刘氏此处所论虽为辑佚问题,但却涉及版本、校勘等方面的问题。因此,刘氏所言"存佚"既包括藏书和求书,还包括辑佚及其所涉及校勘、版本、目录学知识。

综上所述,刘氏心目中的校雠学是在继承中国古代传统校雠思想的基础上通过借鉴西方学科分类的思想而形成的自己的思想体系。他认为校雠学即目录学,其"以部次书籍为职,而书本真伪及其名目篇卷亦归考定","意在辨章学术,考镜源流"。但刘氏又指出,目录学涉及范围较为广泛,举凡考订、版本、校勘、藏书、辨伪、辑佚、目录、格式、文字等均在其中。虽然这些仅为"末务",但却是通晓目录学必须掌握的。

五、蒋伯谦《校雠目录学纂要》

蒋伯谦(1892—1956),文献学家、目录学家。名起龙,又名尹耕,字伯谦,以字行,浙江富阳人。1907年考入杭州府学堂,1911年毕业后,因家境困难,在本县紫阆小学和本村美新小学任教四年。1915年考入北京高等师范学校国文系,在校期间深受钱玄同、马叙伦等的影响,1919年毕业后至浙江嘉兴省立第二中学任教。以后曾先后在浙江省杭州第一中学、第一师范、女子中学、台州六中,大夏大学,无锡国专,上海市立师范专科学校,杭州师范学校等校任教。蒋氏在经学文献、诸子文献及校雠目录学研究方面均有突出成就,其主要著作有《诸子与理学》《经与经学》《十三经概论》《校雠目录学纂要》《经学》《诸子学》《诸子通考》,同时编有《诸子索引》。蒋氏著作"资料翔实,考辨审慎,观点新颖"[1],颇受时人及后世好评,具有重要的学术研究价值。

---

① 全根先:《中国近现代目录学家传略》,国家图书馆出版社2011年版,第232页。

　　蒋氏出生于知识分子家庭,其父蒋建侯通文史,犹精于诸子学。① 蒋氏幼承庭训,"始龀……授以《孝经》;十龄左右……授以《论》《孟》《诗》《书》《左传》,以至《仪礼》《尔雅》"。"年十三,从先师李问渠先生,受《周易》《周礼》《礼记》《公羊》《穀梁》。"② 良好的学术氛围加之长期的刻苦训练,为其后来从事校雠学、目录学研究打下了坚实的基础。《校雠目录学纂要》是蒋氏校雠学方面的代表作,原为其应重庆正中书局之约编撰的《国学汇纂丛书》中的一部,亦为其赴西南联大中文系授课讲稿。该书初稿撰成于抗战期间蒋氏居留上海时期,1941年太平洋战争爆发后,日军侵占上海,学校、书店等纷纷内迁。在朱自清的邀请下,蒋氏旋即携其家属前往西南联大。但在车站却遭到日本兵的搜查,其讲稿亦被查出。后经亲友营救才得以脱险,不得不回到故乡富阳避难。在富阳,蒋氏用了一年时间,重新撰写《校雠目录学纂要》一书。书稿成后,蒋氏誊抄一份寄重庆正中书局,后于1944年出版。另一份寄朱自清先生,朱自清收到书稿后复信曰"此稿博采众搜,时多卓识,总觉大驾不能来昆,甚为学生惋惜"③。

　　该书分上、下两编,各九章,共十八章;另有绪论三篇,附论一篇。绪论讲述校雠目录学意义及书籍略史;上编叙述了校雠编目学的历史,其中又分为官书校录、私家校录、史志目录、专门目录、宗教目录、其他特殊目录,每种目录均以时间为序按朝代依次进行说明;下编论述校雠目录学的内容,其中包括征求书本、校正文字、厘定篇章、撰述叙录、伪书鉴别、搜辑佚文、分类编目;附论探讨目录与学术史的关系。

　　在"绪论一"中,蒋氏首先对"校雠"二字的本义引经据典进行了梳理和分析,接下来他总结道:"'校'即校勘;曰'雠校',则指二人对校;这是分别言之。至合二字为一词,凡则校勘书籍文字篇卷之正误、衍夺、多少、错乱,无论是一人单独,或二人相对,都叫作'校雠',这是'校雠'底(疑为"的"——引者注,下同)本义,也是它底狭义。"④ 而狭义的"目录"则是指编次某一书的篇目,或编次某一类书乃至各类书的书目而言。蒋氏认为,在古代,校雠与目录实为一体,"刘

---

① 关于其父建侯公,蒋氏在《〈诸子通考〉自序》(1948年上海正中书局初版,1984年浙江古籍出版社重版)中说:"《诸子通考》者,伯潜就先君子建侯公遗稿残佚,整理补编者也。全书分上、下两编,上编《诸子人物考》,下编《诸子著述考》。"由此可知,蒋建侯对诸子学有深入的研究。

② 蒋伯谦:《〈十三经概论〉自序》,上海古籍出版社2010年版,第2页。

③ 蒋祖怡:《先严蒋伯谦传略》,载《校雠目录学纂要》,北京大学出版社1990年版,第180页。

④ 蒋伯谦:《校雠目录学纂要》,北京大学出版社1990年版,第1页。

向父子领校秘书,以校勘文字篇卷始,以编次篇目及总目终,其工作从'校雠'至'目录',实为一贯的,不可分的"①。他认同范希曾关于校雠的论述。因此,蒋氏和范氏二人均认为,广义的"校雠"是包括狭义的"目录"在内的。蒋氏还指出,我国校书编目之业,当以刘向父子为始祖;但目录学成为一门学问,有其理论,则自宋郑樵《校雠略》、清章学诚《校雠通义》始。"我国校雠目录之业,自刘向、刘歆而始盛;校雠目录之学,则自郑樵、章学诚而始成。"②蒋氏还特别强调,郑樵、章学诚所论为广义的校雠学。对于目录学与校雠学之分野,蒋氏也进行了分析,他说:"按'目录学'一词,王鸣盛《十七史商榷》中已见之,是清代中世,校勘学(狭义的校雠学)极端发达以后,目录学已有自广义的校雠学分化而出,自成一种学问的趋势。"特别是近世以来,国内图书馆蜂起,目录学已与狭义的校雠学分道扬镳,蔚为大观。然近人如胡朴安、胡道静撰《校雠学》,蒋元卿撰《校雠学史》,刘咸炘撰《校雠述林》《续校雠通义》,所述仍是广义的校雠学;姚名达撰《中国目录学史》,仍列《校雠篇》。"可见'校雠'与'目录',虽已如湘漓之分流,终不能谓为毫无关系。"③正如蒋氏所言,近世校雠学和目录学虽已分道扬镳,但二者仍有千丝万缕的联系,广义的校雠学包含狭义的目录学,广义的目录学也包含狭义的校雠学(即校勘学)。由此可见,在蒋氏的心目中,广义的"校雠""目录"包含的内容是一致的,实为名异实同。

蒋氏认为,刘向、刘歆父子为校雠目录学的不祧之祖,其校理秘书工作,约有"十端",也就是最初校雠目录工作所包含的十个方面:校勘脱简脱字及文字之异、校正误字、厘定编次、订定书名、鉴别伪书、介绍作者、解释书名、评述内容、叙述源流、分类编目。④ 在继承前人研究成果的基础上,他将自己的校雠目录学工作分作三步八项:第一步为准备工作,即征求书籍;第二步属于"校勘"的本身工作及引申工作,如校正文字、厘定书篇、撰述叙录、搜辑佚书、鉴别伪书;第三步属于"编目"的本身工作,包括"书籍的分类"和"学术的论次"。但学术的论次已经涉及学术史的范围。⑤

在总结校雠目录学内容的基础上,蒋氏对广义校雠学的内容进行了补充说

①　蒋伯谦:《校雠目录学纂要》,北京大学出版社1990年版,第3页。
②　蒋伯谦:《校雠目录学纂要》,北京大学出版社1990年版,第80页。
③　蒋伯谦:《校雠目录学纂要》,北京大学出版社1990年版,第3页。
④　蒋伯谦:《校雠目录学纂要》,北京大学出版社1990年版,第16—18页。
⑤　蒋伯谦:《校雠目录学纂要》,北京大学出版社1990年版,第82—83页。

明。在蒋氏看来,广义校雠学,不仅包括"校勘"和"目录",还应包括"版本""辑佚"和"辨伪"。这是因为,校勘必先搜集底本,而一书的版本往往不止一种,于是有研究"版本"的工作;古书多已亡佚,但类书或其他书籍注解中尚有引及,若能搜辑,或可部分恢复原书,这样就有"辑佚"的工作;古书真伪不一,应辨别全书或部分内容,于是有"辨伪"的工作。后三种工作,也和书本有直接关系,故也是广义校雠学一部分。总之,"校雠目录学是'治书'之学,是研究学问的基本工作"①。

综上所述,不难发现,蒋氏所言的广义校雠学是包括校勘、目录、版本、辑佚和辨伪在内的"五位一体"、相互融合的"治书之学"。他的这一观点影响深远,为后来文献学理论体系的建立和完善打下了良好基础。

六、张舜徽《广校雠略》

张舜徽(1911—1992),现代著名历史学家和文献学家,湖南沅江县人,曾长期任职于华中师范大学。张氏长于校勘、版本、目录、声韵之学,一生完成学术著作二十四部共计八百万字,主要有《广校雠略》《积石丛稿》《中国文献学》《文献学论著辑要》等。

《广校雠略》②为张舜徽首部学术著作,在其著述中占有重要地位。该书的理念和观点为其终生恪守,"规定和影响了他后来的学术历程"③,对后来中国文献学的发展也有深远影响④。《广校雠略》的撰述基于张氏深厚的学术积累,一方面他对乾嘉诸儒情有独钟,另一方面对汉宋学术、经史子集都有广泛涉猎。在深入研究中国传统文化的基础上,张氏最终以"独宗二郑"为学术归宿。他说:"舜徽少时读书,酷嗜乾嘉诸儒之学,寝馈其中者有年。其后涉猎子史,兼览宋人经说,见书渐广,始欿然不自慊,泛滥群籍,于汉宋诸儒,独宗二郑,以为康成经术,渔仲史裁,譬诸灵海乔狱,无以益其崇深。"⑤为表达其对二郑学术的尊

---

① 蒋伯潜:《校雠目录学纂要》,北京大学出版社 1990 年版,第 4 页。
② 成书于 1945 年,是他庞大学术著作体系的第一部,也是 20 世纪中国文献学理论发展的重要著作。
③ 李晓明:《〈广校雠略〉条辨》,载《张舜徽学术研究(第 1 辑)》,湖北人民出版社 2005 年版,第 155 页。
④ 周国林:《张舜徽先生历史文献学成就述要》,《安徽大学学报(哲学社会科学版)》2003 年第 1 期。
⑤ 张舜徽:《广校雠略·自序》,中华书局 1963 年版,第 1 页。

崇,张氏还将其宅命名为"仪二郑宅"。张氏认为,郑玄作为东汉末年的经学大师,编注群经,缔造了经学的辉煌,而郑樵《通志》的史学成就同样无法逾越。虽然郑玄、郑樵治学领域不同,但他们均重视文献的整理,治学以"辨章学术,考镜源流"为宗旨,殊途同归。尤其应该注意的是,他们均有相应的目录学著作,如郑玄的《三礼目录》、郑樵的《通志·校雠略》,正如张氏所言,二郑"两家涂辙虽殊,而所以辨章学术之旨则无不同。后世经师徒服康成注《礼》笺《诗》,精审无匹,而不知其谱《诗》赞《易》、《书》,甄论六艺,叙《三礼目录》之功,为尤不可泯"①。在《广校雠略》自序中,张氏除了表达自己的学术旨趣外,还有深切的现实关怀。他认为二郑在汉宋之末兢兢于学术之考镜源流,有其学术经世之意旨。因此他要以二郑为楷模,索求学术渊源,条别学术得失,为后学者导引治学之途,他说:"叔季祸乱相仍,由学不明,士不幸而躬逢其厄,苟能考镜原流,条别得失,示学者从入之途,其于振衰起废,固贤乎空言著书。二郑起于汉、宋之末,独以此为兢兢,亦岂无微旨哉!舜徽愚弩,才识不逮古人万一,固已慕其所为而深服膺之矣。"从这里我们不难看出作为学者的张氏所具有的强烈的社会责任感,其倡导实学、反对空言的著述理念于此可见一斑。在这种理念的指引下,他尽管饥寒交迫、四处逃难,但仍然醉心于"温经校史,流览百家",经过长达十年的努力,终于"于群经传注之得失,诸史记载之异同,子集之分支派别,稍能辨其原流,明其体统"②。在此基础上,张氏后又对书稿进行多次修改和补充完善,最终编成《广校雠略》③一书。全书共五卷,十九论,一百篇。《广校雠略》一书体例仿效郑樵《通志·校雠略》,内容则涉及著述的体例,古书的目录、版本、校勘、辨伪、辑佚和注疏,古书的传布与散亡,古文献学史等多方面。张氏关于校雠学内容的论述为后来中国文献学学科体系的建立奠定了坚实的基础,后来的中国文献学大多以此为基本框架撰述而成。尤其应该注意的是,张氏在该书最后一卷《汉唐宋清学术论》中从"史"的角度提纲挈领地论述了校雠学的起源和发展,避免了卷帙浩繁、博而寡要的赘述。仔细考究张氏《广校雠略》的体例,我们不难发现,"学术史的研究和表述在其校雠学框架体系中还占有着非常重要的

---

① 张舜徽:《广校雠略·自序》,中华书局 1963 年版,第 1 页。
② 张舜徽:《广校雠略·自序》,中华书局 1963 年版,第 1 页。
③ 笔者按:该书著于 1943 年,最初部分内容曾为大学讲义。其最早版本为 1945 年长沙排印本,1963 年有中华书局增订版,2004 年收入华中师范大学出版社出版的《张舜徽集》(第一辑)合订本等。此外,20 世纪七八十年代在港台地区有多种翻印本。

地位,这和他所理解的'辨章学术,考镜源流'是一脉相承的"①。同时,将学术史纳入文献学也为张氏首创②,张氏在其后来的《中国文献学》(1982 年 12 月)专著中特意设立相关章节论述校雠学史③,也是这一思想的贯彻与延伸。因此,张氏学宗二郑,探求学术本源是其校雠学和文献学思想的重要组成部分。

在对校雠学的构建方面,张氏独具匠心,在继承传统观点的基础上有自己独到的见解。张氏认为,校雠之学为治书之学,即他所说的"审定书籍",这一点与胡朴安、胡道静观点有灵犀相通之处。对于先前历史上出现的目录、版本、校勘之学,张氏明确反对它们独自为学,认为它们仅为治书事业中的一项工作,应统以校雠学取而代之。张氏强调,目录、版本、校勘是治书事业紧密相连的三项工作,理应相辅相成。只有这样,才能发挥其最大功用。④ 为了证明其观点,张氏梳理了校雠学的起源与发展。他认为,校雠之事起源于周宣王时宋国大夫正考父校商名颂十二篇,最终确定了以《那》篇为首。此时虽有校雠之事,但无校雠之名。张氏认为,校雠之名起源于汉成帝时刘向等人校书秘阁,此后,校雠学作为治书事业逐渐发展壮大。他指出,自刘向校书,目录、版本、校勘就已出现并且相互融合,因此没有必要将三者分离,完全可以校雠学统领之:"向每校一书,辄为一录,论其指归,辨其讹谬,随竟奏上。后又集众录,谓之《别录》,盖即后世目录解题之始。向校书时,广储副本……盖即后世致详板本之意。……然则向校雠时,留心文字讹误之是正,盖即后世校勘之权舆。由此论之,目录、板本、校勘,皆校雠家事也。但举校雠,自足该之。"⑤对于校雠学的功用,张氏赞同前辈学者"辨章学术,考镜源流"的观点。后世有学者以目录学统领校雠学,张氏斥之为"大谬"。他认为,后世所谓治书事业,举其学为校雠,论其书则曰目录,他说:"稽之古初,因校书而叙目录,自刘《略》、荀《簿》、王《志》、阮《录》,靡不皆然。盖举其学斯为校雠,论其书则曰目录,二者相因,犹训诂之与传注,训

---

① 李晓明:《20 世纪上半期有关校雠学定义的辨析》,《华中科技大学学报(社会科学版)》2007 年第 5 期。
② 在大陆公开出版的文献学专著中,以吴枫《中国古典文献学》(1981 年 2 月)最早,但吴著没有涉及文献学史。参见李华斌、鲁毅:《〈广校雠略〉在张舜徽学术著述中的地位》,《古籍整理研究学刊》2010 年第 2 期。
③ 即第八编《历代校雠学家整理文献的业绩》、第九编《清代考据学家整理文献的业绩》和第十编《近代学者整理文献最有贡献的人》三编。参见张舜徽:《中国文献学》,中州书画社 1982 年版,第 237—341 页。
④ 张舜徽:《广校雠略》,中华书局 1963 年版,第 1 页。
⑤ 张舜徽:《广校雠略》,中华书局 1963 年版,第 1—2 页。

诂者其学也,传注者其书也。目录而可自立为学,将传注笺解义疏之流亦可别自为学乎?"①在此后的著述中,张氏始终恪守这一基本理念,如《中国文献学》中的目录、版本、校勘三编,张氏名之为"整理古代文献的基础知识"②,而没有以目录学、版本学、校勘学称之,其原因即在于此。

对于目录学的由来,张氏也进行了认真的考究。他认为,目录二字连称,始于汉代,而"目录学"一词则最早出现于宋人文集中。对于近人所说目录学最早出现于王鸣盛《十七史商榷》这一观点③,张氏予以了否认。张氏指出,清人洪亮吉《北江诗话》所称之考订、校雠、收藏、赏鉴、掠贩诸家,都以目录学家相称,但"校其所至,上者俱能校勘文字异同,审辨板片早晚耳,盖已邻于书贾之所为,难与语乎辨章学术之大"④。张氏认为,这些考订、校雠、收藏、赏鉴、掠贩诸家如"书贾之所为","难与语乎辨章学术之大",是因为他们"取径窄隘","自远于校雠流别之义"。对于当时的这种状况,章学诚已经有所批驳⑤,张氏认为他们的评论"至为明快"。在上述研究的基础上,张氏再次申明自己的观点:"夷考世俗受病之由,盖原于名之不正耳。夫目录既由校雠而来,则称举大名,自足统其小号。自向、歆父子而后,惟郑樵、章学诚深通斯旨,故郑氏为书以明群书类例,章氏为书以辨学术流别,但以校雠标目,而不取目录立名,最为能见其大。"在这里,张氏力求称举校雠"大名",盛赞郑樵、章学诚能见其"大",反映出张氏主张会通的学术追求,这与其学宗二郑的治学旨趣一脉相承。仔细考究张氏的治学道路,我们不难发现,其主张通人之学、由博返约、反对狭隘的学术风格贯穿始终。他心仪司马迁、郑玄、司马光、郑樵等人的通学成就,极力表彰其通学功底,对于后世分门别户的学术风气也多次表达不满。⑥ 张氏提出以校雠学包举目录、版本、校勘,否定目录学存在的观点是他在这部著作中的主要观点。

七、简短的结论

通过对民国时期校雠学著述的研究,我们可以发现,校雠学为"治书之学"

①　张舜徽:《广校雠略》,中华书局 1963 年版,第 2 页。
②　张舜徽:《中国文献学》,上海古籍出版社 2011 年版,第 45—136 页。
③　王鸣盛说:"目录之学,学中第一紧要事,必从此问途,方能得其门而入。然此事非苦学精究,质之良师,未易明也。"王鸣盛:《十七史商榷》,上海书店出版社 2005 年版,第 1 页。
④　张舜徽:《广校雠略》,中华书局 1963 年版,第 2—3 页。
⑤　章学诚:《信摭》,载《章学诚遗书》,文物出版社 1985 年版,第 367 页。
⑥　张舜徽:《中国校雠学叙论》,《华中师范学院学报(哲学社会科学版)》1979 年第 1 期。

且强调各个组成部分之间互通的观点在较大范围内得到认同。但他们对校雠学体系的构建却有所不同,归纳起来,大致可分为两类:第一类主张校雠学是由目录、版本、校勘构成的,如蒋元卿的《校雠学史》、向宗鲁的《校雠学》、刘咸炘的《目录学》、张舜徽的《广校雠略》;第二类认为校雠学除包括目录、版本、校勘之外,还包括辨伪和辑佚,如胡朴安、胡道静的《校雠学》、蒋伯谦的《校雠目录学纂要》。

在校雠与目录、版本、校勘的关系方面,蒋元卿的《校雠学史》及后来程千帆的《校雠广义》①主张目录、版本、校勘三者可独立成学,而张舜徽的《广校雠略》则反对这一说法。向宗鲁的《校雠学》认为,在校雠学体系中,"是正文字"(校勘)为"本务","辨章学术"(目录)为"余事";而刘咸炘则认为校雠学是"以部次书籍为职,而书本真伪及其名目篇卷亦归考定",其意在"辨章学术,考镜源流"。在对校雠学和目录学关系的理解上,刘咸炘的《目录学》和蒋伯谦的《校雠目录学纂要》均认为校雠、目录为同一概念,校雠学即是目录学,目录学也是校雠学,其他学者则不认同这一观点。

---

① 程千帆《校雠广义》体例和观点形成于 20 世纪 40 年代,程氏曾著文阐释其校雠学思想。详见程会昌《校雠广义叙目》,《斯文》1941 年第 20 期,第 4—8 页。

第四章　近代文献学的分支学科(上)

白寿彝认为,古文献学包含以下几个方面:"一、目录学,二、版本学,三、校勘学,四、辑佚学,五、辨伪学。"①根据白寿彝的观点,结合现行通论性文献学理论著述对文献学分支学科的论述,本文拟从上述五个方面进行论述。

第一节　目录学

在我国,目录的起源可以追溯到先秦时期,"目录之学,由来尚矣!《诗》《书》之序,即其萌芽"②。然目录学成为一门具有近代学理的学科并逐渐从校雠学、版本学等相关学科分离出来则是 20 世纪的事情。因为这个时期目录学已经走过了科学发展的完整的历史过程,开始步入理论目录学的发展阶段。③这一时期的目录学,上承传统目录学,下启现代目录学,在中国目录学发展史上占有重要地位。

民国时期是中国目录学理论发展的高峰时期,这一时期目录学家人才辈出、目录学著作层出不穷。大致说来,主要有容肇祖《中国目录学引论》、杜定友《校雠新义》、余嘉锡《目录学发微》、刘纪泽《目录学概论》、姚名达《目录学》和《中国目录学史》等;还有刘昪《目录学》、汪辟疆《目录学研究》、毛坤《目录学通论》、周贞亮《目录学》等。这些目录学著作在目录学学科理念的深化、中国目录学史的研究、图书分类与编目方法的传承与创新、专科目录学的发展等方面推

---

① 白寿彝:《谈历史文献学——谈史学遗产答客问之二》,《史学史研究》1981 年第 2 期。

② 余嘉锡:《目录学发微》,中国人民大学出版社 2010 年版,第 3 页。

③ 彭斐章、乔好勤、陈传夫:《〈目录学〉前言》,武汉大学出版社 2003 年版,第 1 页。

动了民国目录学的研究,为中国目录学的发展作出了重要贡献。

一、目录学学科理念的深化

民国时期,在西方目录学学科理念的指引下,学者们以中国传统目录学的理论和实践为基础,深入研究目录学的相关理论,编纂了一批有影响力的目录学著作,如姚名达《目录学》、杜定友《校雠新义》等,有力推进了目录学学科理念的深化。

(一)姚名达《目录学》中的学科理念

姚名达(1905—1942),著名史学家、目录学家,史理学创始人。字达人,号显微,江西兴国县人。1928年毕业于清华国学研究院,1929年3月南下上海,先后任职于商务印书馆、暨南大学、复旦大学等机构。1934年至1937年任复旦大学历史研究法教授,抗日战争期间在与日寇搏斗中英勇牺牲。其主要著作有《目录学》《中国目录学史》《中国目录学年表》《历史研究法》及程颐、刘宗周、朱筠等人年谱,为我国现代目录学和史学研究作出了卓越的贡献。

《目录学》初版于1933年,分原理、方法、历史三编共二十章。原理编探讨了目录的种类、派别,目录学的定义、目的、功用、派别,目录学与图书馆及各种科学的关系;历史编探讨了目录的演变、佛经及道藏目录、西学东渐时期的目录、目录学的起源、目录学的发展趋势、目录学家及目录学年表;方法编探讨了分类与编目的方法与规则、如何标题及检字法的进步等问题。相较其他目录学著作来说,内容比较系统全面。在《目录学》一书中,姚氏论述了目录与校雠、目录学与校雠学之间的关系,他认为,目录是校雠的派生物,目录学是从校雠学中分离出来的,目录学家必须重视传统目录学"辨章学术,考镜源流"的优良传统。因此,在批评乾嘉目录学家之后,姚氏对当时目录学的状况也表达了自己的不满,他说:"时至今日,所谓'目录学',又变了一个样式,不但不注意'渊源流别',而且不注意'行墨字句',只是'部次甲乙,著录名目',亦居然叫做目录学,假使章学诚至今尚在,他的惊怪抨击更不知像什么样子了。"[①]他认为目录学应该"能够领导一切学术向新的未来世界前进",并且指出"这是我们的主要任务"。[②] 在这里,我们不难看出,姚氏对西方目录学的理论与方法并非完全接受,

---

① 姚名达:《目录学》,商务印书馆1933年版,第8页。
② 姚名达:《目录学》,商务印书馆1933年版,第11页。

他的目录学体系的立足点仍在中国传统目录学方面。

　　姚氏认为,在中西文化交流融合的时代背景下,学习研治目录学需要多方面的知识,他说:"自从西洋文化传入中国后,中土凭空地生出了许多非本有的学问,设今人治目录学者对于新兴的学科贸然不加注意,仍然颠倒于经、史、子、集四部中,则一生一世不能发现新事物,不能跳出古人已做好的圈中。因此,在现在研究目录学,舍古人已经指示出的途径外,尚须自己找途径;舍明了百科的初步知识外,尚须明了几种与目录学有关的补助科学,及应该研究的几种基本知识。"[1]姚氏强调,目录学的"基本知识"包括:校雠学、图书馆学、书史学、书志学和书目学。姚氏所理解的校雠学有狭义和广义之分,狭义的校雠指的是校勘,广义的校雠除比勘文字异同外,还包括"搜集图书,辨别真伪,考订误谬,厘次部类等等手续在内"[2]。目录学是广义校雠学的一部分而与狭义的校雠学并列。目录学研究何以需要校雠学的知识? 对此,姚氏也进行了解释,他说,目录学最重要的一步工作就是分类编目,古今中外,概莫能外,可以说,分类编目是目录学的灵魂所在。在分类编目的过程中,对于著者生平、版本好坏、叙录等的写作都需要校雠学的知识。对于图书馆学,姚氏认为在中国古代,目录学就是图书馆学,因为中国过去没有图书馆。而现代图书馆学则是指一切有关图书馆的学科,目录学自然便成为图书馆学的一部分。

　　对于目录学与书史学(Literary History)、书志学(Bibliography)、书目学(Catalogue)的关系,姚氏认为,此四者,过去常常被人混而为一,如郑樵所谓"人守其学,学守其书,书守其类"、章学诚所说"即类求书,因书究学"等等都是这个意思,没有完全区分四者之间的关系。姚氏强调,目录学虽然包括书史书志书目的一部分,但在现代学科分野下,其终归有不同之处。这四者研究的对象虽同为"书",但其功用宗旨则不相同。"书史"是研究学术的发展,讨论著者的意思。"书志"是泛录书籍的目录,记载图书的历史或表著图书的内容,它并不限定于一家一室之藏书。而"书目"则是记录某处所藏之书。为了更好地区分三

---

①　姚名达:《目录学》,商务印书馆 1933 年版,第 28 页。

②　姚名达:《目录学》,商务印书馆 1933 年版,第 28 页。

者的不同,他还引用了福开森(J. Ferguson)①的一段话予以说明:"书目者,列举一实地图书馆或藏书的内容,而并不计及藏书的多少。书志则凡世上所有的某种书籍均记述之,不论其藏于何处,余出书籍本身的特点外,并纪及其内容。书史则讨论从来关于某问题的著作,推究著者同其所发表的意见,而并不讨论其所赖以表现的书籍。"②姚氏认为,目录学中的篇目和叙录如若分开则变成书志和书目,合则成为目录学,如《阅藏知津》,可说是书志,《商务印书馆图书汇报》可说是书目,而刘向《七略》、班固《汉书·艺文志》其中则包括书史的一部分。因此,目录学是"综合的艺术",后三者则是"分析的艺术"。③综上所述,我们不难发现,姚氏心目中目录学的基本知识既包括中国传统的校雠学,又包括西方现代的图书馆学,还包括中西皆有的书目学、书志学、书史学等内容。因此其目录学的内涵较为庞大且带有"中西合璧"的意味,由此可见姚名达《目录学》强烈的学科意识。

姚氏所说的目录学的辅助科学即是指"与目录学成立有关系的几种科学",主要有:论理学、历史学和检字法。论理学就是逻辑,其最大的功用就是训练我们的思维,使之系统化、科学化,亦即使我们的思维有组织的能力、有分析的能力。就作为目录学重要内容的编目来说,尤其不要前后矛盾,每一部书都要归入它的"绝对位置",这就需要逻辑学的系统训练,这也是中国一向有目录的知识却没有目录学的原因。对于历史学,姚氏认为,其最大的特点是给人以进化和演变的观念,并且告诉人们事物之间的因果关系。而目录学在讨论分目的标准与规程时,就必须了解历史观念的变化。例如,从六艺变为《七略》,从《七略》变为四部,若不能理解历史观念的变化,就不能明了这些变迁的因果关系。又如,在写作叙录时,若不知道著者当时的时代背景及当时人们的思想观念,叙录的写作就无从下手。因此,历史学与目录学的成立与发展,关系极大。历史

---

① 福开森(John Calvin Ferguson,1866—1945),美国教育家,文物专家,慈善家,社会活动家。加拿大安大略省人,1886年毕业于美国波士顿大学,获文学学士学位(1902年获哲学博士学位)。1886年来华,先在镇江习华语,次年到南京。1888年在南京干河沿创办汇文书院(1910年与宏育书院合并为金陵大学,1952年并入南京大学),福开森任首任院长。1896年出任南洋公学(即上海交通大学、西安交通大学前身)监院。他先后在上海创办《新闻报》《英文时报》《亚洲文荟》。后居北京,专门研究中国文化,且著书立说,专论中国艺术品和古代文物。1934年,福开森将全部个人收藏(多为名贵文物)捐赠给金陵大学,现保存于南京大学考古与艺术博物馆。福开森在华57年,对中国社会颇具影响,对中西文化交流卓有贡献。

② 转引自姚名达:《目录学》,商务印书馆1933年版,第30页。

③ 姚名达:《目录学》,商务印书馆1933年版,第32页。

学成为目录学的辅助科学除以上原因之外,还在于目录学为文化史的一部分。所谓目录学的演变,实无异于人类知识的演变。而人类知识的演变,与当时种种文化的丕变又互为因果。因此,研治目录学者必须了解文化史演变的相关知识,其他如印刷术的进步,对于目录学的发达,关系亦是非常密切。因此历史学成为目录学的辅助科学亦在情理之中。对于检字法,姚氏认为它的成立,"只是在中国字的领域内"。对于中国人来说,它"不失为一重要的知识"①。中国字因为其组织法的特殊,始终没有一定的排列法。但近年来,关于检字法的研究日趋增多。对于目录学来说,检字法显得尤为重要。因为对于著者目录、书名目录等等,如果没有适当的检字法,检索便显得尤为麻烦。因此,检字法作为目录学的辅助科学也是必不可少的。

　　所谓"目录学有关的科学",是指"该种科学在讨论目录学中应被吾人注意到,但既非目录学的基本知识,亦非目录学的辅助科学,只是有关联的科学而已,如同社会学之与心理学的关系一样"。②姚氏认为与目录学有关的科学是教育学、语文学与考证学。教育学与目录学关系密切是因为二者宗旨有相通之处。因为好的目录,不仅要告诉读者某书在何处,某类有何书,并且要告诉读者,某种学术应该读什么书,某种书籍是否值得读,在这方面就与教育学的宗旨相同。如果说图书馆是社会教育的一部分,那么目录学则是使图书馆变为社会教育场所的一种原动力。因此,在研究目录学时,应随时注意教育学的发展。对于语文学,姚氏认为其对目录学的研究也是非常重要的。他说:"在机械能力缩短人类时间观念与空间观念的现在,只懂本国文字已不能研究任何学术了。目录学虽系中国本有的学问,但自西洋文化传入后,其内涵已经有了显明的变动,何况东西文化在极度交输的今日,如不明了两三种外国文,又何从而编目?又何从而分类?至于字母的排列等等,又均是语文学上的问题。因此,研究目录学,对于语文学亦须加以精当的研究。"③他还指出,虽然外国文是编制目录时所必须有的知识,但因为与目录学的成立没有直接的联系,只是目录学的一种工具,因此没有把它列为目录学的辅助科学。考证学与目录学的关系更是显而易见,如在编目时对于著者的考证,对于著者所处时代的考证都需要这方面的

　　①　姚名达:《目录学》,商务印书馆 1933 年版,第 34 页。
　　②　姚名达:《目录学》,商务印书馆 1933 年版,第 34—35 页。
　　③　姚名达:《目录学》,商务印书馆 1933 年版,第 35—36 页。

知识,否则将会遗患无穷。对于这点,姚氏特别推荐姚际恒的《古今伪书考》和日本人岛田翰①的《古文旧书考》两本著作。综上所述,姚氏关于目录学辅助科学及相关科学的分析细致入微,有理有据,为后来研治目录学者提供了一条捷径。

在中西文化交流的时代背景下,姚氏将目录学研究置于国际化学术背景下进行分析,以现代学科的理念分析目录学的地位、作用及与其他学科的关联,充分展示了姚氏宏阔的学术视野及与时俱进的学术姿态,所有这些都使其成为后来目录学家学习的榜样。与此同时,《目录学》也成为后世目录学理论的典范之作,为现代目录学作为独立学科的发展作出了重要贡献。

(二)杜定友《校雠新义》中的学科理念

20世纪初,在西学东渐的大潮中,中国的"公共图书馆运动"和"新图书馆运动"如火如荼,一批青年学子先后赴英、美、日及南洋诸国专修目录学及图书馆学。学成归国后,他们积极宣传西方图书馆学的理论及方法,创办图书馆学科。同时西方目录学和图书馆学的开放思想和服务理念也逐渐被国人认可。在这些学者中,杜定友是其中颇具代表性的一位。

杜定友(1898—1967),广东南海人,近代著名图书馆学家,在中国图书馆学发展史上占有重要地位。他在图书馆学、目录学、分类学、索引学诸多领域都作出了杰出的贡献。杜氏早年曾赴菲律宾大学学习图书馆学,回国后历任上海、广东等省(市)的高校图书馆馆长及广州市图书馆馆长。杜氏热心培育图书馆专业人才,积极从事图书馆学教育工作。20世纪20年代先后创建了广东省图书馆管理员养成所和上海国民大学图书馆学系。此外,还在广州、南京等地讲授图书馆学课程。在图书馆学界,杜氏与刘国钧、皮高品齐名,素有"南杜北刘中皮"之称,有人称其为"中国图书馆史五个第一的创造者"②。杜氏生平著述颇丰,仅图书分类学的著作就达四十多种二百多万字③,主要有《校雠新义》《图

---

① 岛田翰(1829—1870),字彦桢,日本明治时期著名的汉学家,其父为当时日本著名汉学家。彦桢自幼受父亲熏陶,对中国文化怀有浓厚的兴趣。后师以汉学家竹添中井,从事于宫内图书寮,负责所藏宋元古版本、明代善本和日本古写本的调查研究。所著《古文旧书考》《皕宋楼藏书源流考》在中国颇有盛誉,曾促成归安陆氏皕宋楼贩于日本静嘉堂。

② 笔者按:在广州创办了我国第一所图书馆专业训练班;在上海创办了我国第一份图书馆专业刊物;在上海主办全国第一次图书馆展览会;在上海开办了我国第一家中国图书馆服务社;在广东省图书馆试行部分书刊开架,为图书馆开架借阅带了个好头。

③ 白国应:《杜定友图书分类思想的发展》,《晋图学刊》2000年第4期。

书目录学》《图书分类法》等。

《校雠新义》是杜氏一部以"校雠"命名的目录学著作。《校雠新义》于1930年由中华书局初版,1991年上海书店据中华书局本影印重版。该书仿章学诚《校雠通义》体例,分为十个标目:类例第一;四库第二;经部第三;史部第四;子部第五;集部第六;编次第七;书目第八;藏书第九;校雠第十。每标目之下设若干子标题,共86个。作为我国近代图书馆事业的开拓者,杜氏在该书中更多地分析了我国目录学发展的历史与现状。他认为,目录是典籍发展过程中必然出现的现象,刘向部次图书开启了我国目录发展的历史,"上古结绳而治,书契蔑然。周室而还,坟典略备,历代官守学业不出六艺之门,故刘向部次,先叙六艺而及诸子,将以辨章学术,考镜源流,是为目录之始"①。随着图书典籍的增多,相关目录书目也越来越多,"至清之四库总目集图书之大成,天禄琳琅极版目之大观,官家目录无代蔑有。至私家撰述,其最著者有尤袤《遂初堂书目》,陈振孙《直斋书录解题》……近人叶德辉有《观古堂书目》,连篇累牍,更仆难数"②。杜氏强调,虽然我国历史上有众多的官家目录和私家目录,却没有总结目录学成败得失的理论著述,"第校雠之司,未闻其法"。在这种情况下,郑樵撰写《通志》专辟《校雠略》以论目录学之得失,表现出了极大的开拓精神。但郑樵的相关评论却失之偏颇,明代焦竑撰《纠谬》篇进行了纠正。后章学诚在集中各家观点的基础上撰写了《校雠通义》,但仍然囿于门户之见,未能对我国目录学发展的成败得失进行深入分析,"惟于班氏之论,过为贬驳,有失古人之心。明焦竑撰国史《经籍志》《纠谬》一卷,亦多所论列。清儒章学诚乃折中诸家,作《校雠通义》,究其原委,勒成一家。然仍不免于门户之见,是非得失未能厘"③。综上可知,杜氏对我国传统目录学采取了积极的批判态度。那么,如何解决中国传统目录学的弊端?杜氏认为必须结合西方目录学的理论与方法对中国目录学进行改造,"近来欧化东渐,图书之学成为专门,取其成法融会而贯通之",并且强调这是"我国言校雠者之责"。④ 基于此理念,杜氏以"述而不作"为撰述宗旨,编成《校雠新义》十卷。从全书来看,虽然体例仿效章学诚《校雠通义》,但西方图书馆学和目录学的理论与方法却是其精神内核,即所谓的"旧瓶装新

---

① 杜定友:《校雠新义·自叙》,上海书店1991年版,据中华书局版影印。
② 杜定友:《校雠新义·自叙》,上海书店1991年版,据中华书局版影印。
③ 杜定友:《校雠新义·自叙》,上海书店1991年版,据中华书局版影印。
④ 杜定友:《校雠新义·自叙》,上海书店1991年版,据中华书局版影印。

酒"。将自己留学所学图书馆专业发扬光大,以此带动中国图书馆事业的发展是杜氏毕生的心愿,为此先生殚精竭虑,用心良苦。其以"校雠学"之名,推行"图书馆学"之实确也是无奈之举。① 众所周知,中国古代校雠图书,其最终归结于藏,"盖由出版而校勘,由校勘而目录,由目录而典藏"②,藏书楼的功能重在保存图书。西方近代图书馆学的理念则重在"致用",强调图书的出借和流通,更好地为读者服务。因此为图书分类、方便读者检索和借阅便成为杜氏撰写《校雠新义》的重点。该书设立多个篇目论述目录学的内容,如"类例""编次""书目"。在"类例"篇中,杜氏强调了图书分类的重要性,他说:"自来部次图书,首重类例。类例者,犹今之分类也。良以图书典籍浩如烟海,非部次州居无以见其统系……欲明天者,在于明推步;欲明地者,在于明远迹;欲明书者,在于明类例。类例不明,图书失纪有自来矣,类例之要可以知之矣。"③他以药石寒热比喻图书分类,"图书之不分类者,犹药石寒热之不分也。以寒热不分之药石治病,以类例不明之部别治书,其不失者几希矣"④。对于古今目录之不同,杜氏也进行了比较分析,他说:"古之言类例者,于辨章学术三致意焉,而于图书之应用,未尝及也。夫古之藏书,重于典守。今之藏书,重于致用,势所然也。类例不分,则图书散乱,图书散乱,则无以致用,故今之分类所以求图书之便于应用而已。"⑤既然图书的分类是为了"致用",为了更好地"求图书之便于应用",杜氏认为,分类务求详细,因此专设"分类宜详论"篇,他说:"学术之苟且,由源流之不分;书籍之散亡,由编次之无纪。《易》虽一书,而有十六种学,有传学,有注学,有章句学,有图学,有数学,有谶纬学,安得总言《易》类乎?"⑥

---

① 后来杜氏曾自述其写作动机,他说:"当时国内的图书馆情况就是这样,各大图书馆都在顽固派的'文人'手里,我们要提倡新图书馆学,非要扫除思想障碍不可。'不破不立',我就从粉碎旧目录学入手,企图动摇其根基,灌输新图书馆学。于是写了一部《校雠新义》,凡十万言,仿'太史公'笔法,'之乎者也'故意弄得'佶屈难懂',不加标点符号,不用新式术语,版式装帧古香古色,使放在案头,'老先生'不觉得讨厌,'以邀青睐'。只要他们翻开来看,则越看越冒火,越气越要看。如果对旧目录学的体系发生一点动摇作用,对新图书馆学略窥门径,则我的目的就达到了。"参见杜定友:《广东图书馆新旧之争》,载《杜定友文集·二一》,广东教育出版社2012年版,第666—667页。

② 程千帆、徐有富:《校雠广义·目录编》,齐鲁书社1988年版,第6页。

③ 杜定友:《校雠新义》上册,上海书店1991年中华书局影印本,第1页。

④ 杜定友:《校雠新义》上册,上海书店1991年中华书局影印本,第2页。

⑤ 杜定友:《校雠新义》上册,上海书店1991年中华书局影印本,第2页。

⑥ 杜定友:《校雠新义》上册,上海书店1991年中华书局影印本,第10页。

　　杜氏还论述了图书公开与流通的重要性。他说："藏书而不流通,犹藏石矣。"①"流通之义,古已明矣。至汉灵帝立石经于太学,实为图书公开与流通之始。"②"古之藏书,亦以公开流通为美。"③杜氏认为,在印刷术发明之前,由于古书较少,搜集图书比较困难,因此藏书家对其藏书注重保存也在情理之中。随着印刷术的发明和推广,图书流通的范围越来越广,搜集图书也较为容易。在这种情况下,若仍不能将所藏书籍公之于世,只能讥之为吝惜可笑。当然了,对于较少的古籍善本仍有必要恪守保存勿借的原则,这样做也是尊崇文献的需要。对于一般的文献,大可没有必要视为珍秘。他认为图书出借和流通是现代图书馆与古代藏书楼的区别所在,"古无图书馆之设,故藏书之家视为珍秘,居今之世,犹不能以书籍公之于世者,其吝惜亦可笑矣。夫借出之书,其散失为不可避免之事,但吾人亦未可因噎废食,其法在乎出纳手续之缜密,章程限制之完备,初不必因有所散失而摒拒不借也。盖吾人读书未能一日一时而尽之,即能开放而不能借出,于学者容有未便,故现代之图书馆无不以借书为原则。借书手续不妨严密,但书籍不可不借,此现代图书馆与藏书楼之目的背道而驰。是故办理藏书楼与办理图书馆之方法不可同日语也"④。杜氏强调,现代图书馆除了保存文献的功能,还担负有提高全社会的文化教育水平的职责,因此图书馆藏书必须能够出借以满足全社会成员的需求。他说:"抑犹有进者,学无止境。吾人终身为学,不过沧海一勺。而学校教育又诸多限制。至半途失学或已卒业者,不得不赖图书馆以继续其学问,然后可以博考旁通,与日俱进,故图书馆之职责非独保存文献,且须以其所藏供诸好学,负有指导社会提高教育程度之重责,岂徒以保守为能事哉? 故古之藏书,株守封固原不足怪,而今之办图书馆者泥古不化乃足怪矣。"⑤杜氏认为,中国古代由于出版印刷不发达,故藏书较少,收藏编目之法也较为简略。倘若以昔日藏书编目之法而治今日之图书馆,"则诚不识时务者矣"⑥。

　　对于"校雠学",杜氏也提出了自己的看法,他说:"校雠之学,代有渊源,

---

①　杜定友:《校雠新义》下册,上海书店 1991 年中华书局影印本,第 56 页。
②　杜定友:《校雠新义》下册,上海书店 1991 年中华书局影印本,第 57 页。
③　杜定友:《校雠新义》下册,上海书店 1991 年中华书局影印本,第 57 页。
④　杜定友:《校雠新义》下册,上海书店 1991 年中华书局影印本,第 58 页。
⑤　杜定友:《校雠新义》下册,上海书店 1991 年中华书局影印本,第 58 页。
⑥　杜定友:《校雠新义》下册,上海书店 1991 年中华书局影印本,第 60 页。

流义亦广……校雠之术,实为治学之法,故与书目学目录学无所关系,且书有书之校雠,目有目之校雠,版有版之校雠,似未可以专成一学也,故校雠不可以名家,但自郑章而后,其义斯混。兹编仍用旧名,实则未为可也。"①在这里,杜氏认为校雠仅仅是一种治学方法,与书目学目录学迥然有别,不可以视为专学。不难看出,杜氏心目中的"校雠"实为"校勘",其定义大大缩小了"校雠学"的内涵与外延。之所以如此,主要是为了提高目录学的地位,大力引进西方图书馆学和目录学的理论与方法,正如其所言:"新义之篇,原欲条其流别,使阅者可以沿涂以进,然后学有专门,则我国目录之学,庶有继起而光大之者乎!"②因此,该书名为"校雠",实为"以目录学为基本内容,兼及藏书和校雠"③的目录学著作。

　　由此可知,正是在杜氏等人的努力之下,中国的目录学和图书馆学研究进入了一个新的发展阶段。《校雠新义》以西方目录学为参照,对中国传统目录学进行了深入批判,其中"颇多精微之处"④,其思想也被后世不断继承和发展,大大推动了中国目录学学科的发展。

二、中国目录学史研究

　　中国目录学的发展历史源远流长,民国时期,对中国目录学史的研究也有了较大推进,出现了总结中国目录学发展成就的理论著述,如余嘉锡⑤《目录学

---

① 杜定友:《校雠新义》下册,上海书店 1991 年中华书局影印本,第 61—62 页。
② 杜定友:《校雠新义》下册,上海书店 1991 年中华书局影印本,第 66 页。
③ 李晓明:《20 世纪上半期有关校雠学定义的辨析》,《华中科技大学学报(社会科学版)》2007年第 5 期。
④ 王国强:《20 世纪 30 年代中国目录学的历史地位》,《图书与情报》2000 年第 1 期。
⑤ 余嘉锡(1883—1955),著名目录学家、古文献学家、语言文学专家。字季豫,号狷庵,湖南常德人。清末举人,任吏部文选司主事。1927 年后在辅仁大学、北京大学等高校任教,主讲目录学。1931 年任辅仁大学教授兼国文系主任,1942 年兼辅仁大学文学院院长。其主要著作还有《目录学发微》《古书通例》《世说新语笺疏》等。

发微》、刘纪泽①《目录学概论》②、汪辟疆《目录学研究》和姚名达《中国目录学史》中的相关论述。

(一)传统目录学理论的归纳总结

余嘉锡《目录学发微》是20世纪三四十年代在北京各大学主讲目录学课程时的讲义。余氏认为目录学要以"能叙学术源流者为正宗",以此思想为指导,《目录学发微》对传统目录学的意义及功用、目录类例之沿革等问题作了详尽的探讨,被杨树达誉为"透辟精审"之作。在该书中,余氏指出了中国传统学术的弊端所在,"素乏系统,且不注意于工具之述作""有目录之学,有目录之书,而无治目录学之书",洵为至言。余氏认为,既然目录学已经发展成为独立的学问,那么就应该在目录学的"源流派别""体制""方法"等方面进行深入的研究,使后来治目录学者有"成轨可循"。③ 由此可见,余氏极为重视治学方法在学术研究中的重要作用并且指出作为传统学术的目录学研究所应该包含的内容。余氏认为,目录学必须在目录学理论、方法、历史等方面进行深入研究,这种理念也被后来的目录学家和目录学著作继承和借鉴。因此,余氏对中国古典目录学尤其是对目录学史的研究,功不可没。

在《目录学发微》一书中,余氏从古代目录书的体制上,总结古代目录学史的成就。他将历史上的目录书归纳为三类,第一类是"部类之后有小序,书名之下有解题者",第二类是"有小序而无解题者",第三类是"小序解体并无,只著书名者"。④ 他认为,三类目录书虽然主张不同,但对于编目之宗旨,"必求足以考见学术之源流,则无异议"。正是在余氏的坚持和努力之下,中国传统目录学的优良传统得以继承和不断发扬光大。在此基础上,他将目录之书的体制也概

① 刘纪泽(1901—1960),目录学家,字平山,江苏盐城人。1925年考入清华大学国学研究院,学习中国传统文献学,师从于梁启超和王国维等人。清华大学毕业后,刘氏先后任职于厦门集美学专科学校、上海暨南大学、大夏大学、安徽大学、中央大学、河南师范学院等。曾讲授目录学、校勘学、训诂学、古书校读法、史籍考、中国文化史、《史通》及《文史通义》研究等课程。刘氏平生著述颇丰,仅目录学、版本学、校勘学方面的著述就达二十余种,其中《目录学概论》影响最大,是刘氏的成名之作。关于刘纪泽的生卒年月有两说,一为1901—1960说(秋枫:《目录学家刘纪泽》,《江苏图书馆学报》1986年第4期;申少春:《中国近现代目录学史》,中国致公出版社2001年版,第221页);一为1897—1957说(王国强:《20世纪30年代中国目录学的历史地位》,《图书与情报》2000年第1期),本文依第一种说法。
② 该书最初由暨南大学、安徽大学于1928年、1930年两次排印,1930年由上海中华书局出版发行,1958年由台湾中华书局再次排印出版。
③ 余嘉锡:《目录学发微》,中国人民大学出版社2010年版,第3—4页。
④ 余嘉锡:《目录学发微》,中国人民大学出版社2010年版,第4页。

括为三个方面,即篇目、叙录和解题。他强调篇目可以"考一书之源流",叙录可以"考一人之源流",而小序则可以"考一家之源流","三者亦相为出入,要之皆辨章学术也"。①

篇目之体,乃条别全书,著其某篇第几。对于篇目的作用,余氏也进行了分析。首先,众所周知,古之经典,书于简策,以篇名之。因简策厚重,不能过多,故一书分为若干篇,则各为之名,题之篇首,以为识别。后缣帛盛行,易篇为卷,一卷容纳数篇。刻版印刷出现之后,书册装而为本,一本所容,当古数卷。书写载体变化,使篇、卷互为混淆。加之后来刻书注书者,以册之厚薄,随意分和,于是就会出现原本为完整之书却因卷数较少而疑其散亡者,原本为真书因卷数较多而疑为依托者的情况。余氏认为,若后人著录能载其篇目,则可以按图索骥,不致聚讼纷纭,此为篇目之功用一也。其次,对于蕴含古书意义之篇目,虽有亡佚,可以它书窥见文中之大意,书虽亡而不亡也。再次,目录皆著篇目,便于检索,避免文义混乱。最后,以篇目考古书之真伪,其功用尤为明显。②

何为叙录?余氏认为,"叙录之体,源于书叙,体制略如列传,与司马迁、扬雄自叙大抵相同。其先淮南王安作《离骚传叙》,已用此体矣"③。叙录的主要功能为考作者之行事、考作者之时代、考作者之学术。

小序又称"条例""类例"。余氏认为,"小序之体,所以辨章学术之得失也"④。刘歆《辑略》为小序发凡起例之作,其旨在评论各家之源流利弊。因此,相对于叙录来说,小序的撰写尤为困难,"盖目录之书莫难于叙录,而小序则尤难之难者"⑤。余氏认为,叙录为"记注之事",谋篇行文,皆有法度。小序为"撰述之事",不可设为一成之例,以为后世之准则。⑥

余氏强调,除上述篇目、叙录和小序之外,宋代以后目录书中尚有记版本、录序跋者,其"用意甚善,为著目录书者所当采用"⑦,"且校雠文字,辨别版本,虽为目录之所有事,今皆别自专门名家,欲治其学,当著专篇"⑧。在这里,余氏

---

① 余嘉锡:《目录学发微》,中国人民大学出版社 2010 年版,第 30 页。
② 余嘉锡:《目录学发微》,中国人民大学出版社 2010 年版,第 34—37 页。
③ 余嘉锡:《目录学发微》,中国人民大学出版社 2010 年版,第 38 页。
④ 余嘉锡:《目录学发微》,中国人民大学出版社 2010 年版,第 60 页。
⑤ 余嘉锡:《目录学发微》,中国人民大学出版社 2010 年版,第 65 页。
⑥ 余嘉锡:《目录学发微》,中国人民大学出版社 2010 年版,第 66 页。
⑦ 余嘉锡:《目录学发微》,中国人民大学出版社 2010 年版,第 75 页。
⑧ 余嘉锡:《目录学发微》,中国人民大学出版社 2010 年版,第 75 页。

一方面认可版本、校雠可独立成学,但又认为其为目录学的重要组成部分。在余氏看来,"校雠几乎等同于校勘,而校勘又迹近于校对"①。余氏强调,目录之书除了考辨学术之功能外,还有其他六大功能,即断书之真伪、考古书篇目之分和、定古书之性质、访求阙佚、考亡佚之书、考古书之真伪。② 在这里,余氏将目录学与考据学结合起来,申辩了目录学的辨伪和辑佚等功能。

刘纪泽《目录学概论》是民国时期较早出版的目录学著作之一。刘氏感于"自来治学之士,无不先窥目录以为津逮,诚'学中第一要紧事','读书入门之学也'。然昔贤之事此者,有目录之学,有目录之书,而无治目录之书"③,于是撰述这部"治目录之书"。《目录学概论》全书共分六章,依次论述目录学之起源、定义、体例、派别、功用等问题,涉及传统目录学的各个方面,最后论述目录学在史学上的地位和作用。

在《目录学概论》中,刘氏给出了自己对于目录学的定义,他说:"何谓目录,目为篇目,录为叙录也。刘向校书,条其篇目,录而奏之,盖详著每书某篇第几,谓之篇目。校竟奏上,各为之序,谓之叙录。合而言之,则曰目录。"他特别指出,汉志对于"目录"二字的解释,至为清晰,"观郑氏三礼目录,篇名之下,皆训释其义,至数十百言,可以知目录之体例。盖篇名者目也,所训释者则录也,故必有篇目有叙录,乃得谓之目录,毋嫚以目与录分别言之,固知目录为两事也。若但条其篇目而不撮其旨意,则是有目而无录矣……夫但记书名,则无篇目,不能辨其流别,则无叙录。而自晋义熙以来相承谓之目录,是不独移小题之名于大题,且混目与录而一之矣。后人不知目录之义,于是以能记书名者谓之目录学,能造簿计者谓之目录家,谓为今之目录则可,谓是向歆班固之目录则非也"④。在刘氏看来,目录是由两部分组成的,即篇目和叙录。有目无录或有录无目,都不能称之为目录。"记书名""造簿计"都不是传统目录学的精髓。

对于目录之体制,刘氏《目录学概论》与余嘉锡《目录学发微》中的论述较为类似。如刘氏认为,目录体制大致有三,即篇目、叙录(即解题)和小序。篇目可以"考一书之源流",叙录(即解题)可以"考一人之源流",小序可以"考一家

---

①　李晓明:《20 世纪上半期有关校雠学定义的辨析》,《华中科技大学学报(社会科学版)》2007 年第 5 期。

②　余嘉锡:《目录学发微》,中国人民大学出版社 2010 年版,第 14—17 页。

③　刘纪泽:《目录学概论·自序》,台湾中华书局 1979 年版,第 4—5 页。

④　刘纪泽:《目录学概论》,台湾中华书局 1979 年版,第 6—7 页。

之源流","三者相为出入,皆所以辨章学术者也"①,这与余嘉锡《目录学发微》所论高度吻合②。《目录学概论》和《目录学发微》二书都强调篇目、叙录、小序三者相辅相成,"三者不备,则其功效不全"。同时,他们都认为,目录学之功用在于辨章学术,考镜源流,"目录学者,学术之史也"③。在论述目录学派别时,刘氏《目录学概论》与余嘉锡《目录学发微》的观点亦不谋而合④。刘氏对于目录学之功用也有自己独到的看法,他认为目录学除辨章学术之外,还有其他一些功用,但这些功用都是由辨章学术衍生出来的,他说:"目录之书,既重在学术之源流,后人遂利用之以考辨学术,此其功用,固发生于目录学之本身,而利被遂及于后学,然亦视其利用之方法如何,因以判别其收之厚薄,兹略举数事,以见其余。"⑤接下来,刘氏依次举例论述了这些功用。⑥ 值得注意的是,所有这些论述和观点都是在系统梳理中国目录学史和深入挖掘传统目录学成就的基础上,结合当时目录学的发展得出的。从这一意义上说,刘纪泽《目录学概论》是总结中国目录学史的重要理论著作。

由此可见,在西学东渐、中西文化激烈碰撞的时代背景下,受域外目录学理论的影响,通过对中国古代目录学史的研究,抽绎总结古代目录学理论成为民国目录学家普遍较为关注的问题。与此同时,通过中国传统目录学理论的总结,一定程度上实现了中国古代目录学的现代学科转化,较好传承了中国古代目录学的优良传统。

(二)古代目录学史的系统梳理

在《目录学发微》卷三《目录学源流考》中,余氏系统考察了中国古代目录学的发展,该部分实则是一篇概述性质的"中国目录学史"。余氏将中国目录学

---

① 刘纪泽:《目录学概论》,台湾中华书局 1979 年版,第 23 页。

② 余嘉锡认为,目录书"综其体制,大要有三:一曰篇目,所以考一书之源流;二曰叙录,所以考一人之源流;三曰小序,所以考一家之源流。三者亦相为出入,要之皆辨章学术也。"参见余嘉锡:《目录学发微》,中国人民大学出版社 2010 年版,第 30 页。

③ 刘纪泽:《目录学概论》,台湾中华书局 1979 年版,第 24 页。

④ 他说:"目录之书,盖有三类:一,部类之后有小序,书名之下有解题者。一,有小序而无解题者。一,小序解题并无,只著书名者。"参见刘纪泽:《目录学概论》,台湾中华书局 1979 年版,第 30 页。

⑤ 刘纪泽:《目录学概论》,台湾中华书局 1979 年版,第 41 页。

⑥ 这些功用有:编纪图书为纲纪;证典籍之存亡;稽核私家之废藏;鉴别书籍之真伪;存验书名之异同,部居之出入,卷帙之增减,作家之讹夺;辨章古籍之版刻与谬本之流传;购书之便给。参见王国强:《20 世纪 30 年代中国目录学的历史地位》,《图书与情报》2000 年第 1 期。

的发展划分为三个阶段。第一阶段为周至三国,这一时期目录分类以六分法为主;第二阶段为晋至隋,目录分类从六分开始逐渐过渡到了四分;第三阶段为唐至清,四分法确立,官修图书目录不断涌现。余嘉锡以目录类例的变化趋势为依据划分目录学发展的阶段,勾画出一部中国目录学发展的简史。在系统考察中国目录学史发展的过程中,余氏引经据典,考证严密,在很多方面提出了自己独特的见解,如目录起源问题,《隋志》以《诗》《书》之序为目录之缘起,余氏认为此二书"汉、宋诸儒,聚讼纷纭,作者既难确指,则时代亦未可质言"。而《周易·十翼》有《序卦传》且篇中条列六十四卦之名,"盖欲使读者知其篇第之次序,因以著其编纂之意义,与刘向著录'条其篇目,撮其旨意'之例同。目录之作,莫古于斯矣"①。为了证明自己的观点,余氏还以李冶《敬斋古今黈》、卢文弨《钟山札记》进一步论证自己的观点。至于总校群书,勒成目录,余氏认为也并不始于刘向和刘歆,他以《汉志·兵书略》序所言"汉兴,张良、韩信序次兵法,删取要用,定著三十五家"得出结论,早在高祖、武帝之时就曾校理兵书,"是校书之职,不始于刘向也"②。由此可见,精于考证,不囿于成见是余氏研究中国目录学史的特色。

刘氏在《目录学概论》中追溯目录学起源时,提出了目录学是史学的分支学科的观点③,他说:"后之言目录学者,翕然以向歆为不祧之祖,而不知其'剖析条流','推寻事迹',皆出史官之教,故目录学者,殆史之支与流裔也。"④他认为,目录之实,"起自黄虞,迄于当代",而目录之名,"肇自西京,子政撰《别录》于前,子骏成《七略》于后"⑤。但他又说,"此目录学之起源,以校雠为权舆也"⑥。

---

①　余嘉锡:《目录学发微》,中国人民大学出版社 2010 年版,第 84 页。

②　余嘉锡:《目录学发微》,中国人民大学出版社 2010 年版,第 85 页。

③　王国强指出,刘纪泽目录学思想是"史学思想的辐射"(王国强:《20 世纪 30 年代中国目录学的历史地位》,《图书与情报》2000 年第 1 期)。他认为,史学对目录学也产生了消极影响,"中国目录学有一重要背景,这种背景对传统中国目录学的深远影响至今未被学界认识。由于传统中国学科界限不明,由于目录学一直在史学的浓厚氛围中打转,所谓目录学家,多是普通文史学者,他们首先从文史角度体认目录学,缺乏对目录学本体的体认;他们往往看到目录学与一般学术的共性,而无以了解目录学之成为目录学所具有的个性(特殊性);他们对目录学的关怀源于对一般学术的关怀。这种理解和体认的偏差对目录学造成诸多消极影响"(王国强:《"辨章学术考镜源流"之再评判》,《图书与情报》1994 年第 1 期)。

④　刘纪泽:《目录学概论》,台湾中华书局 1979 年版,第 4 页。

⑤　刘纪泽:《目录学概论·自序》,台湾中华书局 1979 年版,第 1 页。

⑥　刘纪泽:《目录学概论》,台湾中华书局 1979 年版,第 5 页。

通过系统梳理中国目录学发展史总结目录学定义、体例、派别和功用是刘氏《目录学概论》编纂的最大特点。如对于目录名称的衍变，刘氏指出："目录之书，《隋志》谓之簿录，《旧唐志》乃名目录，自是以来，相沿不改。"①目录用作"部类"之名，始于《旧唐书·艺文志》。《宋史·艺文志》开始有"书目"之名，此后目录与书目开始并称。他还进一步指出，唐代是目录名称变化的转折时期，"观隋唐诸志之差池，藉知命名之递遭，必以李唐一代，为转捩之枢纽。宋元迄今，书目之名，几夺目录二字之席，或者有目无录，故以书目称，而不第文辞之差也"②。对于目录学的定义，他也主张从历史发展视角追溯其源头，只有这样，才能准确界定其含义，如其所言，"吾人研究目录学之标准，必当博稽其源流，商榷其类例，与夫义例之变迁，分隶之出入。语其大则可通古今学术之邮，语其细则可得著录之准则，而治学方法，亦于此涉径焉"③。

综上所述，我们可以发现，刘纪泽《目录学概论》和余嘉锡《目录学发微》在诸多方面有相似之处，二书都较为全面地清理了中国古代目录学理论，同时亦对中国目录学发展史进行了系统总结。作为民国时期传统目录学的代表作，它们对于继承中国传统目录学的优良传统作出了重要贡献，在民国目录学发展史上占有重要地位。

(三)姚名达《中国目录学史》：目录学史的独具匠心之作

姚名达《中国目录学史》作于20世纪30年代，先后写过两稿。1932年旧稿垂成之际，不幸遭遇"一·二八"事变，日寇飞机狂轰滥炸，姚氏沪上寓所未能幸免，旧稿旋即毁于战火。之后姚氏发誓重撰，《目录学》翌年冬完稿，被收入商务印书馆《万有文库》出版。1935年商务印书馆总经理王云五复以《中国目录学史》相嘱，经过一年半的艰苦努力，终于1937年夏告竣，成为商务印书馆《中国文化史丛书》中的一种。④《中国目录学史》的篇目结构与悉仿西学的《目录学》不尽相同，颇有点"中西合璧"的味道。该书结构以篇为主体，每篇之下各有若干小节，各篇每节，不标序数。全书凡十篇，分别为：《叙论篇》《溯源篇》《分类篇》《体质篇》《校雠篇》《史志篇》《宗教目录篇》《专科目录篇》《特种目录篇》《结论篇》。姚氏将他组织中国目录学史的这种方法称为"主题分述法"。在该

① 刘纪泽：《目录学概论》，台湾中华书局1979年版，第5页。
② 刘纪泽：《目录学概论》，台湾中华书局1979年版，第5—6页。
③ 刘纪泽：《目录学概论》，台湾中华书局1979年版，第19页。
④ 姚名达著，严佐之导读：《〈中国目录学史〉导读》，上海古籍出版社2002年版，第17页。

书自序中,姚氏曾说:"其始原欲博搜精考,撰成毫无遗漏之文献史,故逐书考察其内容,逐事确定其年代,逐人记述其生平,依时代之先后叙成系统。佛教目录即其残迹。著作过半,始知其规模太大,非克期出版之预约书所宜;亟毁已成之稿,改用主题分篇之法,撷取大纲,混合编制,几经改造,遂为今式。"①由此可知,姚氏编著该书采用"主题分述法"乃客观原因所致。所谓"主题分述法",就是"特取若干主题,通古而直述,使其源流毕具,一览无余"②。至于为何没有用"断代法"进行中国目录学史的叙述,姚氏也进行了解释。③ 对于"主题分述法"的弊端,姚氏也有充分的认识。为了避免上述状况,姚氏决意统筹兼顾,"依史事之所宜,采多样之体例,以蕲体例为史事所用而史事不为体例所困"④。在此理念指导下,姚氏首作《溯源篇》,按照上述次序,以《结论篇》终而成书。

严佐之指出,姚名达《中国目录学史》是近代西学东渐以来第一部以"中国目录学史"命名,全面、系统研究中国目录学发展历史的学术专著。与传统的、具有一定目录学史性质的著作相比,显然受到西方现代学科理论建构的影响;与同时代的兼有目录学史内容的著作相比,则以纯专科学术史研究而与之迥然有别。"谓之开创,未为过也。"⑤众所周知,民国时期目录学著作众多,其中多数著作对中国目录学史内容有所涉及,但以"目录学史"命名的著作并不多见。在结构体例方面,这些目录学著作各有各的结构、各有各的重心、各有各的脉络,既有分门别类平行叙述的专题分述,也有以时间为纲的纵向铺叙。前者以"目录学"各专题为经,历史发展为纬;后者则以"历史"时序为经,各专题内容为纬,从而形成纵横交织、经纬分明的学术专史网络。两种学术专史编纂体例各有所长,在民国时期并行存在。前者如梁启超《中国文化史(社会组织编)》(1936)和王德华《中国文化史略》(1936),后者如高桑驹吉《中国文化史》(1926)。显然,作为学术专史的《中国目录学史》采用的"主题分述法"就是属于前者,这种编纂体例虽有其弊端,但相对于后者来说,其优点也是显而易见的,梁启超就曾对这种编纂体例褒扬有加,他认为,人类的所有活动都有其前后因缘的关系,如果作史时"把他一段一段的横截","或更以政治上的朝代分

①　姚名达著,严佐之导读:《中国目录学史·自序》,上海古籍出版社 2002 年版,第 2 页。
②　姚名达著,严佐之导读:《中国目录学史》,上海古籍出版社 2002 年版,第 14 页。
③　姚名达著,严佐之导读:《中国目录学史》,上海古籍出版社 2002 年版,第 14 页。
④　姚名达著,严佐之导读:《中国目录学史》,上海古籍出版社 2002 年版,第 14 页。
⑤　姚名达著,严佐之导读:《〈中国目录学史〉导读》,上海古籍出版社 2002 年版,第 2 页。

期",那么"做出来的史,一定很糟"。基于此,梁氏认为,这种断代体或近似断代体的学术专史不能达到"供现代人活动资鉴"的目的,做文化学术专史,"非纵剖的分为多数的专史不可"。① 在姚氏《中国目录学史》各专题撰述中,其发展脉络清晰可见,充分体现目录学史时序的特点。如《溯源篇》,姚氏从追溯上古典籍与目录体制到论述刘向等典校秘书与写定叙录,最后论及刘歆分类编目义例;《分类篇》按照时间顺序分别论及《七略》《七志》《七录》《隋志》,直至杜威《十进图书分类法》;《校雠篇》则按汉代、魏吴两晋、南北朝、唐代、宋代、元明和清代分别述之;《史志篇》更是以时序对《汉书·艺文志》《后汉艺文志》《隋书·经籍志》直至《清史稿》分专题论述。《中国目录学史》中的《校雠篇》设置更是匠心独运,这不仅仅是因为中国目录学由校雠学而来,更体现了姚氏对目录学的"文化"形塑和"国家"认同。晚清以降,西方目录学强势来袭,如何在扎根中国目录学基础上借鉴吸收西方目录学长处和优点便成为爱国目录学家首先考虑的问题。姚氏认为,中国校雠学源远流长,目录学来源于校雠学,"校雠在目录之先,目录为校雠之果"②。因此,在《中国目录学史》中独立设置《校雠篇》乃是应有之义。从这一意义上来说,《校雠篇》的设置体现了姚名达作为爱国目录学家的良苦用心。

三、图书分类与编目方法的传承与创新

(一)杜威西式图书分类法的传入

1904 年徐树兰所编《古越藏书楼书目》将中、西图书合并,分为"学部"和"政部"两部,前者是四部之"经部"和"子部",包括易、书、诗、礼、《春秋》、"四书"、《孝经》、《尔雅》、群经总义、性理学、生理、物理、天文算、黄老哲学、释迦哲学、墨翟哲学、中外各派哲学、名学、法学、纵横学、考证学、小学、文学;后者主要是"史部",包括正史、编年史、纪事本末、古史、别史、杂史、载记、传记、诏令奏议、谱录、金石、掌故、典礼、乐律、舆地、外史、外交、教育、军政、法律、农业、工业、美术、稗史。③

1909—1910 年孙毓修曾在《图书馆》一文中最早介绍了"杜威十进分类

---

① 梁启超:《中国历史研究法补编》,中华书局 2010 年版,第 148—149 页。

② 姚名达著,严佐之导读:《中国目录学史》,上海古籍出版社 2002 年版,第 143 页。

③ 左玉河:《典籍分类与晚清知识系统之演化》,《天津社会科学》2004 年第 2 期。

法"①。但当时"杜威十进分类法"仅作为"西书分类法"进行介绍,"旧书"仍按"四部"分类;该分类法并未得到中国学术界的普遍认可,当时采用该图书分类法的亦多为中国教会学校,如上海圣约翰学校图书馆、武昌文华大学公书林、长沙雅礼大学藏书室,而大部分中国图书馆仍然采用传统图书分类法。然而,这种分类法逐渐引起不少中国学人的重视。五四前后,国内掀起了效仿"杜威十进分类法"、制定中国"新式图书分类法"的热潮,以"仿杜""改杜""补杜"等形式出现的版本达20多种。②

由于图书馆学家的推广,民国时期翻译的"西书"和当时所著"新书"逐渐被归入"新式图书分类法"分类体系下;相比之下,"旧书"则仍多依循"四部分类法"。然而,图书馆服务对象为教育和学术,由于教育系统已经采用西式"分科体系",且"旧学"内容仍然是新式教育的重要内容之一,为使教育和学术相统一,当时学人开始注重用"新式分类法"为"旧书"分类。

(二)王云五与《中外图书分类法》

王云五(1888—1979),广东香山人,出生于上海,曾任编辑和大学英语教师等,1921年由胡适推荐到商务编译所工作。在商务印书馆工作期间,王云五主持了商务印书馆《百科小丛书》《万有文库》《中国文化史丛书》《大学丛书》等大型丛书的出版工作。他开办并振兴了商务印书馆的东方图书馆,编写出版了大量的古典、中外名著和教科书、辞典等。

1928年,王云五制定了"中外图书统一分类法"。该分类法借鉴了"杜威十进分类法",将图书分为十大类。分别是总类、哲学、宗教、社会科学类、语文学类、自然科学类、应用技术、美术、文学类、史地类。

商务印书馆《丛书集成》《万有文库》等丛书的出版,均根据1928年王云五制定的"中外图书统一分类法"进行分类。如《丛书集成》收中国古籍百部,借鉴了"中外图书统一分类法",将所收古籍分为十大类,分别是总类、哲学、宗教、社会科学类、语文学类、自然科学类、应用技术、美术、文学类、史地类。

王云五"中外图书统一分类法"与西方的"杜威十进分类法"在细目设置上有所区别,这也体现了中外图书分类思想的差异性。如以"社会科学"为例,王

---

① 连载于《教育杂志》1909年第11—13期,1910年第8—11期。
② 白国应:《杜威十进分类法在我国的传播——纪念杜威十进分类法出版120周年》,《晋图学刊》1996年第3期。

云五的分类法多出了"中国古礼仪""习俗礼制"这两个细目。这一方面体现了当时中西知识体系尚未完全融合的局面,另一方面反映了中西知识体系本身固有差异,因礼乐文明在中华文化中固有的地位,所以需要在中西融合过程中,保留一定的中国特色。

此外,以王云五"中外图书统一分类法"为参考的丛书在出版过程中,亦与王云五"中外图书统一分类法"本身在分类上稍有差异,而这种差异性尤其体现在古籍丛书的分类上。如以《丛书集成》与"中外图书统一分类法"中"文学类""语文学"和"史地学"三类来看,前者仅分类本国古籍,后者则按地域、国别和语种划归图书。两者许多类目仅在"大类"分类上重合,在"小类"上较难一一对应。

(三)杜定友的图书分类法思想

杜定友在《校雠新义》《编次》卷中,对中国传统目录学进行批判并且重新界定了现代目录学的定义,他说:"目录,簿记之学也……目录之簿,所以记书也。后世昧于此义,复误以目录之学为辨章学术,考镜源流之本,故有见名不见书,看前不看后之弊。"[1]他认为,中国虽有诸多目录之书和目录之家,但却有其名无其实。中国过去的目录不能发挥"便检取"之功用,因此它们只能称为"书目"。只有对图书进行"编目",便于读者"检用",才能称其为"目录学"。正如其言"目录之名,仿自郑玄《三礼目录》。但目录之始,肇于汉刘班氏。继之其后,目录之家,代有其人。诸史艺文志,私家藏书目录,汗牛充栋。然于目录之义,无所发明。按目录所以簿记图书而便检取也,此外无所用。其目录如《通志》《艺文略》之类,是书目也。盖藏书之策,典籍浩繁,苟不分类罗列,举章列目,则检用为难。欲求检用之便,则有图书编目之法,所谓目录学是也"[2]。根据读书人的心理需求,编目的方法会有所不同,杜氏据此将目录分为八类,"今之目录,其类有八,曰:书名目录、著者目录、种类目录、分类目录、参考目录、分析目录、字典式目录、书架目录"[3]。每类目录的功能与作用不同,不同的编目满足不同读者的需求。

杜氏强调,目录的最重要作用在于方便检查图书,因此目录必须记明书次,

---

① 杜定友:《校雠新义》下册,上海书店 1991 年中华书局影印本,第 1 页。
② 杜定友:《校雠新义》下册,上海书店 1991 年中华书局影印本,第 1 页。
③ 杜定友:《校雠新义》下册,上海书店 1991 年中华书局影印本,第 1—2 页。

只有这样才能根据目录更为便捷地寻找图书。由于我国传统目录学的作用在于珍藏而不在致用,因此历代目录学家的目录学著述"卷帙务求其宏厚,考据务求其详博,而取阅便利与否置不问也"①。基于传统目录学"辨章学术,考镜源流"思想的影响,"我国目录学者未尝以检查方法之是否便利而加以研究也,数千年来,因编目之不得其法而耗学者之精神时间者"②,可谓数不胜数。杜氏认为,现代图书馆藏书与中国古代藏书不同,古代藏书流通较少,而现代图书馆藏书流通较大。为了准确地反映图书馆藏书情况,他提出以卡片目录取代字典式目录和书本式目录。他说:"目录必用活页,亦曰卡片……目录之于藏书,如匙之勘钥。日增一书即日增一目;日失一书即日缺一目。使阅者可以按目求书而不致空劳往返也。所增之目,必有邻次,此所以必用活页之法也。其有求便于流传、易于收藏者,则另行印订成册,自无不可,但活页目录则未可缺也。"③

中国传统的"目录"和目录学,更多地强调其学术性,体现学术的发展变化,即"辨章学术,考镜源流","凡目录之书,实兼学术之史,账簿式之书目,盖所不取也"④。在杜氏看来,中国传统目录学为书目之学而非目录之学,书目学和目录学有着本质的区别,其性质和作用也差别较大。他说:"目录学者,图书簿记之法也,所以便检查而利求学,故有其目必有其书,有其书即可究其学,而书目学不同也。书目之编,以书为目,其学不限于一科一门,其书不限于一时一地,此书目学与目录学之大别也。"⑤在此基础上,他提出了"中国无目录学"的观点。⑥ 对于杜氏"以目录之名专属藏书目录,其非然者则谓之书目"的观点,姚名达认为其"名词界义殊不清楚……倘使论目录学而不及非藏书之目录,则目录学之功才得其半,尤为未可"。⑦

（四）楼云林《中文图书编目法》

《中文图书编目法》现有 1947 年和 1951 年两个版本。关于本书的编撰缘起,楼氏在 1946 年为该书所作序中有所述及,他说:"图书馆之图书,苟不编目,则群书失驭,检索无从,故编目实为图书馆最重要之工作。惟是编目工作,繁冗

---

① 杜定友:《校雠新义》下册,上海书店 1991 年中华书局影印本,第 2 页。
② 杜定友:《校雠新义》下册,上海书店 1991 年中华书局影印本,第 2 页。
③ 杜定友:《校雠新义》下册,上海书店 1991 年中华书局影印本,第 3 页。
④ 余嘉锡:《目录学发微》,中国人民大学出版社 2004 年版,第 5 页。
⑤ 杜定友:《校雠新义》下册,上海书店 1991 年中华书局影印本,第 18 页。
⑥ 杜定友:《校雠新义》下册,上海书店 1991 年中华书局影印本,第 15—17 页。
⑦ 姚名达:《中国目录学史》,上海古籍出版社 2002 年版,第 12 页。

异常,设无一定规则以资准绳,将见后先紊乱,彼此矛盾,劳而无获。鄙人服务于图书馆,恒苦无适当编目法以作准则,因草就《中文图书编目法》一书,以供编目时参考。"①由此可见,随着中西文化交流的频繁,西方的图书馆理念在中国逐渐深入人心,各地图书馆如雨后春笋般建立起来。而此时中国传统的图书分类法已经无法满足现代图书馆检索的需求。在这种情况下,楼氏以自身在图书馆工作和编目的实践,编纂了这部《中文图书编目法》。此外,他还对编目工作提出了自己的看法:"编目工作,如书名、著者、出版等之著录,骤视似甚简单,细察则极繁复。吾人如求该书编目之准确,并使查阅者略知该书之内容,端赖编目者能就各项详尽著录,方可以表露无遗,如是始能尽编目之能事。故编目工作,似易而实难,欲求其详尽美备,自非细心将事不可。"

为了使编目法"详尽美备",他在书中除了提供普通图书编目法外,还对善本书、方志、舆图、年鉴、定期刊物的编目法进行了论述,"因此等图书,各有其特异之点,未可概括于普通书内,故需另定法则,以求著录之详"。同时楼氏还阐述了图书编目工作者应该秉持的观念,他说:"吾国图书馆事业,方在萌芽时代。服务于图书馆者,往往以编目工作,刻板偏枯,不久即生厌心。但吾人既在图书馆服务,应抱定利用图书促进文化之决心,俾图书馆整个书籍,不致埋没其功用。"②楼氏在倡导西方图书馆理念和编目法方面,可谓功不可没。《中文图书编目法》一书由八章组成,分别为总论、图书分类略述、普通书编目法、卡片目录之写法、善本书编目法、方志舆图年鉴等编目法、定期刊物编目法、关于编目之参考书籍。

在追寻目录之沿革时,楼氏对现代目录在国内出现的背景及情况进行了说明:"自西洋文化输入我国后,我国之学术因以变迁,著译书籍,日益繁夥,分类既不能沿用经史子集四部旧法以统驭群书,编目方法及格式,亦不能与前代苟

---

① 楼云林:《中文图书编目法》,中华书局 1951 年版,"自序"第 1 页。
② 楼云林:《中文图书编目法》,中华书局 1951 年版,"自序"第 1 页。

同。就分类方面说，如杜定友、洪有丰①、刘国钧、皮高品诸先生，一面采仿西洋分类方法，一面参考吾国固有目录学，新订分类法，以供图书馆采用。就编目言，目录形式，已由书本改为卡片；目录种类，已由单纯改为复杂，是因现代图书馆之性质，与藏书楼不同，故其分类编目方法，亦与前有别矣。"②对于现代目录最重要的载体卡片目录，楼氏进行了重点推介，他指出，卡片目录最早出现在18世纪的法国图书馆，但当时未引起社会的关注。到了19世纪，各国图书馆及各书店鉴于卡片目录使用之便利，纷纷采用卡片目录，于是卡片目录盛行于世。美国国会图书馆更进一步，将审定版权书籍以及馆藏书籍信息均印成卡片目录，发售于国内及加拿大等地图书馆以供参考。于是，美国国会图书馆便成为美国及各国图书馆编目的中心机构。后来，我国国立北京图书馆亦效仿这一做法，编制卡片目录，印刷多份，发售于国内各处图书馆。于是，这些卡片目录便成为编目者参考的依据。

　　由于楼氏以现代目录为参照，因此他在界定目录定义时，更多地强调目录的效用，他说："目录之效用，古今微有不同，故目录定义，须斟酌古今目录变迁之状况而厘定之。"③按照目录的效用，他将传统目录分为两类：一为"辨章学术，考镜源流"之用；一为"纲纪群籍、簿属甲乙"之用。就以上两种界定而论，与现代目录较为切近者，当属后者，但历代治目录学者多以"辨章学术，考镜源流"为宗旨，如章学诚《校雠通义》有言："古人著录，不徒为甲乙簿次计。如徒为甲乙部次计，则一掌故令吏足矣，何用父子世业，阅世二纪，仅乃卒业乎？"还有"校雠之义，盖自刘向父子部次条别，将以辨章学术，考镜源流，非深明于道术精微、群言得失之故者，不足与此"。楼氏认为，这是主张目录应以"辨章学术，考镜源

---

① 洪有丰(1892—1963)，字范五，中国图书馆学家，中国近代图书馆事业的奠基人。1892年出生于安徽省绩溪县，1916年毕业于金陵大学文学院。1919年赴美攻读图书馆学，1921年获纽约州立图书馆学院学士学位，学习期间兼在美国国会图书馆中文编目部工作。归国后任南京高等师范学校教授，兼图书馆主任。1923年创办南京高等师范学校图书馆学暑期讲习班，这是中国早期图书馆学教育活动之一。此后，任国民党中央党务学校图书馆主任，安徽省教育厅科长，两次出任清华大学图书馆馆长，兼中华图书馆协会董事。1936年至1952年任中央大学及其后身南京大学图书馆馆长，全国高校院系调整后改任华东师范大学图书馆馆长。同年兼任国家科学规划委员会图书组、国家科学技术委员会图书组成员。他在图书馆管理、图书分类等方面都有研究。所著《图书馆组织与管理》(1926)曾多次再版，此外还发表《克特及其展开分类法》等学术论文多篇。
② 楼云林：《中文图书编目法》，中华书局1951年版，第7页。
③ 楼云林：《中文图书编目法》，中华书局1951年版，第8页。

流"为宗旨之最显著言论。他同时指出,"辨章学术,考镜源流"是以学术为对象,此为编撰学术史者研究的目录。至于现代图书馆中的目录,应以书籍为对象。因此,对书籍部次类居,以便检考是现代目录的职责。因此,为便于读者查考,仅仅部次类居是不够的。他根据自己在图书馆工作的实践,总结出读者查书的种种方法与目的,如:有只知书名而查者;有只知著者或注释翻译而查者;有欲查出某著者所有的作品;有欲查出某类书籍或与某项问题有关书籍;有欲知某书在书库内何处;有欲知某书大概内容者;有欲知某丛书中有某几种书;有欲知某书页数、册数、出版处、出版日期等。因此,楼氏认为,图书馆目录,可根据查书者的种种查法,定就以下定义:"(1)目录在使人知馆中有某书否?(2)有某人所著之书否?(3)有某类或有关于某问题之书否?(4)某书在书库内何处?(5)某书之内容如何?(6)某丛书中有某几种书?(7)某书页数册数多少?何处及何时出版?"总之,"目录不啻图书馆之锁钥,所以开示阅者寻求书籍之途径。图书馆书籍既繁复异常,设无目录,势必逐一翻检,其不便为何如;若编有目录,自能一索而得"①。

关于目录的形式,楼氏认为有两种,一为书本式目录,一为卡片式目录。所谓书本式目录,即是依据图书之分类,将书名、著者、出版处等项,钞录或印制成书。卡片式目录则是将书名、著者、出版处,依一定的格式,写在卡片上,并按照某种排列法,将写好的卡片,排列在匣内,以备检查。书本式目录为我国历来编目者所采用;卡片式目录系新兴目录,多为现今图书馆所采用。两种目录在著录内容方面无甚差别,仅仅在于形式的不同,一为书本,一为卡片。二者都有备查图书的功能。由于形式的不同,两种目录在使用方面各有优劣,如书本式目录的优点有:可以邮寄外地供他人查阅,对于图书馆书籍流通有利;查阅时可以一目十行,短时间内即可查出某类书籍多种;各图书馆可彼此交换做分类参考或购书之用。但其缺点也较为明显,如:新书不能及时收录;印制成本较高;不能同时供多人使用;不方便检查著者之书籍。就卡片目录来说,其优点也是显而易见的,如:比较机动灵便,如有新书即可随时编制目录卡片;每张卡片比较独立,部分污损不会牵扯全部;可供多人同时使用;可按照意愿根据不同方式检索;编制费用较少;等等。但卡片目录不能带出馆外供他人检用;不能与其他图书馆交换;不能同时涉阅数张。综合起来,卡片式目录优点多而缺点少,书本式

---

① 楼云林:《中文图书编目法》,中华书局1951年版,第9页。

目录则恰恰相反。由于卡片式目录的使用便利,现今图书馆多采用卡片式目录,而书本式目录的使用者则越来越少。①

关于目录的种类,楼氏也是按照书本式与卡片式两大系列进行分类。他认为,书本式目录较卡片式目录复杂,书本式目录是中国传统目录的主流,其最重要者,有史志目录、解题目录、善本目录等17种;而卡片式目录,其种类中重要者有:书名目录、著者目录、标题目录、分析目录、丛书目录、参考目录、书架目录、分类目录。② 对于每一种目录,楼氏都进行了论述和说明。

目录作为开启各种知识的钥匙,必然与其他学科发生关系,这就要求编目者充分具备各种学识以求目录编制之妥善。楼氏认为,与目录有关之各种学术,可分为直接有关和间接有关两类。直接有关者为图书馆学、分类法、编目法、检字法、校雠学、书史学、书志学、书目学等,此为编目者必须具备的基本知识;间接有关者为论理学(即"逻辑学"——引者注)、教育学、考证学、历史学等,此为编目者须掌握辅助之知识。③

目录与图书馆工作紧密相连,楼氏从三方面论述了目录在图书馆中占有重要地位。其一,他认为,编目工作,"较其他馆中任何事务为不易",每种书有种种不同的卡片;每种卡片,有不同的款目,有时尚须辨别著者之真伪,考证某书编著之年代,考证某书卷数之完缺,以及鉴别其他各种事项,等等。因此,编目工作绝非一般人所能胜任,必须悉心研究,学有根底,始可担任。由此可知,编目工作实为图书馆中最繁复之工作。楼氏指出,目录在图书馆中可以充当永久固定管理员的角色,无论人事如何变动,只要目录还在,就可以按图索骥,顺利找到自己所需的图书,从而使馆中图书得以流通。其二,现代图书馆不同于古代的藏书楼,现代图书馆肩负有社会教育的功能。以科学方法搜集有益图书,同时以最节省时间的方式供大众使用是现代图书馆的重要职责,这就要求目录在其中发挥重要作用。因此,"目录为图书馆完成社会教育之利器"④。其三,通过目录可以推知该图书馆藏书之多寡,所藏书籍以何类为多何类为少,有何种重要书籍,进而推知该图书馆书籍质量。因此,"目录不啻为图书馆所有书籍之代表",无论对内对外,目录在图书馆中都占有重要地位,"图书馆如无目

---

① 楼云林:《中文图书编目法》,中华书局1951年版,第17—19页。
② 楼云林:《中文图书编目法》,中华书局1951年版,第19—25页。
③ 楼云林:《中文图书编目法》,中华书局1951年版,第13—17页。
④ 楼云林:《中文图书编目法》,中华书局1951年版,第12页。

录,犹如吾人盲目,不能见物,其不便为何如"。因此,现代图书馆均须有完备的目录,否则不能称为完整的图书馆。

总之,楼氏的目录学思想是在继承中国传统目录学精华的基础上,大力引进西方目录学思想的产物。作为民国目录学的代表人物,其在推动西方目录学在中国的传播与发展方面作出了重要贡献。《中文图书编目法》一书的诸多观点也被后人继承,该书对于推动中国目录学的现代转型,发挥了自己独特的历史作用。

四、书目类型的区分

民国时期,目录学对古代书目不同类型的认识取得一定进展,如姚名达认为,目录的种类除了"宗教目录""专科目录"之外,还有"特种目录"。同时,姚氏认为"特种目录"之中又包含了"版本目录""辨伪目录"等等。汪辟疆则认为,目录可分为目录家之目录、史家之目录、藏书家之目录和读书家之目录等不同类型。

(一)姚名达关于目录类型的认识

姚名达对中国目录的分类有几种看法。对于现代目录与古代目录的不同,姚氏认为,"废书本而用活页,此体式之异也。废四部而用十进,此分类之异也。循号码以索书,此编目之异也"。现代目录学优于传统目录学之处,仅仅在于"索书号码之便利与专科目录之分途发展"①。对于现代目录学未来的发展,姚氏认为可分为两大类型,"最重要之转变,实在插架目录与寻书目录之分家"②。姚氏主张插架目录应依学术而排列,寻书目录应按事物以寻求。对于现代目录学"人自为法,图自为政,统一无期"的状况,姚氏主张中华图书馆协会应联络分类标题编目检字之专家,举行会议,商讨折中划一之方法,从而使"治书之业,寻书之法,易学易做"③,最终使目录学成为通俗的常识,人人能够得而用之。

姚氏对于古代目录的类型区分涵盖极广,除纵论史志目录外,还设有《宗教目录》《专科目录》《特种目录》篇。在《特种目录》篇中,姚氏将"版本目录""辨伪目录"等均纳入其中。姚氏认为,版本目录起源较早,然古录失传,"传者惟南

---

① 姚名达著,严佐之导读:《中国目录学史》,上海古籍出版社 2002 年版,第 347 页。
② 姚名达著,严佐之导读:《中国目录学史》,上海古籍出版社 2002 年版,第 347 页。
③ 姚名达著,严佐之导读:《中国目录学史》,上海古籍出版社 2002 年版,第 348 页。

宋初年尤袤之《遂初堂书目》独并注众本于各书目下","说者乃以版本学之创始推之,竟不知其前尚有多数版本专家"。① 对于辨伪目录,姚氏认为元末宋濂所撰《诸子辨》一卷,"对于各种子书皆致其怀疑之理由,或评论思想之是非",实为"辨伪目录之创始"。② 从姚氏的《中国目录学史》中,可以看到他对古代目录类型区分的详密体系。

(二)汪辟疆《目录学研究》中的目录分类

汪辟疆(1887—1966),近代目录学家、藏书家、诗人。江西彭泽人。1909年入京师大学堂(今北京大学前身),与胡先骕等人被称为"太学十君",专攻中国文史,1912年毕业。1918年任江西心远大学文科主任兼文学系教授。1925年应章士钊之约,任北平女子大学教授,1925年后兼任江西通志局纂修。1927年起在南京第四中山大学、中央大学、南京大学任教授,与胡小石、陈中凡并称南大中文系"三老"。汪氏在经学、文学、目录学等方面都有精深的研究,著有《目录学研究》《禁书书目提要》《汉魏六朝目录考略》等。

《目录学研究》为汪氏目录学论著的代表作,也是中国近现代目录学史上的重要理论著作,同时它也确立了汪氏在目录学研究领域的重要地位。该书初版于1934年,是汪氏历年在中央大学讲授目录学时所作,汪氏撰述此书,既有为学生学习目录学提供教材之意,同时也提出了自己对目录学的理解。他认为,只有对中国古代目录学有全面整体的把握,才能对目录学有正确的认识,"若夫扬榷《汉志》,寻源而弃流;标举《四库》,崇今而蔑古;举偏遗全,舍本逐末,皆无与于目录之学也"。虽然该书实为六篇论文构成,但其特点也是极为明显的,傅杰将其条列为四,即重点突出、议论透辟、考证精审、材料详瞻。③ 应该说,这一评价是客观公允的,其中对书目类型进行分类是该书的重要内容。

汪氏认为,"欲治目录之学,不可不先明目录学之界义"。他总结了古今关于"目录学之界义"的四种说法:其一,"目录学者,纲纪群籍簿属甲乙之学也……取便寻检而设,非有其他深微含义也"。汪氏把这种目录称为"目录家之目录"。其二,"目录学者,辨章学术剖析源流之学也……后人览其目录,可知其学之属于何家,书之属于何派,即古今学术之隆替,作者之得失,亦不难考索而

---

① 姚名达著,严佐之导读:《中国目录学史》,上海古籍出版社2002年版,第335页。

② 姚名达著,严佐之导读:《中国目录学史》,上海古籍出版社2002年版,第345页。

③ 傅杰:《〈目录学研究〉编后记》,华东师范大学出版社2000年版,第257—258页。

得"。汪氏把这种目录称为"史家之目录"。其三,"目录学者,鉴别旧椠雠校异同之学也。纲纪典籍,本重校雠;而校雠之事,则必广征众本,互勘异同……今欲为目录之学,必当标举异书旧椠,以便互勘异同,则目录乃可宝贵;然非洞悉刊刻源流博闻淹洽之彦,固不足以语此。故百宋千元,详加著录者,非必其人之标新眩异,一再传后,浸失其方,乃治目录学之正规也"。汪氏把这种目录称为"藏书家之目录"。其四,"目录学者,提要钩玄、治学涉径之学也。学术万端,讵能遍识? 亡书轶籍,无补观摩。故必有目录为之指示其途径,分别其后先,使学者得此一编,而后从事于四部之书,不难识其指归,辨其缓急。此目录学之本旨也……提要钩玄之目录,乃最切实用之目录。而其所以研究此种目录之类分部次与夫取舍得失者,乃目录学也"。汪氏把这种目录称为"读书家之目录"。①汪氏将目录区分为四种类型,其关于"目录学之界义"的四种说法在学术界有较大影响,程千帆在《校雠广义》一书叙录中对此有所叙及,并将其与洪亮吉、缪荃孙、叶德辉之说并列。②

汪氏强调,虽然目录学有不同的流派,但它们有共同的源头,"夫水必有源,其流则岐;学必有本,因时则变。刘《略》班《志》,目录学之起源;亦即目录学之正规也。愿后世之言目录者,罔不导源于此,而衍之为数派焉"。汪氏指出,目录学之不同流派在于其"用"不同,"目录之为用不同,故界义亦因之而各异"。在汪氏看来,目录家目录之"用"在于"检寻自易",使后人更为方便地查询书名、作者及篇卷情况;史家目录之"用"在于使读者通过目录了解作者的学术渊源、派别及立论异同;藏书家目录之"用"在于"鉴别旧椠,考订异同";读书家目录之"用"则在于使后人了解"作者之略历""书中之要旨""学派之渊源""篇章之真伪"等。③ 汪氏认为,在上述四类目录中,各家的使用目的不同,对于目录功用的认识自然不同,但是其中史家的认识与目录家的认识却有所交集。因此,"亟待研讨而说最纷呶者,则史家之目录与目录家之目录是已"④。

史家之用目录者认为,目录学的可贵之处在于剖析学术源流,"刘向司籍,乃别九流;孟坚作《志》,折衷学术。此目录学之可贵也。后人不晓刘、班著录之旨,以为簿录甲乙,但记书名;类例不分,源流莫辨,猥杂烦琐,陈陈相因;而无关

---

① 汪辟疆:《目录学研究》,华东师范大学出版社 2000 年版,第 1—3 页。

② 程千帆、徐有富:《校雠广义·目录编》,河北教育出版社 2001 年版,"叙录"第 4—5 页。

③ 汪辟疆:《目录学研究》,华东师范大学出版社 2000 年版,第 4—5 页。

④ 汪辟疆:《目录学研究》,华东师范大学出版社 2000 年版,第 5—6 页。

宏旨之目录,滥厕著作之林"①。他们根据《隋书·经籍志》所言得出结论:"推寻事迹,各陈作者所由,在孔子删《书》、韩毛序《诗》以前,早有斯例;向歆著录,疑出于此,一也。目录为典籍之纲纪,贵在剖析条流,各有其部,二也。后世目录,但记书名,不能辨其学术之流别。深识之士,所由病繁芜、惩因仍而思改作,三也。然《隋志》所言,尚在推究本源,明其旨趣,以商榷之态度,明目录学之标准;而目录学为簿属甲乙取便检寻之说,不足信矣。"②最后他们以郑樵《校雠略》和章学诚《校雠通义》点出目录学的宗旨:"彼郑章二氏大声疾呼,以辨章学术源流,认为目录之本旨者,盖以目录之学,虽为纲纪群籍,实则明道之要、学术之宗,专乃与史相纬,其体最尊,其任最重。世人但以目录为部次甲乙者,盖浅之乎视目录矣。"③也就是说,目录学虽有"纲纪群籍""部次甲乙"之功能,但这毕竟不是目录学的最重要任务,目录学的根本任务和最终目的应为"辨章学术,考镜源流"的学术史作为。

目录家之用目录者认为,郑樵、章学诚所言,为编述学术史之事。目录学与学术史有本质的区别,目录学是以书为对象,不是以学为对象。以学为对象,对学术源流进行剖析条辨,然后著成一书,可以称之为著作史或学术史。以书为对象,对书籍进行部次类居之学,方可称之为目录学。因此,"目录者,为簿录书籍而设,非为辨章学术而设也。郑、章之所抗议,乃以书目中所表现之学术思想为对象,而忘目录为记载书籍之簿录,宜其不合也"。"彼郑、章二氏,深慨刘、班之学不传,学术之条贯不辨,独抒说肊,本史家志艺文之旨,衡量后世目录之书,其论诚卓矣! 岂知目录之学,其在彼不在此乎?"④

对于史家目录与目录家目录之间的纷争,汪氏进行了折中,他认为二者可并存且有相资为用之处,正如他所言:"夫目录本以记载书籍为目的,所谓以书为对象是也。既以书为对象,则所谓纲纪所谓簿属云者,并非漫不经意掇拾书名,便可称目录之学。是必有类例之商榷焉,流别之剖析焉;使后人即类以求其书,即书以求其学。是目录固未尝以学为对象,但舍学而徒言目录,则如第二说所谓凌乱失纪、杂而寡要之弊,要未能尽免也。惟条别学术,本属学术史范畴;

① 汪辟疆:《目录学研究》,华东师范大学出版社 2000 年版,第 6 页。
② 汪辟疆:《目录学研究》,华东师范大学出版社 2000 年版,第 6 页。
③ 汪辟疆:《目录学研究》,华东师范大学出版社 2000 年版,第 7—8 页。
④ 汪辟疆:《目录学研究》,华东师范大学出版社 2000 年版,第 8 页。

而书籍为学术所寄托,治目录者,自不能不明其条贯,别其统系,庶几部次类居,隐有依据,使后人之览其目录者,不致淄淹莫辨,且可藉此以周知一代之学术概略,与夫一家一书之宗趣,异乎赏鉴家、藏书家之目录也。"但他又指出,目录学家若泥于学术,则多"乖隔而难通",因为中国文化博大精深,学派歧义纷呈,学术变化多端,单凭一己之力难以辨溯学术渊源,如"史家本属六艺之支流,而后世则以附庸蔚为大国;诗赋在《汉志》为独立之专类,在后世则以别集总集为尾闾。学异世嬗,已难尽遵。必欲溯学术之源流,尽返之于刘《略》班《志》之旧例;非惟势所不可,抑亦徒事纷更而已"①。

最后,汪氏对史家之目录与目录家之目录做了总结,提出了自己的看法,他主张目录学应"以目录家之目录,而兼有史家之目录"②。在确立目录学性质之后,汪氏还提出了研究目录学的标准和功用,"目录学之界义,既如上述,则吾人研究目录学之标准,当必博稽其源流,商榷其类例,与夫义例之变迁,分隶之出入,皆宜详究。语其大则可通古今学术之邮,语其细则可得著录之准则。而治学之方法,亦将于此涉径焉"③。

综上所述,我们可以得知,汪氏心目中的目录学是以目录家之目录为"效用"、以史家之目录为"本旨"的两兼其用的目录学。如果说以"辨章学术,考镜源流"为义旨之史家目录为中国传统目录学的精髓所在,那么,讲求"致用"、便于检寻则是西方现代目录学的根本特征。在中西文化交流与碰撞的民国时期,汪氏的目录学定义无疑具有"中西合璧""新旧俱全""传统与现代"交融之色彩。

五、其他目录学著作

(一)容肇祖《中国目录学大纲》

容肇祖(1897—1994),中国著名哲学史研究专家、民俗学家和民间文艺学家。原名念祖,字元胎。1897年出生于广东东莞,1917年毕业于东莞中学,次年考进广东高等师范学校英语部学习,1921年毕业。1922年考入北京大学哲学系,毕业后先后任厦门大学国文系讲师兼国学研究院编辑,中山大学预科国文课及哲学系讲师。1928年任民俗学会第一任主席,并主编《民俗周刊》、出版

---

① 汪辟疆:《目录学研究》,华东师范大学出版社2000年版,第9页。
② 汪辟疆:《目录学研究》,华东师范大学出版社2000年版,第9—10页。
③ 汪辟疆:《目录学研究》,华东师范大学出版社2000年版,第10页。

民俗丛书。1930 年至 1933 年,先后任中山大学、岭南大学副教授。1934 年任辅仁大学国文、历史副教授兼北京大学哲学系讲师。1937 年至 1945 年,先后任教于西南联合大学、香港中文大学、岭南大学、中山大学。1946 年,容肇祖三进北京大学,任哲学系教授。主要著作有《中国文学史大纲》《明代思想史》《韩非子考证》等;目录学方面的著作有《中国目录学引论》《目录学家著述的分途》《韩非子的著作考》《冯梦龙的生平及其著作》《冯梦龙的生平及其著作续考》《中国目录学大纲》等。

《中国目录学大纲》成书于 20 世纪 30 年代,为其目录学的代表作。容氏在考察了国内外一些学术观点之后,借鉴了 T. H. Horne 关于目录学的定义,认为目录学的研究范围是书的材料、内容、版本、分类及其历史。书的材料是指其物质载体,内容指作者所论述的思想和观点,版本则包括刻本和写本等,分类则是指图书的分类及图书分类的历史。容氏《中国目录学大纲》关于目录学的定义较为宽泛,实际上涵盖了后世文献学的基本内容,如文献的形体、理论、方法和历史①都有所涉及。除容氏外,在民国时期以目录学替代校雠学、文献学的学者也不乏其人,如刘咸炘《目录学》、蒋伯潜《校雠目录学纂要》等均为其代表。

关于研究目录学的意义,容氏认为有三点:首先,目录学是研究中国传统学术及文化的基础。他认为,要整理国故,必须以目录学为门径。研究目录学,可以了解古籍的分类、书籍的存佚、版本的异同,以及何时散亡、何人辑佚,进而可以按图索骥进行更为深入的研究。其次,目录学知识是清理、编纂历代书籍存亡工作的基础。我国古籍汗牛充栋,浩如烟海。虽有前代史家、官家、地方及私人编纂,然"太零碎分散,各不相蒙,漫无系统"。如若考寻学术源流的变迁,必须对历史上的一切书籍进行重新编纂和清理。而要做这项工作,没有目录学知识是万万不行的。最后,目录学知识是建设图书馆及编制目录必备的。容氏认为,随着民国时期公共图书馆在各地的建立,需要大量懂得目录学知识的人充实到图书馆建设队伍中去。目录学知识对于图书的分类和版本、书籍的选择和购买、目录的编制和应用都是不可缺少的。

由此可见,容氏所说的目录学是"治书之学",它范围较广,举凡图书分类、

---

① 如洪湛侯认为,文献学是关于"文献研究与整理的一门学问",它包括"文献形体本身的特点、文献整理的方法、文献学的历史、文献学的理论"。参见洪湛侯:《中国文献学新编》,杭州大学出版社 1994 年版,第 2—3 页。

版本、校勘、辨伪、辑佚均涉其中。在容氏的心目中,目录学知识无论对于中国传统文化典籍的整理和研究,还是对于现代图书馆事业,都是极为重要的。

(二)黎锦熙《新目录学论丛》

黎锦熙(1889—1979),著名语言文字学家、词典编纂家、文字改革家、教育家。字劭西,湖南湘潭人。1911 年毕业于湖南优级师范史地部,1920 年后曾任北京高等师范、北京大学、燕京大学等校教授。一生致力于文字改革,对汉语语法、辞书编纂方面有所贡献。其治学领域广泛,对文学史、近代史、哲学、佛学、目录学、图书馆学等有所造诣。主要著作有《新著国语教学法》《新著国语文法》《比较文法》《国语运动史纲》《建设的“大众语”文学》《方志今议》和《中华新韵》等。涉及目录学方面的著作有《绍述官话字母的书报录要》《边疆语文教育新书提要》《元杂剧总集曲目表》和《新目录学论丛》等。

在《新目录学论丛》一书中,黎氏阐述了自己“四化一元”的目录学理论和思想。所谓“四化”即世界化、现代化、科学化和工业化。世界化是指在分类编目图书时,要推动它向世界统一的趋势发展,从而使中外图书分类编目渐趋一致;现代化是将图书文献用现今的时代标准进行客观的分析;科学化是指在整理图书和编制目录时,要讲求速度和时效,即“新目录求效率之增高与扩大”;工业化是指要用工业化手段来处理目录编制与分类。“一元”,即举凡“宇宙之一切,不以图书为限”,“统一部类,统一管理”。黎氏的观点在当时可谓标新立异、独树一帜。这是“他从‘读书指导’与‘图书管理’之间‘对立的矛盾性’这一现象出发,试图用‘部类’去控制一切文献而提出的观点”。黎氏的这种目录学观点,可以说“看到了社会的发展趋势,以科学技术的目光去展望目录学的发展”①。

(三)裘开明《中国图书编目法》

裘开明(1898—1977),图书馆学家、目录学家,美籍华人。1898 年生于浙江镇海。曾先后入文华图书馆学专科学校和美国哈佛大学学习图书馆学和经济学,后获哈佛大学博士学位。1931 年至 1965 年任哈佛燕京图书馆首任馆长。一生致力于图书编目分类、古籍版本及图书馆学等方面的研究,出版和发表有《中国图书编目法》等五十余种专著、书目和论文。

《中国图书编目法》一书最早由商务印书馆 1931 年出版发行,王云五为之

---

① 申少春:《中国近现代目录学简史》,中国致公出版社 2001 年版,第 240 页。

作序。全书分为三编十八章,三编分别为"目录片应载事项""目录片之写法"和"目录之种类及其排法"。其中第一编"目录片应载事项"由六章组成,分别为"定书名""考著者""审版本""纪图卷""列细目""加附注",此为"中国书籍编目之难点"①;第二编"目录片之写法"列举了各种目录片的具体书写规范,包括书名、著者、注(译、校)者、标题、分析、丛书、特殊图书七大类,最后对目录片索引的功用和书写进行了说明;第三编对字典式目录、书架目录和分类目录的定义、规范和功用进行了阐述,还对各种目录的排列原则进行了说明。另外,该书还有三个附录:目录之刊印、编目参考书举要、四角号码检字法凡例。

在《中国图书编目法》自序中,裴氏指出,中国传统的书目体例大体分为三个派别:一为解题派,其始于汉刘向、刘歆父子《七略》《别录》,经历了宋《崇文总目叙释》、晁公武《郡斋读书志》、陈振孙《书录解题》,至清代《四库全书总目提要》集其大成。其主旨为条叙学术派别,论断群书得失。二为簿录派,其例创自《旧唐书·经籍志》,至南宋完全成立。郑樵作《通志》二十略,"欲凌跨前人,谓《崇文总目》叙释为繁文。故其艺文一略,无所诠释。高宗且因其建议,而废《崇文总目》之解题。尤袤《遂初堂书目》亦因之"②。自此之后,仅记甲乙部次,只标图书名目之书目,遂与其他两体例并行。三为考订派,其兴起的原因在于随着印刷技术的进步,书籍的生产日益方便,讹误也随之产生。历经宋元明清,书之版刻,愈积愈多。于是有清一代喜言校勘版本之学著录家,逐渐发展考订派之目录学者。他们"专究版本之先后,钞校之精粗,音训之异同,字画之增损,授受之源流,翻摹之本末,篇第之多寡,行字之数目,行幅之疏密,装缀之优劣"③。裴氏认为,三个流派虽各有利弊,但共同之处是均不适用于现代图书馆编目工作。他强调,现代图书馆书籍存量和流通量都比较大,而编目者"难得先儒之宽闲,作正确之解题,精密之考订"。"然书目为用,在因目寻书。是每书不得不有相当之节述,使未睹书仅见目者,略知其内容与形式,故书目之体例及其详略,应如何为适当,实为今日图书馆编目亟待解决之一问题。"④正是在这种情况下,裴氏结合自己多年图书编目的经验,同时参酌中国传统书目学著述和西洋编目法理论,折中融合,始成此书。裴氏强调,《中国图书编目法》的著述汲取

① 裴开明:《中国图书编目法》,商务印书馆 1931 年版,"自序"第 2 页。
② 裴开明:《中国图书编目法》,商务印书馆 1931 年版,"自序"第 1 页。
③ 裴开明:《中国图书编目法》,商务印书馆 1931 年版,"自序"第 1 页。
④ 裴开明:《中国图书编目法》,商务印书馆 1931 年版,"自序"第 2 页。

了郑樵、章学诚、孙庆增、叶德辉等人的学术思想,而近人则首推孙德谦。

《中国图书编目法》的编著和出版在学界产生了较大反响。王云五说,长期以来,对于中国图书编目法,"向鲜专书"。裴氏作为图书馆学方面的专家,经过长期的研究,然后结合其在国内外大学图书馆任职的经验编著的这本书,可谓"蔚然成一家言,洵足以应现在之需要而补其缺憾"。"学者奉为圭臬,则于中国图书编目之具体方法,思过半矣。"①在书中,裴氏不仅进行文字上的详细说明,而且辅以图例,"以示规范"。在目录排列法中,裴氏主张采用王云五"四角号码检字法"进行排列。不仅如此,裴氏更是将此法运用于国外汉文图书的编目,"然斯法之立足于国外,实自裴君以之排列美国哈佛大学之汉文图书目片始"②。理论的总结和实践的探索,使得该书的出版不仅对于中国图书馆学事业的发展及图书编目工作起了较大的促进作用,同时对于"四角号码检字法"的传播、使用并不断发扬光大也有一定的积极作用。

(四)蒋元卿《中国图书分类之沿革》

《中国图书分类之沿革》撰成于1935年③,初版于1937年,由上海中华书局出版发行。三版于1941年由昆明中华书局出版发行。④ 1983年4月台湾中华书局出版"台三版"。⑤ 全书共五章,约十六万字。其首先论述分类的起源,接下来重点阐述了中国图书分类之沿革。

蒋氏认为,图书分类史是目录学的重要组成部分。目录固然以记载书本为唯一对象,但亦与治学有紧密的联系。这是因为,书籍是知识的载体,治学必须依靠书本,而寻求书本必须懂得图书的分类,图书的分类往往是以知识和学术的分类为前提的,学术和知识的分类又是有传承的。因此,通过学术的传承及衍变(即学术史)可以了解图书分类的历史,而图书分类的历史恰恰就是目录学的历史。从这一意义上说,学术史即为目录学史,也是目录学的"灵魂"所在。正像蒋氏在自序中所说:"夫目录既以记载书籍为目的……故类居部次之法,实

---

① 裴开明:《中国图书编目法》,商务印书馆1931年版,"王云五序"第1页。

② 裴开明:《中国图书编目法》,商务印书馆1931年版,"王云五序"第1页。

③ 蒋元卿《中国图书分类之沿革·自序》作于民国24年11月3日,根据自序内容可以推知该书此时(1935年)已经完稿。

④ 笔者所持版本为三版,版权页显示:"民国廿六年五月发行 民国三十年三版""总发行处:昆明中华书局发行所"。

⑤ 刘尚恒:《蒋元卿先生事略》,《大学图书情报学刊》2004年第2期。

可为目录学之灵魂也。"①由此可见,蒋氏在继承郑樵、章学诚思想的基础上糅合了现代目录学的成分。因此,对于郑樵所言书与学之间的关系:"学术之苟且,由源流之不分;书籍之散亡,由编次之无纪。"蒋氏极为欣赏。

蒋氏在书中十分强调图书分类变化的思想,正如他所说:"学术是随时代而变迁,故图书之分类,不能一成而无变。"②同时他也强调图书分类法也必然"受着时代的限制"③。为此,蒋氏还以中外历史上的图书分类法为例进行了说明。比如《七略》的分类在当时是好的,也是符合西汉学术和时代的发展的,但现在如有人去依照进行图书和学术的分类,就必然行不通,因为《七略》只是汉代的分类法,后来的《四库》分类法也只是清代的分类方法。从另一个方面来说,变易的思想对于欧美图书分类法在中国的运用,同样适用,如杜威"十进分类法"不能单独在中国图书馆应用,就是这个道理。由此可知,以变易和因地制宜的思想分析中国图书分类之沿革是蒋书的一大特点。

蒋书著作结构严谨,逻辑层次清晰,为我国图书分类事业的发展和变迁勾勒出一个清晰的脉络图;同时,蒋书包含详细的图书分类类例和书目分类资料,资料翔实,考证严密,具有较高的史料价值和学术价值。④

此外,民国时期的目录学著述还有毛坤《目录学通论》、杜定友《西洋图书馆目录史略》(1926 年)、英国福开森《目录学概论》(1930 年,由耿靖民翻译)、刘异《目录学》(1933 年)、马导源《书志学》(1934 年)、周贞亮《目录学》(1935 年)、闵锋译《西洋目录学要籍及名辞述略》(1935 年)、程会昌《目录学丛考》(1937 年)、张遵俭《中西目录学要论》(1944 年)等。这些目录学著作有的未曾出版,有的已经遗失,大多难以寻觅。因未曾寓目,故此处略而不论。

第二节　版本学

在我国,版本学由来已久,"中国古书版本名学,其来尚矣"⑤。版本学"始

---

① 蒋元卿:《中国图书分类之沿革》,中华书局 1944 年版,"自序"第 1 页。
② 蒋元卿:《中国图书分类之沿革》,中华书局 1944 年版,第 38 页。
③ 蒋元卿:《中国图书分类之沿革》,中华书局 1944 年版,第 246 页。
④ 梁瑶:《蒋元卿先生的图书分类学成就》,《山东图书馆学刊》2010 年第 3 期。
⑤ 李致忠:《古书版本学的起源与演变》,载《版本学研究论文选集》,书目文献出版社 1995 年版,第 139 页。

于汉,昌于宋,而大盛于清"①。张舜徽认为,对版本的重视和讲究版本的风气,"开始于南宋,而大盛于清乾、嘉时"②。尽管说法不尽相同,但一个基本的事实是,版本学在我国经历了一个漫长的历史发展过程。然而版本学从校雠学、目录学中独立出来后出现了版本学的相关理论专著,则是20世纪的事情。20世纪,以叶德辉、钱基博、缪荃孙、陶湘、孙毓修、张元济、郑振铎等为代表的版本学家纷纷出现。同时这一时期也出现了一大批版本学理论著作,如叶德辉的《书林清话》和《书林余话》、钱基博的《版本通义》、孙毓修的《中国雕板源流考》等等。自此,版本学开始逐渐形成一门独立的学科。本节将以上述版本学著作所论版本学与文献学之关系为视角,进一步分析其版本学成就。

一、传统版本学的持续发展

民国时期,传统版本学的研究取得了较大进展,当时不少学者在传统的藏书志、读书志、题跋中都有关于版本学理论的论述,如蒋汝藻的《传书楼藏书志》、张钧衡的《适园藏书志》、傅增湘的《藏园读书题记》等等,其中集大成者为叶德辉的《书林清话》和《书林余话》。

叶德辉(1864—1927),字奂彬,一字渔水,号郋园,近代著名版本目录学家、藏书家、刻书家。叶氏终生致力于古书搜集、校勘与收藏,"不乐仕进,日以搜访旧书、刻书为事,勤于考据之学","平日遇宋、元、明刻旧本,多手自勘定,题跋精详"。其在经学、史学、版本目录学、校勘学、文字学等方面均有精深造诣,许崇熙称其"藏书既富,著述滋多","一时言古学者,翕然宗之,海内外无异词焉"。③叶氏在版本目录学方面的成就及影响尤为突出,先后撰写了系统的书史《书林清话》《书林余话》等,编纂了《观古堂书目丛刻》等。《书林清话》是中国第一部真正有系统的版本目录学专著,用笔记体写成,梁启超曾评价该书"论刻书源流及掌故甚好"④。

在《书林清话》自叙中,叶氏对于创作此书的缘起和初衷有所提及。应该说,叶昌炽《藏书纪事诗》是其撰述《书林清话》的直接动因。众所周知,《藏书

① 戴南海:《版本学概论》,巴蜀书社1989年版,第19页。
② 张舜徽:《中国文献学》,上海古籍出版社2011年版,第47页。
③ 许崇熙:《郋园先生墓志铭》,载《近代中国史料丛刊续辑·碑传集三编》,(台北)文海出版社1981年版,第2204页。
④ 梁启超:《饮冰室合集》专集七十一,中华书局2003年版,第18页。

纪事诗》开创了中国藏书史研究的先河。对此,叶德辉也给予高度评价:"往者宗人鞠裳编修昌炽,撰《藏书纪事诗》七卷,于古今藏书家,上至天潢,下至方外、坊估、淮妓,搜其遗闻佚事,详注诗中,发潜德之幽光,为先贤所未有。即使诸藏书家目录有时散逸,而姓名不至灭如,其盛德事也。"但同时也指出此书不足之处:"顾其书限于本例,不及刻书源流与夫校勘家掌故,是故览者所亟欲补其缺略者。"①叶德辉侄儿叶启釜也有类似的说法:"盖因宗人鞠裳讲学撰《藏书纪事诗》,唯采掇历来藏书家遗闻轶事,而于镂版缘始,与夫宋元以来官私坊刻三者派别,莫得而详。"②因此,叶氏亦欲通过对"刻书源流""校勘家掌故"及"宋元以来官私坊刻三者派别"之撰述以弥补《藏书纪事诗》之不足。其实,《藏书纪事诗》对于"刻书源流"和"校勘家掌故"亦有多处涉及,只是不及《书林清话》全面而详尽,这是由二书不同的体例所决定的。《书林清话》的成书及其在学术界的地位也与叶氏深厚的家学渊源和精深的学术造诣密不可分,据《观古堂藏书目》序所述,宋代学者叶梦得、清代叶树廉、叶奕皆为其先祖,叶氏曾祖、祖父也是笃学好书之士。因此,家中"累代楹书,足资取证"③。叶氏幼承庭训,"朝夕讽诵","得窥著作门庭"。同时,叶氏本人也搜集了大量古籍善本,据刘肇隅《郎园读书志》序所言,叶氏"竭四十年心力,凡四部要籍无不搜罗宏富,充栋连橱"。至辛亥时,插架已达十六万卷之多,此后数年仍有扩张,据估计已超过三十万卷。浓郁的家学渊源、丰富的藏书为叶氏撰写《书林清话》提供了坚实的基础。

《书林清话》是在"检讨诸家藏书目录题跋,笔而录之"的基础上编撰而成,它"于刻本之得失,抄本之异同,撮其要领,补其阙遗……凡自来藏书家所未措意者,靡不博考周稽,条分缕析"④。该书是研究中国书籍发展历史及宋元明清典籍版本的重要经典著作。《书林清话》虽属于笔记体裁,然叶氏也是匠心独运,在篇目次序、卷帙分和方面有所考虑的,如卷一述及版本名称概念及刻板缘起,卷三卷六专述宋代刻书,卷四专述金元刻书,卷五卷七专述明代刻书,卷九专述清代刻书,卷八综合论述类书丛书刻本、绘画本、活字版及套印书等。全书共十卷,126 个专题,内容大致可以分为十类,即雕版源流、历代官刻、历代私刻、

---

① 叶德辉:《书林清话》,岳麓书社 1999 年版,"自叙"第 1 页。
② 叶德辉:《书林清话》,岳麓书社 1999 年版,叶启釜"跋"第 244 页。
③ 叶德辉:《书林清话》,岳麓书社 1999 年版,"自叙"第 1 页。
④ 叶德辉:《书林清话》,岳麓书社 1999 年版,叶启釜"跋"第 244 页。

历代坊刻、断代研究、古代抄本、古代藏书、古代书业、古代书话、古籍辨伪。① 这十类可以归纳为四个方面:一是关于书籍的墨色纸张、装帧钞印方面的内容,21个专题;二是关于书籍刻制(包括活版)方面的,61个专题;三是关于各类刻本及其优劣、价格等方面的,21个专题;四是与版本有关的轶事及其他,23个专题。②

《书林清话》撰成于"宣统辛亥岁除"③,后因战乱频仍,未能及时出版,"中更兵燹,剞劂之工,刻而复停"④。民国8年(1919年),叶启崟在叶德辉稿本的基础上,"取校原引各书,漏载者补之,重衍者乙之,凡五阅月而毕业",校勘完毕之后寄呈叶德辉"鉴定"。为避免"挂漏尤多","复率从弟康侯、定侯等助余检校,又补正数十字"⑤,后于民国9年(1920年)付梓刊行,此为该书较早版本⑥。民国17年(1928年)《书林清话》铅印本由京师图书馆监督重版,缪荃孙为之作序。民国24年(1935年)长沙古书社刊印《书林清话》为《郋园先生全书》一种。此后该书被多个出版社再版,主要有古籍出版社、中华书局、上海书店、岳麓书社等十余家。《书林清话》在学界产生了较大反响,胡适将其列为《国学名著百种》书目之一,梁启超于1923年撰《国学入门书要目及其读法》时也将此书收入其中并谓其"论刻书源流及其掌故甚好"⑦。缪荃孙给予高度评价:"此《书林清话》一编……所以绍往哲之书,开后学之派别,均在此矣。"⑧张舜徽认为该书"称述藏家故实,广采名流燕语,扬榷得失,语多精辟"⑨。之后的版本学专著对《书林清话》亦多有援引,如黄永年《古籍版本学》(江苏教育出版社2005年版)、戴南海《版本学概论》(巴蜀书社1989年版)、李致忠《古书版本鉴定》(文

---

① 徐雁:《读〈书林清话〉》,《图书情报研究》1986年第4期。
② 朱新民:《叶德辉及其历史文献学研究》,湖南师范大学2005年硕士学位论文。
③ 叶德辉:《书林清话》,岳麓书社1999年版,"自叙"第2页。另,叶氏侄儿叶启崟亦曰:"书成于宣统辛亥",见叶德辉《书林清话》,岳麓书社1999年版,叶启崟"跋"第244页。
④ 叶德辉:《书林清话》,岳麓书社1999年版,叶启崟"跋"第244页。
⑤ 叶德辉:《书林清话》,岳麓书社1999年版,叶启崟"跋"第244—245页。
⑥ 关于《书林清话》初版时间,有三种说法:一、民国6年(1917)说(任莉莉:《叶德辉〈书林清话〉笺证》,华东师范大学2009年博士学位论文);二、民国8年(1919)说(柳和城:《孙毓修评传》,上海人民出版社2011年版,第175页);三、民国9年(1920)说(江瑞芹:《叶德辉〈书林清话〉版本学思想研究》,华中师范大学2009年硕士学位论文;刘孝平:《叶德辉文献学研究》,武汉大学2005年硕士学位论文)。真实情况如何,待考。
⑦ 梁启超:《饮冰室合集》专集七十一,中华书局2003年版,第18页。
⑧ 叶德辉:《书林清话》,岳麓书社1999年版,"缪序"第1页。
⑨ 张舜徽:《清儒学记》,齐鲁书社1991年版,第365页。

物出版社 1997 年版)、曹之《中国古籍版本学》(武汉大学出版社 2007 年版)、严佐之《古籍版本学概论》(华东师范大学出版社 1989 年版)等。《书林清话》在学术界和文献学史上的地位于此可见一斑。

　　长期以来,关于版本学是否能够成为一门独立的学科,众说纷纭,聚讼不已。有人认为,我国古籍版本的研究,是从校雠学的研究应用发展而来的,目录、版本、校勘三者相互为用,相互促进发展,版本工作为校雠学的一个重要组成部分,但其不能独立成学,持这一观点的为张舜徽,他说:"近世学者于审定书籍,约分三途:奉正史艺文、经籍志及私家簿录数部,号为目录之学;强记宋、元行格,断断于刻印早晚,号为板本之学;罗致副本,汲汲于考订文字异同,号为校勘之学。然揆之古初,实不然也。盖三者俱校雠之事,必相辅为用,其效始著;否则析之愈精,逃之愈巧,亦无贵乎斯役矣。"①有人认为,版本学可独立成学但为目录学的分支学科,持这种观点的为余嘉锡,他说:"校雠文字,辨别版本,虽为目录之所有事,今皆别自专门名家,欲治其学,当著专篇。"②叶德辉认为,版本学、目录学、校勘学均可独立成学,它们之间联系紧密,统领于校雠学之下,为校雠学的重要组成部分。③ 对于"近人"以"目录之学"定义"官家之书",以"版本之学"定义"私家之藏",从而将目录之学与版本之学相互对立的观点,叶氏并不认可。他认为,版本、目录、校勘三位一体,密不可分。从版本学、目录学的起源与发展来看,也足以证明叶氏观点的正确与合理。刘向、刘歆父子校书,先搜集众本,然后进行校勘,最后撰成目录,三者紧密相连、不可分割,共同为图书整理事业作出重大贡献。在整理图书的过程中,他们并未区分"官家之书"与"私家之藏",而是遵循相同的程序。此后的校书,无论官修还是私修,几与前朝类似。况且,"官家之书"也有目录版本,"私家之藏"也有版本目录。因此,叶氏认为,版本、目录虽可独立成学,但又紧密相连,不可分割,"言目录则版本为之辅,言版本则目录也可为之辅"④。为了增强这一观点的说服力,叶氏以实例说明版本之学起源于藏书目录。⑤ 叶氏认为,在雕版印刷术出现之前,虽然也有藏书目录,但因当时诸家藏书有限,"多者三万卷,少者一二万卷",因此无所谓异本重

---

①　张舜徽:《广校雠略》,中华书局 1963 年版,第 1 页。

②　余嘉锡:《目录学发微》,中国人民大学出版社 2010 年版,第 75 页。

③　叶德辉:《书林清话》卷一"版本之名称",岳麓书社 1999 年版,第 21—22 页。

④　戴南海:《版本学概论》,巴蜀书社 1989 年版,第 23—24 页。

⑤　叶德辉:《书林清话》卷一"古今藏书家纪版本",岳麓书社 1999 年版,第 4—5 页。

本。雕版印刷术出现之后,图书的印制能力大为提高,于是出现"一书多至数本"之现象。在这种情况下,藏书家为了辨别不同版本的图书,不得不在撰叙目录时著录异本和不同的版本,版本学因此而产生。叶氏指出,南宋初期尤袤《遂初堂书目》开创了目录中著录版本的先例,南宋岳珂《九经三传沿革例》①继承了这一传统。鉴于此,叶氏认为,版本学是在目录学中产生的。而辨别版本之风,也是从宋末士大夫开始的。仔细分析叶氏的相关论述,我们就会发现,叶氏对于雕版出现之前目录中著录版本资料的情况并未述及,这与他对"版本"二字的定义有关。叶氏认为,雕版之前出现的写本谓之"本","板"则指雕版,合起来才能称为"板本"。② 为了更好地说明这一观点,叶德辉还引用了其先祖南宋叶梦得《石林燕语》中的相关说法。但叶梦得在《石林燕语》中仅仅对写本和版本进行了区分并分析了版本发展的历史,指出写本多经过精密的校对,故往往多为善本。五代冯道始奏请官府镂《六经》板印之后,雕版日益兴起,学者们"易于得书","不复以藏书为易","诵读亦因灭裂"。同时,雕版书出现之后,学者们多以雕版为底本进行校勘。在这种情况下,先前所藏写本逐渐消亡,于是讹误大量出现。也就是说,写本与雕版的最大区别在于写本的讹误较少,而雕版相对较多。其实这一说法也不尽然,讹误的多少取决于抄写者或刻工对于文本的熟悉程度及本人的学识、态度,同时也源于各种客观条件的限制,如避讳等。正是在叶梦得《石林燕语》的影响下,叶德辉以雕版书讹误较多、鉴别版本之风兴起于宋为由得出版本学始于宋的结论。应该说,叶氏关于版本学兴起的观点有一定的合理性,但却忽视了雕版印本出现之前众多写本的差异性,也忽视了目录学、版本学同根同源这一基本事实。因此,叶氏的解释难免给人望文生义的感觉。

虽然版本学兴起较早,但却未能得到较快的发展,直至宋代,才有了进一步的发展。叶氏认为,从明末开始,版本学开始向独立学科的方向发展,他说:"明

---

① 经后人考证,《刊正九经三传沿革例》实为元代岳浚所为。
② 叶德辉:《书林清话》卷一"版本之名称",岳麓书社 1999 年版,第 21 页。

毛扆《汲古阁珍藏秘本书目》①注有宋本、元本、旧抄、影宋、校宋本等字……江阴李鹗《得月楼书目》，亦注宋板、元板、钞本字。国初季振宜《季沧苇书目》、钱曾《述古堂藏书目》，卷首均别为宋板书目。"②由此可知，明末清初士大夫的私人藏书书目对相关版本的记载已蔚然成风，重视版本成为一种时尚。在此基础上，到了清代，"尤其是乾嘉以还，考据之业，可谓鼎盛，于是研究版本之学逐渐发展为一门有理论、有方法的学问"③。叶氏认为："自康、雍以来，宋元旧刻日稀，而搢绅士林佞宋秘宋之风，遂成一时佳话……嘉庆二年，以《前编》未尽及书成以后所得，敕彭元瑞等为《后编》二十卷，是为官书言板本之始……其后臣民之家，孙星衍有《祠堂书目内编》《外编》，宋元旧板并同时所刻，分别注明……大抵于所见古书，非有考据，即有题记。"④从以上论述不难看出，版本学在清代得到较快的发展。这一时期，版本学研究范围急剧扩大，不单著录异本，而且对刊刻时地、收藏姓名、印记均一一考证。同时，大量官修目录也广著异本，出现了较多卓有成就的版本学家和较高水平的版本学著作。叶氏不仅认为版本学是在目录学中产生，而且进一步指出，版本的鉴别同样离不开目录学，他说："鉴别之道，必先自通知目录始。"⑤这是因为，如果没有对目录书和目录学的深入研究，就不可能通晓古书的存亡；对古书的存亡不了解，"一切伪撰抄撮、张冠李戴之书杂然滥收"，从而导致"淆乱耳目"。因此，目录之学需"时时勤考"。⑥反过来，目录学也离不开版本学，这可以从叶氏藏书目录《观古堂藏书目》中略知一二。在该书中，我们发现，叶氏的著录专案包括诸多与版本相关的内容，如同书异名问题。因此，在叶氏的心目中，目录学与版本学的关系如影随形，时刻没有分离。

---

① 毛扆(1640—1713)，清著名藏书家、校勘家、出版家。字季斧，号省庵，毛晋次子。江苏常熟人。精于小学，以校勘图书知名。编有《汲古阁珍藏秘本书目》，此书成于康熙四十四年，一卷，收书481种。按四部序次排列，著录书名、卷册数外，注记版本特别详细，宋元版书大多冠于书名之前。此书最早将善本集中编成目录，它不仅宋元旧刊外收录明初及嘉靖刻本，还收录各种旧抄本，不仅从版本的时代划定界限，还从版本文字内容异同考虑珍善与否，作为一部完整意义的善本书目，名副其实。从微观上看，其著录版本各项相当精密，《汲古阁珍藏秘本书目》对清代善本书目这一重要目录类型，具有开先创制的意义。另外，它对古籍善本价格的记录更具其他书录所罕见的史料价值。
② 叶德辉：《书林清话》卷一"古今藏书家纪版本"，岳麓书社1999年版，第5页。
③ 戴南海：《版本学概论》，巴蜀书社1989年版，第15页。
④ 叶德辉：《书林清话》卷一"古今藏书家纪版本"，岳麓书社1999年版，第5—7页。
⑤ 叶德辉：《藏书十约》"鉴别二"，载李庆西校《叶德辉书话》，浙江人民出版社1998年版，第5页。
⑥ 叶德辉：《藏书十约》"鉴别二"，载李庆西校《叶德辉书话》，浙江人民出版社1998年版，第5页。

　　叶氏关于目录、版本学的有关认识既源于自己长期的古籍整理实践,也得益于其对此方面的深入研究。应该说,叶氏的这一观点已为当时的一些学者所认可,从而纠正了乾嘉时期对目录版本学的错误认识,为版本目录学走上良性发展轨道产生了积极影响。

二、版本学研究的新成就和新体例

　　民国时期,在西方图书馆学理论尤其是版本学理论的影响下,中国的版本学研究也有所创新,诸多学者开始以西方版本学理论为参照进行研究,如钱基博的《版本通义》、王重民在《善本提要》中的版本研究等等。《版本通义》是继《书林清话》之后的又一部版本学专著,也是第一部以"版本"命名的版本学著作,更是"第一次试图从理论与实践两方面对版本学进行研究的专著"[1]。

　　钱基博(1887—1957),古文学家、文史专家、教育家。字子泉,别号潜庐,江苏无锡人,著名学者钱锺书之父。钱基博自幼学习中国传统文化,打下了扎实的国学功底。1905 年,受当时"中学为体,西学为用"思想影响,开始学习西学。1906 年,应薛南溟之聘,任家庭教师,为其子教授算学。1913 年任无锡县立第一小学文史地教员。1918 年任无锡县立图书馆馆长。1923 年后历任圣约翰大学、清华大学、无锡国学专修学校(现苏州大学)、光华大学、浙江大学、华中大学(今华中师范大学)等校教授。钱基博长期从事教育和著述,在经学、史学、文学等方面均有精深造诣,一生著述颇丰,主要有《经学通志》《古籍举要》《国学必读》《文史通义解题及其读法》《版本通义》《骈文通义》等诸多专著和论文。《版本通义》作为我国最早的两部版本学专著之一,"堪称版本学的学术经典"[2],"在学术史上对版本学的独立起到了关键的作用"[3]。

　　《版本通义》成书于民国 19 年(1930 年)5 月,初版于民国 20 年(1931 年)4 月,由上海商务印书馆刊印发行。全书分为四个部分,即"原始第一""历史第二""读本第三"和"余记第四"。"原始第一"主要论述宋以前版本,从源头上追溯了版本和版刻的产生和发展;"历史第二"记载了宋元明清版本的沿革,目的在于"审其流别、详其沿革",其中以记载宋代版本为详;"读本第三"则是为初

①　鲁远军:《从〈版本通义〉看版本研究思想》,《新疆师范大学学报(哲学社会科学版)》,2000 年第 1 期。

②　刘佳:《20 世纪版本学史研究》,河北大学 2009 年硕士学位论文,第 6 页。

③　郑春汛:《〈版本通义〉学术特色浅议》,《图书馆理论与实践》2008 年第 3 期。

学者介绍一些常读经典的常见版本,以便使它们"易买易读,不致迷惘眩惑"①;
"余记第四"杂记历代影抄、学习版本的途径及心得体会等。严佐之认为,《版本
通义》的主要看点有两端:一是"会通古今"的"义例",二是"重在校勘"的"义
理"。② 应该说,这一评论恰如其分。

　　从"义例"来说,与《书林清话》相比,《版本通义》更多地强调内容和体例的
完整。尽管《书林清话》是第一部版本学著作,但它却是以读书札记体裁来记录
版本研究心得的学术专著,正如叶德辉所言,这是他在撰《藏书十约》之后,在
"挈其大纲,其有未详者,随笔书之"的基础上,"积久成帙,逾十二万言,编为十
卷"③,终成是书。《书林清话》的成书起初并非有意为之,所以其内容的自由、
缺乏构建体例也在情理之中,叶氏将该书命名为"清话"也并非自谦,而是实至
名归。陈垣也曾有言,《书林清话》"书很好,只是体例太差",评价可谓切中肯
綮。其书虽然于"书籍版刻源流,尤能贯串"④,于版本细枝末节,尤多考覆,但
"终究未能明晰构架出版本学的学科结构体系"⑤。《版本通义》的撰写则完全
不同,他是钱基博"有意为之"的得意之作。⑥ 在《版本通义》《叙目》中,钱氏不
仅强调此书的"内容"为版本学,更强调其"体例",即要达于"会通"、"发凡起
例",意欲为版本学做通贯研究,开创新的体例。如果说 20 年前叶德辉撰写《书
林清话》时版本学还没有独立于学者的自觉研究视野,那么 20 年后《版本通义》
的出版则标志着"版本"作为独立的研究对象为学界认可并上升到了理论高度,
版本学被作为一个学科来看待,"第一次脱离校雠、目录等学科做了一次主
角"⑦。从书名来看,"通义"显然有沿袭《白虎通义》《文史通义》《校雠通义》之
意。事实上,章学诚《文史通义》《校雠通义》在民国初年确为显学,钱氏受此影
响也在情理之中。钱氏弟子吴忠匡说:"先生服膺清儒章学诚,认为唐刘知幾的
《史通》,章氏的《文史通义》,千载相望,骈称绝作。"⑧受章学诚潜移默化之影

---

① 钱基博著,严佐之导读:《版本通义》,上海古籍出版社 2007 年版,第 52 页。
② 钱基博著,严佐之导读:《版本通义》,上海古籍出版社 2007 年版,"导读"第 2 页。
③ 叶德辉:《书林清话》,上海古籍出版社 2012 年版,"序"第 1 页。
④ 叶德辉:《书林清话》,上海古籍出版社 2012 年版,"序"第 1 页。
⑤ 钱基博著,严佐之导读:《版本通义》,上海古籍出版社 2007 年版,"导读"第 3 页。
⑥ 正如钱氏本人所说:"余读官私藏书之录,而籀其所以论版本者,观于会通,发凡起例,得篇如
右。"参见钱基博著,严佐之导读:《版本通义》,上海古籍出版社 2007 年版,"叙目"第 1 页。
⑦ 郑春汛:《〈版本通义〉学术特色浅议》,《图书馆理论与实践》2008 年第 3 期。
⑧ 吴忠匡:《吾师钱基博先生传略》,《中国文化》1991 年第 4 期。

响,讲求通贯的治学方法,"剖析源流"是钱氏一贯的主张,这在钱氏的著述中有明显的表现。从《版本通义》一书的内容来看,《原始》和《历史》两篇追述了版本和版本学的起源、发展和演变,属于版本学学科的"历史"部分,几占全书内容之半,于此可见钱氏对版本学发展历史的重视,亦为其考证版本学源流之实证。"读本"为其讲述经史子集常见典籍之常见版本知识,为分门别类,甄别版本优劣之学科"方法"。此外,讲述版本鉴别"方法"的还有《历史》篇中的"宋刊特征"专题。《余记》部分杂记历代藏书风气、影抄、造伪、学习版本心得及途径等,大约相当于学科的"理论"部分。因此,钱氏不仅重视版本学的"历史"部分,而且更加注重体例的完整,历史、方法、理论三者俱备。因此,严佐之谓其"符合建构学科体系结构的理论要求"①的说法是正确的。此后如严佐之、戴南海、李致忠、黄永年、曹之等人的版本学著作大多沿袭这样的体例结构,虽然名称不一,如将"方法"称为"版本鉴定"等,对于"理论"的阐述,则散见于"历史"和"方法"中。由此可见,钱氏《版本通义》对于版本学科的建立和发展所具有的示范意义不可忽视,其理论的奠基作用和"先见之明"则有目共睹。

钱氏著作还有对于"版本学本质的认识"②。在该书《叙目》,钱氏对版本学的历史作了简单的梳理,指出版本学来源于校雠学和目录学:"版本之学,所从来旧矣!盖远起自西汉,大用在雠校。刘向《别录》:'雠校,一人读书,校其上下,得缪误,为校。一人持本,一人读书,若怨家相对,故曰雠也。'……然则雠校所资,必辨版本。至宋岳珂刊《九经三传》,称以家塾所藏唐石刻本,晋天福铜版本,京师大字旧本,绍兴初监本……合二十三本,专属本经名士反复参订。而于是事雠校者言版本。方是时,吾锡尤简公著录所藏,为《遂初堂书目》,特开一书兼载数本之例。而于是治目录者言版本。"③钱氏认为,清末以降,版本学逐渐脱离其母体而独立,"既以附庸,蔚为在国,寖昌寖炽,逮于逊清,版本之学,乃以名家,而吾苏为独盛"④。在钱氏的理念中,版本源于校雠,因此他更"强调版本的文献校勘意义,对版本学末流的骨董习气尤其反感"⑤,"版本之学,其始以精校

① 钱基博著,严佐之导读:《版本通义》,上海古籍出版社2007年版,"导读"第3页。
② 钱基博著,严佐之导读:《版本通义》,上海古籍出版社2007年版,"导读"第8页。
③ 钱基博著,严佐之导读:《版本通义》,上海古籍出版社2007年版,"叙目"第1—2页。
④ 钱基博著,严佐之导读:《版本通义》,上海古籍出版社2007年版,"叙目"第2页。
⑤ 钱基博著,严佐之导读:《版本通义》,上海古籍出版社2007年版,"导读"第9页。

雠,其蔽流为骨董"①,"然则宋椠不易得,得亦珍罕,以骨董视之,非读本也"②,
而这也正是贯穿于《版本通义》叙述结构中的一条主线。对于明清以来版本学
中的"佞宋"现象,钱氏极力反对并引用王世禛、钱谦益、钱大昕、陆游、叶梦得等
人之说予以反驳,最后肯定了焦循"宋版不必不误"的说法。③ 很明显,钱氏强
调版本的校勘绝非无病呻吟,而是有感而发。当然了,版本的校勘包括版本鉴
定。钱氏认为,研究版本的目的不是为了珍藏而是为了校勘、鉴定出较好的版
本以便于治学,为读者提供易读、易得之读本。因此,在该书中专门设立《读本》
篇。在该篇中,钱氏虽然没有过多直接述及校勘和鉴定版本的"方法",但却为
我们提供了校勘和鉴定版本的最终"结果",使我们在研读古籍和治学过程中事
半功倍,从而从另一个方面说明了校勘、鉴定版本的重要性。当然了,版本校勘
和鉴定也需要目录学的知识,对此钱氏也有明确的认识。

综上所述,钱氏对于版本学在民国时期的发展及现代版本学的建立作出了
不可磨灭的贡献,其对版本学学科建设的开创之功将会随着历史的发展而愈加
为人们所熟知。

三、西方学者对雕版印刷史的研究

清末民初,西方印刷史研究十分盛行。由于西方印刷术受中国传统印刷术
影响颇多,为研究西方印刷术发展源流,不少西方学者开始将目光投向中国古
代印刷史。其代表人物便是美国汉学家卡特(T. F. Carter,1882—1925)④。

卡特是出生于苏格兰的美国人。他 1906 年来华观光期间,专门学习了汉
语,回国后致力于中国印刷术研究,并撰写了享誉国际的《中国印刷术的发明和
它的西传》(*The Invention of Printing in China and It's Spread Westward*),该书是
国际汉学界较早研究中国印刷术的学术专著。1924 年,卡特担任了哥伦比亚大
学中国文化系主任。然而,次年便去世了。同年,该书亦得以正式出版,并在
之后多次再版。

该书涉及中国造纸术的发明、印章的使用、石碑拓本、雕版印刷等版本学的

---

① 钱基博著,严佐之导读:《版本通义》,上海古籍出版社 2007 年版,第 83 页。
② 钱基博著,严佐之导读:《版本通义》,上海古籍出版社 2007 年版,第 52 页。
③ 钱基博著,严佐之导读:《版本通义》,上海古籍出版社 2007 年版,第 9—10 页。
④ [美]卡特著,吴泽炎译:《中国印刷术的发明和它的西传》,商务印书馆 1957 年版,5—7 页。

内容。中国传统版本学,专注于古书版本本身研究,而对古书制作过程等问题缺乏学术性探讨。一些诸如纸张、印章使用、印刷术等问题是研究古书版本发展所必须解决的基本问题,同时也是后世评判古书版本优劣、鉴定版本真伪、考察版本价值等的重要基础。卡特不仅将这些基本问题都进行了综合阐述,且在不少问题上提出了开创性见解。如他认为佛教的发展,是促使印刷发展产生的动力,佛经印刷是中国雕板印刷术产生的重要源头。

该书最大的贡献在于开启了中国近代版本学的一个重要研究领域——雕版印刷史研究。它将雕版印刷术作为专门研究对象,谈到了其在中国的发展演变及其对日本、韩国等东亚国家的影响,进而谈到了该技术的西传路径和西方的雕版印刷术。1957 年,吴泽炎翻译该书时评价称,"把中国的印刷作全面的研究,从发明的背景、发明的演变以至它的西传,本书可以说是第一本"。其对中国雕板印刷史研究的基本结论是:中国首先发明了造纸和印刷,并对欧洲造纸术和印刷事业的开始,都起了决定性作用。

卡特的研究视角对中国的版本学家有很大的影响,如有人曾认为孙毓修的《中国雕板源流考》为其翻译本。① 对此,胡道静予以否认,他说,尽管孙毓修精通英语,但《中国雕板源流考》为其著作,不是翻译。因为《中国雕板源流考》初次出版的时间为 1918 年,而卡特原著则是 1925 年由美国哥伦比亚大学出版社出版,卡特原著出版时间晚于《中国雕板源流考》。因此,《中国雕板源流考》不可能是译本。胡道静还考证了卡特原著在中国的翻译和出版情况,他说:"商务印书馆确实两次出版过卡特书的译本:第一次为刘麟生的节译本,名为《中国印刷术源流史》,于 1928 年出版,列入《汉译世界名著》;第二次为吴泽炎的全译本,名为《中国印刷术的发明和它的西传》。"胡道静还说:"刘译本的书名,很容易和孙著相混,大概因为误会,出了一个差错。"②卡特之书系统论述了中国印刷

---

① 陈江曾撰文指出:"《中国雕板源流考》实际上是本世纪初美国汉学家卡特(T. F. Carter)的一本学术名著 The Invention of Printing in China and It's Spread Westward 的意译。"见陈江:《古籍整理家与中国童话的创始人——孙毓修》,《出版史料》1986 年第 5 辑。

② 胡道静:《孙毓修的古籍出版工作和版本目录学著作》,《出版史料》1989 年第 3、4 期合刊,现收入《胡道静文集·古籍整理研究》,上海人民出版社 2011 年版,第 161 页。

术的发生发展及对西方产生的影响,对此,有学者给予了较高评价。① 系统全面是卡特之书的优点,但与孙著《中国雕板源流考》相比,在原始资料的搜罗及考证方面,卡特之书则较逊色。

四、孙毓修《中国雕板源流考》

西学东渐,西方的学科理念及版本学理论大量涌入中国,激发了传统学者对于中国版本学尤其是雕版印刷史的研究热情。在这方面影响最大者当为孙毓修所著《中国雕板源流考》。

孙毓修(1871—1922),清末民初版本目录学家、藏书家、图书馆学家。字星如,一字恂如,号留庵,自署小绿天主人,江苏无锡人。早年接受传统学术训练,谙熟古代文化典籍。科举既废,顺应潮流,关注西学,学习外文并决心从事著译。在南菁书院执教时,曾得缪荃孙指教,版本目录学根底颇深。光绪三十三年(1907年)入上海商务印书馆编译所,得张元济赏识,委任其筹建图书室。次年,商务印书馆购得绍兴徐氏、太仓顾氏、长洲蒋氏之书,设图书馆于其编译所,即世称"涵芬楼",孙毓修出任涵芬楼负责人。著有《永乐大典考》四卷、《事略》两卷、以及《江南阅书记》《四部丛刊书录》《中英文字比较论》《中国雕板源流考》等。

《中国雕板源流考》(以下简称《源流考》)是孙氏的代表作之一,也是中国较早的版刻学史专著。此书初版于民国7年(1918年),由上海商务印书馆作为《文艺丛刻·乙集》之一刊行面世,版权页有英文书名 *The History of Chinese Printing*(《中国印刷史》),署名"留庵"。此后,该书被多次重版,如商务印书馆《万有文库》第一集(1930年)和《国学小丛书》(1933年)均收有此书。在此书出版之前,有稿本《雕版印书考》②一册传世。稿本内所述内容,虽与铅印本在书名、叙述方式、体例等方面存在差异,然其内容及所述要点,与铅印本大同小异,故可认定此稿本为铅印本《中国版本源流考》未完底稿。③ 自民国2年

---

① 张秀民说:"我国最早发明印刷术,照理应有不少著作来记载歌颂,但过去就缺乏这方面的专史。近代孙毓修《中国雕板源流考》过于简略,叶德辉《书林清话》只是资料汇编。待美国卡特教授《中国印刷术的发明和它的西传》出版,始有系统的专书。"参见张秀民:《中国印刷史》,上海人民出版社1989年版,"自序"第8页。
② 此稿本收入其所辑《小绿天丛钞》第二十八册,黑格十行稿纸,版心中题"雕版考"及页数。有"孙印毓修"朱方、"小绿天藏书"朱长方印,卷端题"雕板印书考卷一"。
③ 乐怡:《孙毓修版本目录学著述研究》,复旦大学2011年博士学位论文,第99页。

（1913年）1月第19期开始，商务印书馆在其自办刊物《图书汇报》①杂志陆续以《中国雕板印书源流考》（以下简称《源流考》）为名连载该书内容②，时间长达数年之久，由此可见此书写作时间之长。这种在结集出版之前以期刊形式连续刊发此书内容之做法，似为面向社会征求公众之意见。③ 通过比较成书前后两种版本，可以发现诸多不同之处：首先是书名、标题和按语称呼的变化，如出版后书名删去了"印书"二字，"版"改为"板"；标题"雕版"改为"雕板之始"，"监本"改为"官本"；"毓修按"一律改为"按"。其次，从内容方面来说，关于此书撰写缘起的序文全删，原第一章《金石刻》全删，各章引言几乎全部作了删改，有的全删。各章内容也是损多益少、增少于删，尤以《官本》和《纸》两章为甚。④ 删除的内容多为同类史料或与主题无关的文字，还有一些文字上的修改是为了使文字更明确更精炼或是以常用字代替异体字。当然了，《源流考》从连载到出书，也有一些重要的增补之处。⑤ 因此，从总体上来看，孙氏所做的绝大多数的改动都是合乎情理、有理有据的，出版后的著作也更加符合学术专著的要求，这与孙氏著书立说时化繁为简、精益求精、严谨求实的治学态度密不可分。

关于此书著述的缘起和动机，孙氏在民国2年（1913年）1月《图书汇报》第19期第一次刊出该文时有所交代："原夫书契结绳，远在世质民淳之代。羲爻苍画，实肇锥形金影之先，夐乎尚已。但油素既艰，汗青不易，图书之业，传布为难。爰逮开皇之世，镂版令行。更溯长兴之朝，刊书名艺。上下五千载，盛启文史之风；纵横六大洲，独寐绣梓之术。此诚古人之伟业，抑亦国史之荣光。而记载寂寥，专书未辑。徘徊艺圃，良用谦然。粗述此篇，备厥掌故，由今溯古，则有六端，其涉于雕版者一曰时……二曰地……三曰式……四曰价……系于此者，又有二事。一曰纸墨……二曰装潢……综是六类，为之遐稽收藏之志，亲访珍秘之家，益以史书之文、杂家之记，条分缕析，述而不作。非敢炫博，盖将以扬国

---

① 此刊物由商务印书馆编辑发行，免费赠阅，主要刊发图书广告，间或发表少量小品文及学术文章。
② 详见商务印书馆《图书汇报》第19、21、27、30、35、52、58等期。
③ 柳和城：《孙毓修评传》，上海人民出版社2011年版，第187页。
④ 柳和城：《孙毓修评传》，上海人民出版社2011年版，第187—192页。
⑤ 柳和城：《孙毓修评传》，上海人民出版社2011年版，第193页。

辉而觇进步,其诸大雅所乐闻者钦。"①从上文我们不难发现孙氏作为学者所具有的社会责任感。众所周知,清末民初,西学东渐,崇洋媚外之风弥漫学界,对于"古人之伟业""国史之荣光"未能发扬光大。作为中国四大发明之一的雕版印刷术更是"记载寂寥,专书未辑"。鉴于这种情况,孙氏意欲通过该书的撰写,"将以扬国辉而觇进步",从而实现一个知识分子所应担负起的社会责任和学术担当。在此序文中,孙氏还简要梳理了中国图书的发展历史,"也可视为一篇简要的中国书史"②。

(一) 内容及特色

孙氏《源流考》全书分为"雕板之始""官本""坊刻本""家塾本""朱墨本""巾箱本""活字印书法""刻印书籍工价""纸"和"装订" 10 个部分,约25000 字。

在全书的编排上,《源流考》首辨雕版印刷术源头,次以刻印方为区分讲述各种版本,接下来阐述中国独具特色之活字印刷、巾箱书和朱墨本,最后述及刻印成本、书籍载体和形式。就《源流考》各部分来说,它是按照时间顺序,分别引录数则史料③,后以按语形式分析归纳。按语中也有材料,包括作者见闻,或考释,或辨正。

作为民国时期重要的版本学著作之一,胡道静认为,《源流考》"份量虽较叶德辉《书林清话》为小,然其中有好多资料为《清话》所未及,足见孙先生阅书之富"④。应该说,胡道静的评价较为公允。柳和城研究得出,孙著《源流考》为叶著《书林清话》所未及的材料有"雕板之始"章关于唐代雕本的论述,孙著引录范摅《云溪友议》和江陵杨氏藏《开元杂报》两条实证⑤。但孙著对于唐天祐刻陶渊明《归去来兮辞》则语焉不详,仅指出"盖不足信",叶著则专节考证,认为那是日本人赝刻,黎庶昌不辨真伪所致,较孙著详尽。⑥ 关于辽代雕版刻书,叶

---

①　此文为《源流考》首次刊出内容且末有"壬子十一月无锡孙毓修记"文字,故可认定其为序文。原载 1913 年 1 月《图书汇报》第 19 期。转引自柳和城:《孙毓修评传》,上海人民出版社 2011 年版,第 173—174 页;第 365 页。

②　柳和城:《孙毓修评传》,上海人民出版社 2011 年版,第 173 页。

③　孙氏在《源流考》中引录的史料多为概述,非全文引录。参见柳和城:《孙毓修评传》,上海人民出版社 2011 年版,第 176 页。

④　胡道静:《孙毓修的古籍出版工作和版本目录学著作》,《出版史料》1989 年第 3、4 期合刊,现收入《胡道静文集·古籍整理研究》,上海人民出版社 2011 年版,第 169 页。

⑤　孙毓修:《中国雕板源流考》,上海古籍出版社 2008 年版,第 2 页。

⑥　详见叶德辉:《书林清话》卷一"唐天祐刻书之伪",上海古籍出版社 2012 年版,第 19—20 页。

著有所忽略,孙著则引用《辽史》"兴宗二十三年,幸新秘书监"及其他史料得出辽代藏书之地为乾文阁。"道宗清宁元年十二月,诏设学,颁诸经义疏",并由此断定,辽代"必有雕本"。① 关于金代刻书,叶著《书林清话》仅论及平水书坊刻书和他处私宅刊本,孙著则引用《金史》等史料得出平阳即平水的结论,后以按语分析:"金初以平阳为次府,……天会六年……为上府,衣冠文物,甲于河东。于此设局刻书,一时坊肆会萃于此,至于元代,其风未衰",最后得出"平水为金元时官民雕板之所"②的结论,即平阳地区不仅有书坊刻书和私刻,更有官刻。关于刻印书籍工价及成本问题,叶、孙二著都有记载,但叶著仅有元、明两代刻书工价的点滴记载,即其卷七"元时刻书之工价"和"明时刻本工价之廉",宋代刻书工价的材料没有。孙著不仅设立专章引录刻印书籍工价问题,而且列举了四部宋版书的"纸数印造工墨钱",说明雕版印刷书籍中的此项记录,至少宋代已经出现。关于刻书用纸和书籍装订,叶著仅有几篇涉及宋代刻书、抄书用纸的相关问题③,但几乎没有涉及纸的发明和历代造纸情况,孙著则辟专章论述,先后引录《风俗通义》《抱朴子自叙》等说明纸的发明和使用,由此孙氏得出"竹帛废而纸大行,当在魏晋间矣"④的结论。接下来孙氏引用了《蜀笺谱》《东坡题跋》等介绍了蔡伦造纸,以及蜀产麻纸、竹纸的种类和历史沿革。他还用大量的地方史志介绍宋明两代造纸渊源、工艺技术及品种特色,为后来研究者提供了丰富的史料。关于中国书籍装订式样的变化,叶著虽也有零星记载⑤,但不够全面系统。孙著设专章扼要介绍了自唐代以来书籍装订的起源及其演变,这些材料作为版本发展的重要文献,已经引起了人们的高度重视。孙氏在《源流考》中不仅钩沉辑佚了大量文献资料,充分重视传世材料的运用,同时他还"注重调查研究,掌握第一手材料"⑥,这也可以说是孙著不同于叶著的又一特点。

　　作为中国较早的版刻学史专著,孙氏《源流考》也有其不可避免的缺点和不足:一是整体篇幅不大,部分内容过于单薄。《源流考》全书共二万五千余字,

① 孙毓修:《中国雕板源流考》,上海古籍出版社 2008 年版,第 8 页。
② 孙毓修:《中国雕板源流考》,上海古籍出版社 2008 年版,第 13—14 页。
③ 详见叶德辉:《书林清话》卷六"宋刻书纸墨之佳""宋造纸印书之人""宋印书用椒纸""宋人钞书印书之纸"等,上海古籍出版社 2012 年版,第 133—138 页。
④ 孙毓修:《中国雕板源流考》,上海古籍出版社 2008 年版,第 39 页。
⑤ 详见叶德辉:《书林清话》卷一"书之称册""书之称卷""书之称本"及卷七"明人装订书之式",上海古籍出版社 2012 年版,第 8—12 页;第 154—155 页。
⑥ 柳和城:《孙毓修评传》,上海人民出版社 2011 年版,第 185 页。

"朱墨本"部分仅五十余字,虽较简练,但却无法全面系统准确地对中国版刻学史作出总结。二是孙氏在引录历代文献时,往往撮取大意而非逐字引用,这样难免给人断章取义之嫌且不利于学术研究,有时也会使读者产生某种错觉。究其原因,或与清末民初盛行的笔记式体例或笔记式行文有关。三是行文以辑录文献史料为主,分析归纳较少,故学界颇多微词,如王绍曾说:"留庵所著,有《中国雕板源流考》,其书疏琐无统,未能称是。"①吴泽炎称孙氏的《源流考》为"材料的辑集","没有加系统的论断"。② 但《源流考》在清末民初的时代背景下所具有的启蒙意义不容忽视,其所辑录的文献资料也为后来研究者提供了丰富的线索和依据。

(二)意义及影响

柳和城认为,与同时期另两部同类著作相比,《源流考》是"第一部中国雕板印刷史"③。柳氏所说的"同时期另两部同类著作"指的是被誉为第一部中国书史的叶德辉的《书林清话》和美国汉学家卡特(T. F. Carter)所著 The Invention of Printing in China and It's Spread Westward。

柳氏认为,叶德辉的《书林清话》"第一种石印本出版于民国 8 年(1919年)"④,而《源流考》初次出版时间为民国 7 年(1918 年),《源流考》初版时间早于《书林清话》,故得出《源流考》为"第一部中国雕板印刷史"的结论。关于叶德辉《书林清话》的初次出版时间,学界有不同的看法,任莉莉曾对该书的版本源流进行过考证,她说在"1919 年石印本"之前,尚有"1917 年观古堂刻本",并且标明为"朱印,国家图书馆藏本"⑤。但笔者在国家图书馆仅查询到"1920 年观古堂刻本",并没有"1917 年观古堂刻本",此处存疑。若任莉莉"1917 年观古堂刻本"这一观点属实,柳和城关于《源流考》是"第一部中国雕板印刷史"的说法则不攻自破。尽管如此,《源流考》在学术界的地位仍是不可忽视的。与叶著《书林清话》相比,其优势也极为明显。首先,孙著有比较系统的分类和严格的编纂体例,而叶著的体例和分类则较为含糊。其次,叶著为笔记体,考证的比例

---

① 王绍曾:《小绿天善本书辑录》,载《目录版本校勘学论集》,上海古籍出版社 2005 年版,第 125 页。
② [美]卡特著,吴泽炎译:《中国印刷术的发明和它的西传·译者前记》,商务印书馆 1957 年版,第 6 页。
③ 柳和城:《孙毓修评传》,上海人民出版社 2011 年版,第 175 页。
④ 柳和城:《孙毓修评传》,上海人民出版社 2011 年版,第 175 页。
⑤ 任莉莉:《叶德辉〈书林清话〉笺证》,华东师范大学 2009 年博士学位论文,第 6 页。

较低,考证严密程度略逊于孙著。

孙氏《源流考》对此后学术界的影响极为深远,从20世纪20年代郑振铎的《文学大纲》到80年代魏隐儒的《中国古籍印刷史》、李致忠的《历代刻书考述》、张秀民的《中国印刷史》等专著,都将孙氏《源流考》列为重要的参考文献。孙氏《源流考》的"基本框架一直为后来研究印刷史者所袭用"①,其著述中的诸多论断也为后来的印刷史著述所引用。张元济撰于1939年的《宝礼堂宋本书录序》,是一篇重要的中国书史的简短序文,其篇章的叙述内容包括雕版起源(张氏主晚唐说)、五代《九经》、宋代刻书,以及家塾本、坊刻本、活字印书、历代印书用纸、书籍装订等,顺序几乎与孙著相同,诸多观点也较为相似,只是篇幅较短,所引材料略有不同。当代中国印刷史专家张秀民在其著述《中国印刷史》一书中也多次引用孙氏《源流考》的论断,或肯定,或修正,由此可知孙氏《源流考》在学术界的地位。尤其应该注意的是,作为民国时期为数不多的版本学著作,其对未来版本学发展的奠基之功也是不容忽视的。

五、其他版本学论述

胡朴安、胡道静的《校雠学》一书将校雠学方法归纳为六个方面,即逸书搜辑、真伪辨别、底本互勘、群籍钩稽、篇第审定、目录论次,其中"底本互勘"为校雠学方法第二步功夫中的重要一环。作为校雠学方法的重要组成部分,胡氏在这里更强调"版本"与"校勘"的密不可分,这与叶德辉之说②有异曲同工之妙。胡氏认为"底本"的校勘尤为重要,"底本校勘实为重要之事,抑乃为校勘之初步功夫","必得古本,而后可比勘以复其旧"。"是知流俗古书,讹误羡夺,不用旧本校勘,正其是非,则所读书,悉非真书。从而以误解误,思入非非,是所读之书,庸有益哉!况可定其立说之是非乎!"③对于校勘学家推崇宋本,认为其"刊刻在先,少经传误"之现象,胡氏不以为然,"然在宋人,视当时刻本,已叹为不如旧抄本",他还以苏东坡与戴东原之说相佐证。但上古文献,传世久远,底本和

---

① 柳和城:《孙毓修评传》,上海人民出版社2011年版,第175页。

② 叶德辉:"近人言藏书者,分目录、板本为两种学派。大约官家之书,自《崇文总目》以下,至乾隆所修《四库全书总目提要》,是为目录之学。私家之藏,自宋尤袤遂初堂、明毛晋汲古阁,及康雍乾嘉以来各藏书家,于宋元本旧钞,是为版本之学。然二者兼校雠,是又为校勘之学。本朝文治超轶宋元,皆此三者为之根柢,固不得谓为无益之事也。"参见叶德辉:《书林清话》卷一"版本之名称",岳麓书社1999年版,第21—22页。

③ 胡朴安、胡道静:《校雠学》,岳麓书社2013年版,第74—75页。

旧抄本难以确定且无处寻觅。因此,宋刻本便显得弥足珍贵,"然书终贵初刻,且三代古籍,远自鼎彝,递经竹帛传录,迄于镂版,求其底本,岂能穷源? 得宋刊相较,已期其能近真而已"①。校勘除了依据旧本之外,还需备有众本,"以彼此互相钩稽为最佳"。这是因为,很多版本都会出现错误羡夺之现象,"或者不讹误羡夺于此,而讹误羡夺于彼,何取何去,莫有绳准"。因此,只有依据众多版本,方可决定其是非,"其众本悉同者,可据以决为定本。其有不同者,亦可择善而从。此校勘备众本之必要也"。胡氏强调,备众本以校勘始于刘向,后世校勘学家和目录学家奉为圭臬。清儒校书,亦多用此法,"既多备众本,勘其异同,又从而以声类义训,定其是非,故于古书之底本,奄若合符矣"②。在这方面,成就最大的当为阮元,其集诸儒遍校《十三经注疏》,胪列异同,而自定其是非。胡氏认为,阮元校书较之刘向,"更有过之",其方法"亦视刘向为密"。刘向众本互勘,而"定其去取",而阮元则"记其异同"。③ 这是胡氏著作对于版本学有关内容的论述。

刘咸炘在《目录学》一书中也有关于版本学的论说,其主要论述了版本的起源、版本演进的过程及宋本鉴别的方法,对前人的观点或继承,或修正,或反驳。体裁类似笔记体,以按语形式表达自己的观点。关于版本的渊源问题,刘氏继承叶德辉《书林清话》的观点,"书有刻本,盛于五代"④。同时他还分析了版本学发展的历史,提出了自己的看法:"列异本始于宋人,贵宋本则著于明季,沿至近世,乃成专门之学。然其所以成学者,以其名目多,源流长,难于博识,必须勤笃耳。若其理法固自无多,根柢资籍仍在于群学,未可画疆而自治也。故言版本之书,其内实大半罗故实而已。"⑤对于叶德辉在《书林清话》中的一些史实错误,刘氏也给予了及时纠正,如叶德辉认为丰道生与毛扆为同时代藏书家,刘氏予以否认,他说:"丰道生生于嘉隆间,非毛氏同时。"他还指出,明嘉隆间"虽重旧刻书,止视之如旧墨古器,为清玩之具而已。至于稍加考证,明其贵重,关于学术,则实始于钱谦益。毛晋、钱曾实其门人,是开虞山版本学一派,旁及苏州

①　胡朴安、胡道静:《校雠学》,岳麓书社 2013 年版,第 75 页。
②　胡朴安、胡道静:《校雠学》,岳麓书社 2013 年版,第 76—77 页。
③　胡朴安、胡道静:《校雠学》,岳麓书社 2013 年版,第 80 页。
④　刘咸炘:《刘咸炘论目录学》,上海科学技术文献出版社 2008 年版,第 94 页。叶德辉也有类似的说法:"雕板肇祖于唐,而盛行于五代。"参见叶德辉:《书林清话》,岳麓书社 1999 年版,第 17 页。
⑤　刘咸炘:《刘咸炘论目录学》,上海科学技术文献出版社 2008 年版,第 94 页。

各县,承传勿替。乾、嘉校勘之风,虽由小学考证之盛,亦自冯班及何焯、陈景云师弟等开之。班固谦益门人,而焯则谦益再传也。源流皎然,不可诬没。特谦益名败书禁,其裔流讳言之耳"①。刘氏的论述不仅澄清相关史实,突出了钱谦益在版本学史上的历史地位,而且梳理了明清时代版本学方面的学术传承。

蒋元卿在《校雠学史》一书中对版本学的历史也进行了粗浅的勾勒,他指出,集合众本以校勘一书,起于西汉,后历代相传。而校雠家辨别版本、藏书家记载版本,在宋已是如此,"但其时仅以镂版盛行,各种刊本格式不同,故专事搜罗,依以为据,及示其藏书之富而已,初无所谓版本之学"②。到了清代,学者们"以元明版本之恶劣,乃不得不上溯古钞旧椠,以为依据",自此假造旧钞宋版书者日多。在这种情况下,校雠学家不得不"精考版本之源流,刊刻之年月,人名,纸墨,款式,前后序跋,收藏图印等,以期不为俗刻伪造所误"。于是,版本之学,"寖昌寖炽,乃亦以名家"③。蒋氏强调,版本之学最初是通过辨别古籍真伪来校书,因此很多书籍皆以校雠而兼治版本。后来一些学者以收藏为乐,版本则演变为古董式的赏鉴。到了清末,叶德辉著《书林清话》十卷,专言版本之沿革,元和江标又著《宋元本行格表》二卷,版本学"乃蒸蒸日上,与目录学并驾齐驱"④,而此时校雠之学则日渐衰微,进而演变为比较文字异同的校勘学。但蒋氏同时指出,校雠学分化为目录、版本和校勘三者,也是其"进步的现象"。在这里,蒋氏对版本学发展过程的分析简明扼要,条理清晰,让人耳目一新。

此外,民国时期的版本学著述还有叶德辉的《郋园读书志》(1920 年)、柳诒徵的《中国版本略说》(1934 年)等,在其他一些文献学著作(如蒋伯谦的《校雠目录学纂要》、向宗鲁的《校雠学》、郑鹤声等的《中国文献学概要》等)中也有关于版本学的论述。

第三节　校勘学

"校勘"二字本为同义,为校正、校订、审订之义。古籍校勘指的是通过对不

①　刘咸炘:《刘咸炘论目录学》,上海科学技术文献出版社 2008 年版,第 97 页。
②　蒋元卿:《校雠学史》,黄山书社 1985 年版,第 126 页。
③　蒋元卿:《校雠学史》,黄山书社 1985 年版,第 126 页。
④　蒋元卿:《校雠学史》,黄山书社 1985 年版,第 127 页。

同版本的比较,从而发现其文字语句的异同,进一步订正其中的讹误,复原存真,为阅读和研究提供接近原稿的善本。校勘学是通过研究校勘古籍的过程和总结校勘古籍的经验,进一步发掘其规律和法则,为具体的古籍校勘提供理论指导的一门学问。校勘学在我国源远流长,但直至民国时期,它才发展成为一门独立的学科。这一时期,促进校勘学发展的重要原因之一就是考古文物的发展,如甲骨文和金文的出土,汉晋简牍、敦煌遗书、明清档案的陆续面世。① 这一时期,不仅创立了独立的校勘学理论体系,而且涌现出一批在校勘学研究方面卓有成就的学者,如梁启超、张元济、陈垣、胡适、刘文典、杨树达、张舜徽等,他们"为现代校勘学的创立与发展作出了突出的贡献"②。

一、对文献校勘重要性的认识

民国时期,对文献校勘重要性的研究取得了长足进展,其中尤以张舜徽《广校雠略》体现得最为明显。张舜徽关于校勘重要性认识的思想集中体现在其早期著作《广校雠略》③一书中,在该书卷四中,张氏分四个专题分别进行了论述。其中第一个专题《书籍必须校勘论》包括《辞句误夺一字误衍一字之关系》和《字体误增一笔误省一笔之关系》两篇。第二个专题《校书非易事论》包括《校书贵任专才》《校书必资众手》《校书必熟于群籍》和《校书必深于小学》四篇。第三个专题《校书方法论》包括《不可轻于改字》《取相类之书对校》《据古注以校正文》《类书和古注不可尽据》《旧书本不可尽据》和《宋刊书不可尽据》六篇。第四个专题为《清代校勘家得失论》三篇,分别为《考证家不妄改字》《考证家之校勘复有专门博涉二派》和《金坛段氏之勇于改字》。前两个专题《书籍必须校勘论》和《校书非易事论》属于张氏校勘学的"理论"部分,也是其校勘学的特色所在。第三个专题六篇属于校勘学的"方法"论,在前人校勘学方法的基础上作了进一步推进,提升了理论层次。第四个专题属于张氏校勘学的"历史"部分,主要就清代校勘学考证得失进行考覆和评论。

---

① 倪其心:《校勘学大纲》,北京大学出版社1987年版,第71页。
② 邓怡周:《民国时期的校勘学研究》,《编辑之友》2012年第9期。
③ 《广校雠略》成书于1945年,是张舜徽先生的成名作,也是他的代表作之一,是他庞大学术著作体系的第一部,同时也是20世纪中国文献学理论发展的重要著作。《广校雠略》的主体部分共五卷计一百篇,另有附录三种。此书全面展示了张舜徽先生的校雠学思想及其体系,传统校雠学在书中得到了全面的总结和理论提升。

　　张氏对校勘学有充分的认识,也较早认识到古籍校勘的重要性,他说:"古书流传日久,讹舛滋多,或误夺一字而事实全乖,或偶衍一文,而意谊尽失,苟非善读书者,据他书订正之,则无以复古人之旧,此校勘之役所以不可缓也。"①关于"误夺一字而事实全乖"之情况,张氏举例进行了说明。如刘歆《移太常博士书》和班固《汉书·艺文志》均记载古文《尚书》出孔壁中,孔安国得其书而献之,遭巫蛊之事。然司马迁在《史记·孔子世家》中称孔安国为今皇帝博士,"至临淮太守,早卒"。据《太史公自序》可知,《史记》记载的内容为"黄帝以来至太初"年间的事情。因此,"孔安国之卒,必在太初之前",而"巫蛊之难"却发生于汉武帝征和年间,此时距孔安国之卒已久,故献书之说甚为可疑。后清代考据学家阎若璩撰《尚书古文疏证》,据荀悦《汉纪》述及此事,有云"武帝时,孔安国家献之",于"孔安国"名下多"家"一字,"由此可补《汉书》之漏,以释千古之疑"。因此,一字之差,意义迥然不同。"偶衍一文",有时也会"意谊尽失",如《后汉书·郑玄传》载《戒子益恩书》有云:"吾家旧贫,不为父母昆弟所容。"后经阮元考证,应为"为父母群弟所容",乃知范晔《后汉书》实衍"不"字。此说一出,不仅可以刊正范书之错误,"且进能昭雪先贤心迹,有裨于学术甚大"。因此,"书籍以传抄而衍夺日增,虽一字之微,关系甚大,世之鄙夷校书为小道末技者,岂通识哉!"②

　　为了防止漏字衍字情况的出现,张氏强调读善本的重要性,他说:"读书而不得善本,则必以不误为误。"③张氏认为,关涉一般书籍文字音义的错误,危害尚小,但对于经典就不同了,"若夫经典闳深一字不可增减,苟或笔画参差,意谊随之乖牾,甚者及于典章礼制,纷起争端,所关弥大,不可不察也"④。如《王制》"虞庠在国之四郊",后世钞书者增"四"字一画,则讹为"西郊"。为此清代学者段玉裁与顾广圻曾"往复论难,相攻若仇"。最后张氏总结道:"考正疑似,亦贵学有本原,既未能妄逞胸臆以改本文,亦不可徒劳口舌以滋争议。学者苟欲究心于字体误增误省之迹,以考定其是非,谅非空疏不学所易为也。"⑤

　　在论述了校勘学的重要性之后,张氏分析了典籍校勘必须具备的基本条

　　① 张舜徽:《广校雠略》,载《张舜徽集(第一辑)》,华中师范大学出版社2004年版,第63页。
　　② 张舜徽:《广校雠略》,载《张舜徽集(第一辑)》,华中师范大学出版社2004年版,第64页。
　　③ 张舜徽:《广校雠略》,载《张舜徽集(第一辑)》,华中师范大学出版社2004年版,第64页。
　　④ 张舜徽:《广校雠略》,载《张舜徽集(第一辑)》,华中师范大学出版社2004年版,第64—65页。
　　⑤ 张舜徽:《广校雠略》,载《张舜徽集(第一辑)》,华中师范大学出版社2004年版,第65页。

件。首先必须任用专才,他说:"道术庞杂,学业纷繁,有所取必有所弃,长于此或短于彼,尧舜之智,而不遍物,况庸人乎! 校书之必采专才,而各用所长,理势然也。汉初序次兵法,而属之张良、韩信,用其所长之谓也。"①后来的校书多是如此,如刘向校中秘书,任用步兵校尉校兵书,太史令尹咸校数术,侍医李柱国校方技,都是利用了他们的专长。至于刘向总校经传、诸子、诗赋三略之书,也是在刘歆、杜参等人的协助下完成的,他们分工合作,集思广益,充分利用自己的专长,最终校书工作得以顺利完成。对于宋代范祖禹反对陈景元校黄本道书之事,张氏予以强烈批评:"范氏不解校书专任专才而罢景元,过矣,此书生之论所以多不可从也。"②对于群籍、卷帙浩繁之书的校勘,张氏主张依靠众人之手分校数种,不能贪多求大,他说:"与其贪多无所发明,孰若守约之为能寡过耶? 至于卷帙浩繁之书,不妨集众力以分图之,刘歆所谓'一人不能独尽其经,或为雅,或为颂,相和而成'者,施之治学固形其陋,用以校书则大佳矣。"

　　对于校勘家的基本素质,张氏也有论述。他认为,作为一个校勘古籍的学者,必须像洪迈、钱大昕那样熟于群籍、博闻强识,他提倡洪、钱那样的"读书家之校雠"。对于"蝇头细书,不能定其是非,但务品其甲乙"的校书,张氏称其为"藏书家之校雠",说其"邻于书贾所为,为儒林所不重"。③ 除了博览群书、熟于典籍之外,张氏认为,校勘家还必须精于小学,他说:"读书必先识字,夫人而知之矣;顾不娴于校勘,则亦未为能读者。而校勘之役,尤非深于文字声音故训之学不为功。"④纵观历史上的校勘学家,如刘向、扬雄、班固、郑玄、陆德明、颜师古等人,他们皆为小学名家,均博通经典,长于说字。清代考据学成就突出,校勘之业发达,亦"赖其时字学昌明,远胜前代"⑤。在清代学者中,张氏最推崇王念孙父子及钱大昕、段玉裁三家之学。对于有人指摘段玉裁校书较为武断,张氏予以批驳,他说三家之学"同其精博",不同之处在于"王、钱心密,段氏识高,故极其所至,各有孤诣"。"心密则必据数证而后敢改,故不失慎重之意;惟识高则勇于自申其义,不惜破旧说而轻改字,究其所改易者,又十之六七合于古人原

---

① 张舜徽:《广校雠略》,载《张舜徽集(第一辑)》,华中师范大学出版社2004年版,第65页。
② 张舜徽:《广校雠略》,载《张舜徽集(第一辑)》,华中师范大学出版社2004年版,第66页。
③ 张舜徽:《广校雠略》,载《张舜徽集(第一辑)》,华中师范大学出版社2004年版,第68页。
④ 张舜徽:《广校雠略》,载《张舜徽集(第一辑)》,华中师范大学出版社2004年版,第68页。
⑤ 张舜徽:《广校雠略》,载《张舜徽集(第一辑)》,华中师范大学出版社2004年版,第68页。

本。"①无论"心密"还是"识高",他们都精于小学,博览群书,这是校勘古籍的基础所在,也是校勘学家必须具备的基本素质。张氏之论对当今的古籍校勘来说仍具有重要的启迪意义。

二、校勘方法的归纳与总结

校勘方法的归纳与总结是校勘学理论的重要组成部分,在叶德辉死校和活校方法的基础上,梁启超归纳出五种校勘方法。后来陈垣根据校勘《元典章》的实践,将校勘方法总结为对校、本校、他校和理校的"校勘四法"。

（一）梁启超的校勘学方法

梁启超学贯中西,在多个领域均有精深造诣,如哲学、文学、史学、经学、法学、伦理学、宗教学等。在文献学尤其是校勘学方面亦有突出的成就,主要体现在其《清代学者整理旧学之总成绩》②之校注古籍部分。梁氏认为,校勘学在学术研究中占有重要地位。他说,自清初提倡读书好古之风,古书纷纷复活。由于年代久远,先秦之书大多不易被人理解,这样就不可不对它们进行注释。在注释之前必须确认其是否为原文,这样就需要校勘。

关于校勘学的方法,在梁氏之前叶德辉曾进行过归纳和总结,他将校勘学的方法分为两种,即死校和活校。死校就是以此本校勘其他的版本,"一行几字,钩乙如其书,一点一画,照录而不改"。即使发现有讹误之处,也要留存原本,顾广圻、黄丕烈所刻之书就是采用这种死校的方法。所谓活校,即是参照群书所引"改其误字,补其阙文",又或"错举他刻,择善而从,别为丛书,板归一式"。③ 卢文弨、孙星衍所刻之书即是如此。叶德辉还进一步强调说,此"非国朝校勘家之秘传,实两汉经师解经之家法"。为此,他还进一步举例进行了说明,如郑玄注《周礼》即取杜子春诸本,"录其字而不改其文";陆德明撰《经典释文》,"胪载异本",采用的都是死校的方法。而刘向校录《中书》、许慎撰《五经异义》、岳珂刻《九经三传》,使用的则是活校的方法。他还说,掌握死校和活校

---

① 张舜徽:《广校雠略》,载《张舜徽集（第一辑）》,华中师范大学出版社 2004 年版,第 69 页。

② 此文初为梁启超在清华学校授课时编写的讲义,曾分期刊登在《东方杂志》上,现为其专著《中国近三百年学术史》中的一部分。

③ 叶德辉:《藏书十约·校勘七》,载李庆西校注《叶德辉书话》,浙江人民出版社 1998 年版,第 8 页。

的方法对读书人至关重要,"明乎此,不仅获校书之奇功,抑亦得著书之捷径也已"①。通过上述分析,我们不难发现,叶氏的校勘学理论是在中国两千多年来校书实践经验和校勘学理论基础上的归纳和总结,具有较强的理论色彩。但不可否认的是,其对校勘学理论的归纳较为粗疏②,对校勘学方法的分析也不够深入细致。

梁启超在长期的校勘学实践及叶德辉校勘学方法的基础上总结出"校勘五法":

第一种校勘法是"拿两本对照,或根据前人所征引,记其异同,择善而从"③。这是因为古书在传抄的过程中,由于种种主观与客观的原因,出现讹误在所难免。在这种情况下,可依托宋元刻本或精抄本,或其他类书及古籍所引异文,进行两两比对,从而发现差异及错误所在。梁启超认为,这种校勘工作非常烦琐,极其枯燥无味,对此没有特别的嗜好,便不必去做它。此外,梁氏还历数自清初以来在此方面作出突出贡献的学者及其著述,他认为这种校勘工作,在清初由钱曾、何焯开其端绪。此后,惠栋父子及其他乾嘉学者均在此方面有突出的成就,如卢文弨、顾广圻、黄丕烈、卢见曾、鲍廷博等。而这种校勘工作的代表性书籍则有黄丕烈的《士礼居藏书题跋记》、顾广圻的《思适斋文集》、孙诒让的《札迻》,此外还有毕沅刻《经训堂丛书》、黄丕烈刻《士礼居丛书》、陆心源刻《十万卷楼丛书》等。梁氏还特意强调,对于清代学者在此方面做出的成绩,应该给予足够的重视,因为很多时候正是由于他们对一两个字的校正,使整段的意思发生改变,从而使全段正确解释。④

第二种校勘法是"根据本书或他书的旁证反证校正文句之原始的讹误"⑤。如果说第一种校勘方法是凭借善本来校正俗本,那么第二种校勘方法则并不靠同一书的不同版本,而是在本书或他书之中找出旁证或反证用来校勘,这种校勘方法主要是在无善本可寻或善本尚有错误的情况下适用。梁氏认为这种办法又有两条道路可走:第一条路是在其他书中找出与本书文句互见的,如《韩非

① 叶德辉:《藏书十约·校勘七》,载李庆西校注《叶德辉书话》,浙江人民出版社1998年版,第8页。
② 若以陈垣"校勘四法"相类比,叶德辉的"死校"即"对校",而"活校"实际上包括"他校""对校"和"理校"的合理成分。从这一意义上说,叶氏对校勘方法的分类较为粗疏。
③ 梁启超:《中国近三百年学术史》,东方出版社2004年版,第250页。
④ 梁启超:《中国近三百年学术史》,东方出版社2004年版,第250页。
⑤ 梁启超:《中国近三百年学术史》,东方出版社2004年版,第251页。

子·初见秦篇》和《战国策》;《淮南子》《韩诗外传》和《新序》《说苑》等都有重合的部分。与第一种校勘方法相比,这种方法稍显繁难,必须博览群书,在校勘之前必须知道他书中有同文。只有这样,才能将他书中的同文与本书进行校勘,此时他书中的同文就成为本书绝好的校勘资料。接下来就可以按照第一种校勘方法进行具体而详细的校勘。因此,这种校勘方法比第一种校勘方法又前进了一步。而第二种校勘方法中的第二条道路相对于第一条道路来说对校勘者提出了更高的要求,它并不以他书作比对和校正,而是从本书各篇所用的语法、字法或一段中之前后文义进行推理或判断,从而发现今本讹误之处。梁氏强调,这种校勘工作,要求校勘者必须有"锐敏"的眼光、"缜密"的心思、"方严"的品格,否则滥用这种方法,很可能"生出武断臆改的绝大毛病,所以非其人不可轻信"①。他认为清儒中最初提倡这种校勘方法的是戴震,而应用得最为纯熟且成就最大者为王念孙、王引之父子。由此可见,梁氏对这种方法采取了较为审慎的态度,非有相当的学识和成就者如戴震、王氏父子不可随意使用。

第三种校勘法是"发见(同'现')出著书人的原定体例,根据他(同'它')来刊正全部通有的讹误"②。梁氏认为,前两种校勘方法,对于个别字句讹误的校勘是有效的。但如果一部书出现大面积的"颠倒紊乱",那么校勘全书唯一的方法,就是要推断此书的著作"义例"③。然后根据"义例"对全书裁判,不合"义例"的便认为讹误。比如墨子的《经》上下篇、《经说》上下篇,后来刻本与原书有较大不同,错乱较多,梁氏著《墨经校释》发明"经说首字牒经"之例对此厘正。再比如《说文解字》,经徐铉及其他人增补篡改,已经与许慎原书有较大不同。后来段茂堂、王箓友各自总结出许多通例,也对全书进行了厘正。对于这种依据"义例"进行校勘的方法,梁氏采取了极为审慎的态度,他特别强调不到万不得已,不可随意滥用,"此等原属不得已办法,却算极大胆的事业"④。他还进一步解释说,如果所总结的"义例"是正确的,那么"拨云雾而见青天",再痛快不过了;如果总结的"义例"不对,便是自作聪明,"强古人以就我",会使原书更加混乱,继而堕入宋明人"奋臆改书"的习气。因此,这种校勘方法的危险程

① 梁启超:《中国近三百年学术史》,东方出版社2004年版,第251页。
② 梁启超:《中国近三百年学术史》,东方出版社2004年版,第251页。
③ 梁氏指出,一部有价值的著作,总有它的"义例"(即所谓的"凡例")。但作者自己写定的不多,即使有亦多不详,这就需要校勘者依据未经修改部分进行推断。
④ 梁启超:《中国近三百年学术史》,东方出版社2004年版,第252页。

度比第二种校勘方法更大。

第四种校勘法是"根据别的资料,校正原著之错误或遗漏"①。如果说前三种校勘方法是对文句异同和章节段落位置的更正和调整,那么第四种校勘方法则是"对于原书内容校其阙失",也就是"和著作者算账"②。梁氏认为,这种校勘方法也可分为两种,即根据本书和他书进行校正。依据本书进行校正的例子有《史记》的相关记载,如对战国时事的记录,《六国表》与各世家列传的记载就有诸多矛盾之处,这样就可以据表而校世家列传之误,或据世家列传校表之误。依据他书进行校勘的例子,有陈寿《三国志》和范晔《后汉书》对汉末历史的记载,对于二书异同之处,可依陈书以校范误,或依范书以校陈误。再比如对于《元史》中的讹误之处,可依据《元秘史》和《圣武亲征录》等书进行校勘。梁氏进一步指出,这种校勘工作法仅限于对史书的校正。清代学者在这方面的成果较多,遍校多书者有钱大昕的《二十二史考异》、王鸣盛的《十七史商榷》等;专校一书者有梁玉绳《史记志疑》、施研北《金史详校》等。

梁氏强调,清代的校勘法大概可以分为以上四种。此外还有章学诚《校雠通义》里所讨论的书籍分类簿录法,暂且可以称为第五种。③

同时,梁氏还作了进一步的归纳和总结,他认为在这五种校勘法中,前三种属于狭义的校勘学,后两种可以称其为广义的校勘学。因为前三种校勘方法都是校正后来传本和刻本的错误,校勘范围则是个别字句的订正和章节段落位置的调整,其目的是恢复书籍的本来面目。后两种方法则不仅仅于此,它是在恢复书籍本来面貌的基础上对著述内容的厘正和对书籍分类簿录法的探讨,是对书籍内容及形式更深层次的研究。因此,梁氏的校勘学方法实际上包括了两个方面的内容:其一是求书籍文字之真,其二是求其记载内容之真。④ 在这二者之间,探求文字之真是校勘学最基本首要的任务,没有这个前提和基础,其他工作也就无从谈起。对比叶德辉的"校勘二法",我们可以发现,梁氏在校勘学理论与方法的总结方面有较大的推进。叶氏的校勘法无论"死校"还是"活校",其实都仅仅局限于校勘学的第一个阶段,或者说狭义校勘学的范围,即"求书籍文字之真"。梁氏在此基础上扩大了校勘学的研究范围,丰富了校勘学的理论和

① 梁启超:《中国近三百年学术史》,东方出版社2004年版,第252页。
② 梁启超:《中国近三百年学术史》,东方出版社2004年版,第252页。
③ 梁启超:《中国近三百年学术史》,东方出版社2004年版,第253页。
④ 崔文印:《说校勘四法》,《史学史研究》1990年第3期。

方法,为校勘学向独立学科发展作出了重大贡献。梁氏所说的广义的校勘,实际上与传统校雠学有着紧密联系,涉及目录、版本、辨伪、考证等诸多工作。如第四种校勘方法,严格来说属于考据学的范畴;而第五种校勘方法所说的"书籍分类簿录法"则属于传统目录学涵盖的范围。

梁氏的校勘学方法是对历代一般校勘方法的总结,对近代校勘学理论具有开创之功①,其理论与方法是"现代校勘学的奠基之作"②,在中国校勘学理论发展史上具有重要地位。由于此时仍处于现代校勘学理论的草创时期,因此梁氏校勘学方法的先天不足也是显而易见的:首先,理论的优势在于其对实践经验的高度概括与浓缩。在这方面,相对于陈垣的"四校法"来说,梁氏没有给出每种校勘方法确定的名称且对每种方法的概括也不够精练,由此也显现出梁氏在此方面的理论准备不足。其次,梁氏对每种校勘方法的具体功能定位不甚清晰,各种方法处于杂糅状态,分野不够清晰。如梁氏所说的"第一种校勘法"就含有陈垣"对校""他校"和"理校"的合理成分。梁氏"第一种校勘法"中的"根据前人所征引"与"第二种校勘法"中的"本书文句和他书互见"之方法其实是相同的,比照陈垣"四校法"来看,都是属于陈垣所说的"他校"的范畴。再次,梁氏的某些校勘法由于缺乏充足的实例佐证而显得有些抽象,使人难以理解其校勘法的具体内涵。③ 在这方面,陈垣的"四校法"要略胜一筹,《校勘学释例》列举了大量具体详尽的误例,在此基础上,陈垣加以归纳和总结并最终提出了所谓的"四校法",可谓清晰易懂,一目了然,具有更强的说服力。梁氏的校勘学理论与方法尽管有这样那样的问题,但其将经验性的东西上升为理论,则是校勘学发展史上的一大进步,他对中国近现代校勘学理论的奠基之功,是任何人都无法抹杀的。

(二)陈垣的"校勘四法"

如果说梁启超是现代校勘学的奠基者,那么陈垣则是将中国传统的校勘实践升华为现代校勘学的第一人。④ 陈垣(1880—1971),著名历史学家、教育家。字援庵,又字圆庵,广东江门新会人。自幼好学,1910年毕业于光华医学院。曾任国立北京大学、北平师范大学、辅仁大学的教授。陈垣著述甚丰,主要有

---

① 安尊华:《略论梁启超的古籍整理思想》,《贵州文史论丛》2007年第1期。

② 赵艳平、张小芹:《浅论梁启超的校勘学思想》,《编辑之友》2008年第2期。

③ 李本军:《论陈垣与梁启超二家校勘方法论异同及渊源》,《安徽文学》2008年第10期。

④ 邓怡周:《民国时期的校勘学研究》,《编辑之友》2012年第9期。

《校勘学释例》《史讳举例》《元西域人华化考》《中国佛教史籍概论》和《通鉴胡注表微》等。

陈垣年轻时就非常赞赏清代学者的治学成就,尤为佩服乾嘉学者的考据学成就。众所周知,清代学者治元史者颇多。究其原因,多是因为清代与元代略有相似之处。受此学风影响,陈垣对元史研究也有浓厚的兴趣。早在光绪末年在广州时,陈垣即借读方功惠所藏旧抄本《元典章》。民国初年到北京后,他又购得沈家本作跋的《元典章》(即沈刻本《元典章》)。在这种情况下又受钱大昕潜心元史研究的影响和启发,他便下决心从事元史方面的研究。但同时,他又遇到诸多具体困难,那就是发现沈刻本《元典章》舛误颇多,这迫使他不得不先做一番整理校勘《元典章》的工作。而整理校勘《元典章》的工作,反过来又成了一个很好的研究元史的机会。因为这不是单纯整理校勘可以解决的问题,而必须同时研究元史本身的多方面情况。他在自己的努力和同好者的支持下,先后购买和借到不同版本的《元典章》五种,依靠众多的力量,经过精心的校勘,纠正了沈刻本中的错误。陈垣曾自述:“余以元本及诸本校补沈刻《元典章》,凡得谬误一万二千余条,其间无心之误半,有心之误亦半,既为札记六卷,阙文三卷,表格一卷,刊行于世矣。”①是为《沈刻〈元典章〉校补》十卷。在此基础上,陈垣从一万二千余条讹误中“复籀其十之一以为之例,而疏释之”,最终成《元典章校补释例》,即《校勘学释例》。陈垣认为,通过此书的撰写,“将以通于元代诸书,及其他诸史,非仅为纠弹沈刻而作也”②。由此可见,陈垣并非为校勘而校勘,他的校勘工作是与元史研究紧密联系在一起的。他认为,治史之前必先校勘,“校勘为读史先务,日读误书而不知,未为善学也”③。同时,对于沈刻《元典章》中的讹误,陈垣也做了进一步的说明,表达了自己的看法。他说,沈刻《元典章》之讹误并非沈刻本本身造成的,“其所据之本已如此”,现将其舛误通归于沈刻本,仅仅是为了便于研究和说明。他还说:“六百年来,此书(指《元典章》)传本极少,四库既已方言俗语故,摈而不录,沈氏乃搜求遗逸,刊而传之,其有功于是书为何如!沈刻固是书之功臣,今之校补释例,亦欲自附于沈刻之诤友而已,岂敢龂龂前人耶!”④《元典章》对研究元史有很大的帮助,陈垣的元史著作和教学,

---

① 陈垣:《校勘学释例》,上海书店出版社1997年版,“序”第1页。
② 陈垣:《校勘学释例》,上海书店出版社1997年版,“序”第1页。
③ 陈垣:《中国现代学术经典·陈垣卷》,河北教育出版社1996年版,第519页。
④ 陈垣:《校勘学释例》,上海书店出版社1997年版,“序”第1页。

同《元典章》的研究密切相关,《元西域人华化考》的写成即为一例。

《校勘学释例》卷六的"校法四例"是陈垣校勘学的精华所在,陈垣特意指出其"校勘四法"(对校、本校、他校、理校)是在校勘《元典章》的基础上总结出来的。对于每一种校勘方法,陈垣都进行了深入分析,如"对校法",就是刘向《别录》所谓"一人持本,一人读书,若冤家相对者"之校勘方法,它是以同一书的不同版本(如祖本与别本)进行对读,若遇不同之处,则注于其旁。此法与叶德辉所谓"死校"有异曲同工之妙,它是一种较为机械的校勘方法,一般人均可使用,因此陈垣称此法"最简便""最稳当"。"对校法"的目的在校"异同",不校"是非",正如梁启超所言,这种校勘方法是与抄刻者算账,不是与著作者算账。由此可知,"对校法"的长处在于"不参己见",通过校本,可知祖本或别本之本来面目。其短处在于"不负责任",即使祖本或别本有较为明显的错误,亦"照式录之"。陈垣强调,"对校法"是最基本的校勘方法,"凡校一书,必须先用对校法,然后再用其他校法"①。这是因为,通过对校,不但可以发现一些从文义表面上看无误之误,而且可以知其何以为误。

所谓"本校法",顾名思义,即是以本书前后内容的互相印证,进而发现其中的异同,得知其中的讹误。陈垣强调,这种校勘方法是在没有祖本或别本情况下使用。因此,"本校法"具有相对的独立性。

"他校法",就是以他书校本书,这种情况又可分为三大类:凡其书有采自前人之书者,可以以前人之书校之;有为后人之书所引用者,则以后人之书校之;有为同时之书所记载者,则以同时之书校之。崔文印认为,陈垣的这种校勘方法"从形式上看是他校,但从实质上看则是对校,即版本校"②。应该说,崔氏的说法有一定道理,但并不完全准确。首先,"对校"是同一书的不同版本之间的校勘,校勘之前需要搜罗不同时期的不同版本,难度相对较小。"他校"则不同,它建立在校勘者博览群书的基础上,需要校勘者深厚的学术功底才能进行,否则便不知他书中有何记载,校勘更无从谈起。其次,"他校"不是同一书不同版本的校勘,而是对比不同书的相同内容的记载,因此,将"他校"称之为"版本校"是不确切的。从这里我们也可以看出,相对于其他校勘方法,"他校法"搜罗

---

① 陈垣:《校勘学释例》,上海书店出版社1997年版,第118页。
② 崔文印:《说校勘四法》,《史学史研究》1990年第3期。

"范围较广","用力较劳"①,但有时不用这种方法则不能证明其讹误。陈垣还以实例说明这种校勘方法的重要性,如对《元典章》"纳尖尖"和"纳失失"的校勘,"对校法"和"本校法"就无用武之地。因为若用对校法,沈刻本与元刻本记载相同,无法对校;若用本校法,全部《元典章》关于"纳尖尖""纳失失"的记载止此两条。在这种情况下,必须寻找《元典章》诸版本以外之书,比如《元史》。正是使用了这种他校法,陈垣最终证实了"纳尖尖"之名为元刻本和沈刻本共同记载错误。

所谓"理校法"即运用学理或常识来判断异文的正误,是在对校、本校、他校均无计可施的情况下不得已使用的校勘方法。正如陈垣所言,无祖本或古本可以比对,或者诸版本互异而无所适从时,方可使用此法。

在《校勘学释例》一书中,陈垣不仅分析了每种校勘方法的优劣,而且指出它们皆有渊源,如对校法是对汉代刘向"雠校"方法的总结,本校法则是对吴缜《新唐书纠谬》、汪辉祖《元史本证》方法的沿袭,他校法总结了丁国均《晋书校文》、岑建功所刻《旧唐书校勘记》的校勘方法,理校法则综合了段玉裁、王念孙、钱大昕等人的方法。"校勘四法"相互联系,紧密结合,是一个有机的整体,"若综合运用,便能取长补短,如此校勘古籍,几可将讹误一一校出改正"。②　"校勘四法"有着严密的内在逻辑,它"反映了校勘的实践程序"。③　陈氏"校勘四法"提出后,在学界影响颇大。张舜徽认为此四法为校勘古今一切书籍的基本方法,并且是"比较接近于科学的方法"。④

《校勘学释例》是陈垣校勘学成就的代表性著作,它"不仅将汉代刘向以来校勘工作作一全面系统总结,还建立了科学理论和方法,确立了校勘学的准确含义、对象与范畴,并通过有关具体问题的论述,明确了校勘学与目录、版本诸学科的区别与联系"⑤。因此,《校勘学释例》在我国校勘学史上具有里程碑式的意义。《校勘学释例》一经面世,即引起强烈反响。胡适认为它是"中国校勘学的第一次走上科学的路",是"中国校勘学的第一伟大工作"⑥,"是土法校书

---

①　陈垣:《校勘学释例》,上海书店出版社1997年版,第120页。

②　牛润珍:《陈垣学术思想评传》,北京图书馆出版社1999年版,第189页。

③　崔文印:《说校勘四法》,《史学史研究》1990年第3期。

④　张舜徽:《中国古代史籍校读法》,华中师范大学出版社2004年版,第353页。

⑤　牛润珍:《陈垣学术思想评传》,北京图书馆出版社1999年版,第189—190页。

⑥　胡适:《元典章校补释例序》,载陈垣《校勘学释例》,上海书店出版社1997年版,第8页。

的最大成功,也就是新的中国校勘学的最大成功"①。陈寅恪评价此书"发凡起例,乃是著作,不仅校勘而已"。孙智昌也给予《校勘学释例》较高的评价,他认为《校勘学释例》不仅囊括了古籍文字致误的所有内容(既包括著录形式上产生的错误,也包括因文字形音义而产生的错误),而且对致误的原因进行了深入探讨,使读者知其然且知其所以然。除此之外,陈垣还能够在校书时不受类似案例的束缚,灵活处理校勘中出现的各种特殊情况。②《校勘学释例》出版至今备受学界推崇,充分说明了陈垣在校勘学方面的卓越成就和开拓性贡献。

(三)蒋伯谦对校勘方法的总结

蒋伯谦在《校雠目录学纂要》一书中设立专门篇章《校正文字(上)》《校正文字(下)》对校勘学的相关问题进行了论述。蒋氏认为,"校正文字"就是所谓的"校勘",它是狭义的校雠,是"初步的基本的工作"③。为此,他还将校勘分为"理错乱""删衍羡""补阙脱"和"正讹误"四个方面,并举实例进行分析说明。④此外,蒋氏还总结了校正文字的方法:"一曰广储底本,互较异同;二曰钩稽群籍,以求旁证;三曰细审本书,以资推究。"他还强调,"其最要者,为校勘者平时学问的素养"⑤。校勘学家平时学问的素养既需要对中国传统文化的深入研究,如"通训诂,辨声韵,多阅读,明古书底义理辞例,古代底名物制度",同时还要秉持求真和谦逊之心,在校勘时真正做到"勿盲从,勿自是,勿肊度,勿武断,勿怠,勿忽"⑥。否则就会愈校愈误,贻笑今人,贻误后人。蒋氏特别推崇胡朴安提出的校书要密、精、虚的观点⑦,"虚"即校勘者要虚心。最后,蒋氏还提出校勘之后写"校勘记"的必要性,他说:"校勘完了,最好写成一种校勘记,先把底本底异同罗列出来,然后下一断定,并须把所以如此校正的理由和证据一一记明,使后来读者自己去审阅;不可自以为是,妄以臆见改动原文,致前误古人,后误来者,

① 胡适:《元典章校补释例序》,载陈垣《校勘学释例》,上海书店出版社 1997 年版,第 14 页。
② 孙智昌:《陈垣先生校勘学散论》,载《纪念陈垣校长诞生 110 周年学术论文集》,北京师范大学出版社 1990 年版,第 273—274 页。
③ 蒋伯谦:《校雠目录学纂要》,北京大学出版社 1990 年版,第 92 页。
④ 蒋伯谦:《校雠目录学纂要》,北京大学出版社 1990 年版,第 93—102 页。
⑤ 蒋伯谦:《校雠目录学纂要》,北京大学出版社 1990 年版,第 104 页。
⑥ 蒋伯谦:《校雠目录学纂要》,北京大学出版社 1990 年版,第 105 页。
⑦ 胡朴安说:"校书有三要:一密、二精、三虚。众本互勘者,精之事也;本诸诂训,求之声韵者,密之事也;不以他书改本书者,虚之事也。"转引自蒋伯谦:《校雠目录学纂要》,北京大学出版社 1990 年版,第 105 页。

留下笑柄,令人齿冷!"①通过上述分析,我们不难发现,将校正文字的校勘学置入校书工作的整体是蒋氏校勘学思想的特色所在,同时蒋氏提出校书要秉持谦逊之心的思想也是后人应该发扬光大的。

（四）鲁迅的校勘学思想

鲁迅1909年自日本留学回国后,常常从类书中辑录亡佚的古小说和类书中提到的地区历史、地理佚书,并对这些古书进行校勘。对辑佚古书的校勘集中体现了鲁迅的校勘思想。

在校勘方法上,鲁迅多采用对校法和他校法,偶然采用理校法。鲁迅对同一辑本,往往巨细无遗,以备考订。从鲁迅所校勘的《嵇康集》来说,他选取明吴宽丛书堂钞本为底本,校以黄省曾、汪士贤、程荣、张溥、张燮五家刻本。②

有人将他的校勘学原则总结为三点:其一,排摈旧校,力存原文;其二,其为浓墨所灭,不得已而从改本者,则曰字从旧校,以著可疑;其三,义得两通,而旧校辄改从刻本者,则曰各本作某,以存其异。③

鲁迅十分重视版本考订,因此对不同版本间存在的差异,他多以校勘记的形式加以保存。他对校勘记的写作方法和体例有一定贡献,打破了传统校勘记独立成篇或成书的传统,采取了校勘记和辑本合为一本的形式。如就《会稽郡故书杂集》而言,该书前有总序,分析辑佚缘由等;每一种辑录的古籍之前,都有一篇小序,说明该佚书情况;每条佚文下,均注明出处,加按语。④

三、校勘程序的阐释

胡适的《校勘学方法论》对于校勘程序的研究和总结有较大的突破。《校勘学方法论》原是1934年为陈垣《元典章校补释例》(1959年中华书局重印本改名《校勘学释例》,以下简称《释例》)写的一篇序言。⑤王绍曾认为,此文是胡适在总结了历史上的校书经验的基础上,将校勘学提高到了一个全新的高度,从而使校勘学更加具有自己的理论体系。他特意指出,"在胡适之前,还没有人做

---

① 蒋伯谦:《校雠目录学纂要》,北京大学出版社1990年版,第110—111页。
② 臧奇猛:《鲁迅辑佚古籍特点》,《山东图书馆季刊》2008年第3期。
③ 智延娜:《鲁迅古籍整理思想研究》,河北大学2007年硕士学位论文,第29页。
④ 臧奇猛:《鲁迅辑佚古籍特点》,《山东图书馆季刊》2008年第3期。
⑤ 胡适《校勘学方法论》原载陈垣《元典章校补释例》(1934年排印本)卷首,1935年收入商务印书馆《胡适论学近著》第一集,1997年上海书店出版社以《元典章校补释例序》命名重新将其编入陈垣《校勘学释例》。

过这种系统的总结"①。

　　胡适《校勘学方法论》之所以成为经典之作,在于其对中国校勘学的理论、方法和历史进行科学的总结,并且以其宏阔的学术视野对中西校勘学进行了对比研究。在校勘学理论方面,胡适指出校勘学产生的原因及其任务,他认为校勘学是在书籍和文件传抄致误的过程中产生的。众所周知,古书由于年代的久远,字迹模糊不清,加之传抄者的学识及水平所限,错误也就在所难免。而校勘学的任务是要改正这些传抄本的错误,使它恢复或者接近于原书或原文件的面貌。胡适的相关理论阐述得到了后世学者的认可并不断继承和发展,如倪其心在阐述校勘学的目的和任务时就曾指出,校勘就是要"存真复原,尽力恢复它的原来面貌"②。相对于梁启超的校勘学理论,胡适的校勘学理论更强调追求书籍和文字的本真状态。应该说,这也是校勘学最基本的任务,因为没有书籍文字之真,一切都无从谈起。所以,"探求书籍文字之真"是"校勘最基本、最首要的先务"。③ 胡适认为,校书改字必须依据"版本"而不是依据"误例",只有版本才是校书的"据依"。对于依据"误例"而非"版本"的校勘者,胡适称之为"浅人",将他们的校书称之为"臆改"。他还进一步指出,中国校勘学之所以没有走上科学的轨道,多是由于旧日校勘学家对"误例"的性质并不十分明了,他们将某些个体的事例作为具有普遍规律性的通例。基于这种认识,他们便"不肯去搜求版本的真依据,而仅仅会滥用误例的假依据"④,而这恰恰是胡适极力反对的。

　　关于校勘的工作程序,胡适认为有三个主要的步骤,即发现错误、改正、证明所改不误。⑤ 他指出,发现错误是第一步的,只有发现错误才能够改正错误。而发现错误又可以分为两种,即主观与客观。所谓主观发现错误,是指在阅读书籍和文件时发现问题,比如遇到可疑或难以理解之处,便认为书籍或文件的文字有错误;客观发现错误,是指在阅读同一书或文件的不同版本时因几种版本的差异而发现某个版本有错误。对于二者之间的关系,胡适也进行了阐述,他认为主观的疑难往往可以引起人们对版本的搜索与比较,这样就由主观发现错误过渡到客观发现错误。但主观发现错误并不一定表明传抄本有误,这可能

---

　　① 王绍曾:《胡适〈校勘学方法论〉的再评价》,《学术月刊》1981 年第 8 期。

　　② 倪其心:《校勘学大纲》,北京大学出版社 1987 年版,第 5 页。

　　③ 崔文印:《说校勘四法》,《史学史研究》1990 年第 3 期。

　　④ 胡适:《元典章校补释例序》,载陈垣《校勘学释例》,上海书店出版社 1997 年版,第 13 页。

　　⑤ 胡适:《元典章校补释例序》,载陈垣《校勘学释例》,上海书店出版社 1997 年版,第 1—2 页。

是因为读者不能理解作者原意造成的。另一种不可忽视的情况则是传抄本的错误未必一定能够引起读者的察觉和注意。增删改削整理的本子,虽然他们对原书也进行了增删改削,但因为文从字顺,其错误之处往往不容易被人发现。如想要发现其中的错误,必须找原本对校。比如坊间石印本《聊斋文集》附有张元所作《柳泉蒲先生墓表》,其中对蒲松龄年龄的记载是"卒年八十六",其实这是"卒年七十六"所误,这一点《山左诗抄》所引墓表及原刻碑文可以证实。但如只读《柳泉蒲先生墓表》"卒年八十六"之文而无善本加以比对,似乎很难产生怀疑,也就绝不可能发现错误。最后,胡适进行了总结,再次肯定了客观发现错误为发现错误的主要渠道,那就是通过不同版本的比较和对照发现问题并加以核对,即刘向《别录》所言之"校雠",也就是陈垣"校勘四法"中的对校法。虽然重视对校法,但胡适并没有排斥本校法。① 他认为本校法在发现错误的过程中也可以发挥其应有的作用,正如他自己所说,单读一个本子,校其上下,虽然所得谬误有限,但同样有其不可替代的作用②,这与陈垣"校勘四法"中的基本观点是一致的。

　　校勘第二步的工作即为"改正"。胡适认为,仅靠主观的改定而没有切实的证据,无论如何,终不能完全服人之心。比如朱子将《大学》开端的"在亲民"改为"在新民",几百年来,颇受诟病,反对之声不绝于耳。胡适认为,校勘时必须选定一个"最可靠"或"最有理"的版本。这里说的"最可靠"的版本指的是"最古底本",如上文所引张元的《柳泉蒲先生墓表》,其"最古底本"当为原刻碑文,因其刻于作文之年,故最可靠;而"最有理"的版本的情况较为复杂。有时无法得到所谓"最古底本",或者所得"最古底本"有某种错误且无其他版本可供校勘,就需要排列比较各种版本的先后顺序并考订其异同,同时揣测其致误的原因。因为这种推断和揣测有个人主观臆想的成分,所谓"最近理"也仅是个人按照自己的逻辑思维进行的推断。在这种情况下,标明各个版本的说法就可以留待后人的考订。胡适还说,改定一个文献的文字,必须依靠校勘学的方法,首先是依据最初底本,其次是最古传本,最后是最古引用本文的书。如果无最初底本和最古传本及最古引用本文之书,而"本书自有义例可寻,前后互证往往也可

① 王绍曾说:"胡适的校勘方法,用一句话来概括,就是对校法。"(王绍曾:《胡适〈校勘学方法论〉的再评价》,《学术月刊》1981年第8期),此说法较为武断。综观全文可以发现,胡适肯定对校法在校勘中的重要作用,但也未忽视本校、他校和理校在校勘中的综合运用。
② 胡适:《元典章校补释例序》,载陈垣《校勘学释例》,上海书店出版社1997年版,第3页。

以定其是非,这也可算是一种证实"①。在这里,胡适不仅强调对校法的重要性,而且对于本校法和理校法也给予了足够的重视。那种认为胡适校勘方法仅为对校法、排斥并反对理校的观点②是站不住脚的。对于理校,胡适采取了审慎的态度,他认为,此法不到万不得已不可随意滥用,因为这种类推之法只能揣测某种致误的可能,"不能断定此误必同于彼误"③,这与陈垣对理校法的评价有灵犀相通之处④。但与此同时,胡适也肯定了理校法的优势所在,即它可以弥补对校、本校、他校的缺陷和不足,"推理之最精者往往也可以补版本的不足"⑤。

最后,胡适进行了总结,再次强调了善本和古本在校勘学中的重要作用。结合自己总结的关于校勘工作的三部曲(发现错误、改正、证明所改不误),胡适肯定了陈垣的校勘学成就,认为陈垣的校勘实践为后世称道且可以为后人效法者有三个方面:首先是陈垣对善本和最古刻本的搜求,这是在校勘之前必须尽力而为的。在得到元刻本之后,陈垣用元人的刻本来校元人的书,这种校书的方法就是"校勘四法"中的"对校法"。同时,陈垣还指出这种对校法有两大功用:一、有非对校不知其误者,以其表面上无误可疑也,如"大德三年三月",元刻作"五月";"元关本钱二十定",元刻作"二千定";二、知其误而不知为何误者,只有通过对校,才可以发现致误的原因,如"每月五十五日",元刻作"每五月十五日"。胡适认为,对校法除了上述两大功用之外,还有许多其他方面的功用,如通过对校可以发现文本内容的残缺、混乱、倒置等,对于不常见的人名地名及古字俗字,也可以通过对校的方法予以订正。所以,用善本对校是"校勘学的灵魂"。其次,陈垣并不满足于"最古刻本"的对校,在通过对校标出异文的基础上,他还要广搜其他传本和刻本,并最终得到一个最好最接近祖本的定本。胡适指出,只有通过广泛的对校和考证,才能求得底本的差异,然后考订其是非。对于古代校勘学者先入为主、先假设猜测后求证的做法,胡适不以为然,认为这是"倒果为因"的做法。胡适强调,不同版本的比较和对照是校勘学最基本的方

---

① 胡适:《元典章校补释例序》,载陈垣《校勘学释例》,上海书店出版社 1997 年版,第 4 页。
② 王绍曾:《胡适〈校勘学方法论〉的再评价》,《学术月刊》1981 年第 8 期。
③ 胡适:《元典章校补释例序》,载陈垣《校勘学释例》,上海书店出版社 1997 年版,第 5 页。
④ 陈垣认为:"此法(理校法)须通识为之,否则鲁莽灭裂,以不误为误,而纠纷愈甚矣。故最高妙者此法,最危险者亦此法。……若《元典章》之理校法,只敢用之于最显然易见之错误而已,非有确证,不敢借口理校而凭臆见也。"参见陈垣:《校勘学释例》,上海书店出版社 1997 年版,第 121—122 页。
⑤ 胡适:《元典章校补释例序》,载陈垣《校勘学释例》,上海书店出版社 1997 年版,第 7 页。

法,背弃该方法就有可能使后学陷入"舍版本而空谈校勘的迷途"①。对于陈垣"只根据最古本正其误、补其阙,其元刻误沈刻不误者一概不校,其有是非不易决定者姑仍其旧"的做法,胡适极为欣赏。胡适认为,陈垣之所以如此校书是因为他要尽力恢复元刻《元典章》的本来面目,而不是为了炫示他的推理技巧和校勘技能。在胡适的心目中,校勘的工作就是在严格依据祖本和古本的基础上,充分利用校勘者渊博的历史知识,从而决定那些偶有疑问的异文的是非,其目的在于为后世留下一个比原来传本和刻本更好的校本以便研究和学习,校勘学的功能仅仅如此而已。胡适认为,陈垣的校勘工作恰恰符合校勘学的这一要求。经过校勘实践,陈垣不但使我们看到元刻《元典章》的本来面目,而且他还参酌各本,用他渊博的元代历史知识,让我们看到一部比元刻本更完好的《元典章》。基于此,胡适认为这是陈垣对"新校勘学的第一大贡献"②。最后,陈垣是在大量校勘实践的基础上,严格依据古本,推求传本致误的原因。胡适认为,陈垣总结的"误例四十二条"都是已经证实的通例,是校书之后通过归纳总结所得的说明,不是校书之前假定的依据,这一点与旧时校勘学有本质的不同。为此,胡适高度评价陈垣的"误例四十二条",说这是"新校勘学的工具,而不是旧校勘学的校例"③。胡适还从心理学的角度解释了校勘学误例的由来,他将书籍和文件传抄的错误归纳为两类,即无心之误与有心之误。无心之误大多是因为感官(尤其是视觉器官)的错觉引起的,有心之误则是由于校勘学家的学识不足造成的。正是因为这些都是心理的现象,它们都可以从心理学的角度找到普遍的解释,因此往往可以归纳成一些普遍致误的原因,比如两字误为一字、一字误作两字、涉上文而误、形似而误、误收旁注文等等。此外,胡适还对历史上的校勘学家如彭叔夏、王念孙、俞樾所举误例进行了鞭辟入里的评价。胡适认为,陈垣的上述三个方面的校勘学成就足以"前无古人而下开来者"④。

胡适还分析了中西校勘学的相同之处和不同之处。他指出,无论中国校勘学还是西洋校勘学,都必须经过发现错误、改正、证明所改不误三个阶段,这是它们的共同点。不同点在于西洋校勘法有三长:首先是西洋古书的古写本保存

---

① 胡适:《元典章校补释例序》,载陈垣《校勘学释例》,上海书店出版社1997年版,第11页。
② 胡适:《元典章校补释例序》,载陈垣《校勘学释例》,上海书店出版社1997年版,第12页。
③ 胡适:《元典章校补释例序》,载陈垣《校勘学释例》,上海书店出版社1997年版,第12页。
④ 胡适:《元典章校补释例序》,载陈垣《校勘学释例》,上海书店出版社1997年版,第8页。

的多,有古本可供校勘,其主要原因在于西洋印书术比中国晚六七百年;其次,欧洲的大多数名著后来往往被译成别的国家的文字,在这种情况下,古译本也可以作为校勘的版本;最后,欧洲大学和图书馆保存古本较多,因此校勘之学比较普及。而中国则不同,由于雕版印刷术出现较早,刻本书流行相对较早,在这种情况下,写本和抄本逐渐被抛弃,这就使得后来的校勘学家很难寻觅到祖本或较早的传本。另一个不可忽视的原因则是中国古代大学与公共藏书不发达,私家藏书又极其有限,这样就导致校勘依据的版本不足。基于这种判断,胡氏认为,校勘学在中国古代并不发达,且没有走上科学的发展轨道。如其所言,纵观校雠学的历史,"够得上科学的校勘学者不过两三人而已"[1]。

校勘的历史随着文献典籍的传播需要而产生发展,而校勘学是在校勘实践的基础上形成建立的。关于中国校勘和校勘学的发展历史,胡适也进行了简单的梳理,他认为中国校勘学"起源很早而发达很迟"[2],最早可以追溯到《吕氏春秋》中所记"三豕涉河"的故事,此后刘向、刘歆父子校书、汉儒训注古书注明异读,都在某种程度上推动了中国校勘学的发展。十二三世纪以后,出现了朱熹、周必大、彭叔夏、顾广圻等校勘学家,校勘学呈现出繁荣的态势。随后,校勘学衰歇。直到17世纪,方以智、顾炎武重新开启校勘考订古书之风。应该说,胡适对中国校勘学史的梳理符合校勘学的发展实际,对后世学者影响颇大,在中国校勘学史上产生了深远影响。

胡适在总结陈垣校补《元典章》基础上撰写的《校勘学方法论》集理论、方法、历史于一身,对中国校勘学的发展进行了科学的总结,在中国校勘学史上占有重要地位。同时,《校勘学方法论》"在中国较早地介绍了西方校勘学,起到了导夫先路的作用"[3]。因此,胡适《校勘学方法论》不愧为中西校勘学史上的经典之作。

四、校勘通例和校勘原则的提炼

在校勘通例的总结和校勘原则的提炼方面,陈垣和张舜徽作出的贡献最大。陈垣《校勘学释例》六卷五十类例。其中卷一至卷五分别为:"行款误例"

---

① 胡适:《元典章校补释例序》,载陈垣《校勘学释例》,上海书店出版社1997年版,第6页。
② 胡适:《元典章校补释例序》,载陈垣《校勘学释例》,上海书店出版社1997年版,第6页。
③ 陈东东、周国林:《西方校勘学中的"理校"问题——兼评胡适介绍西方校勘学的得失》,《河南大学学报(社会科学版)》2013年第2期。

十一类、"通常字句误例"十一类、"元代用字误例"五类、"元代用语误例"六类、"元代名物误例"九类。这些类例可以分为通例和特例,通例适用于所有古籍的校勘,如卷一和卷二。特例仅适用于元代典籍的校勘,如卷三、卷四、卷五。但二者又是相对的,特例对于元代典籍而言,又是通例。对于通例的归纳和总结,清代学者曾努力尝试过,也取得了一些成果,但与陈垣《校勘学释例》相比,则略显逊色。如清代学者王念孙以校勘道藏本《淮南子》为主,"参以群书所引,凡所订正,共九百余条"。在此基础上,推其致误之由,共归纳出各类通例六十二类,概括了文字致误的许多类型。但王念孙的归类"过于具体,不免稍为繁细"①,缺乏概括性和普遍性。在王念孙的启发下,其子王引之在《经义述闻》的最后部分,撰写《通说》进一步归纳经籍中存在的共同问题,探讨其中的规律所在。《通说下》共总结了十二条,其中有些颇有通例价值,其归类"比王念孙具有更普遍的概括性和理论性,已从致误的具体原因提高到小学理论和校勘学理论上予以分析归纳",但其"概括的通例还不够全面完备"。② 之后,俞樾继承王氏父子学术,撰成《古书疑义举例》,此书归纳总结的三十七类校勘通例,就其方法与理论而言,与王氏父子略同。总体而言,"他们的归纳既不全面,又病于简略,而且均未就古书致误的原因进行深入的分析"③。同时,在清代学者的理念中,校勘的最终目的是为了解经,校勘处于从属的地位,因此其理论研究局限于具体事例的归纳,始终没有建立起独立的校勘学理论体系。④ 陈垣在前人研究的基础上,结合自己丰富的校勘实践经验,对每一通例都做出了清晰而具体的阐释,借以揭示校勘学的基本理论与方法。此外,陈垣对每一类例致误原因,也进行了具体分析。如对于"有书无目",陈垣认为,则"大抵由编纂时未将目录加入,故沈刻目阙者元刻亦阙"⑤;"正文讹为小注",大抵因"版已镂成,发现脱漏,挖版补入,不得不改为双行,其例常有"⑥。对于"声近而误"的情况,陈垣归纳为两点原因:一是"方音相似",也就是说,很多汉字对于传抄者来说,由于其地方方言的相似而易混淆,如"点"和"典"、"例"和"吏"、"继"和"记",沈刻《元典章》多

---

① 倪其心:《校勘学大纲》,北京大学出版社 1987 年版,第 65—66 页。
② 倪其心:《校勘学大纲》,北京大学出版社 1987 年版,第 69—70 页。
③ 牛润珍:《陈垣学术思想评传》,北京图书馆出版社 1999 年版,第 186 页。
④ 倪其心:《校勘学大纲》,北京大学出版社 1987 年版,第 71 页。
⑤ 陈垣:《校勘学释例》,上海书店出版社 1997 年版,第 1 页。
⑥ 陈垣:《校勘学释例》,上海书店出版社 1997 年版,第 12 页。

混之即是属于这类情况。二是"希图省笔",如沈刻《元典章》多误"黄"为"王",但却不见误"王"为"黄"。这是因为以广州地方方言读之,"黄""王"不分,而传抄者又以为更改别人姓名无关紧要,于是以"省笔"为原则,误"黄"为"王"情况便屡屡出现。① 通过分析致误原因,使人知其然而且知其所以然,这样不仅能够避免后来者重犯类似的错误,而且对校书也有普遍的指导意义。陈垣不仅重视通例的总结,还重视总结特例,如卷三至卷五关于元代用字、用语和名物的误例就是根据元代当时的文字、语言及其名物制度总结出来的。陈垣指出,一代有一代的语言习惯,此朝代通用的语言不一定为彼朝代所用。在这种情况下,就会出现此朝代通用之语言彼朝代不知为何语的情况,这是校勘者和传抄者尤其应该注意的。

在古籍校勘时,张舜徽提出"不可轻于改字"的校勘原则,他说:"校理书籍,期于不妄改,不妄增,一仍其旧,而俾学者自审定之,能事毕矣。"②他非常推崇郑玄解经注述的方式,发现文字有明显讹误之处,"但云某当为某,而未尝轻出己意以改本文"③,这就是后世"校勘记"的前身。郑玄在校注《仪礼》一书时,取今文、古文二本参校,对于它们的异同详细记载,从未以己意偏主一家,此即为考异之书之由来。后来陆德明作《经典释文》、朱熹撰《韩文考异》,实际上均延续了郑玄的校书之法。阮元在《校刻宋本十三经注疏》中对这一方法进行了少许改进,即对于宋版之误字,在其旁加圈,然后据之作校勘记附于每卷之末。这样便于读者按圈检记,知其异同。张氏极为欣赏阮元的这种做法,谓其"有俾于承学尤大,益足为校书式也"④。如果仔细分析上述古籍校勘原则,我们就会发现,实际上这是叶德辉校勘法中的"死校"⑤。在追溯其"校勘二法"渊源时,叶德辉曾说:"斯二者,非国朝校勘家之秘传,实两汉经师解经之家法。"⑥在这方面,叶德辉与张氏的观点不谋而合,只不过张氏阐述的更为具体详尽。清儒校书,多

---

① 陈垣:《校勘学释例》,上海书店出版社1997年版,第19—20页。
② 张舜徽:《广校雠略》,载《张舜徽集(第一辑)》,华中师范大学出版社2004年版,第70页。
③ 张舜徽:《广校雠略》,载《张舜徽集(第一辑)》,华中师范大学出版社2004年版,第70页。
④ 张舜徽:《广校雠略》,载《张舜徽集(第一辑)》,华中师范大学出版社2004年版,第70页。
⑤ "死校者,据此本以校彼本,一行几字,钩乙如其书,一点一画,照录而不改。虽有误字,必存原本,顾千里广圻、黄荛圃丕烈所刻之书是也。"(叶德辉:《藏书十约·校勘七》,载李庆西校注《叶德辉书话》,浙江人民出版社1998年版,第8页。)
⑥ 叶德辉:《藏书十约·校勘七》,载李庆西校注《叶德辉书话》,浙江人民出版社1998年版,第8页。

遵循"不可轻于改字"的校勘原则。然段玉裁却有改字之言论,张氏敬佩段玉裁的学识,并认可他的改字行为,他说:"盖专家之学,穷极要眇,自与浅尝浮慕者不同,既明乎述作本末,又深知一书义例,恒能操约持繁,以类统杂,非特可订后世传写之讹,且能直匡作者原本之谬,岂能规规于文字异同,不择是非而尽载之者所可同日语哉!顾非学术湛深,识断精审者,又未易骤语乎此耳。"①同时,张氏又强调,清儒学术精湛,后人不可"师其肆放",否则必然"诬古人惑来者"。②因此,校书时可根据自己的具体情况采取不同的方法,这是张氏在校勘时遵循实事求是原则的表现。

在校勘时,张氏还主张"首贵广罗异本,其次莫若采相类之书以比勘其异同"③。张氏认为,校书不必拘泥于经史子集类别的限制,学者们应择善而从,"非特诸子之书可用以校经也,史官所载,亦有同于传记者,取彼证此,为益无方"④。张氏大胆提出经史子集"相类之书"互校的理论,这是在校勘学理论方面的重大突破和创新。在浩瀚的传统典籍中,"相类之书"有"明见于篇题者,有不见于篇题者",对于"不见于篇题者",则要通过"博稽广揽,融会错综以推寻之",否则不足以校其异同,定其是非。在校勘学方面主张"博稽广揽,融会错综"是张氏治学追求博通、博约并重的表现,这与张氏"一生兼治四部之学"⑤的学术经历密不可分。

对于顾广圻在《重刻晏子春秋后序》中所言"古书无唐以前人注者,易多脱误"这一说法,张氏给予高度评价,他说:"谅哉斯言!非深于校勘者不能道。"⑥张氏认为,较早传注的典籍注疏本,因其所据原书未经窜改,故可以依据注疏本以求原书之貌。在这种情况下,即使后世对正文的记载错误,也可以依据注本进行改正。因此,依据旧注本校勘典籍也是重要的校勘方法之一。任何方法都不是绝对的,古注虽可用于校勘,但也不可尽信,在这方面张氏也有清醒的认识,他说:"若夫冯据类书,旁征子史旧注,以从事雠校者,大半过于尊信古人,鄙

---

① 张舜徽:《广校雠略》,载《张舜徽集(第一辑)》,华中师范大学出版社 2004 年版,第 78 页。

② 张舜徽:《广校雠略》,载《张舜徽集(第一辑)》,华中师范大学出版社 2004 年版,第 79 页。

③ 张舜徽:《广校雠略》,载《张舜徽集(第一辑)》,华中师范大学出版社 2004 年版,第 70 页。

④ 张舜徽:《广校雠略》,载《张舜徽集(第一辑)》,华中师范大学出版社 2004 年版,第 71 页。

⑤ 周国林:《学贯四部、业兼体用——张舜徽先生的学术成就与治学精神》,《华中师范大学学报(人文社会科学版)》2011 年第 3 期。

⑥ 张舜徽:《广校雠略》,载《张舜徽集(第一辑)》,华中师范大学出版社 2004 年版,第 72 页。

蔑今本,据彼援引失实之文,反以不误为误,斯则惑矣。"①类书和旧注出现"失实"(即与原书不同)现象是因为前人在征引古书时"有约取其辞者,有节用书意者",他们认为,这些书并非经籍义理的解说,没有必要与古书原本一一符合。因此,在校勘典籍时完全凭借类书和旧注也是不可取的。那么旧本书是不是就完全可信呢?也不尽然。张氏曾以二徐所校《说文解字》与唐写本木部残卷对勘,发现唐写本也有衍字、脱句、讹体、倒文等情况。由此可见,即使唐代写本,仍有不及较晚刊本的情况,更不必说宋元椠本了。因此,典籍校勘贵在"明辨"而"谛观",切勿"贵远"而"贱近"。黄丕烈认为,因年代久远,古书存本较少,宋刻本较为接近古本,可以作为读书校勘的依据。但宋代学者不喜校雠,不能阙疑,随意窜改古书的情况时有发生。因此,宋刻本讹误之处在所难免,对此《东坡志林》和陆游《跋历代陵名》都有记载。清代校勘大家黄丕烈平生聚书酷爱宋刻本,严可均在《铁桥漫稿》中讥讽其古董气较为浓厚。因此,张氏得出结论:"则佞宋之习,又学者所当深戒也。"②

综上所述,我们可以发现,张氏对校勘古籍的原则作出了具体详细的说明和阐述。其"博稽广揽,融会错综"思想在校勘学中的运用,是张氏对民国校勘学理论与原则的重大突破和创新,亦是其对中国校勘学的重大贡献。

---

① 张舜徽:《广校雠略》,载《张舜徽集(第一辑)》,华中师范大学出版社 2004 年版,第 73 页。
② 张舜徽:《广校雠略》,载《张舜徽集(第一辑)》,华中师范大学出版社 2004 年版,第 76 页。

第五章　近代文献学的分支学科(下)

第一节　辨伪学

　　辨伪是指对有真伪问题的事和物进行考察鉴别。辨伪有广义与狭义之分,广义的辨伪涵盖面较大,举凡古史事、古书籍、古器物、古碑刻、古字画等,只要有真伪问题,均在辨识之列;狭义的辨伪特指古籍的辨伪。辨伪学和辨伪不同,辨伪学是对辨伪"理论""方法""历史"及"成果"等的研究,辨伪学之所以成"学"在于其学科体系的"科学""系统"和"完整"。① 本节的研究对象为狭义的辨伪学,即古籍文献辨伪学。②

　　古籍文献辨伪在中国有悠久的历史,最早可以追溯到先秦时期。西汉时期,刘向已经拥有辨别古籍真伪的能力并掌握其方法,此时古籍辨伪和版本等都还没有自己独立的学术园地。③ 中唐柳宗元对子书及《论语》的一系列考订

---

① 刘重来:《中国二十世纪文献辨伪学述略》,《历史研究》1999 年第 6 期。
② 孙钦善认为,"辨伪学的历史是分两条线发展的:一条是关于书籍的名称、作者、年代真伪的考辨,一条是关于书籍内容诸如事实、论说真伪的考辨。前者属狭义辨伪学,后者可以包括到广义辨伪学内"(孙钦善《古代辨伪学概述(上)》,《文献》第 14 辑,第 215—216 页)。由此可知,狭义的辨伪是指对书籍真伪的考辨,狭义的辨伪学是指古籍文献辨伪学。
③ 黄云眉提出"古籍真伪之辨,滥觞于唐代"(黄云眉:《古今伪书考补证》,山东人民出版社 1959 年版,"重印引言"第 1 页),这一观点,似不确。

文字,为古籍辨伪逐渐独立准备了条件。到元明时代的宋濂①和胡应麟②,"古籍辨伪的名义才真正成立,为学术界所公认,而后才正式成为一门独立的专门学问"③。20 世纪初,古籍辨伪学"从理论和方法上"真正获得"突破"。④ 刘重来认为,中国文献辨伪学作为一门学科,其真正构建是在 20 世纪初至 30 年代末。⑤ 这一时期的学者,如胡适、梁启超、顾颉刚、钱玄同、张心澂等,他们的相关理论与著述,为民国时期中国文献辨伪学的构建作出了重大贡献。

一、近代文献辨伪学的基本面貌

民国校雠学著述中对辨伪学理论颇多涉及,如胡朴安、胡道静《校雠学》下卷《校雠方法》有《真伪辨别》篇,对作伪的理由和动机、辨伪的方法、辨伪的历史、伪书的种类等问题进行了简要的分析并以实例进行了说明。如他将作伪的动机总结为四点,即"托名古人""造伪书以为己说之根据""造伪书以为干禄之资""好奇"。⑥ 这与梁启超总结的"托古""争胜""邀赏"⑦较为类似,唯"好奇"为梁氏所无。关于辨伪方法,胡氏叔侄推崇胡应麟《四部正讹》中的"辨伪八法",他们认为,"核兹八法,而古今赝籍亡隐情矣。盖造伪者虽用心细密,终难免有破绽之处。若自其各方面推察之,其覆必发矣"⑧。此外,他们还论述了伪

---

① 一般辨伪学著作均将宋濂视为明代学者,如杨绪敏《中国辨伪学史》(天津人民出版社 1999 年版)、郑良树《古籍辨伪学》(台湾学生书局 1986 年版)。因宋濂(1310—1381)主要生活在元末,在明代活动的时间很短。更为关键的是其辨伪学著述《诸子辨》作于元末(元顺帝至正十八年,即公元 1358 年),故将其视为元代学者更为合理。杜泽逊《文献学概要》(中华书局 2001 年版)、彭树欣《梁启超文献学思想研究》(光明日报出版社 2010 年版)均持此观点。

② 胡应麟(1551—1602),字元瑞,号少室山人,别号石羊生,兰溪县城北隅人。明朝著名学者、诗人和文艺批评家,他在文献学、史学、诗学、小说及戏剧学方面都有突出成就。所著《四部正讹》是中国辨伪学史上的里程碑著作,它"首次总结了伪书产生的原因及伪书的种类","第一次系统总结了辨伪方法","从宏观上分析了伪书的范围和伪的程度"(杨绪敏《中国辨伪学史》,天津人民出版社 1999 年版,第 133—139 页)。正如梁启超所说:"专著一书去辨别一切伪书,有原理有方法的,胡应麟著《四部正讹》是第一次。""全书发明了许多原理原则,首尾完备,条理整齐,真是有辨伪学以来的第一部著作。我们也可以说,辨伪学到了此时,才成为一种学问。"(梁启超演讲,周传儒等笔记《古书真伪常识》,中华书局 2012 年版,第 47—48 页)

③ 郑良树:《古籍辨伪学》,台湾学生书局 1986 年版,第 6 页。

④ 陈力:《二十世纪古籍辨伪学之检讨》,《文献》2004 年第 3 期。

⑤ 刘重来:《中国二十世纪文献辨伪学述略》,《历史研究》1999 年第 6 期。

⑥ 胡朴安、胡道静:《校雠学》,岳麓书社 2013 年版,第 67—68 页。

⑦ 梁启超:《古书真伪常识》,中华书局 2012 年版,第 25—31 页。

⑧ 胡朴安、胡道静:《校雠学》,岳麓书社 2013 年版,第 69 页。

书的产生和分类,他们说:"古书流传年代久远,而此彼综错,亦生真伪之辨。"①关于伪书的种类,他们主要沿袭了姚际恒和胡应麟的观点。

　　蒋元卿《校雠学史》对辨伪史的论述侧重于对清儒辨伪方法和辨伪人物的分析和说明。他首先介绍了辨伪工作的发展,指出宋人疑古最勇,开"后世辨伪学之先河"②。明人胡应麟著《四部正讹》,则专以辨伪为业。至清,辨伪学大盛,他认为"清儒辨伪工作之可贵者,不在其成绩,而在其方法"③。为此,他将清儒辨伪方法总结为六种,即从著录传授上检查、从本书所载事迹制度或所引书上检查、从文体及文句上检查、从思想渊源上检查、从作伪家所凭借之原料上检查、从原书佚文佚说的反证上检查。④ 通过上述分析,我们发现,蒋氏的辨伪方法是在总结清儒辨伪实践和胡适、梁启超等人辨伪方法基础上的继承与发展。在清初诸儒中,蒋氏较为推崇姚际恒,肯定姚氏《古今伪书考》(以下简称《伪书考》)的学术价值,他还将《伪书考》之目列于书中,由此可见其对《伪书考》的重视。此外,蒋氏还认为万斯大《周官辨非》、孙志祖《家语疏证》、刘逢禄《左氏春秋疏证》、康有为《新学伪经考》、王国维《今本竹书纪年疏证》、崔适《史记探源》学术价值较大,其"勇气和用力,实足令人钦佩"。最后,他对清儒辨伪工作进行了总结,他说:"辨伪事业,清初很盛,清末尤盛,独乾嘉时代,做此工作者较少(原因是他们好古甚笃,不肯轻易怀疑,这是他们的长处,也是短处)。"⑤他认为,古书的真伪问题,经过清代 300 年研究和讨论,"已解决者约占十之三四,其余虽未解决,但至少已提出问题,未尝不是一种成绩的表现"⑥。对于重要伪书的辨伪结论,蒋氏还以附表的形式列于书中。

　　蒋伯谦《校雠目录学纂要》对伪书的定义、种类,辨伪的方法等方面情况进行了说明。他认为,伪书的鉴别是校雠工作的一部分,此种辨伪工作在宋以后日益得到发展,并且逐渐成为研究古史方面的重要工作,如今"已有自附庸蔚成大国之势"。接下来他在总结胡应麟《四部正讹》所论伪书种类后给"伪书"下了定义,指出所谓"伪书",是指"所署著作人并非真正的作者而言,无论是依托

---

①　胡朴安、胡道静:《校雠学》,岳麓书社 2013 年版,第 73 页。
②　蒋元卿:《校雠学史》,黄山书社 1985 年版,第 189 页。
③　蒋元卿:《校雠学史》,黄山书社 1985 年版,第 189 页。
④　蒋元卿:《校雠学史》,黄山书社 1985 年版,第 189—190 页。
⑤　蒋元卿:《校雠学史》,黄山书社 1985 年版,第 192—193 页。梁启超也曾有类似的表述,详见梁著《中国近三百年学术史》,东方出版社 2004 年版,第 279—280 页。
⑥　蒋元卿:《校雠学史》,黄山书社 1985 年版,第 193 页。

古人,是假名今人,是有意作为,是后人妄测"①。他还以作伪原因为标准,将伪书分为五等:第一等为"托古改制",第二等为"托古便己",第三等为"托古炫才",第四等为"匿名盗名",第五等为"贸利嫁祸"。在辨别伪书方面,蒋氏推崇胡应麟《四部正讹》中的"辨伪八法",他将之归纳为四项:一曰观其文辞,二曰考之历史,三曰稽诸旁证,四曰衡以情理。此外他还按照伪书的情状对伪书进行了分类。对于崔述的《考信录》、顾颉刚辑《古史辨》,因其是对古史的考辨,蒋氏认为它们是由"校雠学底(即"的"——引者注,下同)辨伪工作引申推衍而出者"②。蒋氏还特别强调,考底本之是非,是校雠学的任务,定义理之是非,"则进而及于书底内容了"。前者为"治书",后者为"治学"。以辨伪工作而言,则鉴别此书是否为某人所作,还是"治书",而鉴别书中内容的真伪,则为"治学"。③ 蒋氏关于辨伪学的相关说法较为独特新颖,令人耳目一新。尤其是其关于辨伪"治书"和"治学"的区分,对于推动辨伪学的发展,显然有其积极的意义。

刘咸炘对辨伪学有自己独到的理解,在《目录学》一书中他陈述了自己的"伪书"定义,他说:"夫欲辨伪书,当先明伪书二字之义。伪者,不真之称。伪书者,前人有此书而已亡,或本无此书,后人以意造伪书而冒其名,实非其人之作也,苟于此例有不具,则不在伪书之科。"④相对于胡应麟、胡适、梁启超等人对伪书的理解,刘咸炘的观点大大缩小了伪书的范围,对伪书的定义更为精准。根据此定义,他认为"凡非伪而疑于伪,昔皆误以为伪者",有六类:一曰事之乖谬,二曰文有附益,三曰传述,四曰依托,五曰补阙,六曰托古,刘氏还对六类列举实例进行了详细说明。最后他总结道,"凡此六类,最宜详察,知附益则知真中有伪,知依托则知伪中有真,辨析至此,斯为善读书矣。一二两类,人所共知,五六两类,知而多忽,三四两类,则章(学诚)氏特发,孙(星衍)、严(可均)略窥,外此诸人皆不了也。而世之称为伪者,此二类乃独多,其误在不明故人著述之情状"⑤。此外,刘氏还对胡应麟《四部正讹》中的相关说法进行了驳斥。

张舜徽《广校雠略》卷四有《审定伪书论》三篇,分别为《汉代辨伪之法》《伪

---

① 蒋伯谦:《校雠目录学纂要》,北京大学出版社 1990 年版,第 129 页。
② 蒋伯谦:《校雠目录学纂要》,北京大学出版社 1990 年版,第 137 页。
③ 蒋伯谦:《校雠目录学纂要》,北京大学出版社 1990 年版,第 137—138 页。
④ 刘咸炘:《刘咸炘论目录学》,上海科学技术文献出版社 2008 年版,第 28 页。
⑤ 刘咸炘:《刘咸炘论目录学》,上海科学技术文献出版社 2008 年版,第 31 页。

书不可尽弃》《古书多附益之笔》。在《汉代辨伪之法》论中，张氏认为，"审定伪书之法，至刘、班而已密"①，他以《汉志》所载传疑之书考之，将辨伪之法总结为六例并以实例进行说明，这六例分别为：有明定为依托而不能指人者、有验之其语而知非出古人者、有征之于事而知为伪者、有能推定依托之时代者、有明定为后世增加者、有不能辄定而聊为存疑之辞者。张氏认为，此六例奠定了后世辨伪法的基础，"有斯六例，而后世辨伪之法，举莫能越于是矣"②。在《伪书不可尽弃》论中，张氏指出，尽管作伪的动机不同，伪书的种类不同，但伪书自有其存在的价值，"学者如遇伪书，而能降低其时代，平心静气以察其得失利病，虽晚出赝品，犹有可观，又不容一概鄙弃也"。他还以实例进行了说明："东晋所出《古文尚书》及《孔安国传》，固全伪矣，姑降低时代，作魏、晋人书读，必有可取者。"③在《古书多附益之笔》论中，张氏强调，鉴定伪书，证据固然重要，但"尤贵有识"，否则"必以不伪为伪，则天下宁复有可保信之书！"他还特意指出当今鉴别书籍尤其应当注意者为"明乎书中多附益之笔"④。张氏指出，附益之例有两种，即编书者之附益与抄书者之附益。所谓编书者之附益，盖指先秦诸子由弟子、宾客及子孙所撰定，编书者"每好记作者行事，以附本书，乃并及于身后，如管、商书中载二人死后事甚悉，虽在童稚，犹知非管、商所自著，然以古书通例衡之，无伤也"；抄书者之附益是指在雕版未兴之前，学者们多"好取同类之文，相关之事，附注篇末，以资旁证，传抄既久，混入正文，斯又古书之通患也"。如《太史公书》成书于汉武帝时，太初以后之事，阙而不录，但"今《屈原列传》乃叙及孝、昭时贾嘉为九卿事，《司马相如传赞》亦援引扬雄之言，皆非史公所及知，此所谓抄书者之附益也"⑤。因此，附益之笔为古书中常有之现象，不可因书中多附益而遽定为伪书。此附益之论，刘咸炘也有类似的观点。应该说，这是对辨伪学理论的重大贡献。

二、胡适辨伪学："但开风气不为师"

在中国近现代学术思想史上，胡适是一位重要的历史人物。他是"整理国

①　张舜徽：《广校雠略》，载《张舜徽集（第一辑）》，华中师范大学出版社 2004 年版，第 79 页。
②　张舜徽：《广校雠略》，载《张舜徽集（第一辑）》，华中师范大学出版社 2004 年版，第 80 页。
③　张舜徽：《广校雠略》，载《张舜徽集（第一辑）》，华中师范大学出版社 2004 年版，第 81 页。
④　张舜徽：《广校雠略》，载《张舜徽集（第一辑）》，华中师范大学出版社 2004 年版，第 81 页。
⑤　张舜徽：《广校雠略》，载《张舜徽集（第一辑）》，华中师范大学出版社 2004 年版，第 82 页。

故"运动的倡导者、新文化运动的领袖、五四运动的核心人物。在近代文献学史上,尤其是疑古辨伪学方面,胡适也扮演了"开风气之先"的角色。胡适的疑古辨伪学成就和影响主要体现在方法论层面,在辨伪学实践方面,胡适的学术成果有一些,但与其方法论影响毕竟相形见绌。① 下面仅对胡适辨伪学思想的渊源、理论和方法及其局限性进行论述。

(一)胡适辨伪学思想溯源

1. 赫胥黎和杜威的思想

疑古和辨伪是一对孪生姊妹,它们相伴而生,相辅相成。疑古是指对古史或古书的怀疑,这种对古史或古书的怀疑落实于"治学",就以"辨伪"的方式体现出来。胡适疑古和辨伪的思想源于在美国留学期间赫胥黎和杜威的思想的影响,他认为自己从赫胥黎那里学到了怀疑的精神,使他不再信任一切没有证据的东西;而杜威则教他"把一切学说理想都看作待证的假设"。美国的这种熏陶和教育,使胡适"明了科学方法的性质和功用"。② 在这里,胡适将"怀疑"和"假设"作为一种"科学"的方法,显然有其积极的意义。但赫胥黎和杜威的思想体系绝不仅仅局限在胡适所强调的方法论层面,而这里胡适仅仅强调其方法论的意义,实质上可以理解为是胡适对赫胥黎和杜威思想"只及一点,不及其余"③的曲解。胡适认为,真正科学的方法是实验室里的科学家发明的,不是专讲方法论的哲学家发明的。也就是说,不是培根、亚里士多德等人发明的,而是牛顿、伽利略等人实验出来的。胡适强调,即使是被世人推为归纳论理始祖的培根,也不过曾提倡知识的实用和事实的重要而略带"科学"的"精神"。培根所主张的方法,实行起来,全不能实用,绝不能当"科学方法"的尊号。后来随着科学的发展,米尔将科学家所用的方法总结为归纳法的五种细则。但以科学家的眼光来看,仍然不是科学用来发现真理解释自然的"科学"方法的全部。之所以如此,是因为他们都把演绎法看得太轻了,认为只有归纳法才是"科学"的方法。胡适强调,"科学"方法是归纳法与演绎法的结合。对于科学发展较早而科学方法的总结较晚这一现象,胡适也进行了分析。他指出,造成这种现象的原因是发明方法的科学家和高谈方法的哲学家向来不很接触。④ 胡适深知,要想

---

① 路新生:《中国近三百年疑古思潮研究》,上海人民出版社 2001 年版,第 506 页。

② 胡适:《介绍我自己的思想》,载《胡适文集(5)》,北京大学出版社 1998 年版,第 507—508 页。

③ 路新生:《中国近三百年疑古思潮研究》,上海人民出版社 2001 年版,第 507 页。

④ 胡适:《清代学者的治学方法》,载《胡适文集(2)》,北京大学出版社 1998 年版,第 282—283 页。

将西方的思想方法移植和嫁接到中国,从而为中国学术思想界接受,必须在中国传统学术资源中寻找合适有用的素材。也就是说,只有在中国的传统思想素材中找到那些"可以有机地联系现代欧美思想体系的合适基础",才能"以最有效的方式吸收现代文化"。① 鉴于此,胡适对中国传统文化进行了重新的梳理。通过对清代朴学家研究方法的分析,胡适将乾嘉考据学方法的"根本观念"总结为四点:不再对古书盲从,能够提出一种独到的见解且有必要的"证据";乾嘉考据学家提出的"证据"即"举例为证",即"个体的事实";大量个体事例的总结即为归纳法,若举例不多,则为类推,其性质相同;汉学家在归纳大量事例时采用了"假设"的方法。② 因此,在胡适的心目中,"假设"和"证据"是科学方法不可或缺的两大元素。胡适认为,乾嘉汉学家的研究方法之所以有"科学"的精神,是因为他们能在举例作证的基础上总结一种"通则",然后用这种"通则"去验证同类的例。因此,他们使用的方法是归纳和演绎同时并用的方法。③ 最后,胡适对清代学者的治学方法进行了归纳和总结。他认为,首先必须进行大胆的假设,否则不可能有新发明。但仅仅有大胆的假设是不行的,还必须有充足的证据,否则不能够使人心服口服。④ 胡适强调的清儒的这种严谨的治学品格,并将其与实用主义方法论巧妙结合起来的做法,有利于中国学术思想界对于西方思想和方法论的消化和吸收。从历史上看,胡适提出的敢于怀疑前人,教人疑而后信、考而后信的严谨的治学态度,对于当时的思想解放,解除长期以来桎梏人们思维的迷信和独断有一定的进步作用。

2. 崔述"考信"的精神和态度

在考证辨伪学方面,乾嘉学者崔述⑤的治学思想对胡适影响颇深。崔述考信辨伪方面的成就,大体可分为两端:一是史学考证方面的成就,二是其在辨伪学方法论上的贡献。⑥ 对于崔述的辨伪学成就所体现的科学精神,胡适给予高度评价。他认为,崔述是中国新史学的鼻祖,其标志就是其《考信录》的出现,此

---

① 胡适:《先秦名学史》,学林出版社 1983 年版,第 9 页。
② 胡适:《清代学者的治学方法》,载《胡适文集(2)》,北京大学出版社 1998 年版,第 290 页。
③ 胡适:《清代学者的治学方法》,载《胡适文集(2)》,北京大学出版社 1998 年版,第 295 页。
④ 胡适:《清代学者的治学方法》,载《胡适文集(2)》,北京大学出版社 1998 年版,第 302 页。
⑤ 崔述(1740—1816),清朝著名的辨伪学者。字武承,号东壁,直隶大名府魏县人。乾隆二十八年(1763 年)举人。历任上杭、罗源知县等。著作由门人陈履和汇刻为《东壁遗书》,内以《考信录》三十二卷最令学者注目。
⑥ 路新生:《中国近三百年疑古思潮研究》,上海人民出版社 2001 年版,第 286 页。

后中国史学开始谋求进一步的发展,正如他自己所说:"这是中国新史学的最低限度的出发点。"①应该说,胡适所述并非虚言。这是因为,早在20世纪初,日本学者那珂通世即将《东壁遗书》陈履和刻本加以标点排印,该书在日本学界产生较大反响。随后,日本史学界在崔述考信辨伪学方法的基础上不断进行完善和发扬光大,逐渐进入"完全科学"的时代。日本的崔述研究也引起了中国学界的浓厚兴趣,从此中国学界开始对崔述给予足够的关注,如刘师培就曾对崔述考信辨伪方法高度评价,他说:"述生乾嘉间,未与江、戴、程、凌相接,而著书义例则殊途同归。彼以百家之言古者多有可疑,因疑而力求其是。浅识者流仅知其有功于考史,不知《考信录》一书自标界说,条理秩然,复援引证佐以为符验;于一言一事,必钩稽参互,剖析疑似,以求其真。使即其例以扩充之,则凡古今载籍均可折衷至当以去伪而存诚。"②刘师培这里所说的"例"即辨伪"方法"。虽然崔述与江永、戴震、程瑶田、凌廷堪等乾嘉考据学者著书义例"殊途同归",都侧重于考史,但《考信录》一书则"自标界说",标志着"科学"时代的到来。这是因为崔述在《考信录》中不仅对作伪的原因进行了分析,而且对辨伪方法给予了足够的重视,表现了其勇于疑古的精神和严谨考辨的态度。

崔述的考证和辨伪,既有其精到妥帖处,也有其明显的失误和历史局限。对此,胡适也有明确清晰的认识,正如胡适自己所说:"今日的新史学确已超过崔述的趋势。"③但瑕不掩瑜,我们不能因为其部分考证辨伪的失误和局限而否定其态度和精神,崔述的"永久价值并不在这一些随时有待于后人匡正的枝节问题","崔学的永久价值全在他的'考信'的态度",那是永永不会磨灭的。胡适所说的这种"考信"的态度就是要"疑而后考""考而后信",他所说的"要跟上崔述",就是要跟上崔述的"考信"的态度。在崔述的相关论述中,我们也不难发现其"考信"的精神处处皆在,如对于文人学士"多好议论古人得失,而不考其事之虚实"之做法,崔述就极为反感。他强调,只有"虚实明",而后才可以论其得失。他认为,他的《考信录》就是"专以辨其虚实为先务,而论得失者次之"④。

---

① 胡适:《科学的古史家崔述(1740—1816)》,载《胡适文集(7)》,北京大学出版社1998年版,第142页。

② 刘师培:《崔述传》,原载《国粹学报》第三十四期,转引自《胡适文集(7)》,北京大学出版社1998年版,第141页。

③ 胡适:《〈崔东壁遗书〉序》,载《胡适文集(7)》,北京大学出版社1998年版,第132页。

④ 崔述:《考信录提要》卷上,商务印书馆1937年版,第21—22页。

在这里,"虚实"即是伪与真。胡适认为,"虚实明而后得失或可不爽"是一切史学的根本方法,"考信"的态度是要人先考核某项材料的虚实真伪,然后决定应疑应信的态度。对于崔述有时不能"先考而后信",胡适认为这是"时代风气的限制",不足以作为崔述的"罪状"。崔述的《考信录》大都能遵循他的"考而后信"的基本态度,先定材料的虚实,而后论其得失。对于崔述定下的辨别史料虚实的标准①及对于可信材料的分类②,胡适都给予积极的褒奖,认为这些都是辨其虚实真伪的态度,"最可以做史家的模范"。胡适强调,崔述的辨伪的某些细目或许可以指摘,但这种精神和方法是"无可訾议"的。最后,胡适进行了总结,他指出,崔述一生做学问、做人、做官、听讼,都只是用一种精神、一种方法,那就是"细为推求",就是"打破砂锅问到底"。崔述最痛恨"含糊轻信而不深问"的恶习惯,遇事"细为推求","历历推求其是非真伪",这都是科学家追求真理的态度。因此,崔述的"考信"态度是地道的科学精神和方法,也是崔述留给后人的最大精神财富。综上所述,我们不难发现,胡适正是在对"崔学"深入研究和积极评价的过程中,充分汲取了"崔学"的有益成分,为其后来的疑古辨伪理论和实践的开展奠定了坚实的基础。

(二)胡适辨伪学理论

胡适的辨伪学理论和方法集中体现在其专著《中国哲学史大纲》③一书中。在该书的《导言》部分,胡适对相关哲学史著述的作伪原因、伪书分类、辨伪方法等方面进行了分析和论述。这些论述虽是针对哲学史籍而言,但也适用于其他一般史书。

对于作伪理由和动机,胡适认为主要可以分为两种情况:第一种是"托古改制"的书,这是因为作伪的人担心自己人微言轻,于是便借用古人之名申述自己的主张。这与胡应麟《四部正讹》所说"掇古人之事而伪""挟古人之文而伪"

---

① 崔述定下的辨别史料虚实的标准是"凡其说出于战国以后者,必详为考其所本("考其所本"即是寻出他的娘家),而不敢以见于汉人之书者遂真以为三代之事也"。转引自《胡适文集(7)》,北京大学出版社1998年版,第133页。

② 崔述将可信的材料分为四个等级:第一等为"经"的可信部分,第二等为"补"(源出于经,而今仅见于传记),第三等为"备览",第四等为"存疑"。参见《胡适文集(7)》,北京大学出版社1998年版,第133页。

③ 《中国哲学史大纲》是胡适在自己的博士论文《先秦名学史》和北京大学中国哲学史讲义的基础上修改扩充而成的,初版于1919年2月。出版后两个月内再版,到1922年已出至第八版,在当时的学术界乃至整个文化界有很大反响。

"传古人之名而伪""蹈古书之名而伪"①较为类似，梁启超将其概括为"托古"作伪，称其为"比较上最纯洁，我们还可以相当的原谅"，"手段虽然不对，动机尚为清白"②的作伪。这类作伪古已有之，这是因为中国人喜欢古董，"以古为贵"，《庄子》所谓"重言"，康有为的"托古改制"，均为此意。"托古改制"的另一个原因则是古人死无对证，他人可随意托古改制。比如先秦诸子言必称尧舜，其中一个重要原因就是因为尧舜年代久远，他们可以任意把他们理想中的制度推到尧舜的时代，然后借尧舜之名弘扬自己的思想主张，推行自己心目中理想的政治制度。《黄帝内经》假托黄帝，《周髀算经》假托周公，都是这个道理。这种现象，春秋战国时最多。这是因为这一时期社会剧烈变动，思想较为自由。诸子为了宣扬自己的学术和思想，往往都援引古人思想主张作护身符，这样才足以使人信服。之后他们的门生变本加厉，于是伪书盛行。胡适认为，"托古改制"的书，"往往有第一流的思想家在内"。③ 第二种是"托古发财"的书，这些人为了钱财有意伪作古书，梁启超称其为"邀赏"④，他们伪造假书的心理与伪造古董的心理一样，都是为了赚钱。如汉武帝和唐太宗"稽古右文"，于是下令悬赏征求古籍，有些人为了卖钱做官，便大造伪书。最显著的例子为汉景帝之子河间献王，他修学好古，实事求是，曾以亲王的力量，亲贤下士，访求典籍，得书异常之多。他尤其喜欢秦汉以前古文字，搜罗不遗余力，所以古文各经书，俱从河间献王而出，汉朝经师有今古文之争辨，其来源于此。河间献王所求之古书，真的固然很多，假的亦颇不少。胡适认为，假书大多为东拉西扯，篇幅较长，因为越长越可多卖钱，如《管子》《晏子春秋》诸书即属此类。还有一种情况是得到了真本古书，但是真本古书的篇幅太短，因篇幅短不能多卖钱，于是便东拉西扯，胡乱拼凑，无端增加许多卷数，如《庄子》《韩非子》就属于这类情况。这一类假书，对于书中年代事实，往往不曾考校。他们的买主，大半是一些假充内行的收藏家，没有真正的鉴赏本领。相对于"托古改制"的书，"托古发财"书的造假者多是一些下流人才，他们作伪的动机"既不高尚"，作伪的方法和手段也不"精密"，故"最容易露出马脚来"。⑤

① 胡应麟：《四部正讹》卷上《叙论》，朴社1933年版，第1页。
② 梁启超：《古书真伪常识》，中华书局2012年版，第25页。
③ 胡适：《中国哲学史大纲》，商务印书馆2011年版，第13页。
④ 梁启超：《古书真伪常识》，中华书局2012年版，第27页。
⑤ 胡适：《中国哲学史大纲》，商务印书馆2011年版，第13—14页。

胡适极为重视史料的审定,他认为,近代西方史学的进步与发达,多是因为其审定史料的方法更为科学和严密。他还说:"史料若不可靠,所作的历史便无信史的价值。"①因此,对于审定史料的方法(即辨伪方法),胡适也进行了总结并将其作为史学家的"第一步根本功夫"。他说,审定史料的真伪,必须要有切实的证据,这样才能够使人心服口服。② 由此可见,证据在审定史料中发挥了不可替代的作用。

胡适认为,这种审定史料的"证据"大概可以分五种:第一,史事。也就是说,书中陈述的史事,必须与作书的人的年代相符。若不相符,便可证那一书或那一篇是假的。第二,文字。胡适认为,每个时代的文字都带有那个时代特有的烙印,故每个时代有每个时代的文字,它们不可能完全相同。在这种情况下,通过文字之间的比对就可鉴别出作伪的痕迹。如《关尹子》中所用词如"斗中摄鬼、杯中钓鱼、画门可开、上鬼可语"等,这些都是道士用语;而"石火""想""识""五识并驰"等,则是佛家用语,这些都可以成为作伪之证据。第三,文体。胡适指出,文体也是鉴别作伪的重要手段与方法,每个时代的文体都不相同,每个人的文体也绝不相同。后人可以仿古,但古人绝不可仿今。如《管子》那种长篇累牍的文体,绝不是孔子前一百多年所能作的;《关尹子》中的一些语句,也绝不像佛经输入之前的文体。第四,思想。胡适认为,通过对书中的思想学说进行比对,看其前后是否一致,也可帮助证明此书的真伪。他说,大凡能够著书立说之人,其思想学说体系总有系统和轨迹可寻,同一书中绝不会有自相矛盾之处。因此,对书中前后思想学说的对比鉴别也是辨别伪书的重要方法。如《韩非子》的前两篇思想就不一致,前者劝秦王攻韩,后者劝秦王存韩,这种自相矛盾即可证明《韩非子》的某些篇章为伪。胡适还说,每个时代有每个时代的思想,一种新的学说产生之后,一定会对后世产生影响。如《墨子》里《经上下》等篇所讨论的问题,绝不是墨翟时代所能提出的,而是在墨翟之后百余年才产生的。因此,可以推测这些篇章不是墨翟自己做的。《关尹子》中体现的极端的万物唯心论的思想完全可以证明其为佛教传入之后的书,绝不是周秦时代的书,因为周秦诸子并无人受这种学说的影响。以上四种辨别伪书的"证据"都是从本书中发现的,胡适将它们称为"内证"。

---

① 胡适:《中国哲学史大纲》,商务印书馆 2011 年版,第 11 页。
② 胡适:《中国哲学史大纲》,商务印书馆 2011 年版,第 14 页。

除了"内证"之外，还有一种证据是通过其他书找寻出来的，胡适称之为"旁证"。胡适强调，旁证有时候也很重要，在很多情况下，可与内证相当。如西方哲学史家考订柏拉图的著作，凡是其弟子亚里士多德书中曾称引的书，都定为真是柏拉图的书。在中国，这样的情况也不乏其例，如清代惠栋、阎若璩等人考证梅氏《古文尚书》之伪，所用"证据"则几乎全是"旁证"。还有以《荀子·正论》《尹文子》《庄子·天下》《孟子》等篇互相印证，证明宋钘、尹文的学说。①以历史的视角来看，胡适辨别史料的方法和"证据"似乎都可以从胡应麟《四部正讹》"辨伪八法"中找到其"影子"和痕迹，如第一"史事"与胡应麟"核之事以观其时"较为类似，即通过古书中的史事是否与成书年代相符来判断古书的真伪。第二"文字"和第五"旁证"与胡"核之并世之言以观其称""核之异世之言以观其述"较为相像。正如胡适所言，"一时代有一时代的文字"。通过比较不同时代著述中称引的文字，也可以发现造伪的嫌疑。第三"文体"同"核之文以观其体"比较接近，即通过不同时期的文体、风格、文词等方面来判定古书的真伪。②胡适认为，史料的审定对于中国哲学史的研究意义重大。为此，他还进一步引用《韩非子·显学》篇"无参验而必之者，愚也"说明这一道理，这里的"参验"即是胡适所说的"证据"。对于谢无量《中国哲学史》以"邃古哲学"作为中国哲学"初萌"之时的说法，胡适不以为然。他认为，东周以前的史料，多不可信。即使《尚书》二十八篇之"真古文"，也有可能是儒家造出的"托古改制"的书，或是古代歌功颂德的官书。只有《诗经》似乎"可算是中国最古的史料"，至于《易经》等全无哲学史料价值可言。因此，胡适的中国哲学史的研究，是从老子、孔子说起的。胡适认为，这样做虽然比不上别的史家的渊博，但可免"非愚即诬"之讥评。

在20世纪初中西文化交融的时代，胡适大力倡导西方的科学方法，通过对中国传统辨伪实践的总结，提出了自己的辨伪学理论和方法。尽管略显粗疏，

① 胡适：《中国哲学史大纲》，商务印书馆2011年版，第14—16页。
② 相对于胡适的辨伪方法而言，胡应麟的"辨伪八法"（即"核之《七略》以观其源""核之群志以观其绪""核之并世之言以观其称""核之异世之言以观其述""核之文以观其体""核之事以观其时""核之撰者以观其托""核之传者以观其人"）有较强的逻辑性和严密的体系，如1、2从目录方面来考辨，3、4从典籍引文来考察，5、6从古籍内容的各个方面予以辨析，7、8则是从撰者和传者的学识、品性等角度来考察典籍的著述和传承，进而辨别真伪。胡适的辨伪方法难以与之一一对应，只能是"类似"。有现代学者也曾对二胡的辨伪方法进行了对比（参见彭树欣：《梁启超文献学思想研究》，光明日报出版社2010年版，第143—145页），与本文结论略有不同。

也不够周详和系统,但在较大程度上推动了中国辨伪学理论的发展,其所具有的示范带动效应确是不容忽视的。

三、梁启超对辨伪学理论的奠基之功

梁启超不仅是"传统辨伪方法的总结者"①,同时也是民国辨伪学理论的奠基者。作为现代辨伪学开创性人物之一,其辨伪学研究"实际上促成了辨伪学从古代的重辨伪实践向现代的重理论建构的转型"②。梁启超的辨伪学理论阐述集中出现在20世纪20年代③的相关著述中,如《中国历史研究法》(1921)、《中国近三百年学术史》(1924)和《古书真伪及其年代》(1927)等。

(一)《中国历史研究法》中的辨伪学理论

在《中国历史研究法》一书中,梁启超首先概括了伪书的主要形式。他认为,伪书大致可以分为两大类:一类是全部为后人伪造,另一类为部分伪造,而且他们作伪的途径多为"托诸古人"④,即以"托古"的方式造伪。关于辨伪对于史学研究的重要作用,梁氏也有所论及:"是故苟无鉴别伪书之识力,不惟不能忠实于史迹,必至令自己思想涂径,大起混乱也。"⑤梁氏认为,书愈古,伪品愈多。他还分析了战国秦汉间多伪书的原因:一为当时学者本有"托古"之风气,明明为自己的主张,但他们多引古人以自重;二为传抄前人几种未标名或未定本著述合为一本而漫题一名,如果书中涉及某人较多,便指为某人所作;三是为了发财而作伪,如汉初人士往往剿钞旧籍,托为古代某名人所作以炫售,从而达到获利的目的。

接下来梁氏重点论述了鉴别伪书的12种方法,在这12种方法中,前九种为依据"具体"的反证进行鉴别的方法,后三种为依据"抽象"的反证进行鉴别的方法。⑥彭树欣认为,梁氏对文献辨伪方法的总结,"基本上袭取了朱熹、胡应

---

① 陈力:《二十世纪古籍辨伪学之检讨》,《文献》2004年第3期。
② 彭树欣:《梁启超文献学思想研究》,光明日报出版社2010年版,第150页。
③ 因梁启超横跨晚清民国两个时期,故有些学者将其列入近代人物,如杨绪敏《中国辨伪学史》(天津人民出版社2007年版)就将梁氏的辨伪学放入"第三章 辨伪学的成熟时期——明清近代"而非"第四章 辨伪学的再发展时期——现当代"。因梁氏的辨伪学理论论述集中出现在20世纪20年代,故将其放入"现当代"部分更为合适,也更加符合历史事实。
④ 梁启超:《中国历史研究法》,中华书局2009年版,第102页。
⑤ 梁启超:《中国历史研究法》,中华书局2009年版,第102页。
⑥ 详见梁启超:《中国历史研究法》,中华书局2009年版,第103—107页。

麟和胡适的方法,特别是胡应麟的方法(从思想方面来辨伪是袭取朱熹的一条和胡适的一条,其余的是胡应麟的)"①。对此,梁氏并没有回避,他在后来的演讲中已经明确表达了对胡应麟《四部正讹》中辨伪方法的沿袭并进一步进行了归纳和总结。②

(二)《中国近三百年学术史》中的辨伪学理论

在《中国近三百年学术史》一书中,梁氏就辨别伪书的重要性、伪书高产的六个历史时期及其原因、古今伪书性质的分类、辨伪书的发展史及主要方法进行了论述。梁氏认为,中国传统学术多为书本学问,而中国伪书有很多,因此辨伪书为研究传统学术非常重要的一项工作。关于作伪的动机,梁氏指出,"好古"是中国人作伪的主要原因,"实为伪书发达之总原因"。③ 接下来梁氏归纳了中国历史上伪书出现的六个高产期并逐一分析了当时的局势,这六个高产期为战国末年、西汉初年、西汉末年、魏晋之交、两晋至六朝、明中期之后。他认为,这六个历史时期伪书大量出现,究其原因,仍是"好古""托古"之风所致。而宋元年间,伪书较少,是因为"他们喜欢自出见解,不甚借古人为重"④。唐代伪造佛典的情况较多,而儒家典籍作伪的情况较少,这是因为佛学在当时社会和学界占有重要地位。

在伪书的分类方面,梁氏在《中国历史研究法》一书中的论述极为简单,即全部伪和部分伪。在《中国近三百年学术史》一书中,梁氏对此进行了较为详细和系统的分类,分别为:后人依古书中偶见书名伪造者;后人窃久佚书名伪造者;后人嫁名伪造者;伪中出伪者;真书中杂入伪文者;书不伪而书名伪者;书不伪而撰人姓名伪者;原书本无作者姓名年代,后人妄推定为某时某人作品,因以成伪或陷于时代错误者;书虽不全伪,然确非原本者;伪书中含有真书者。对比梁氏在《中国历史研究法》中的分类,我们可以发现,这里论述的前四种为全伪,而后六种为部分伪。显然,梁氏此处的分类是对《中国历史研究法》中全伪和部分伪的细化,在分类性质和思想方面似乎没有本质的变化。其实,胡应麟在《四部正讹》一书中早已对伪书进行了分类,在卷上《叙论》部分,他将伪书分为二十

① 彭树欣:《梁启超文献学思想研究》,光明日报出版社2010年版,第145页。
② 梁启超:《古书真伪常识》,中华书局2012年版,第53—54页。
③ 梁启超:《中国近三百年学术史》,东方出版社2004年版,第274页。
④ 梁启超:《中国近三百年学术史》,东方出版社2004年版,第275页。

一类①,后来他又分为八类②,但他没有言明分类的标准③。如果与胡应麟《四部正讹》中的分类相比,梁氏的分类共有六条与胡的分类大致相当。④ 由此可见,梁氏的伪书分类法是在继承胡应麟《四部正讹》伪书分类的基础上按照自己的逻辑思想体系(即全部伪和部分伪)作了进一步的推进。同时,我们也应该看到,胡的分类虽比较详细,但仍不够周全,如梁提出的"伪中出伪者""书不伪而撰人姓名伪者""原书本无作者姓名年代,后人妄推定为某时某人作品,因以成伪或陷于时代错误者""书虽不全伪,然确非原本者"四条则是胡应麟不曾提出的。

在该书中,梁氏还简单梳理了辨伪书的发展史。他认为,辨伪的观念和思想由来已久,如《汉书·艺文志》中就有明注"依托""似依托""增加"者;隋僧法经著《众经目录》别立"疑伪"一门,这些都足以说明古人对于辨伪重要性的认识,但他们对于辨伪的方法却未曾言及。他还说,宋人疑古最勇,如司马光疑《孟子》、欧阳修疑《周礼》等、朱熹疑《古文尚书》等、郑樵疑《左传》等,宋代的疑古思潮开启了辨伪学的先河。梁氏认为,辨伪书的最早专著当为明代胡应麟的《四部正讹》。至清代,辨伪书蔚然成风,从而进入一个兴盛时期。清初最勇于疑古辨伪的是姚际恒,他著《尚书通论》《礼经通论》《诗经通论》辨伪《古文尚书》《周礼》《礼记》和《毛序》,另外还有专为辨伪而作的《古今伪书考》。梁氏还特别强调,清初和清末辨伪书的风气较浓,而乾嘉时期相对较淡。梁氏认为,这是因为乾嘉诸儒好古甚笃,不肯轻易怀疑,"他们专用绵密功夫在一部之中,不甚提起眼光超览一部书之外","他们长处在此,短处也在此"。⑤ 梁氏在此提

---

① 即"有伪作于前代而世率知之者;有伪作于近代而世反惑之者;有援古人之事而伪者;有掇古人之文而伪者;有传古人之名而伪者;有蹈古书之名而伪者;有惮于自名而伪者;有耻于自名而伪者;有袭取于人而伪者;有假重于人而伪者;有恶其人伪以祸之者;有恶其人伪以诬之者;有本非伪人托之而伪者;有书本伪人补之而益伪者;有伪而非伪者;有非伪而曰伪者;有非伪而实伪者;有当时知其伪而后世弗传者;有当时记其伪而后世弗悟者;有本无撰人后人因近似而伪托者;有本有撰人后人因亡逸而伪题者"。参见胡应麟:《四部正讹》卷上《叙论》,朴社 1933 年版,第 1—3 页。

② 即"全伪者;真错以伪者;伪错以真者;真伪错者;真伪疑者;残补讹不得言伪者;名讹但非伪者;出晚但非伪者"。参见胡应麟:《四部正讹》卷下《结论》,朴社 1933 年版,第 77 页。

③ 有人认为,第一种是以伪的情状分,第二种是以伪的程度分。(参见王嘉川:《布衣与学术——胡应麟与中国学术思想史研究》,商务印书馆 2005 年版,第 218 页)对于这种观点,笔者并不认同。

④ 彭树欣:《梁启超文献学思想研究》,光明日报出版社 2010 年版,第 139 页。

⑤ 梁启超:《中国近三百年学术史》,东方出版社 2004 年版,第 279—280 页。

到的乾嘉诸老的"辨伪"实为辨别"伪史"或者"伪事"。对于清儒的辨伪工作，梁氏指出，其"可贵者"不在"其所辨出之成绩"，而在"其能发明辨伪方法而善于应用"。① 他还对清儒与宋儒进行了对比分析，认为在怀疑"古书发生问题"方面，"清儒不如宋儒之多而勇"。但在解决问题方面，"宋儒不及清儒之慎而密"。他强调宋儒多轻蔑古书，其辨伪动机，往往在于一时的主观冲动；而清儒多尊重古书，其辨伪程序，"常用客观的细密检查"②。应该说，梁氏的分析有其合理之处，但其否定宋儒发明辨伪方法的观点则有待进一步商榷。恰恰相反，朱熹③、胡应麟等人提出的辨伪方法则直接影响了清代乃至后世，从而为后来的学者所继承，为中国辨伪学的发展奠定了基础。

对于辨伪方法的分析论述是梁氏辨伪思想的重要内容，在《中国近三百年学术史》一书中，梁氏基于清儒的辨伪实践和辨伪方法以较大的篇幅举例详细进行了总结，大致归纳为六个方面：从著录传授上检查；从本书所载事迹、制度或所引书上检查；从文体及文句上检查；从思想渊源上检查；从作伪家所凭借的原料上检查；从原书佚文佚说的反证上检查。梁氏还说，清儒鉴别伪书，多用这些方法，严密调查，方下断语。上述方法，"虽未完备，重要的大率在此"④。由此可知，梁氏在此所做的总结并不全面；但我们也应该看到，相对于《中国历史研究法》中"辨伪十二法"来说，《中国近三百年学术史》一书中的总结更为系统化且具有较强的理论色彩，显示了梁氏在辨伪学理论认识上的巨大进步。

(三)《古书真伪及其年代》

《古书真伪及其年代》为梁氏辨伪学思想的集大成著作，它凝聚了梁氏对辨伪学的深邃思考和精见卓识。该书原为梁氏 1927 年在燕京大学的讲演稿，后由清华国学研究院周传儒、姚名达、吴其昌三位学生记录整理而成。全书由总论和分论两部分组成，总论为《辨伪学的理论部分》，共有五章，分别为：《辨伪及考证年代的必要》《伪书的种类及作伪的来历》《辨伪学的发达》《辨别伪书及考证年代的方法》《伪书的评价》。分论为辨伪的具体研究成果，即实践部分。在

---

① 梁启超：《中国近三百年学术史》，东方出版社 2004 年版，第 276 页。

② 梁启超：《中国近三百年学术史》，东方出版社 2004 年版，第 276 页。

③ 现代学者认为，对辨伪方法最早进行总结的是朱熹，他在《答袁机仲》中说："熹窃谓，生于今世而读古人之书，所以能别其真伪者，一则以义理之所当否而知之；二则以其左验之异同而质之，未有舍此二途而能直以臆度悬断之者也。"(载《朱文公文集》卷三十八)参见彭树欣：《梁启超文献学思想研究》，光明日报出版社 2010 年版，第 142 页。

④ 梁启超：《中国近三百年学术史》，东方出版社 2004 年版，第 279 页。

这一部分,梁氏首先依次考证了十三经的真伪及成书年代,接下来讨论了子书五种(《本草》《素问》《灵枢》《甲乙经》和《阴符经》)。

在第一部分"辨伪及考证年代的必要"中,梁氏分别从史迹、思想、文学三个方面举例论述了辨伪的重要性,这三个方面分别对应 20 世纪初"新史学"之后兴起的史学、哲学、文学三门学科。在"史迹方面",梁氏认为,若"书籍参杂",没有进行真伪鉴别,可令"史迹发生下列四种不良现象",即导致"进化系统紊乱""社会背景混淆""事实是非倒置"及"由事实影响于道德及政治";在"思想方面"则可出现"时代思想紊乱""学术源流混淆""个人主张矛盾"及"害学者枉费精神"四个方面的情况。① 与胡适在《中国哲学史大纲》中的相关表述②相比,梁氏的分析更为全面;至于"文学方面"的书,若对于书的真假,或相传的时代不弄清楚,"亦有前面所述"。③ 这里的"前面"指的是在"思想方面"的论述。

对于伪书的分类,梁氏也表达了自己的观点。他说:"伪书的种类很多,各家的分类法亦不同","按照性质,用不十分科学的方法",大致可以分为十类。④ 接下来梁氏还分析了这些伪书的来历,他认为主要有四种情况:好古;秘密性;散乱及购求;因秘本偶然发现而附会。上述伪书的种类,是以书的"性质"来分的,大概有十种。若以作伪的动机来分,又可以分为两大类:一类是有意作伪,另一类是非有意作伪。有意作伪的动机又可归纳成六项,分别为:托古;邀赏;争胜;炫名;诬善;掠美。梁氏强调,在这些作伪动机中,"除第一种可原外,其余五种动机皆坏"⑤。非有意作伪的情况更为复杂,大致可以分为两类:一类是全书误题或妄题者,一类是部分误编或附入。第一类的作品又可以分为四种⑥,第二类的作品可分为五种⑦。最后,梁氏进行了总结,他说:"有意作伪,动机很坏,

---

① 梁启超:《古书真伪常识》,中华书局 2012 年版,第 10 页。
② 胡适说:"若把那些不可靠的材料信为真书,必致(一)失了各家学说的真相;(二)乱了学说先后的次序;(三)乱了学派相承的系统。"参见胡适:《中国哲学史大纲》,商务印书馆 2011 年版,第 11 页。
③ 梁启超:《古书真伪常识》,中华书局 2012 年版,第 14 页。
④ 这十类分别是:全部伪;一部伪;本无其书而伪;曾有其书,因佚而伪;内容不尽伪,而书名伪;内容不尽伪,而书名人名皆伪;内容及书名皆不伪而人名伪;盗窃割裂旧书而伪;伪后出伪;伪中益伪。参见梁启超:《古书真伪常识》,中华书局 2012 年版,第 19—22 页。
⑤ 梁启超:《古书真伪常识》,中华书局 2012 年版,第 33 页。
⑥ 即:因篇中有某人名而误题;因书中多述某人行事或言论而得名;不得主名而臆推妄题;本有主名,不察而妄题。参见梁启超:《古书真伪常识》,中华书局 2012 年版,第 33—36 页。
⑦ 分别为:类士误作专书;注解与正文同列,混入正文;献书时求增篇幅;后人续作;编辑的人无识贪多。参见梁启超:《古书真伪常识》,中华书局 2012 年版,第 36—39 页。

非辨别不可。无意作假，虽无坏的动机，亦当加以考订。为求真正知识，为得彻底了解起见，对于古书，应当取此种态度。""否则年代错乱，思潮混杂，是非颠倒，在学术界遗害甚大。而且研究的结论如果建筑在假的材料上，一定站不住，很容易为他人所驳倒。"①梁氏之所以对伪书的分类如此考究，一方面在于其治学的严谨，同时也与其对伪书危害的认识密不可分。彭树欣对胡应麟和梁氏的分类法进行了比较，认为此书继承了胡应麟的分类法十条，但他也肯定了梁氏对伪书分类的贡献，认为胡氏的分类"主要还停留在经验的层面，缺乏理性的概括；而梁氏的分类则具有较强的理性色彩，形成了科学的分类体系"②。应该说，这一评价是符合实际的，也是客观公允的。

　　对中国辨伪学史的研究也是梁氏辨伪学的重要组成部分，在该书的第三部分《辨伪学的发达》一章中，梁氏以时间为序系统梳理了中国辨伪学的发展并提出了诸多对后世影响较大的观点。梁氏认为，伪书最早出现在战国，而随后疑古思想渐露端倪。汉代司马迁不只是史学的始祖，也是辨伪学的始祖。三国到隋，学者们注重清谈和辞章，对于考证辨伪，则较少留意。唐代柳宗元虽能辨子书之伪却不能大胆地怀疑经书。到了宋代，辨伪学便很发达了。最早怀疑古书的是欧阳修，他也是北宋辨伪学的第一人。此外，王安石、苏轼、司马光都有疑古辨伪的成绩。南宋时期出现了朱熹、叶适、陈振孙、晁公武、王应麟、黄震、赵汝楳等辨伪学者。明初宋濂著《诸子辨》，辨别四十部子书的真伪。明后期辨伪大师胡应麟《四部正讹》是"专著一书去辨别一切伪书，有原理有方法"的重要学术著作，"辨伪学到了此时，才成为一门学问"。③清代辨伪学的代表人物是阎若璩、胡渭、万斯同、姚际恒、惠栋、崔述等。到了20世纪初，以胡适、钱玄同疑古最勇、辨伪最有力。梁氏对中国辨伪学发展史的论述深入浅出、有理有据。作为"中国第一个梳理辨伪学史的人"，其论述尽管比较简略，"但是纲举目张，中国辨伪学史的基本线索已经清晰"。④其中的诸多观点为后世学者继承和发展⑤，在中国辨伪学乃至文献学、学术史领域产生了重要影响。

① 梁启超：《古书真伪常识》，中华书局2012年版，第39页。
② 彭树欣：《梁启超文献学思想研究》，光明日报出版社2010年版，第140页。
③ 梁启超：《古书真伪常识》，中华书局2012年版，第48页。
④ 彭树欣：《梁启超文献学思想研究》，光明日报出版社2010年版，第149页。
⑤ 如郑良树《古籍辨伪学》（台湾学生书局1986年版）、杨绪敏《中国辨伪学史》（天津人民出版社1999年版）及其他通论性文献学著作。

辨伪学方法也是梁氏在该书中论述的重点,相对于《中国历史研究法》和《中国近三百年学术史》来说,梁氏在该书中构建的体系和结构更为科学,逻辑层次更为清晰,内容也比前人更完善、更精细,其详细处达到五级分类。① 梁氏之所以能够取得如此的成就,与其继承前人的成果尤其是胡应麟的辨伪方法密不可分,故在开篇便论述胡应麟《四部正讹》中的"辨伪八法"并予以肯定。他还指出,"我现在所讲的略用他的方法,而归纳为两个系统",这两个系统分别为"就传授统绪上辨别"和"就文义内容上辨别"。梁氏强调,这两个系统"一则注重书的来源,一则注重书的本身"。"前者和《四部正讹》中的第一、第二、第七、第八四个方法相近;后者和《四部正讹》的第三、第四、第五、第六四个方法相近。而详略重轻,却各不同。"②除了继承胡应麟的辨伪方法,梁氏对朱熹、胡适的辨伪方法和思想也有所承袭,如"从思想上辨别"就与朱熹提出的"以其义理之所当否而知之"和胡适的第四条"思想"有异曲同工之妙。正是在继承前人优秀学术成果的基础上,梁氏构建了一个更为全面系统的辨伪学方法体系。对此,现代学者孙钦善也给予了较高的评价,他说:"梁启超在《古书真伪及其年代》中,对辨伪的方法条分缕析,有更为详尽的概括,堪称辨伪方法的集成之作。"③但也有学者对此提出质疑,如陈力认为,梁氏提出的"从传授统绪上辨别的八种方法没有一种是绝对的",而就文义内容上辨别的"五大法门"则是"带有很大的主观性和不确定性,只能作为我们分析古籍时的一种参考"。④ 但瑕不掩瑜,梁氏对辨伪学方法的系统总结的历史功绩却是不可抹杀的。

对伪书的评价也是梁氏辨伪学思想的重要组成部分。梁氏认为,伪书自有其价值所在,尤其是唐以前或汉以前的伪书。因为伪书不是凭空产生的,它的产生必有其特定的时代背景,伪书中一定蕴含了特定的时代信息。同时伪书的产生也必定参考无数真书,正如梁氏所言,"假中常有真宝贝"⑤。如秦始皇焚书和董卓焚书之前的材料今大多已不复存在,那么,战国人伪造的书和汉人伪造的书里面就保存了这些资料,我们可以从这些伪书中提取历史的真实信息,

---

① 彭树欣曾以梁氏该书第四章《辨别伪书及考证年代的方法》所述内容做一图示,结构清晰,令人一目了然。参见彭树欣:《梁启超文献学思想研究》,光明日报出版社2010年版,第147页。

② 梁启超:《古书真伪常识》,中华书局2012年版,第53—54页。

③ 孙钦善:《古代辨伪学概述(上)》,《文献》第14辑,第215—216页。

④ 陈力:《二十世纪古籍辨伪学之检讨》,《文献》2004年第3期。

⑤ 梁启超:《古书真伪常识》,中华书局2012年版,第77页。

这些伪书便成为弥足珍贵的重要历史资料。因此,这类伪书,可以把它们当作类书用,其功用全在保存古书。伪书的第二种功用是保存古代的神话。神话虽然不是历史,但可以在一定程度上表现古代的社会状况及民众的心理,通过它可以了解古代的文化。尤其对于无文字可考的历史,研究神话则显得更为重要。伪书的第三个功用是保存古代的制度。如《起信论》《楞严经》,如果根据它们来研究印度的佛教思想,固然不可;若根据它们来研究中国化的佛教的一种思想,却又是极重要的一种资料。如《周礼》,虽然不是周公所作,但用它来研究战国至汉初的政治制度,便成为重要的历史资料。最后一种为保存古代思想的功用。梁氏最后强调,对于伪书,应该持辩证的态度看待,一方面指出其伪造的证据,一方面"还他那些卖出的家私,给他一个确定的批评"①。这样,许多伪书便有了用武之地,同时造伪的人隐晦的思想也能够得以彰显。综上所述,在对伪书的评价方面,梁氏的思想中闪耀着辩证法的光芒,同时也为后世学者利用伪书研究历史开辟了新的道路。

在该书总论部分的最后,梁氏还附上了宋濂《诸子辨》、胡应麟《四部正讹》和姚际恒《古今伪书考》三家所论列古书对照表,对他们的辨伪成果进行了比较分析,令人一目了然,对于后世的辨伪学和文献学研究具有重要的借鉴意义。

《古书真伪及其年代》集中体现了梁氏的辨伪学理论和思想,其构建的辨伪学体系为后世学者继承和发展,从而奠定了其在中国辨伪学史上的历史地位。同时,梁氏辨伪学也开启了现代辨伪学的先河,为中国辨伪学的发展作出了巨大贡献。著名文献学家张舜徽曾说该书"甚便初学。所举条例很清晰,而论证很平实,初学辨识伪书,必由此入门"②。郑良树谓其"缜密周详,很值得初学者参考"③,这一评价恰恰说明该书在现代辨伪学史上的奠基之功。

通过梳理梁氏20世纪20年代的相关辨伪学著述,我们可以发现,其辨伪学思想发展的脉络清晰可见。在继承前人优秀学术成果的基础上并经过自己的创造,梁氏辨伪学体系逐渐完善。至《古书真伪及其年代》,梁氏"辨伪学的基本理论框架已经形成"④。从此,中国辨伪学进入由重实践研究到理论构建的重

---

① 梁启超:《古书真伪常识》,中华书局2012年版,第79页。
② 张舜徽:《中国历史要籍介绍》,湖北人民出版社1957年版,第215页。
③ 郑良树:《古籍辨伪学》,台湾学生书局1986年版,第115页。
④ 彭树欣:《梁启超文献学思想研究》,光明日报出版社2010年版,第150页。

要历史时期,在此过程中,梁氏辨伪学理论发挥了重要的奠基作用。①

四、顾颉刚对中国辨伪学史的系统总结

作为中国现代著名历史学家和古史辨学派的创始人,顾颉刚不仅史学研究和辨伪考证方面成就斐然,而且在辨伪学理论方面也有卓越建树。顾颉刚(1893—1980),中国现代著名历史学家、民俗学家,古史辨学派创始人,现代历史地理学和民俗学的开拓者和奠基人。原名诵坤,字铭坚。笔名有天游、无悔、张久、诚吾、桂姜园、余毅、康尔典、劳育、周埜等。1893 年生于江苏吴县(今苏州),1920 年毕业于北京大学文科中国哲学门,后历任厦门大学、燕京大学、北京大学、云南大学、复旦大学等校教授。

(一)疑古辨伪思想溯源

顾颉刚是现代著名疑古辨伪大师,其研究方法和成就均超越前人,这与其本人的治学经历密不可分。顾氏出身书香门第,家中藏书颇丰。少年时代他就注意到了崔东壁②,14 岁在读高等小学时,顾氏又注意到了姚际恒。当时顾氏生病卧床在家,闲暇之余,翻看了王谟编刻的《汉魏丛书》,自我感觉良好,以为汉魏及六朝之书均已研读,对这一时期的历史也有深入的了解。后来无意中又发现了姚际恒所著《古今伪书考》,姚氏断定汉魏、六朝之书多为宋、明人伪作,并非出自当时人之手。这一观点对顾颉刚影响颇大,在他的脑海里"起了一回大震荡"。从此,顾颉刚"开始对姚际恒这个人注意起来"③。由此可见,正是在姚际恒和崔东壁的学术启蒙下,顾氏逐渐走上了疑古辨伪的道路。

在顾氏的学术生涯中,夏曾佑的《中国历史教科书》和康有为《新学伪经考》《孔子改制考》也对其产生了重要影响。夏曾佑的《中国历史教科书》总称三皇五帝时代为"传疑时代",直到周武王灭商,才称为"化成时代",顾氏对这一观点极为赞赏。顾氏认为康有为的《新学伪经考》"论辩的基础完全建立于历史的证据上";而《孔子改制考》第一篇论上古事茫昧无稽,顾氏认为此说"即极

---

① 现代学者刘重来认为,梁氏为"辨伪理论的奠基人"。他说:"这三部书(即《中国历史研究法》《中国近三百年学术史》和《古书真伪及其年代》)构建了辨伪学的理论体系。"他还提出了自己确立这一观点的理由,即梁氏著述的"系统性""科学性"和"开创性"。(参见刘重来:《中国二十世纪文献辨伪学述略》,《历史研究》1999 年第 6 期)笔者赞同这一观点。

② 顾颉刚:《我是怎样编写古史辨的》,载《古史辨(一)》,上海古籍出版社 1982 年版,第 7 页。

③ 顾颉刚:《我是怎样编写古史辨的》,载《古史辨(一)》,上海古籍出版社 1982 年版,第 4—5 页。

惬心餍理",同时他还表达了对于康有为"锐敏的观察力"的"敬意"。① 因此,康有为的著述对顾氏疑古辨伪思想的形成也起了重大作用。

1912 年进入北京大学,在几位著名学者的指引下,顾氏逐渐走向学术研究的道路。通过研读刘勰《文心雕龙》、刘知幾《史通》和章学诚《文史通义》,顾氏逐渐认识到"文学、史学都该走批评的路子"。这时候他找到了郑樵的《通志》,他认为这部书不仅涉及的范围极为广泛,而且富有批判精神,有自己独创性的见解,郑樵的"魄力"是应该肯定的。除此之外,郑樵还著有《诗辨妄》,对于《诗经》诸家之说均有批评,但却遗失不存。后来,顾氏"从许多别人的书里把它辑出来看,觉得他(指郑樵)的说法很对,他胆子大,敢于批评前人,和清朝人的全盘接受前人的做法不同"②。郑樵认为,《诗》《书》可信,然而不必字字可信。正是在研究郑樵的过程中,顾氏逐渐产生了对《诗经》的怀疑。由此可知,正是在崔述、姚际恒、康有为、郑樵等人思想的影响和启示下,顾颉刚的疑古辨伪思想意识逐渐萌发。

顾颉刚疑古辨伪思想的形成也与钱玄同和胡适的教育和帮助密不可分。钱玄同在日本留学时曾为章太炎的弟子,回国后又接受了崔适③的思想。章太炎为古文学家,崔适为今文学家。受这两种相反思想的影响,钱玄同对它们都不满意,他常常告诫顾颉刚说"这两派对于整理古籍不实事求是,都犯了从主观成见出发的错误"④。正是在钱玄同的启发下,顾氏写出了《五德终始说下的政治和历史》和《秦汉的方士与儒生》。胡适对顾颉刚的影响主要体现在学术观念和学术方法上。胡适十分推崇西方的进化史观,在这种观念的引导和启发下,顾颉刚对此也表现出浓厚的兴趣。在《古史辨》第一册《自序》中,顾颉刚也多次表达了胡适对自己的影响。他指出,胡适发表的很多论文使他对史学产生了浓厚的兴趣,知道适合自己性情的学问是史学。更为重要的是,这些论文在"研究历史的方法"方面对自己有所启迪。由此可见,胡适的治学理念和方法对顾颉刚影响颇深。

---

① 顾颉刚:《古史辨》第一册《自序》,载《古史辨(一)》,上海古籍出版社 1982 年版,第 26 页。

② 顾颉刚:《我是怎样编写古史辨的》,载《古史辨(一)》,上海古籍出版社 1982 年版,第 11 页。

③ 崔适(1852—1924),浙江吴兴人,字怀瑾,一字觯甫。初受学于俞樾,与章太炎同门,治校勘训诂之学。后受康有为《新学伪经考》的影响,专治今文经学,成为近代今文经学的代表之一。曾任教于北京大学。所著《春秋复始》,以《春秋穀梁传》为古文;《史记探源》,以《史记》本是今文学,为刘歆所窜乱,及杂有古文说。其他著作有《五经释要》《论语足徵记》等。

④ 顾颉刚:《我是怎样编写古史辨的》,载《古史辨(一)》,上海古籍出版社 1982 年版,第 13 页。

在北大图书馆和研究所任职期间,顾颉刚阅读了大量的著述,其中令他受益最多的是罗振玉和王国维的著述。正是罗、王二人的著述使顾颉刚认识到仅仅破坏伪古史系统是不够的,还必须"从实物上着手",致力于建设真实的古史。因此,罗、王二人的著述使顾颉刚的古史研究思路和方法发生了重大变化。顾氏以历代相传的古书记载、考古发掘的实物材料及民俗学的材料互相印证,被王煦华称之为"三重论证",说"比王国维又多了一重",并因此高度评价顾氏的疑古辨伪是"既大胆又严谨的"[1]。

通过上述顾氏的学术经历,我们不难发现,其疑古辨伪思想是在继承中国传统疑古辨伪优秀研究成果的基础上,充分吸收西方科学如历史进化论、民俗学和考古学的理论和方法而形成的。

(二)《中国辨伪史略》成书过程

《中国辨伪史略》原是顾颉刚为《崔东壁遗书》所作的序言。《崔东壁遗书》于1921年由顾颉刚开始标点整理,1925年整理完毕。但由于顾氏"好求完备的习性","总觉得应当加些新材料进去",于是继续搜求,然而十年已过,新材料不但没有加进,《崔东壁遗书》也未能及时出版。直至1936年,该书才由上海亚东图书馆印行。

1934年,顾颉刚为"使读者们明白东壁先生在辨伪史中的地位",逼着自己写一篇关于"二三千年中造伪和辨伪"的序文,以便"明白我们今日所应负的责任"[2]。后因俗务缠身,只完成战国秦汉间的一段。其后西北旅行,其母病逝,始终未能续写。1935年,燕京大学《史学年报》索稿,顾氏略加修改后以《战国秦汉间人的造伪与辨伪》为题目将其发表在该刊第二卷第三期,后又收入《古史辨》第七册上编,文字与《史学年报》略有不同。同年,上海亚细亚书局出版顾氏《汉代学术史略》时又将其作为附录载入,仍题原名。对于汉代以后部分的续写,顾氏自谓已经收集一些材料,其中的"问题不多",只要有时间"总是可以写下去的"。

1975年5月,顾氏翻阅以前的日记,在日记中又写下了一段《附记》,感慨时光流逝,为《崔东壁遗书序》未能完成而唏嘘不已,他说:"《崔东壁遗书序》,

①　王煦华:《〈秦汉的方士与儒生〉导读》,上海古籍出版社1998年版,第5—6页。
②　顾颉刚:《〈战国秦汉间人的造伪与辨伪〉附言》,载《汉代学术史略》,东方出版社1996年版,第209页。

虽写得已不少,终以事冗未能写完,其后改题为《战国秦汉间人的造伪与辨伪》,交燕大《史学年报》发表,实半篇耳。予是时社会关系已多,不可能如初入燕京时之专心,予之性格,青年之趋附,时代之动荡,三者各有其阻力,而壮年之光阴已去,势不许其如愿,思之愤懑!"①由此我们不难看出这篇序文在顾氏心目中的地位。其实,顾氏很早就有"做一部《辨伪学史》"的心愿②,直至1934年,顾氏在《崔东壁遗书》《序言》中对此仍有所提及:"我誓言于此:只要我有时间,我决不舍弃这个志愿。"③因此,作为20世纪初古史辨派的健将和发起者,编写辨伪学史成为顾氏毕生的心愿。正是在这种心愿支配下,顾氏在80年代借上海古籍出版社重版《崔东壁遗书》之机得以续写《序言》,但直至去世仍未完成。④ 后在其弟子王煦华的积极努力下,遵照顾氏生前意愿,续写出了三国、六朝至清代的八节。这篇序文既是赓续前作,因此,"汉以前的部分就仍沿用原文,只作了少许文字上的修改"。"汉以后的部分,则是根据以前的草稿,加以补充修改的。"⑤

王煦华认为,阅读顾氏《秦汉的方士与儒生》⑥一书,要有中国辨伪学史的知识,这样更容易理解本书的内容,"而知其所以然"。《崔东壁遗书序》"实际上是一篇'中国辨伪史要略'⑦,而目前尚无比这更详尽的专著"⑧。因此,王煦华建议上海古籍出版社将该序文附在后面。不仅如此,该序文后还附有王煦华于1981年6月撰写的《附记》。按照王煦华的说法,此文的战国秦汉部分后来

---

① 顾颉刚:《中国辨伪史略·前记》,载《秦汉的方士与儒生(附〈中国辨伪史略〉)》,上海古籍出版社1998年版,第134页。
② 顾颉刚在1920年与胡适的通信中就已经提出要编写"订疑学"或"订疑学小史",当时胡适曾经说到"略述'订疑学'之历史,——起王充,以至于今"(胡适:《告拟作〈伪书考〉长序书》,载《古史辨(一)》,上海古籍出版社1982年版,第15页),而这也正是顾氏要考虑的问题。
③ 顾颉刚:《〈崔东壁遗书〉序言》,亚东图书馆1936年版。
④ 王煦华说:"这篇序是我1980年开始协助顾氏写的,由于常有其他工作插进来,时写时辍,一直到他逝世也没有能完成,让他做最后的改定,亲自了却他多年来的夙愿,这是我感到非常遗憾的事。"见王煦华:《〈中国辨伪史略〉附记》,载《秦汉的方士与儒生(附〈中国辨伪史略〉)》,上海古籍出版社1998年版,第258页。
⑤ 顾颉刚:《〈中国辨伪史略〉前记》,载《秦汉的方士与儒生(附〈中国辨伪史略〉)》,上海古籍出版社1998年版,第134页。
⑥ 顾颉刚的《汉代学术史略》于1955年由上海群联出版社重版时改名为《秦汉的方士与儒生》,1998年该书再次以《秦汉的方士与儒生》由上海古籍出版社出版。
⑦ 关于此文题目说法不一,《秦汉的方士与儒生(附〈中国辨伪史略〉)》上海古籍出版社1998年版版权页和目录均为"中国辨伪史略",而王煦华《导读》和书眉则题为"中国辨伪史要略",本文从版权均称"中国辨伪史略"。
⑧ 王煦华:《〈秦汉的方士与儒生〉导读》,上海古籍出版社1998年版,第16页。

收入《古史辨》第七册时"作了一些文字上的修改",在顾氏"自己藏的一本《古史辨》第七册上又作过一些校订,这次都照改了"。同时顾氏为了使该序文"清楚醒目",还为第九节至第十二节加了标题,说明他后来想每一节都加上标题,只是没有全部拟定加上,这也是顾氏晚年的习惯。按照这一惯例,王煦华为序文第一至第八节各拟补了一个标题。对于汉代以后部分的补写情况,王煦华也作了交代。因顾氏先前已有了关于此序文的三个草稿,因此,汉以后部分的撰写,"凡是顾师草稿中有的,大都沿用了他的原文,只在个别衔接的地方作了一些改动,后来在其他文章中看法有变动的,就改用后来的文字,草稿中列了题目而没有做的,则尽量找出他别的文章中的有关论述,予以补上"。因此,"这篇序文的后半部分,我只是遵照他的愿意把他未完成的草稿联缀补充成文而已"①。综上所述,《崔东壁遗书序》(即《中国辨伪史略》)虽最终成书于80年代,但其主要思想和雏形则早在20世纪三四十年代就已经形成。

(三)主要内容及评价

在《中国辨伪史略》一书中,顾氏按照历史发展的顺序将内容分为二十一节,分别为古人缺乏历史观念、战国秦汉间好古者的造伪、孔子对于历史的见解、战国以前的古史是"民神杂糅"的传说、墨子的托古、种族融合过程中造成的两个大偶像、孟子的托古、阴阳五行说所编排的古史系统、道家的托古、战国与西汉的疑古、司马迁与郑玄的整齐故事、东汉的疑古、萌芽阶段的结论、三国六朝的造伪与辨伪、唐代的辨伪、宋代辨伪的发展、明代的造伪与辨伪、清代的辨伪、崔述的《考信录》、唐以后辨伪的发展趋势和标点问题。其中战国秦汉部分的十三节占本书内容的一半,这与顾氏"希望真能作成一个'中古期的上古史说'的专门家"②的治学旨趣相吻合。这里说的"中古期的上古史说",即是指他"对于秦汉学术史的研究"③。因此,前十三节真正能够反映出顾颉刚的学术特色。

在前十三节中,顾氏首先强调了"审查史料"在史学研究工作中的重要性。

---

① 王煦华:《〈中国辨伪史略〉附记》,载《秦汉的方士与儒生(附〈中国辨伪史略〉)》,上海古籍出版社1998年版,第258—259页。

② 顾颉刚:《〈古史辨(二)〉自序》,上海古籍出版社1982年版,第6页。1935年,他再次重申这一观点:"我只望做一个中古期的上古史说的专门家。"见顾颉刚:《战国秦汉间人的造伪与辨伪·附言》,载《汉代学术史略》,东方出版社1996年版,第211页。

③ 吴少珉、赵金昭、张京华:《二十世纪疑古思潮》,学苑出版社2003年版,第114页。

他认为,只有"有了正确的史料做基础,方可希望有正确的历史著作出现"①。
顾氏这里说的"审查史料",实际上就是文献辨伪的工作。他强调辨伪工作对于
历史研究的重要性,显然有其积极的意义。顾氏认为,史料分为三类,即实物、
记载和传说,突破了传统史学对史料范围的界定,是对史学研究的重大贡献。
当然,这与20世纪初中国考古学的发展、大量考古文物的出现尤其是殷墟甲骨
的问世密不可分。顾氏的这种观点也为后世学者继承并进一步发扬光大,如张
舜徽认为,记录古代文献的材料有甲骨、金石、竹木、缣帛和纸。② 这里的"古代
文献"就是史料,因此,张舜徽的这一说法是对顾氏观点的细化。顾氏认为,作
伪可分为两类,即有意的作伪和无意的作伪。他还进一步强调说,作伪之所以
能成伪,与作伪者所处的时代环境密不可分。顾氏自谓"搜集战国、秦、汉间人
的造伪与辨伪的事实",目的是"希望读者认识这两种对抗的势力,以及批评精
神与辨伪工作的演进",从而进一步明白自己所应处的地位。顾氏指出,古人缺
乏历史观念,"历史观念超过现实,它的利益不是一般人所能了解,所以非文化
开展到了相当程度",历史观念"决不会存在于人们的头脑里。将来不可知;截
至目前止,它还只限于少数人的使用。古代当然更不必说。"而恰恰相反,人类
的"致用观念",早在石器时代就有了。正是有了这一观念,人类才能够制造出
石器,进而"成就了今日的精致和奇伟的物质文明"③。顾氏还说,即使现在少
数有历史观念的人"发之于言行",由于多数人没有这种观念,最终不得不少数
服从多数,"被他们的宗教信仰或致用观念所打倒"。那么如何避免这种局面
呢?顾氏提出了两点建议:一是遇事勿随波逐流,要多动脑;二是要学会宽容,
能够容纳不同观点的议论和著作,不要党同伐异。显然,这里顾氏所说的"历史
观念"实际上就是一种"疑古"和"辨伪"的思维,他所陈述的"古人缺乏历史观
念"也是大体符合历史事实的。我们知道,先秦时期虽有"零星"疑古"意识"和
"思想"的出现,即顾氏所说的"少数人",但终归为涓涓细流,没有出现梁启超
在《清代学术概论》中所说的那种因"环境之变迁"和"心理之感召","不期而思
想之进路,同趋于一方向,于是相与呼应汹涌,如潮然"④之现象。作为一种治学

---

① 顾颉刚:《秦汉的方士与儒生(附〈中国辨伪史略〉)》,上海古籍出版社1998年版,第134页。

② 张舜徽:《中国文献学》,中州书画社1982年版,第5—15页。

③ 顾颉刚:《秦汉的方士与儒生(附〈中国辨伪史略〉)》,上海古籍出版社1998年版,第135页。

④ 梁启超:《清代学术概论》,中国书籍出版社2006年版,第2页。

的方法和原则,顾氏提出的两点建议对于我们今天的学者仍有重要的借鉴意义。同时,顾氏本人在治学过程中也践行自己的这一主张。在他主编的《古史辨》中,不仅有不同意见的文章,甚至有反对他的观点的论文。顾氏的这种做法显示了其海纳百川、兼容并包的优秀品质,值得后世学习。在第一节的最后,顾氏进行了总结,再次强调了古史成伪的原因及辨伪工作对于历史研究的必要性。① 通观本文及顾氏的其他考证著述,我们不难发现,顾氏首先在观念上对古史作了有伪的"预设",然后再进行自己的论述,从中依稀可以看到胡适"大胆假设"方法论对其产生的深刻影响。但很多时候顾氏只继承了胡适学说的一部分,"不经过验证直接将假设判定为结论"②。因此,其学说被解读为过度"疑古",颇受时人及后世诟病③,便也在情理之中了。

对于战国秦汉间伪书出现的原因,顾氏也进行了分析,他认为伪书出现是因为中华民族有一种"癖性","喜欢保留古代的语言方式"。他还以《孟子·万章》篇上的一段话进行了举例说明,说他们不但没有新发现的史料,也没有时代的观念,只凭了个人的脑子去想,而且用了貌似古人的文体。还说司马相如作《封禅文》,"简直不讲文法,专堆生字,到了画符念咒的地步"。"他们既已为了没有历史观念,失去许多好材料,又为了没有历史观念,喜欢用古文字来作文,引出许多伪书。在这双重的捣乱之下,弄得中国的古书和古史触处成了问题。"④这里顾氏强调通过文字和文体进行辨伪,实际上正是胡适在《中国哲学史大纲》中提出的对哲学史料进行辨伪方法的运用和实践。

顾氏强调,战国以前的古史带有浓厚的宗教色彩,可谓"民神杂糅"。接下来他以墨子、孟子、老子和庄子为例说明战国时期伪说、伪史盛行的原因。按照

① 顾颉刚说:"凡是没有史料做基础的历史,当然只得收容许多传说。这种传说有真的,也有假的;会自由流行,也会自由改变。改变的缘故,有无意的,也有有意的。中国的历史,就结集于这样的交互错综的状态之中……你要逐事逐物去分析它们的真或假罢,古代的史料传下来的太少了,不够做比较的工作。所以,这是研究历史者不能不过而又极不易过的一个难关。既经研究了历史,谁不希望得到真事实?"参见顾颉刚:《秦汉的方士与儒生(附〈中国辨伪史略〉)》,上海古籍出版社1998年版,第137—138页。
② 张京华:《古史辨派与中国现代学术走向》,厦门大学出版社2009年版,第335页。
③ 如张荫麟认为顾氏超出限度使用默证为"根本方法之谬误"(张荫麟:《评近人对中国古史之讨论》,载《古史辨(二)》,上海古籍出版社1982年版,第271—272页)。王汎森指出:"古史辨一开始就带有全盘'抹煞'上古信史的精神——在还没有逐步的检视每一件史事(或大部分重要史事)前,就先抹杀古书古史。"(王汎森《古史辨运动的兴起:一个思想史的分析》,台湾允晨文化实业股份有限公司1987年版,第217页)
④ 顾颉刚:《秦汉的方士与儒生(附〈中国辨伪史略〉)》,上海古籍出版社1998年版,第139页。

顾氏辨伪的思路和方法,首先他分析了战国时期社会环境的巨大变化,他认为,战国以前的整个社会建立在世官制度之上,到了战国,因交通的便利,商业的发达,庶民有了独立的地位,传统的社会秩序被打破。又因诸侯兼并、土地开发,大国愈益富强,管理国家的任务已非传统世家大族所能为,于是庶民中的贤者逐渐崛起,跻身于世家大族的行列。在这种情况下,为了顺应急剧变化的社会形势,一些智者如墨子等便以托古的方式提出自己的政治主张,从而使"古史传说遂更换了一种面目"①。由于各家宣传的主张不同,因此他们伪造的古史也不尽相同。为此,他们互相攻讦。如孟、荀二氏不同意墨家的禅让之说,然而想不到如何从根本上解决这个问题,因此他们的反对便显得苍白无力。究其原因,主要是他们"没有历史观念,自身又被包围于这样的空气之中,所以虽觉得这些话不对,而竟找不出辨伪的方法来"②。对于诸子伪造古史这一说法,陈明以上博简《容成氏》为例,否认了其存在的可能性③,笔者同意陈明的这一观点。

顾氏指出,战国时期急剧的社会变动,不仅破坏了原有的社会秩序,而且加快了种族的融合。强大部族为了消灭别的弱小部族并使其臣服于自己,就以托古的方式来打破各方面的种族观念,于是塑造了两大偶像,即种族的偶像黄帝和地域的偶像大禹。在顾氏的心目中,中国两千多年来种族和地域之所以没有较大的改变,就是因为"这两个大偶像已规定了一个型式"④。同时这一时期还出现了阴阳五行说。但另一个不容忽略的事实是,战国时人的智力发展,已不再完全相信神话,于是出现了"疑古"的思想。由于他们的胆子小,不敢明说神话为假,于是便设法进行解释。同样是因为胆小的缘故,他们不敢自己负解释的责任,于是把这些解释的话推脱到孔子的身上。由此可知,虽然他们的出发点是疑古和辨伪,但最终结果却是在造伪,也就是"造了孔子的假话和古代的伪史来破除神话",但"这样总比胡乱信仰的好一点,因为它已经有了别择真伪的

---

① 顾颉刚:《秦汉的方士与儒生(附〈中国辨伪史略〉)》,上海古籍出版社 1998 年版,第 144—145 页。

② 顾颉刚:《秦汉的方士与儒生(附〈中国辨伪史略〉)》,上海古籍出版社 1998 年版,第 148 页。

③ 他说:"诸子对于古史谱系有极大的共识,诸子学的历史素材是基于口述的历史传说和记忆,如果有差别则是出自现实的原因,而一般不至选取历史为伪造对象,疑古学者把子学间的差异表述成史学上的矛盾,从而断定古史为伪造,逻辑上难以成立。"参见张京华:《古史辨派与中国现代学术走向》,厦门大学出版社 2009 年版,第 327 页。

④ 顾颉刚:《秦汉的方士与儒生(附〈中国辨伪史略〉)》,上海古籍出版社 1998 年版,第 156 页。

萌芽了"。① 顾氏认为,西汉时最有辨伪眼光的是司马迁。他所著的《史记》这部书虽也常被人批评为不谨慎,但他的"载籍极博,犹考信于'六艺'"这个标准,在考古学没有发达的时候,实在不失为一种有效的方法。但顾氏又指出,考信于"六艺"虽然不失为一个审查史料的标准,但若没有别的附加条件,这标准也会显得太简单。由于受时代所限,司马迁不可能有更好的方法,正如他在《史记·太史公自序》中所说的"厥协'六经'异传,整齐百家杂语",这就是他的方法。因此,对于"六经"的异传,他要调和;百家的杂语,他要整齐。这种"整齐故事"的方法,也是汉代儒生和经师常用的基本方法,其结果"不知为学术界中缠上了多少葛藤"。对于冲突抵牾的材料,他们不懂得别择,只懂得整齐。这样下去,旧问题没有解决,新问题又出现了。他们虽非有意造伪,但其方法会随时引诱他们造伪。到了东汉,学者们重训诂,但他们的"历史观念"不够,导致其训诂的方式不是随文敷义,就是附会曲解。他们的目标在于贯通群经,而实际则是张冠李戴。最后顾氏做了总结,他说:"战国大都是有意的作伪,而汉代则多半是无意的成伪。"但他又说,只要我们把战国的伪古史放在战国史里而不放在上古史里,把汉代的伪古史放在汉代史里而不放在上古史里,就可以使这些材料得到恰如其分的"安插",这也是今日我们所应该担负的"责任"。② 顾氏的这种对伪史料的"移置"③运用有其科学的成分,因为伪史料当中常常蕴含着作伪时代某些真实的信息,通过它们可以"了解那个时代的思想和学术",正如梁启超所说"假中常有真宝贝"④。但由于顾氏过度疑古的理念,从而给予两汉及其后世学术基本的否定,"整体的'移置'变成了整体的否定"⑤。于是,顾氏笔下的中国学术史便陷入了"造伪"和"辨伪"的无限循环中。

《中国辨伪史略》是"迄今所能看到的较为详尽的辨伪学专著"⑥。由于顾氏"学术启蒙于江浙,对目录版本之学极为谙熟,一生治学实以目录之学为主

---

① 顾颉刚:《秦汉的方士与儒生(附〈中国辨伪史略〉)》,上海古籍出版社 1998 年版,第 176 页。

② 顾颉刚:《秦汉的方士与儒生(附〈中国辨伪史略〉)》,上海古籍出版社 1998 年版,第 193—194 页。

③ "移置"这一说法为顾氏提出的,他说:"伪史的出现,即是真史的反映。我们破坏它,并不是要把它销毁,只是把它的时代移后,使它脱离了所托的时代而与出现的时代相应而已。实在,这与其说是破坏,不如称为'移置'的适宜。"见顾颉刚:《〈古史辨〉自序(三)》,上海古籍出版社 1982 年版,第 8 页。

④ 梁启超:《古书真伪常识》,中华书局 2012 年版,第 77 页。

⑤ 张京华:《古史辨派与中国现代学术走向》,厦门大学出版社 2009 年版,第 329 页。

⑥ 杨绪敏:《中国辨伪学史》,天津人民出版社 2007 年版,第 296 页。

线",加之受西方思潮的影响,致使其对中国史学传统中的史官制度、实录精神、书法义例缺乏必要的认识和了解,从而对中国传统史学作了过低估计。① 但不可否认的是,作为辨伪学史上较为详尽的专著,顾氏所具有的开拓精神及本书所具有的导向意义却是不容忽视的,书中的某些观点及顾氏勾勒的中国辨伪学史的发展线索一直为后世所沿袭。②

五、20 世纪文献辨伪集大成之作——张心澂《伪书通考》

在中国传统辨伪方法和理论的基础上,经过 20 世纪初期胡适、梁启超、顾颉刚、曹养吾等人的系统总结和研究,中国辨伪学理论取得了长足发展。受此影响,张心澂积十年之力完成的《伪书通考》一书,成为 20 世纪文献辨伪的集大成之作。其中有关辨伪学理论的阐述,将民国辨伪学理论推进到一个新的发展阶段。

张心澂(1887—1973),中国近现代学者,著名文献学家。字仲清,号冷然,广西桂林永福苏桥人。张氏出生于书香门第,早年就读于京师大学堂译书馆,主修英语。毕业后先后任职于北洋政府邮传部和南京国民政府交通部,后担任广西经济委员会委员、广西政府会计委员会主任委员及广西政府会计长,长期从事会计工作。1949 年广西解放前夕,出任广西大学会计银行学系教授。中华人民共和国成立后,先后任广西文史研究馆馆员、桂林规划委员会委员、桂林风景文物管理委员会委员等。在长期的学术生涯中,张氏笔耕不辍,共编著有三十多部会计学和史学著作。1973 年,张心澂病逝于桂林。

(一)编著缘起及过程

20 世纪初,西方思想和文化大量涌入中国,新文化运动如火如荼,民主和科学的观念深入人心。在此种思潮的激荡下,人们的思想进一步解放,对传统文化的认识也发生了深刻变化,由此产生了一个以顾颉刚为代表的、以疑古辨伪为特征的史学派别——古史辨派,这一学派在当时的社会和学术界产生了重大影响。张心澂《伪书通考》就是在这种时代和学术背景下出现的。

---

① 吴少珉、赵金昭、张京华:《二十世纪疑古思潮》,学苑出版社 2003 年版,第 138—139 页。
② 如"辨伪工作,萌芽于战国、秦、汉,而勃发于唐、宋、元、明,到了清代濒近于成熟阶段"。(顾颉刚:《秦汉的方士与儒生(附〈中国辨伪史略〉)》,上海古籍出版社 1998 年版,第 248 页)这一观点就被杨绪敏继承并进一步发展,在《中国辨伪学史》(天津人民出版社 2007 年版)一书中以篇章标题的形式呈现出来。

浓郁的传统文化学术氛围和张氏本人的刻苦训练也是《伪书通考》成书的重要原因。据《桂林张氏族谱》记载,其家族原籍为应天府江宁县,明末清初为躲避战乱才迁居桂林,后移居苏桥。自始祖之后的十三代三百五十年中,张氏家族"注重推崇礼乐教化,书礼传家"①。这样的环境使得张氏家族人才辈出,佼佼者数不胜数,如其祖父张增垣、父亲张其镁和堂叔张其锽均为前清进士,他们由学入仕,亦官亦学,公务之余,潜心学术。因此,张氏幼承庭训,受到了严格的传统文化训练。同时由于家中藏书颇丰②,张氏能够博览群书,这些都为其日后从事文献辨伪工作奠定了坚实的基础。

除此之外,张氏本人对辨伪工作重要性的认识是促成他编著这部书的直接原因。他认为,对伪书不能一概否定,伪书也有自己的价值和用处,也就是说,"假中常有真宝贝"③。他特别强调,伪书或有伪问题之书并不能代表其所伪托时代的社会和思想状况。张氏直言,《伪书通考》就是"为解决这个问题而编著的"④。考辨史料的真伪是学术研究工作的第一步,这一点早已成为学界的共识,无论在当时还是现在。⑤ 正是有了这样重要的认识,张氏才决定编纂"一部工具书",以备"检查和研究之用"。⑥ 由此也可以看出张氏甘愿为学术研究尤其是史学研究做"铺路石"的奉献精神。

关于《伪书通考》的编著原因及经过,张氏有所述及,他指出正是顾颉刚《古史辨》第一册的出版使其认识到辨伪工作对于学术研究的重要性。后来他又研读了姚际恒的《古今伪书考》、宋濂的《诸子辨》和胡应麟的《四部正讹》,对伪书辨别的兴趣愈加浓厚。在这种情况下,他将三部书(姚际恒《古今伪书考》、宋濂《诸子辨》和胡应麟《四部正讹》)中的辨伪材料"拼合"起来,涉及历史上某一部书的辨伪之说,便将其"集合"在一起,"以书名为纲"。最初是为了方便自己阅

---

① 广西壮族自治区桂林图书馆藏:《桂林张氏族谱》(第三辑),第1—2页。

② 据桂林市图书馆工作人员介绍,张氏家族新中国成立前在北京藏书逾万册,新中国成立后,桂林市人民政府曾组织人力前往搜求,以便为公共图书馆所藏,但大多散佚。参见李岚:《张心澂与〈伪书通考〉》,广西师范大学2001年硕士学位论文。

③ 梁启超:《古书真伪常识》,中华书局2012年版,第77页。

④ 张心澂:《伪书通考》,商务印书馆1957年版,"修订版序"第11页。

⑤ 如郭沫若就曾有类似的表述,他说:"无论做任何研究,材料的鉴别是最必要的基础阶段。材料不够固然大成问题,而材料的真伪或时代性如未规定清楚,那比缺乏材料还要更加危险。因为材料缺乏,顶多得不出结论而已,而材料不正确便会得出错误的结论。这样的结论比没有更要有害。"参见郭沫若:《十批判书》,科学出版社1956年版,第2页。

⑥ 张心澂:《伪书通考》,商务印书馆1957年版,"修订版序"第11页。

览,"无意于编著"。后来看到其他书中的辨伪材料,"随时加入,逐渐发展,所集渐多"。辨伪材料的逐渐增多,最终促使其产生编著《伪书通考》的设想,"遂立意编著一部《伪书通考》,以供读者参考"①。

《古史辨》第一册出版于1926年,由此可知,张氏是在20年代中叶之后才开始《伪书通考》一书的资料收集和整理工作。当时张氏正在政府部门从事会计工作,"工作繁忙,不能经常做这工作",导致该书的撰写时断时续,这也是其迟迟未能完成的重要原因。后由于张氏"不能化耿直孤僻素性,不善因应"②的性格特点,张氏愤然辞去了南京国民政府的相关职务,回上海寓所专门从事该书的创作。正是在这段时间,张氏完成了该书的编著,正如他自己所说:"在一九三六年至一九三七年之间,失业约有一年的时间,住在上海,遂专做这事,把它编著完成了,经商务印书馆于一九三九年二月出版。"③但当时正处于抗战时期,时局动荡,该书并未引起足够的重视。时隔20年之后,1953年全国高等学校院系调整时,张氏由广西大学转入广西文史研究馆,专门从事文史研究工作。在此期间,张氏"重操旧业",再次开始了对伪书考辨的研究并对《伪书通考》进行了重新修订,修订本分别于1955年和1957年由商务印书馆出版。

在《伪书通考》序言中,张氏还申明了该书的素材和材料的主要来源,分别为清代姚际恒的《古今伪书考》、元末明初宋濂的《诸子辨》和明代胡应麟的《四部正讹》。张氏强调此书是在"拼合"这三部书的基础上,添加其他材料"以书名为纲"编著而成的。但通观全书可以发现,该书绝不仅仅是一部"拼合"之作,而是有着张氏本人的辨伪成果和理论创新,同时也渗透着张氏的辨伪思想和理念。作为治学严谨的文献学家,张氏在著述中体现了其学术继承和创新的关系,同时也奠定了《伪书通考》在中国辨伪学史上承前启后的重要历史地位。

(二)内容、体例及特色

《伪书通考》由例言、总论、经部、史部、子部、集部、道藏部、佛藏部组成。其中例言共十二条,说明该书的编纂原则。总论的十个专题④为《伪书通考》的理

---

① 张心澂:《伪书通考》,商务印书馆1957年版,"修订版序"第11页。
② 张心澂:《交通会计》,商务印书馆1934年版,"自序"。
③ 张心澂:《伪书通考》,商务印书馆1957年版,"修订版序"第11页。
④ 这十个专题依次为:何以辨伪、伪的程度、伪书产生、作伪原因、伪书发现、伪书范围、辨伪发生、辨伪规律、辨伪方法和辨伪条件,此为1957年修订版总论目录;1939年初版目录与之略有不同,分别为:辨伪之缘由、伪之程度、伪书之来历、作伪之原因、伪书之发现、辨伪律、辨伪方法、辨伪手续和辨伪事之发生九个条目。

论部分。经部分为诗类、书类、礼类、易类、春秋类、孝经类、经总类、四书类、小学类,初辨书七十三部,后辨八十八部①;史部分为正史类、编年类、纪事本末类、别史类、杂史类、传记类、地理类、职官类、政书类、史评类,初辨九十三部,后辨九十八部;子部分为儒、道、墨、法、名、兵、农、医、杂、小说、历算、术数、艺术、谱录和类书,初辨三百十七部,后辨三百二十四部;集部分为楚辞、别集、诗集、词曲、总集、诗文评类,初辨一百二十九部,后辨一百四十五部;道藏部分洞真、洞玄、洞神、太清、太平、太玄和正一类,初辨三十一部,后辨三十三部;佛藏部分晋、梁、隋、唐、宋、明、近世七类,初辨四百十六部,后辨四百十七部。修订后的《伪书通考》共辨书一千一百另四部,较初版时增加四十五部。与初版相比,修订版对于所列各书是否在各代经籍志和艺文志有记载,也作了补充说明,这是为适应明代胡应麟在《四部正讹》中所说辨伪方法中的"核之群志以观其绪"之用。修订版和初版中的按语也有所不同,有些更换了新的说法,有些为新增加的内容,这主要是因为随着客观环境的变化,所见日益增多,研究逐渐深入所致。其中如对于《周易》《关尹子》等的按语,张氏自认为是经过深入的研究所得的结果。在文体的使用方面,初版原书文言文和语体文相杂糅,修订版则倾向于使用语体文。② 对于原书初版各家之说有漏注出处的,也多一一找寻,加以说明。各家之说先后次序的排列错误及书内字和标点符号错误之处,也多给予更正。③ 由此可知,正是张氏的这种严谨的治学作风和一丝不苟的治学精神,才确立了其在中国辨伪学发展史上的重要地位。

关于《伪书通考》的编纂原则及体例,张氏在"例言"中给予了具体详细的说明。④ 其中前四条对《伪书通考》一书记载"伪书"的种类进行了归纳和总结,它不仅包括"全部伪"和"部份伪"及"发生伪造之疑问"之书,还包括"书本非伪","因误认撰人及时代"之书,更包括"合于前两项"的佚亡之书及与辨伪有

① 《伪书通考》1939 年初版和 1957 年修订版辨别文献的数量有所不同,此处的"初辨"指代 1939 年初版考辨伪书数目,"后辨"指 1957 年修订版数目,下同。
② 语体文即白话文,指的是以现代汉语口语为基础,经过加工的书面语,它是相对于文言文而说的。《伪书通考》初版以用文言文为主,但所引用的近人著作,则使用语体文。修订版除总论改用语体文之外,对其内容也进行了少许修改和增加。新增列各家之说,文言和语体仍按照其原文录入。另作和新加的按语,则一律用语体文。原来的按语用语体文的,照旧不动。这样便于读者比较修订版与初版的区别所在。
③ 以上说法均参照《伪书通考》1957 年 11 月修订版序言,特此说明。
④ 具体内容参见张心澂:《伪书通考》,商务印书馆 1939 年版,"例言"第 1—2 页。

关之书。一言以蔽之,所有"伪书"及与辨伪相关之书,张氏都尽力予以收录。因此,《伪书通考》对伪书的收集是较为全面的。虽然该书"时历数载",但因种种主观与客观原因,1939年初版时仍有部分书未被收录。因此,在1957年修订版中,张氏予以增补,在原书一千零五十九部的基础上,"增加了四十五部"①,使得该书的修订版更为全面。不仅如此,其"全面性"还体现在对伪书"辨伪之说"的收录上,它不仅包括"古今人"关于此书的"辨伪"之说,还包括"有驳议或辨其不伪"及"批评他人之所辨"之语。也就是说,张氏在收录相关"辨伪之说"时,并未凭自己的主观判断有所选择,而是尽力将各种正反之说均囊括其中予以详细著录。即使对于辨伪之作中"篇幅过多"之"专书"和"无从摘录"的"已佚"之书,张氏也未曾放过,而是著录其要点和列其书名。因此,《伪书通考》对"辨伪之说"的收集也是较为全面的。

　　《伪书通考》的编纂也体现了张氏客观审慎、严谨求真的科学态度。如该书所列古今人之说,均"一一注明其出处"。对于"从他书所引者",无从查明原书的,则"注明某书所引"。② 对于"编撰"非一人或"撰人不明"之书,则列举书名。作为一部学术著作,《伪书通考》绝不仅仅是资料的汇编,其中渗透了张氏多年的研究心得,他将这些研究心得和"个人意见"以"按语"的形式"列于各说之末"。如欲对于某说中的某句话提出自己的见解,就在某句话之下加括弧,以"澂按"之语引入并予以说明。张氏认为,作为一部"可供检查和研究之用"的辨伪"工具书",对每一部书应当有一个结论,但这个结论也并非所谓的定论。③但张氏又强调,在推翻这个结论之前,一定要有足够的证据。在1939年该书初版之"辨伪手续"中,张氏还提出了"公平之态度"和"科学之方法","以科学之方法,充分利用以上之辨伪方法。措辞须合于论理学。辨证须有条理"。④ 张氏以上所述,足以表明其实事求是的治学态度。

---

① 张心澂:《伪书通考》,商务印书馆1957年版,"修订版序"第12页。
② 张心澂:《伪书通考》,商务印书馆1957年版,"例言"第14页。对于此类情况,1939年原书初版为"暂从缺",1957年修订版改为"注明某书所引",特此说明。
③ 《伪书通考》对于每书所下结论的种类是历代最多的,分别为:伪;疑伪;不伪;误认作者;伪题撰者、并疑有窜乱;非本人、乃后人所辑;袭取成作;撰人可疑;书经割裂、有续注;误全题原注者名;自他书节钞;疑系掇拾;非本书;摘自他书、编者不明;他书易名;二人之作混淆;撰人失考;下卷伪;编辑者不明;抄本存疑;窜乱难辨。张氏的这种分类较之前代学者的研究更为深入、细致,表明了其严谨审慎的治学态度。
④ 张心澂:《伪书通考》,商务印书馆1939年版,第16页。

该书作为"工具书"①的特性也十分明显。一般来说,工具书主要供查考、检索之用,《伪书通考》一书的编纂体现了这一特性。其一,全书分理论和实践两个部分。理论即《总论》部分,分别按辨伪学的理论、方法、思想以辨伪缘由、伪之程度、伪书来历、作伪原因、伪书发现、辨伪方法、辨伪手续、辨伪条件一一胪列,逻辑层次清晰,易检易查。实践部分是按照中国传统文献的四部分类法以经、史、子、集为序依次著录。同时,张氏还根据当时的学术发展状况,将道、佛两藏从子部抽出单列成篇。在经史子集四部各类的排列上,张氏基本上也遵循了《四库全书》的次序。对于每书所列古今人之说,则"略以其人的时代先后为序"②。张氏通过这样的编排,使得全书结构合理,层次清晰,较多具备了一般工具书的特性,颇便检索。为了更好地方便读者,该书在 1957 年由商务印书馆重印时,增编了四角号码索引,方便了读者的检索和使用。其二,工具书的另一个特性体现在内容方面,即所提供的知识、信息相对比较成熟,叙述要简明扼要,概括性强。这些特性在《伪书通考》中都有体现,如修订版中的很多按语,"因今昔所见不同,有些更换了新的"③。这些按语,张氏自认为是"经过深入的研究"所得而下的按语。在语言的叙述方面,张氏也力求简练,如对于辨伪之作成为专书篇幅过多的,即"摘录它的要点"④。对于辨别著者的真伪,长篇累牍以大量篇幅铺陈的,如辨别《老子》的真伪,则删繁就简。

在《总论》部分,张氏关于传统辨伪的理论与方法基本上沿袭了胡应麟《四部正讹》、胡适《中国哲学史大纲》、梁启超《古书真伪及其年代》和高本汉《左传真伪考》等著作中的论述,但也有张氏自己的观点和理论创新。如在《总论》的第一个专题《为什么要辨别伪书》中,张氏首先概述了梁启超《古书真伪及其年代》中的说法,接下来对梁启超"事实是非颠倒"这一观点提出质疑,他说:"以上梁氏所说的虽大体不差,惟'事实是非倒置'一点,不见得完全正确。"⑤为此,他还举了《碧云骢》一书为例进行说明,此书说是魏泰托名梅尧臣而作。书的内容是揭露当时在朝要人的短处和黑幕,若真为梅氏所作,可能他会因为自己没

①　张氏在《伪书通考》1957 年修订版序中就明确指出:"这部《伪书通考》是一部工具书,可供检查和研究之用。"(张心澂:《伪书通考》,商务印书馆 1957 年版,"修订版序"第 11 页)

②　张心澂:《伪书通考》,商务印书馆 1957 年版,"例言"第 14 页。

③　张心澂:《伪书通考》,商务印书馆 1957 年版,"修订版序"第 12 页。

④　张心澂:《伪书通考》,商务印书馆 1957 年版,"例言"第 14 页。

⑤　张心澂:《伪书通考》,商务印书馆 1957 年版,第 15 页。

有做大官而失意,然后通过造谣来泄愤,此书的内容可能与实际不符。若是魏氏所作,可能所说的那些人的短处完全或大部分是真实的。因为是大家不敢说的黑幕,故用别人的姓名发表。因此,有些假托他人之名的作品,其内容或许更为真实。此外,张氏对史事之真与文献之真的关系进行了说明,但他更强调史事之真,他说:"除梁氏所说外,我还有一点补充的,就是我们凡事都要求得客观的实在状况,对于一部书是应该知道它到底是什么时代什么人做的,没有受它的欺骗隐瞒,而得它的真实情况,然后我们根据它或引用它所说的,来讨论或批判某件事或某个理论,才不至于发生错误。"张氏还进一步说明了伪书与文化遗产之间的关系,他认为有的书虽为伪造或伪托某人所著,但却反映了那一时代的"真实情况",有它的"相当价值",是我国宝贵的文化遗产,"我们不应当因为它牵涉到伪的问题,而舍弃了它不顾"①。如《本草》称神农氏撰,《素问》称黄帝撰,虽然是伪托,但《本草》却是我国医学上最早的有用的书,是十分珍贵的文化遗产。又如《周礼》虽假托周公所作,但却是研究先秦历史不可或缺的珍贵资料,正如郭沫若所说:"《周礼》虽然是有问题的书……仍然有丰富的先秦资料存在。"②如果说梁启超《古书真伪及其年代》等书是为辨伪而辨伪的一般学术理论著作,那么张氏著《伪书通考》则更多地强调为读者提供历史研究所必需的真实历史资料,其"致用性"的倾向更凸显了《伪书通考》作为"工具书"的特性。

　　张氏的理论创新还体现在他提出了六条辨伪的规律,这是前人未曾论及的。③ 张氏认为,辨伪规律在辨伪过程中发挥了重要作用。若不遵循辨伪规律,就会出现"辨别的人越多,所说的就越杂乱,这人说是真的,那人又说是伪的,这人疑惑是伪的,那人又疑惑是真的,使得我们反而迷糊了,不知那一说是正确的,这也是一个问题"④。张氏认为,要解决这一问题,必须有一个辨伪的规律为辨伪的人所遵循。他说:"不违背这规律,所辨别的结果可以是正确的。我们要考查他的结论是否正确,可以考查他是否合于这规律。""这辨伪规律,应当是合于客观事实的。"基于这一原则,张氏提出了六条辨伪规律:(一)不可和其他目的相混淆。简言之,就是"求真"的目的。换句话说,"目的就在于求客观的真实,不过对象是某一部书"。张氏在这里强调辨别伪书要"刨根问底",不但要

① 张心澂:《伪书通考》,商务印书馆1957年版,第16页。
② 郭沫若:《郭沫若全集·历史编》"奴隶制时代",人民出版社1984年版,第30页。
③ 杨绪敏:《中国辨伪学史》,天津人民出版社2007年版,第325页。
④ 张心澂:《伪书通考》,商务印书馆1957年版,第25—26页。

"知其然",而且要"知其所以然"。对于求真之外的"其他目的",张氏认为主要有以下几点:一是"为了拥护圣道而辨伪的"。如以尧舜为圣人者,遇着说尧舜好的记载,就认定为真;反之,则认定为伪。二是以自己"学术或政治的派别"为立足点,遇有某书为伪对自己所在派别有利,就多方辨明其伪。若认为是真对自己有利,就多方辨明其不伪。三是"以炫耀自己的学识才能"为辨伪目的。这类辨别伪书的人,他们为了多发现伪书,"强词夺理,吹毛求疵",这样好像是为辨伪而辨伪,实际上是"以矜奇好异为目的,以破坏为目的,以捣乱为目的",是不合于辨伪规律的。张氏强调辨别伪书还应当与书的清理工作(即其进步性或保守性)相区分,他说:"我们要判断一书的立场、观点、方法,是有进步性或保守性,有人民性的或反人民性的,一定要以根据辨伪规律而辨别的书做对象,才能做出正确的结论。"①由此可见,在张氏的心目中,求真是辨别伪书的首要任务和根本目的。(二)不可有主观的唯心的成见。张氏认为,辨别伪书是要求得"客观的唯物的实在"。若辨别伪书的人心中预先就有一个成见,用主观主义唯心论进行辨伪,其辨伪所得的结论,就有可能不会正确。他还强调:"倾向和假定不同,如为论证方法,先假定某书或它的某部为伪或不伪,然后一一列举其证据,以得出论证的结果与假定相符或不符,这方法是可用的。"但倾向的"态度"就不可取了,因为它"不免已偏向于一方面进行,会失掉公平的判断,得错误的结论"②。(三)不可以一般来概括全体。张氏指出,不能以书内部分之伪,如某个字词、某句话、某些名词与著者的时代不合,便因此断定此书整体为伪。如后代人刻书为避讳而改字的,就不能认定此书为伪品。(四)"不可和书的价值问题相混淆"。张氏强调,书的真伪和书的价值是两个概念,不能相互混淆。伪书不一定无价值,真书不一定有价值。③(五)"不可和书中所说的真伪问题相混淆"。他认为,伪书与否与书中所说事实之真伪是两个问题,有时书为真,但书中所叙事实并非为真;有时书为伪,而书中所述事实并非为伪,反之亦然。④(六)"不可和书的存废相混淆"。张氏指出,并非经过鉴别的所有真书都应该存留,所有伪书都应该废弃。因为真书并非都有价值,都有保存的必要,而伪书

---

① 张心澂:《伪书通考》,商务印书馆 1957 年版,第 27 页。
② 张心澂:《伪书通考》,商务印书馆 1957 年版,第 28 页。
③ 梁启超也有类似的说法,"伪书有许多分明是伪而仍是极端有价值的,我们自然要和没有价值的分别看"。参见梁启超《古书真伪常识》,中华书局 2012 年版,第 79 页。
④ 张心澂:《伪书通考》,商务印书馆 1957 年版,第 29 页。

也并非全无价值。书的保存与废弃要具体情况具体分析，不可一概而论。正如张氏所言，有的书虽是后人伪造的，但它本身确实有价值，那就应当保存，或"留作参考之用"①。梁启超亦云，伪书"辨别以后，并不一定要把伪书烧完。固然也有些伪书可以烧的，如唐、宋以后的人所伪造的古书。但自唐以前或自汉以前的伪书却很宝贵，又另当别论"。② 这些论断都为我们认识伪书的价值提供了参考和建议。

对辨伪条件的论述是张氏辨伪学理论的又一创新。所谓辨伪条件是指作为一个辨伪学家在辨别伪书之前必须具备的知识、素养、条件、眼光、方法等。张氏提出的辨伪条件主要有六条：（一）必须有丰富的书籍。"工欲善其事，必先利其器"，"要辨别伪书，不能专拿着所要辨别的书做研究的材料，要参证他种很多的书籍"。如果没有足够的藏书，可以充分利用图书馆。（二）必须有深厚的学术素养。即"要有平日学问上的修养。对于本书要有深切的认识，更要有普通的科学知识及国学的知识，能应用很多之书籍，文理通畅，无辞不达意或奥晦难明之弊"③。（三）须知前人之成说。在辨别伪书之前应对前人的研究成果有足够的认识和了解，否则就会枉费心思或被别人讥为抄袭。（四）用锐利的眼光。张氏强调，只有具有敏锐的眼光，才能使"应用的资料无隐遁，而悉集于手下，则作伪之处及前人所说之错误，能发现它，而不为它所曚蔽"。（五）用公平的态度。即按照辨伪规律而辨伪，不和其他目的相混淆，不存成见，以客观的态度和方法来辨伪。（六）用科学的方法。张氏的辨伪学理论是在对前人辨伪学思想和方法继承基础上的创新，是辨伪学理论的集大成之作。学如积薪，后来者居上。张氏正是在 20 世纪初中国辨伪学理论勃发的历史时期，应时而起，荟萃前人成果，从而成就了其理论的辉煌。

（三）地位及影响

《伪书通考》出版之后，在学术界引起了强烈反响，同时也得到了较高的赞誉，如黄云眉谓其"搜辑之勤，良不可没"④；郑良树认为该书为"学术界迄今乐

---

① 张心澂：《伪书通考》，商务印书馆 1957 年版，第 29 页。
② 梁启超：《古书真伪常识》，中华书局 2012 年版，第 77 页。
③ 张心澂：《伪书通考》，商务印书馆 1957 年版，第 35 页。
④ 黄云眉：《古今伪书考补证》，山东人民出版社 1959 年版，"重印引言"第 2 页。

于采用的辨伪工具书"①,"从事文史哲研究及古籍辨伪学者,皆必备此书"②。台湾学者林庆彰指出,该书"收录伪书一千零五十九种,可谓集伪书大成之作……则数千年来伪书和辨伪之言,大抵已萃于是。学者执一编而备众说,其有功于学术自不待言"③。现代学者李学勤和李零都对该书给予了较高评价,李零还说该书为国外汉学家"必读"之书。④《伪书通考》在中国学术史尤其是辨伪学史及文献学史上的地位于此可见一斑。

在《伪书通考》的影响和带动下,郑良树的《续伪书通考》⑤《古籍辨伪学》和邓瑞全、王冠英主编的《中国伪书综考》⑥等相继问世。郑良树的《续伪书通考》是继张心澂的《伪书通考》之后又一部集典籍辨伪之大成的著作,该书皇皇三巨册,不仅书名显示了与《伪书通考》的继承关系,而且编排的体例与《伪书通考》雷同,首先按照经、史、子、集四部分类,然后各部下再分类。其所收辨伪成果既包括各类学报、学术期刊发表的辨伪论文,还包括后来刊出的古籍书前书后辨伪序跋、各专书内涉及的辨伪章节及已收入《古史辨》但未被《伪书通考》收录的内容。该书对张氏《伪书通考》的失收资料有所增补,但重点在于收集20世纪的伪书考辨成果,便于我们了解疑古辨伪学的新发展。《中国伪书综考》也是按照经、史、子、集、道、佛六部的顺序来编排的,这一点与《伪书通考》相同,只是《中国伪书综考》在第七部分增加了"近代伪书"一部。此外,《中国伪书综考》在体例和内容上也有所创新,它除了《伪书通考》既有的内容之外,还特别"注意伪书产生的政治、文化前景,社会、学术风尚,及该书的学术价值等",为的是便于读者了解伪书的全面情况。同时,它还"较多地吸收了当代学术界的新成果,因而基本上能反映目前的学术进展和现状"。⑦ 从这一意义上说,《中国伪书综考》是对《伪书通考》一书的继承与发展。

尽管《伪书通考》对众多古书进行了考辨和编排,取得了不少成绩,但由于

---

① 郑良树:《顾颉刚学术年谱简编》,中国友谊出版公司1984年版,第29页。

② 郑良树:《古籍辨伪学》,台湾学生书局1986年版,第254—255页。

③ 林庆彰:《评郑良树编著〈续伪书通考〉》,载《图书文献学论集》,(台北)文津出版社1990年版,第66页。

④ 李学勤:《走出疑古时代》,辽宁大学出版社1994年版,"导言"第10—11页。

⑤ 目前笔者所见该书版本为台湾学生书局1984年版,32开精装本。

⑥ 该书由来自北京师范大学、中国历史博物馆、中国人民大学等十余家单位的专家学者编纂而成,1998年由黄山书社出版。

⑦ 邓瑞全、王冠英主编:《中国伪书综考》,黄山书社1998年版,"序"第3页。

各种主观和客观原因,其仍存在一些不足之处,黄云眉谓其"取材多非原始,别择断制,亦嫌不足"。① 司马朝军认为《伪书通考》存在四大"缺失"。② 但瑕不掩瑜,不能由此否定《伪书通考》在中国辨伪学史上的地位及其所发挥的承前启后的作用,也不能由此否定张心澂对辨伪学所作出的贡献,其所开创的编纂体例和形式经受住了时代的考验。

第二节　辑佚学

"辑",通"缉",收集,编次之意;"佚",通"逸",意为散失。"辑佚"③作为合成词较早出现在清代中后期的文献中,道光年间,马国翰将其多年搜辑的古佚书结集整理,总其名曰《玉函山房辑佚书》。之后,皮锡瑞的《经学历史》、梁启超的《清代学术概论》及《清史稿·艺文志》中都出现过"辑佚"字样。④ 虽然"辑佚"一词出现较晚,但辑佚却由来已久。目前关于辑佚的起源有晋代说、唐代说、宋代说。从现存的资料来看,"辑佚起源于宋代说最有说服力"。在主张"宋代说"的三人中,"从时间上来看,陈景元最早;从影响上来说,王应麟最大"⑤。同时,在这一时期也产生了辑佚理论。⑥ 经过元、明两代的逐渐发展,到了清代,受考据学的影响,辑佚学⑦得到空前发展,出现了一批辑佚学者,辑佚成

---

① 黄云眉:《古今伪书考补证》,山东人民出版社1959年版,"重印引言"第2页。
② 即"材料与方法完全脱节""书中的核心概念'伪书'始终模糊不清""大量征引康有为的《新学伪经考》""没有严格遵守学术规范"。参见司马朝军:《文献辨伪学研究》,武汉大学出版社2008年版,第296—297页。
③ 何为"辑佚"? 学术界目前有"狭义说"和"广狭义兼顾说"两大类。"狭义说"强调辑佚的对象是"古有今亡"之书,辑佚的成果应尽可能地符合原书的面貌。广义的辑佚除了包括狭义的辑佚,还包括汇辑散佚的文字资料,常见的有汇辑散见的诗文、汇辑佚文编出一部新书、辑录罕见的书籍,即通常所说的汇编、辑录之意。这种汇编辑录是"本无其书",人们出于某种目的,把相关的资料汇总在一起,它是新编,不存在还原的问题。"辑佚"作为独立的特定学术研究对象,"狭义说"更为科学,这样不至于使研究的对象散漫无边。参见郭国庆:《清代辑佚研究》,民族出版社2011年版,第2—5页。
④ 喻春龙:《清代辑佚研究》,上海古籍出版社2010年版,第3页。
⑤ 郭国庆:《清代辑佚研究》,民族出版社2011年版,第11页。
⑥ 孙钦善:《中国古文献学》,北京大学出版社2006年版,第207页。
⑦ 关于辑佚学是否在清代已经成为一门独立的学科,目前学界尚有争议。梁启超、曹书杰否认这一观点,喻春龙撰文予以驳斥。参见喻春龙:《清代辑佚学形成的三大标志》,《东北史地》2011年第5期。

果蔚为大观。20 世纪初,随着西方自然科学和人文社会科学理论和方法的引进,中国的辑佚学理论在传统辑佚学成就的基础上得到较快发展,出现了一批辑佚学理论的研究成果,如梁启超的《中国近三百年学术史·清代学者整理旧学之总成绩·辑佚书》、刘咸炘的《目录学·存佚·辑佚书纠缪》、蒋元卿的《校雠学史·校雠学的鼎盛时期·辑佚与辨伪》①、蒋伯潜的《校雠目录学纂要·搜辑佚文》②、张舜徽的《广校雠略·搜辑佚书论》、王重民的《清代两个大辑佚书家评传》③等。

一、近代辑佚学的进步

民国时期辑佚学的研究取得了较大进步,胡朴安、胡道静《校雠学》一书下卷"校雠方法"中有"逸书搜辑"篇,在该篇中,胡氏对牛弘和王应麟"五厄"说进行了较为完整系统的介绍并将其称为"十厄",他说:"自书经十厄,所以《汉志》之著录求之《隋志》而已缺;《隋志》之著录,求之《唐志》而又阙。迄于近世,代有佚书。夫搜集坟典,为校雠家之责任;况欲比勘,必先备篇籍;故网罗逸书,乃校雠学之先务。"④胡氏认为,搜集佚书是校雠学的首要任务,故将其放在卷首。显然,胡氏是从校雠学的整体视角来论述辑佚书的。接下来他们对郑樵《校雠略》中的"求书八法"进行了说明,在此基础上,提出了辑佚当以宋黄伯思《东观余论·相鹤经》系从《意林》《文选注》抄出大略为鼻祖的观点⑤。对清儒辑佚方法和成就的论述是胡氏论述的又一重要内容,在列举相关的辑佚成就之后,胡氏给予了高度评价:"故清世著录之富,迥非前代可比。揪五厄之散亡,扬万古之文明,传先哲之精蕴,启后学之困蒙。诸儒之功,诚伟矣哉。"⑥辑佚学史上的"马窃章"案也是胡氏关注的重点,通过分析杨守敬的论述,胡氏认可杨守敬得出的"《玉函》非攘窃章氏书"的结论。杨守敬还进一步解释"马窃章"一说之所以能够兴起是因为"迩来学者,群声附和,良由马氏平日声称不广"。胡氏认为,

---

① 该书最初由商务印书馆 1935 年出版。
② 此书最初由重庆正中书局 1936 年出版。
③ 此文最初刊于《辅仁学报》第 3 卷第 1 期(1932 年 1 月),后收入《中国目录学史论丛》(中华书局 1984 年版)。
④ 胡朴安、胡道静:《校雠学》,岳麓书社 2013 年版,第 59 页。
⑤ 此观点系由叶德辉:《书林清话》卷八"辑刻古书不始于王应麟"沿袭而来,详参叶德辉《书林清话》,岳麓书社 1999 年版,第 182—183 页。
⑥ 胡朴安、胡道静:《校雠学》,岳麓书社 2013 年版,第 66 页。

"杨氏(杨守敬)考证甚详,足为马氏(马国翰)辨诬,惜此节世人仍不多见,故马窃章书之说,依然未熄。因转载焉"①。此外,胡氏还提出辑佚汉人经书可从其宗派著述中钩稽遗说的观点。②

蒋伯潜的《校雠目录学纂要》对辑佚书也设立专门章节"搜辑佚文"进行了论述。蒋氏认为,"搜辑佚文"与"征求遗书"不同,"征求遗书"中"遗书"是指"书籍之遗散于民间者言,全书是仍在的";而"搜辑佚文"是指"书已久亡,绝对不能求得全书者,则不得不求之他书。考其佚文,掇拾补录,以存残编"。③ 由此可见,蒋氏对辑佚概念的阐述较为科学,也是符合现代辑佚学的理念的。他赞同章学诚的《校雠通义·补郑》篇中有关辑佚的说法,但对章学诚提出的辑佚书起于王应麟的观点则不认同。蒋氏认为,明代虽然出现了姚士粦、孙毂、陶宗仪等辑佚家及一些辑佚著述,但"成绩不很多,亦不很精"。到了清代,"始精而且盛"④,如马国翰的《玉函山房辑佚书》、黄奭的《汉学堂丛书》(又名《逸书考》)、严可均的《全上古三代秦汉三国六朝文》、洪颐煊的《经典集林》四种,"所辑佚书,范围都广,作者不限于一人,学术文章亦不限于一类,都是大规模的工作"。⑤而余萧客的《古经解钩沉》三十卷、任大椿的《小学钩沉》十九卷、陈鳣的《论语古训》十卷、严可均的《尔雅一切注音》十卷、孔广森的《通德遗书所见录》七十二卷、袁钧的《郑氏佚书》七十九卷,这六种辑佚之书,"无论以某种学术为范围,以某书或某人底著作为范围,较之前节所举四种,规模大小,迥然不同,但以校辑之精粗,价值之高低而论,则都不下于前节所举的四种"⑥。关于汉儒经说的辑佚,蒋氏指出,"汉儒传经笃守师法家法;其师所传,往往不敢稍有变易增损,故治某氏之学者,其说经之言,亦必为某氏之说。倘某氏之书已亡,就其同一宗派的学者之著述中,亦可钩稽其遗说"⑦。这与胡氏《校雠学》中的观点不谋而合。他还说:"为学如积薪,后来居上。筚路蓝缕,当然事倍功半。就前人未竟之绪,作更深更密更完备的研究,当然成就更大。这种搜辑遗说的方法,虽和搜

① 胡朴安、胡道静:《校雠学》,岳麓书社 2013 年版,第 66 页。
② 胡朴安、胡道静:《校雠学》,岳麓书社 2013 年版,第 67 页。
③ 蒋伯潜:《校雠目录学纂要》,北京大学出版社 1990 年版,第 138 页。
④ 蒋伯潜:《校雠目录学纂要》,北京大学出版社 1990 年版,第 141 页。
⑤ 蒋伯潜:《校雠目录学纂要》,北京大学出版社 1990 年版,第 142 页。
⑥ 蒋伯潜:《校雠目录学纂要》,北京大学出版社 1990 年版,第 143 页。
⑦ 蒋伯潜:《校雠目录学纂要》,北京大学出版社 1990 年版,第 143 页。

辑佚文不尽相同,而其性质则完全一致。"①辑佚是为了恢复古书的原貌,因此在搜辑佚文时,须求已亡之书的原文,故"必古书中明引此书者,方可采入"。但即使这样,也需要认真地比对校勘,稍一疏忽,便易致误,这是因为"古书引述某人或某书之言,往往稍有不同","有用其大意,而不拘其原文"者,有"引诗而合两句为一句者"。② 对此,张舜徽在《广校雠略》中也有类似的说法。最后,蒋氏进行了总结,他强调辑佚并非易事,"如但见某书中有引此书者,按条钞录,便算辑佚,则只需几个书记,便可了事。这正和校勘一样,现在印刷所中的校对,把底本对校初印底样张,也不能说他们是校勘家。因为不是易事,所以搜辑佚文,如能成绩斐然,便可成一有名的学者"③。诚哉斯言,真正的辑佚家必须有深厚的知识积累和较高的理论素养;在此基础上,还需要扎实认真的工作,才能够在辑佚方面作出突出的成就。

蒋元卿的《校雠学史》对辑佚的有关论述大多继承了梁启超的观点,如辑佚兴起的原因、辑佚书的发展史、辑佚的方法和途径等。但蒋氏对清代两大辑佚家严可均、马国翰的辑佚成就进行了认真的研究并将其总目列于其后,为后人留下了极其宝贵的历史资料。在严可均的《全上古三代秦汉三国六朝文》总目表中,蒋氏对每种书的朝代、卷数、人数进行了认真的统计。该书所采,"以经史诸子,旁及各类书所引古文辞为主,辅以梅氏《文纪》,张氏《百三家集》等书,起上古,迄隋世,鸿篇钜(同'巨'——引者注)制,片语单词,罔弗综录,竭二十余年之力,搜罗详备,巨细不遗,较之梅(鼎祚)张(溥)二氏,实十百过之,诚可谓文章之渊薮,艺林之宝筏"④。对马国翰《玉函山房辑佚书》的辑佚情况按类目、种数、卷数、阙卷数进行统计。此外,对于"马窃章"案,蒋氏还以清末杨守敬之言为马氏之诬辩白。

萧一山《清代通史》⑤卷中第三篇第十四章"总述清代学者之重要贡献"中有关于辑佚的论述。在辑佚的方法和途径方面,萧氏与梁启超的观点不谋而合。但对于清代辑佚的成就,萧氏述之甚详。他认为,在清代,辑佚已经成为风

---

① 蒋伯谦:《校雠目录学纂要》,北京大学出版社 1990 年版,第 143—144 页。
② 蒋伯谦:《校雠目录学纂要》,北京大学出版社 1990 年版,第 144—145 页。
③ 蒋伯谦:《校雠目录学纂要》,北京大学出版社 1990 年版,第 145 页。
④ 蒋元卿:《校雠学史》,黄山书社 1985 年版,第 184 页。
⑤ 萧一山(1902—1978),名桂森,号非宇,江苏铜山人。1924 年毕业于北京大学,历任北京大学、清华大学、河南大学、东北大学、西北大学等校教授。1948 年到台湾,长期从事历史研究,撰有多部著作。《清代通史》上卷于 1923 年由中华书局出版,次年中卷问世。

尚，"几于专门之业矣"。"辑佚之工作，乾嘉以后，诸大经师几乎无不尝试。而专以此为业，则以黄奭、马国翰为最著。黄氏《汉学堂丛书》共辑二百一十六种，马氏《玉函山房辑佚书》共辑六百三十种，可谓盛矣。"①接下来他对包括黄、马在内的清儒的辑佚成就按经史子集四部分别归纳总结，逻辑层次清晰，令人一目了然。

此外，陈钟凡的《古书读校法》②、张涤华的《类书流别》③、胡朴安的《古书校读法》④、许学浩的《辑佚书议》⑤、孙德谦的《刘向校雠学纂微》⑥等均有涉及辑佚学的理论问题。

二、近代代表性辑佚学家及其理论成就

（一）梁启超的开拓性研究

《中国近三百年学术史》是梁启超晚年的一部学术著作，共十六讲，26万字，讲述明末至民国初年中国学术思想的变迁史。它写于1923年冬至1925年春，原为其在清华大学、南开大学等校讲授中国学术所编讲义，后整理成书，1926年由上海民智书局正式出版。民国时期的其他版本有1932年的中华书局版《饮冰室合集》本，1936年中华书局单行本。该书的《清代学者整理旧学之总成绩》曾于1924年6月至9月连载于《东方杂志》。⑦

在该书中，梁氏首先对"辑佚之业"兴起的原因做了简单的介绍，他认为辑佚是由于古书的散佚造成的。在典籍流传的过程中，由于"书籍递嬗散亡"，一些嗜书之士"按索不获"，于是乎"辑佚之业"应运而生。⑧ 有散佚才会有辑佚，而中国古籍的散佚令人吃惊，"古书累代散亡，百不存一，观牛弘'五厄'之论，可

---

① 萧一山：《清代通史（二）》，中华书局1986年版，第756页。
② 上海商务印书馆1923年出版，1931年再版。
③ 商务印书馆1943年出版，1958年重印，1985年再版。
④ 此书作于1925年，有安吴胡氏刊行本，1985年由江苏古籍出版社重新出版。
⑤ 刊于《国学论衡》民国23年第3期。
⑥ 元和孙氏四益宧1923年刊本。
⑦ 第21卷12、13、15—18期。
⑧ 梁启超：《中国近三百年学术史》，东方出版社2004年版，第287页。在《清代学术概论》一书中，梁氏对辑佚的原因、方法和重要性也有所论及，他说："吾辈尤有一事当感激清儒者，曰辑佚。书籍经久，必渐散亡，取各史艺文、经籍等志校其存佚易见也。肤芜之作，存亡固无足轻重，名著失堕，则国民之遗产损焉。"参见梁启超：《清代学术概论》，上海古籍出版社1998年版，第61页。

为浩叹"①。为了更为具体直观地解释这一现象,梁氏还以《隋书·经籍志》之史部书为例进行说明,他说:"他项书勿论,即如《隋书·经籍志》中之史部书,倘其中有十之六七能与《华阳国志》《水经注》《高僧传》等同其运命,原本流传以迄今日者,吾侪宁不大乐? 然终已不可得。"②正是有了这样的认识,一些好学之士应时而起,纷纷以辑佚书为业。一方面满足了自己的求知欲望,另一方面也保存了传统文化,为中华文化的传承作出了重要贡献。

梁氏对"辑佚书"的发展历史作了简单的梳理,他认为最初从事辑佚者为宋代的王应麟③。明中叶之后,孙毂辑《古微书》,但"范围既隘,体例亦复未善"。到了清代,随着考据学的兴起,辑佚书遂成专门之业。对清代辑佚书的总结是梁氏论述的重点,他指出,清代辑佚之业,"本起于汉学家之治经"。惠栋将诸经汉人佚注搜罗殆尽,其弟子余萧客辑《古经解钩沉》三十卷为清代辑佚之开端,"然未尝别标所辑原书名,体例仍近自著"④。梁氏认为,清代辑佚成就最大的是辑《永乐大典》之佚书。他指出,《永乐大典》为古今最拙劣之类书。乾隆年间朱筠奏请开设四库馆,即是以辑《永乐大典》佚书为言。因此,《四库全书》的编纂,其最初的动机实为辑《永乐大典》佚书,这也开启了清儒辑佚书的先声。⑤正是在四库馆臣诸儒的努力之下,清代辑佚书成就突出,他们先后从《永乐大典》辑出之书,其辑录及存目多达三百七十五种,四千九百二十六卷。其中经部六十六种,史部四十一种,子部一百零三种,集部一百七十五种。在总结了清儒在经、史、子、集四部辑佚书方面的主要成就之后,梁氏还对清代的辑佚家作了说明,他认为,嘉庆、道光之后,辑佚工作者甚多。但专以此为业且辑佚成果丰硕者,当为黄奭和马国翰两家。梁氏还指出,黄、马两家虽成绩很大,但"其细已甚,往往有两三条数十字为一种者,且其中有一部分为前人所辑,转录而已,不甚足贵"。对于马氏《玉函山房辑佚书》在每种之首冠以一简短提要,说明本书

① 梁启超:《中国历史研究法》,中华书局 2009 年版,第 62 页。
② 梁启超:《中国历史研究法》,中华书局 2009 年版,第 62 页。
③ 皮锡瑞也有类似的说法:"宋王应麟辑《三家诗》、郑氏《易注》,虽搜采未备,古书之亡而复存者实为首庸。"(皮锡瑞:《经学历史》,中华书局 2011 年版,第 241 页)而叶德辉否认这种说法,在《书林清话》"辑刻古书不始于王应麟"一条中指出:"古书散佚,复从他书所引辑辑成书,世皆以为自宋末王应麟辑《三家诗》始,不知其前即已有之。……《相鹤经》皆一卷。……据此,则辑佚之书,当以此经为鼻祖。"(叶德辉:《书林清话》,岳麓书社 1999 年版,第 182—183 页)
④ 梁启超:《中国近三百年学术史》,东方出版社 2004 年版,第 287 页。
⑤ 梁启超:《清代学术概论》,上海古籍出版社 1998 年版,第 61 页。

来历及辑佚沿革,梁氏颇为赞赏。

由于《永乐大典》所收多为明初现存书,然而古书多在宋元时期就已散佚,同时,由于清儒"好古成狂,不肯以此自甘",于是他们继续向上一步辑佚。也就是说,将《汉书·艺文志》和《隋书·经籍志》中曾经著录而现今已散佚者,依次辑出。在这个过程中,清儒所依据的资料主要有:唐宋间类书;汉人子史书及汉人经注;唐人义疏;六朝唐人史注;各史传注、古选本及金石刻。① 应该说,这不仅是梁氏总结的有关清儒辑佚书所"凭借之重要资料",更是适用于后世辑佚学的一般的理论、方法和途径。现当代著名文献学家张舜徽在其专著《中国文献学》一书中明确提出辑佚工作者用力的途径和方法②即在此基础上发展而来。因此,在辑佚书的理论和方法方面,梁氏所发挥的先导作用是不容忽视的。

那么如何鉴定辑佚书之优劣?对此梁氏提出了四条标准:(一)能够注明佚文出自何书且举其最先者为优,否者劣。(二)所辑佚文多者优,少者劣。例如《尚书大传》,陈辑优于卢、孔辑。(三)既须求备,又须求真,若贪多而误认他书为本书佚文者劣。例如秦辑《世本》劣于茆、张辑。(四)极力整理原书篇第,求还其书本来面目者为优,例如邵二云辑《五代史》,功等新编,故最优。此外,辑佚书时还应考虑原书价值如何,"若寻常一俚书或一伪书",虽然搜辑完备,"亦无益费精神也"。③ 直至今日,梁氏提出鉴定辑佚书的四条标准仍可借鉴,具有重要的参考价值。

梁氏还对清儒辑佚书的价值问题进行了评判,其中有褒有贬。如在肯定清儒辑佚书价值时称其"于学术界有重要关系者颇不少"。为了更为具体清晰地论证这一观点,梁氏还列举了诸多事例进行说明。比如东汉时期班固、刘珍所著《东观汉记》,在元代已经散佚。后清儒辑得二十四卷,不但可以存最早官修史书之面目,而且可以补范晔《后汉书》之不足。再比如对五代历史的记载,薛书(薛居正《旧五代史》)早出,欧书(欧阳修《新五代史》)晚出。但由于欧阳修在政治、文学上均负有盛名,故其书流传较广。随后薛书寝微,遂至全佚。欧书

① 梁启超:《中国近三百年学术史》,东方出版社 2004 年版,第 289—290 页。
② 张舜徽认为辑佚工作者用力的途径和方法有以下几个:"一、取之唐宋类书,以辑群书;二、取之子史及汉人笺注,以辑周秦古书;三、取之唐人义疏,以辑汉魏经师遗说;四、取之诸史及总集(如《文苑英华》之类),以辑历代逸文;五、取之《经典释文》及《一切经音义》(以慧琳《音义》为大宗),以辑小学训诂学。"参见张舜徽:《中国文献学》,上海古籍出版社 2011 年版,第 166 页。
③ 梁启超:《中国近三百年学术史》,东方出版社 2004 年版,第 295 页。

的一个重要特点是模仿《春秋》笔法,"文务简奥",言简意赅,重要史事多从刊落。在这种情况下,欲全面了解五代历史,就需要对薛史进行辑佚。在这方面,清儒也作出了重大贡献。还有中国古代的数学书,后皆散佚。四库馆臣将它们从《永乐大典》中辑出刊布,从而唤起后世学者研究数学之兴趣。梁氏指出,"凡此之类,皆纂辑《大典》所生之良结果也"。① 他还说:"吾辈尤有一事当感激清儒者,曰辑佚。"②在肯定了清儒辑佚书的成就之后,梁氏也指出清儒辑佚的内在缺陷与不足,他认为清儒"毕竟一钞书匠之能事耳"。应该说,梁氏对清儒辑佚书的评价较为客观、公正,这种渗透着朴素辩证法因素的评价态度也折射出梁氏治学的"实事求是"精神。

在《中国近三百年学术史》一书中,梁氏在总结前代辑佚理论的基础上对辑佚兴起的原因、辑佚书的发展史、辑佚的方法和途径、鉴定辑佚书优劣的标准、辑佚的价值和意义、补辑和校辑的界定等方面的问题进行了较为全面的论述和阐释,从而使中国古代零散的、感性的辑佚理论进一步条理化和系统化,使其具有规律性和科学性,开启了近代辑佚理论研究的先河,从而为辑佚学的进一步发展及其屹立于学术之林奠定了坚实的理论基础。

(二)刘咸炘《辑佚书纠缪》

在《目录学》一书中,刘氏指出,古书在流传的过程中,由于种种主观和客观原因,散佚是必然的,"书之不能无佚,势也"③。对于古书散佚的原因,他分别列举了隋朝牛弘和明朝胡应麟提出的"五厄"④之说。刘咸炘认为,为收拾散亡之古书,必然有求书之道。对此,郑樵曾提出"求书八法"⑤。明代祁承㸁在郑樵"求书八法"之外提出"三说"⑥。刘氏认为,郑樵"求书八法"前四条"甚精",中

① 梁启超:《中国近三百年学术史》,东方出版社2004年版,第288页。
② 梁启超:《清代学术概论》,上海古籍出版社1998年版,第61页。
③ 刘咸炘:《目录学》,载《刘咸炘学术论集(校雠学编)》,广西师范大学出版社2010年版,第270页。
④ 牛弘"五厄"说是指秦至梁,书经"五厄"(一为秦皇之焚;二为莽末之烬;三为后汉迁都之散亡;四为刘石乱晋之失坠;五为梁元帝失江陵时之焚烬),后胡应麟谓六朝之后,复有"五厄"(一为大业广陵之烬;二为天宝安史之灰;三为广明黄巢之乱;四为靖康女真之祸;五为绍定蒙古之师)。参见《刘咸炘学术论集》(校雠学编),广西师范大学出版社2010年版,第270页。
⑤ 一曰即类以求;二曰旁录以求;三曰因地以求;四曰因家以求;五曰求之公;六曰求之私;七曰因人以求;八曰因代以求。
⑥ 最早记载于《澹生堂藏书约》购书训中,可参阅《刘咸炘学术论集》(校雠学编),广西师范大学出版社2010年版,第271—272页。

间三条亦较为周全,但最后一条人人皆知,不足为一法也。对于祁承㸁"三说",刘氏强调其第一说为辑佚,第二说则仅为著录之法,不当为求书法。在这里,刘氏对"辑佚""著录"进行了较为明确的界定,将"辑佚"从广义的"求书"中分离出来。在中西文化交流及学术日益细化的时代背景下,刘氏顺应了时代发展的潮流,无疑推动了辑佚在民国时期的进一步发展。

刘氏指出,辑佚在清代得到较快的发展,"辑佚之事近代为盛,始自惠栋之治汉经义,后乃罩及四部,章宗源专以此为业"。但对于辑佚的起源,刘氏提出了自己的观点,他说:"上溯其原,实不始于王应麟……宋世所传唐人小说,及唐以上人文集卷数……盖皆出于宋人掇拾而成,此即辑佚之事也。"刘氏还进一步解释说:"今传唐人小说多本《说郛》,而《说郛》中本多辑古佚书,吾疑此类多是辑本,此语若信,则陶宗仪当为辑佚大家矣。"①刘氏以宋代流传下来的唐人小说、唐以前人文集作为辑佚的开端,这种认识有其合理之处,其立论的根据为广义的辑佚之说。但也有学者提出质疑,如陈光贻说:"刘咸炘和叶德辉有同样看法,以辑佚在王应麟以前就有了。关于辑佚古书这问题,我们不能和整理古籍、汇编经史、编辑前人文集,混为一谈;辑佚是辑录见载于目录著录,今已散佚的书,章学诚指为开始于王应麟,是比较合理的断论。"②此论对辑佚之说的广义狭义之分作了明确的界定,认为真正的辑佚应为恢复"古有今亡"之书的原貌而非"本无其书"的汇编。而张富祥也是以狭义辑佚说作为立论的根据,"文集的情况比较复杂,即使前世曾有之书,后人掇拾抄编意在保存佚文,若原编无目录保存下来,要恢复原貌恐怕一般是不大可能的,因此很难要求这类书符合辑佚书的规范"③。由此可见,学者对辑佚起源的分歧在于其对辑佚概念理解的差异,刘咸炘更多是从广义辑佚的视角来提出自己的观点,而陈光贻和张富祥则恰恰相反。

对于"辑佚者所取资最多者"——"三注四大类书"④,刘氏也提出了自己的看法,"顾此举其著者言之耳,因类以求,取资者广,孙诒让于《春秋集解纂例》赵

① 刘咸炘:《目录学》,载《刘咸炘学术论集》(校雠学编),广西师范大学出版社2010年版,第277—278页。
② 陈光贻:《辑佚学的起源、发展和工作要点》,《史学史研究》1983年第1期。
③ 张富祥:《宋代文献学散论》,青岛海洋大学出版社1993年版,第239页。
④ "三注"分别为《三国志注》《水经注》《文选注》;"四大类书"为《北堂书钞》《艺文类聚》《太平御览》和《太平广记》。

匡说中得《竹书纪年》遗文七事,缪荃孙于《苏诗施注》《天中记》《意林》逸文二条,皆他人辑本所未采,盖又出于因类以求之外矣。赵圣传辑《左传》服注,谓《公羊》《周官》《仪礼》疏皆六朝旧本,所引《左传》注多是服注,此则得间于无形,尤为巧矣"。刘氏指出,《太平御览》等类书"失校已久,讹舛甚多,条件颠倒"。因此,就会出现诸家之辑佚书"每见引自《御览》者词意不类,时代不合"①等情况,这是诸家辑佚书时应该注意的。

刘氏强调,"辑书非易事也,非通校雠,精目录,则讹舛百出"②。清代虽然辑佚成就较大,但"佳者实少"。基于此,刘氏特撰《辑佚书纠缪》③一文,把清人辑佚存在的问题分为四弊。

第一曰漏。此弊人皆知之,而能免者实少。如马(国翰)辑颜延之《庭诰》,泛采逸文,而不录本传所载长篇;辑《古今乐录》,于《乐府诗集》所引,半取半不取,则不可解者也。

第二曰滥。凡有二端:一曰臆断附会。此弊最易犯而最隐。如马氏《绎史》载《吕览》《农书》四篇,谓盖古农家野老之言,本是疑词,马氏遂据采以当《野老》书,因《别录》称《尹都尉书》有种瓜芥葵蓼诸篇,遂全录《齐民要术》种瓜芥诸篇为《尹都尉书》。《汉书·律历志》引《易传》,有"辰有五子"之语,马遂录其文以当《古五子》,且并录其下文《易》九厄,《传》九厄之说,实与推五子无关也。又如因《汉书·天文志》载十八妖星有五残,遂录其文,当《五残杂变星》书,余星固非五残也。……二曰本非书文。马辑何承天《礼论》,以《通典》所载驳难入之,辑荀万秋《礼论钞略》,以《通典》所载议郊庙乐制入之。按《礼论》者乃是纂集旧说删定之事,非国有礼事议奏之文,以此当彼,殆不免误。……三曰臆定次序。马辑韩氏《易传》,谓盖宽饶引"五帝官天下"一语当是《系辞》"苟非其人"二句下说,余萧客《古经解钩沉》以褚少孙引《春秋大传》说社语属庄公二十五年"鼓用牲于社"下。按古传说多依经起义,不必专说某句,强配者不知体例也。余书此弊尤甚。

① 刘咸炘:《目录学》,载《刘咸炘学术论集》(校雠学编),广西师范大学出版社 2010 年版,第 278 页。

② 刘咸炘:《校雠述林》,载《刘咸炘学术论集》(校雠学编),广西师范大学出版社 2010 年版,第 182 页。

③ 作于丙寅(1926 年)十月二十日,最初收于《校雠述林》第二册,后转载于《目录学》,内容略有不同。

第三曰误。此弊生于不考。一曰不审时代。……《宋书·州郡志》连称《太地记》,王隐云:盖合二书言之。黄氏辑《太康地记》悉钞入之,遂使太康三年之书而有太康七年改合浦属国都尉为宁浦之事。……二曰据误本。俗本《意林》《传子》与杨泉《物理论》互讹,孙氏、黄氏辑《物理论》,据而不察,则《传子》入之矣。《御览》传写多讹,尤不可恃,如《古今乐录》陈沙门智匠撰,而《御览》引其文称隋文帝云云,若斯之类,所在有之。

第四曰陋。此弊生于无识,凡有二端:一曰不审体例。……如《后汉书》《晋书》各有体例,何纪何传,今犹可考大略,而汪氏、汤氏所辑则止以人名标条,略不考证,反有混易原书体例之嫌,亦大统也。二曰不考源流。马辑谯周《五经然否论》,以诸书所引谯周《礼祭集志》及诸论礼之文入之,不知谯周曾继蔡邕、董巴而撰《汉志》,诸文或是彼文,不尽《然否论》也。①

刘氏提出的这些问题,不仅存在于清代辑佚书的实践活动中,而且贯穿于整个中国辑佚学史的发展过程,因此可视为辑佚书纠谬的通则。刘氏的这些细致入微的研究对辑佚学的发展作出了巨大的贡献,为此也获得了较高的赞誉。②

(三)王重民的辑佚学家研究

王重民(1903—1975),字有三,号冷庐主人,河北高阳人。著名文献学家及图书馆学教育家。1924年考入北京高等师范学校国文系,从杨树达、陈垣、高步瀛等学习文史。1928年毕业后,曾任职于北平图书馆并兼职于河北大学、辅仁大学。1934年起先后在欧美等国图书馆搜求珍贵文献。1947年回国后主持北京大学图书馆学的创建和教学工作。王重民一生从事文史及图书馆学方面的教学和研究,其主要成就有四个方面:一是研究和传授目录学;二是编著和主编大批目录索引;三是搜集、研究和介绍流散于国外的中国珍贵文献;四是校辑整理文化遗产。作为著名的古文献学家,其文献学方面的著述有《〈校雠通义〉通解》《中国目录学史论丛》《普通目录学》《敦煌古籍叙录》等。③

---

① 刘咸炘:《校雠述林》,载《刘咸炘学术论集》(校雠学编),广西师范大学出版社2010年版,第182—186页。
② 现代学者认为,"刘氏的这些论述,较梁氏(梁启超)更为丰富详实,非专心披览,学术渊博者所不能言也"(曹书杰:《中国古籍辑佚学论稿》,东北师范大学出版社1998年版,第273页)。
③ 王重民著述颇多,其《冷庐文薮》(上海古籍出版社1992年版)附录二为《王重民著述目录》,对王氏著述以专著、编纂、论文分类,按写作或发表的时间先后为序编排,是"目前我们能见到最完备的著述目录"。后王媛对此目录又进行了增订。详见王媛《〈王重民教授著述目录〉补遗》,《图书情报工作》2003年第5期。

《清代两个大辑佚书家评传》(以下简称《评传》)是王重民辑佚学研究成果①中具有较强理论色彩的一篇文章。该文最初发表于1932年1月的《辅仁学志》第3卷第1期,现已收入王重民的《中国目录学史论丛》(中华书局1984年版)。在文章的开始,王氏谈了自己撰述此文的动因,他说:"清代为学术极盛的时期,而近人所修《清史稿》,于学者的列传,每多缺略不详。即如乾嘉朴学极盛时候,一位以辑佚书著称的专家章宗源,《清史稿》只在《章学诚传》后附了一个一两行的小传;在乾嘉朴学极盛之后,一位辑佚书成绩最富的马国翰,竟没有立传,我认为是最大的缺点,所以作这篇《清代两个大辑佚书家评传》。"②从这里我们可以看出,一方面,王氏撰写此文的动机在于辑佚学研究的需要,而此时关于辑佚学的研究尤其是辑佚学史的研究仍处于较为薄弱的环节,为弥补这一缺憾,王氏才萌发了撰写此文的念头,另一方面,也说明了辑佚学在民国学界的发展状况。

　　《评传》长达三万字,"对章、马二人的生平家世、学术修养、辑佚的年代和过程、辑佚的成就和数量等做了极其深入的研究和考辨"③。在考辨的过程中,或继承前人观点,或反驳他人论据。其运用资料之多,考证问题之详,令人钦佩。同时他还以自己扎实的考据功底对章、马二人的辑佚成果进行了编年和梳理,为后人保存了难得的历史资料和素材,其中的诸多按语犹有令人感慨之处。在行文的过程中,王重民对辑佚学的发展过程也有所论述,他说:"辑佚的事情,自宋王应麟开始,至清而大盛,惠栋和他的弟子余萧客等,都有很大的贡献,并且益加缜密了。及开四库全书馆,从《永乐大典》中辑出佚书数百种,乾隆末年,流风弥炽。"④"清代辑佚书事业,在汉学家是一很大很要的工作,收获之丰富,实

---

①　曹书杰认为,王重民为民国年间辑佚学研究成果较多的学者,其先后共撰写发表有9篇此方面的相关成果,分别为《〈补晋书艺文志〉书后》(《北平北海图书馆月刊》1卷5期,1928年10月)、《读〈汉书艺文志拾遗〉》(《北平图书馆月刊》3卷3期,1929年9月)、《孙渊如外集自序》(《图书馆学季刊》5卷3、4期,1932年12月)、《清代两个大辑佚家评传》(《辅仁学志》3卷1期,1932年1月)、《补晋书艺文志》(《学文》1卷5期,1932年5月)、《苍颉篇辑本述评》(《辅仁学志》4卷1期,1933年12月)、《〈永乐大典〉的续纂及其价值》(1963年修订)(《社会科学战线》1980年2期)、《〈七志〉与〈七录〉》(《图书馆杂志》1962年1月),后两篇为中华人民共和国成立后发表,曹说此处疏忽。详见曹书杰:《中国古籍辑佚学论稿》,东北师范大学出版社1998年版,第273页。

②　王重民:《清代两个大辑佚书家评传》,载《中国目录学史论丛》,中华书局1984年版,第277页。

③　曹书杰:《中国古籍辑佚学论稿》,东北师范大学出版社1998年版,第274页。

④　王重民:《清代两个大辑佚书家评传》,载《中国目录学史论丛》,中华书局1984年版,第283页。

足惊人! 余眷录辑佚家著述,已得四十余种,六朝以前散佚的古书,几于都返其魂。诸家中最称专门者,余萧客有《古经解钩沉》,任大椿有《小学钩沉》,严可均有《全上古秦汉三国六朝文》,王谟有《汉魏遗书钞》《汉唐地理遗书钞》,黄奭有《汉学堂丛书》,竹吾先生《玉函山房辑佚书》,较为晚出,可是搜罗的完备,卷帙的繁富,是以前任何人所不及的! 严氏全文虽有七百余卷,但是所从取材料的地方,如金石碑刻之属,易于凭借,所以清代辑佚,我推先生(马国翰)为第一家。"①此观点与梁启超等人对辑佚学史的分析较为吻合。

对"马窃章"这一流传甚广的历史疑案进行考证是此文对学术界的又一大贡献,在考证的过程中,王重民搜集了诸多资料,对众多说法进行了分析,他极为欣赏蒋式惺的观点,他说:"蒋式惺作《书马竹吾玉函山房辑佚书后》②三篇,力避众说,较有卓识。最主要有以下三点:(一)《隋书·经籍志·史部考证》各书下所附佚文,与《玉函山房辑佚书》史部所辑,多寡不同,立说各异。(二)《玉函山房辑佚书》所据张惠言、丁杰、臧庸、王照圆、张澍、焦循诸家辑本及著述,其成书与雕本,皆在逢之先生卒后,非先生所及见。(三)《玉函山房辑佚书》序有称某人某书已别著录者甚多,或已散失,或未刊行,其有原书或辑本尚存者,则指其家所藏,均著录在他的藏书簿上的意思。《马氏藏书簿自序》上已明言之。"③在占有大量材料的基础上,王重民经过严密的考证得出"马非窃章"的观点。最后王氏对这一学术疑案进行了总结,他说:"按历史的眼光说,总是后来者居上,辑佚书亦然。后人得因前人已成之业,罅漏补苴,易于为功,所以竿头进步,必是后一代的人。《玉函山房辑佚书》内就自序里可知道的,《子夏易传》是依据张澍的辑本,《干氏注》依据姚士粦、丁杰的辑本,《蜀才注》依据《蜀典》中辑本之类,虽是后人的便宜处,亦正是后人所以能成功处。先生(马国翰)一向做外官,没有机会与朝大夫们来往,孤军特起,为当时学者所不注意,后人又不详察,适有邵二云的弟子章实斋的本家孙渊如、朱少白、武虚谷等人的朋友章逢之其人者,毕生辑佚,稿子未曾刊布出来,因而谣言大起,反把先生(马国翰)当贼看待了。"对于皮锡瑞《经学历史》以《玉函山房辑佚书》为章宗源所著④,王

---

① 王重民:《清代两个大辑佚书家评传》,载《中国目录学史论丛》,中华书局1984年版,第299页。
② 此文王重民以附录形式列于书中,详见《中国目录学史论丛》,中华书局1984年版,第306—308页。
③ 王重民:《清代两个大辑佚书家评传》,载《中国目录学史论丛》,中华书局1984年版,第306页。
④ 详情可参阅皮锡瑞:《经学历史》,中华书局1959年版,第330页。

重民提出了批评,"皮鹿门《经学历史》,竟称章宗源《玉函山房辑佚书》,章、马二先生,地下有之,不知作何酬答? 在我们看来,皮氏之粗莽,未免有失学者的精神呀"①。学如积薪,后来者居上,在继承前贤时哲研究成果的基础上进一步发展,正是学术发展和进步的客观过程。没有继承就无所谓发展,没有继承的发展就是空中楼阁,相反,没有发展的继承则会导致学术的停滞不前。我们不能以学术的继承否定后人的发展,也不能以后人的发展来否定前人做出的成绩,这是评价学术研究尤其应该注意的。章、马之间的学术疑案恰恰就是学术的继承与发展的问题,不能以学术的继承当作剽窃,否则就否定了学术发展的客观进程。明乎此,一切问题即迎刃而解。

在考辨章、马学术疑案的过程中,王重民先生追根溯源的治学精神也是值得提倡的,正如他自己所说:"余作学问的态度,凡不指明娘家的证据,尝不肯轻于信从,朱修伯的话,未指明'家实斋'三字见于何书何序,于未遍阅玉函山房全书之前,未敢轻声附和。乃发愤废了一月之力,细阅各序,并将全书涉猎一过,所谓'家实斋'者,并未看到,则朱氏之说,恐亦耳食之谈罢了。"②正是在王重民先生的考辨之下,章、马之间的学术疑案基本得到解决。

(四)张舜徽的辑佚思想和理论

张舜徽《广校雠略》作于1943年③,在该书中有"搜辑佚书论"五篇,这五篇分别为:"辑佚之依据""古人援引旧文不可尽据""辑佚之难始于择""辑佚之必须有识""辑佚为学成以后之事"。

在该书中,张氏对辑佚兴起的原因进行了分析,他说:"载籍历时久远,虽不经兵燹而亡佚自多……雕板至宋方盛行,宋以上书籍传布至难,故先唐之书散佚不传者尤夥,于是而有好古之士,或私淑诸人,或歆慕其学,深憾书之不传于后,百思有以搜罗而补缀之,以复古人之旧,此辑佚之所由兴也。"④他认为,辑佚之业发端于宋代王应麟辑《三家诗考》《周易郑氏注》各一卷,此后明代孙瑴辑纬书佚文成《古微书》,"其途虽隘,亦仍王氏矩矱也"。至清代,辑佚之业遂成

---

① 王重民:《清代两个大辑佚书家评传》,载《中国目录学史论丛》,中华书局1984年版,第305—306页。

② 王重民:《清代两个大辑佚书家评传》,载《中国目录学史论丛》,中华书局1984年版,第284页。

③ "此书始属稿于一九四三年,后二年始付刊行,仅刷印五百部,故流布甚稀。"参见张舜徽:《广校雠略》,载《张舜徽集(第一辑)》,华中师范大学出版社2004年版,"自序"第4页。

④ 张舜徽:《广校雠略》,载《张舜徽集(第一辑)》,华中师范大学出版社2004年版,第82页。

专门之学,清儒乃欲将汉、隋志中不传于今者之著录书次第辑出,其所依据之资料,不外五端①。为更明确起见,张氏还特别列举出北宋之前可以考见古人遗书之史注与类书等,如裴松之《三国志注》、郦道元《水经注》、刘孝标《世说新语注》、李善《文选注》、慧琳《一切经音义》、欧阳询《艺文类聚》、徐坚《初学记》和《太平御览》,"凡此皆古书之渊薮也"。比如《太平御览》一书,所引秦汉以来之书多达一千六百九十余种,而这些书传于今者不足十之二三,有《太平御览》,可谓存秦汉遗书千余种。再如《永乐大典》《四库全书》,均搜罗包藏大量古书,故"搜辑遗籍虽不能全复古人之旧,亦可缀拾某书之一部,理董成编,佚者使之复存,散者使之复合,其为功于学术至无穷尽也"②。

张氏对辑佚的相关问题有着较为深入的研究。他认为,虽然北宋以前史注及类书是历代辑佚家所依据的主要材料,但古人引书,并非像今之考证学者征用原文一字不漏。在列举大量实例的基础上,张氏归纳了古人引书的几种情况,有"但取其意而简约其辞者……有直改其字者,有直易其语者,有误甲为乙者,有移彼于此者"。最后他还总结说:"援引圣贤遗言,犹复错乱若斯,况其下焉者乎!搜辑佚书者,又不可不审知古人援引之不尽可据也。"③张氏旧学功底深厚,对相关文献较为熟稔,同时又有着深厚的文献理论素养。在长期深入研究的基础上,张氏提出了"古人援引旧文不可尽据"这一说法,显示了其深厚的学术功底和独具慧眼的学术洞察力,可谓不刊之论。

治史贵在有识,辑佚亦是如此,"否则妄以他书为本书,厚诬古人矣"。为此,张氏以辑《别录》《七略》者为例进行了说明:"自来辑《别录》《七略》者,有严可均(《全汉文编》)、洪颐煊(《经典集林》)、马国翰(《玉函山房丛书》)、姚振宗(《师石山房丛书》)、顾观光(稿本旧藏北京图书馆),盖犹不免乎斯累。其显见者约有二失:一曰误以原书之文为刘氏《叙录》语也。……二曰误以近似之书为刘氏《七略》也。"④如《史记正义》引阮孝绪《七录》,通行本往往误为《七略》,更有称阮氏《七略》者,这是因写刻疏忽导致错误的明证。再如《汉志》有《小

---

① "取之唐、宋类书,以辑群书,一也;取之子史及汉人笺注,以辑周、秦古书,二也;取之唐人义疏,以辑汉、魏经师遗说,三也;取之《一切经音义》,以辑小学训诂书,四也;取之史注及总集(如《文苑英华》之类),以辑遗文,五也。"参见张舜徽:《广校雠略》,载《张舜徽集(第一辑)》,华中师范大学出版社 2004 年版,第 83 页。

② 张舜徽:《广校雠略》,载《张舜徽集(第一辑)》,华中师范大学出版社 2004 年版,第 83 页。

③ 张舜徽:《广校雠略》,载《张舜徽集(第一辑)》,华中师范大学出版社 2004 年版,第 83—84 页。

④ 张舜徽:《广校雠略》,载《张舜徽集(第一辑)》,华中师范大学出版社 2004 年版,第 84—85 页。

雅》一篇,也就是后世的《小尔雅》。此书本依据《尔雅》而作,故名之为《小雅》,唐人引之,多以此名相称,如李善《文选注》、慧琳《一切经音义》,皆不别增"尔"字。但也有人将其称为"尔雅"者,这大概是因为"小""尔"二字形近而导致的错误,故"今日取唐以前援引二书之文以校本书,有引及《尔雅》而但见之《小雅》者,亦有明标《小雅》而其文实在《尔雅》者,淆乱已久,其迹犹易推寻。若以后世讹误之本以上定古书,反以不佚为佚,则其失则宏"。鉴于以上情况,张氏认为在辑佚古书之前,必须对古书的著述体例、篇章结构、内容真伪等问题进行认真甄别。只有这样,辑佚工作才能得以顺利进行。^①由此可见,在张氏心目中,辑佚工作只有与目录、版本、校勘、辨伪、考证等其他文献整理工作结合在一起,其辑佚的成效才能最大,辑佚的失误才会更少,仅仅为辑佚而辑佚是不可取的。应该说,张氏的这一观点与其主张会通的学术旨趣是吻合的,也与其主张"辨章学术,考镜源流"的学术追求是相通的。此外,学必求真也是张氏一直倡导的,他以服虔《左传注》被后人辑为郑玄遗书为例进行说明:"郑玄徧(同'遍'——引者注)注群经,而独不及《春秋左氏传》。后之辑北海遗书者,率取服虔《左传注》以入录,盖据《世说新语》以为服氏注出于郑,即郑学也。"张氏认为,出现这一现象的原因是很多人并没有理解《世说新语》的本意,他还引用《世说·文学》篇的具体内容进行分析,最后得出"郑书未成",而"服书早成,郑君闻其谊,自以无能踰之,故辍不复为"的结论,他还感慨"彼文甚明,何由而遽谓服书皆出于郑耶? 且康成言当以所注与之,而未必果与也"。此外,张氏还以《后汉书·儒林传》的记载再次强调了服注《春秋左氏传》的真实性。对于惠栋补注《后汉书》之说,张氏也进行了批驳:"夫贤智所见,不谋而同,千载悠悠,犹多暗合,况并世而生,同为儒宗,识议相符,无足怪也。即以郑氏所注群书言,其同于先郑及许叔重者多矣,庸讵能为北海之书即诸家之学乎? 且惠氏但见其同者,而未暇考其不同者。"张氏还以《礼记》《论语》注与《春秋左氏传》注中的差异说明了《左传》注出自服虔之手,因此,"凡辑佚之家,录郑注而兼及服氏书,皆妄也。大氐有志读书者,必不佚于一人,乃能见学术之功,辑佚家亦须从事于斯

①　张氏曾说:"学者苟有志乎搜辑佚书,首必究心著述流别,审知一书体例,与之名近者几家,标题相似者有几,皆宜了然于心,辨析同异,次则谛观征引者之上下语意,以详核之本书,庶几真伪可分,是非无混,别择之际,或可寡过耳。"参见张舜徽:《广校雠略》,载《张舜徽集(第一辑)》,华中师范大学出版社 2004 年版,第 85 页。

矣"①。综上所述,虽然张氏学宗"二郑",但在具体的学术研究中,却能够"不佞于一人",以"求真"为指归。应该说,这是"有志读书者"必须遵循的基本原则,唯和此,方能见"学术之功"。张氏的这种治学精神是值得后人认真学习的。

张氏还提出了"辑佚非初学所宜言"之论。因为在张氏看来,辑佚的产生最早是由于博览群书之辈在学成之后"视天地间见存之书无复可究心者",于是迫不得已寻求"不存之书"读之。在这种情况下,辑佚应运而生。张氏强调,辑佚的产生"非特势所必至,亦次第宜然耳"②。也就是说,没有对现存之书大量研读、充分考证,就没有资格谈论辑佚的问题。但到了清代,情况并非如此,乾嘉诸多学者"盛张许、郑之帜",对郑氏之书"见存者不耐讨索,散而求之残缺废弃之余,于是不辨其是非真伪,务以一句之获一字之缀为工。及其以赝为真,又不复考其矛盾龃龉之故,甚而拘守伪文,转强真文以谬与之合",于是出现"刖削足以适履,铄头以便冠,而郑氏本义沽没于尊郑之人"之情况。对于这种状况,焦循予以强烈抨击,张氏认为"焦氏之言,至为警厉,足以发拘虚者之蒙"。张氏还特别提出,虽然清儒治汉学推崇许、郑之学,但能对"许、郑见存之书通贯大例,以推得作者用心"者则寥寥无几。如"治《易》者,未能究王弼、程颐之义,而必远求汉师佚说。习《左氏传》者,不识杜预何所道,而必上探贾、服残诂,读《论》《孟》以称举朱注为羞,说《诗》以涉及宋人为耻,一言以蔽之,曰:佞汉而已耳。汉人之书不尽传,则又感叹追慕于千载之下,悉思旁搜博采以复其旧,卒之汉人遗书未能尽复,而通经之效益晦"③。因此,在张氏看来,治学必须博通,只有在博通的基础上才能追求专精。学术的发展是一个连续的过程,只有对其有一个全面通贯的了解,才不至于偏离学术的轨道,真正回归学术的本源,正如张氏所言"学术有本末,而致力有先后,学者苟明于始终缓急之宜,则辑佚之事,非初学所宜言也"④。张氏之论,可谓高瞻远瞩,颇具卓见。同时这也与张氏治学主张"会通"的学术旨趣一脉相承。

通过上述分析,我们可以发现,虽然张氏没有像梁启超那样对辑佚学理论(如辑佚书的发展史、辑佚的方法、鉴定辑佚书优劣的标准、辑佚的价值和意义、

---

① 张舜徽:《广校雠略》,载《张舜徽集(第一辑)》,华中师范大学出版社 2004 年版,第 86 页。
② 张舜徽:《广校雠略》,载《张舜徽集(第一辑)》,华中师范大学出版社 2004 年版,第 87 页。
③ 张舜徽:《广校雠略》,载《张舜徽集(第一辑)》,华中师范大学出版社 2004 年版,第 87 页。
④ 张舜徽:《广校雠略》,载《张舜徽集(第一辑)》,华中师范大学出版社 2004 年版,第 87 页。

补辑和校辑的界定)进行泛化的研究,但却提出了诸多颇有识见的辑佚思想,这些思想为后来的辑佚家所继承,大大促进了辑佚学理论和实践的发展。

第六章　近代文献学的相关学科

　　关于文献学的相关学科和边缘学科，白寿彝、刘乃和、周少川等人都曾有过不同的表述。在此基础上，结合近代文献学的实际情况，本章围绕典藏、年代、史讳、史源几门专学进行论述，从而粗略窥见这些学科本身的特点及其与文献学发展之间的相互关系。

第一节　典藏学

　　在中国传统文化中，"典"和"藏"分别有动词和名词两种用法。[①]　"典"作动词时，有"管理"之意，如《礼记·文王世子》中有"秋学礼，执礼者诏之；冬读书，典书者诏之"；作名词时，有"典籍"之含义，如《尚书·五子之歌》有"明明我族，万邦之君，有典有则，贻厥子孙"。"藏"作动词时，一般指"收藏""保管"之意，如《左传·襄公十一年》："夫赏，国之典也，藏在盟府。"《墨子·天志下》云："书之竹帛，藏在府库。""藏"作名词指档案、文书、藏书及其他藏品，如《周礼·天官冢宰》述宰夫之职："五曰府，掌官契以治藏。"郑玄注曰："治藏，藏文书及器物。"刘歆《七略》曰："武帝广开献书之路，百年之间，书积入丘山，故外有太史、博士之藏；内有延阁、广内、秘书之府。"综上所述，我们可以认为，"典藏"一词专指"收藏保管图书"[②]，典藏学则是"研究我们古代古籍保管与利用规律的一门学问"[③]。

---

　　① 关于"典""藏"的原始含义参考了程千帆、徐有富《校雠广义·典藏编》（齐鲁书社 1998 年版）第一章《典藏学的建立与典藏的功用》的相关内容，特此致谢。

　　② 程千帆、徐有富：《校雠广义·典藏编》，齐鲁书社 1998 年版，第 2 页。

　　③ 程千帆、徐有富：《校雠广义·典藏编》，齐鲁书社 1998 年版，第 2—3 页。

中国古代关于图书搜求、保管和利用的研究由来已久。[①] 南宋郑樵《通志·校雠略》中的《求书之道有八论》系统总结了搜集图书的理论、方法与途径。明代晚期著名藏书家祁承爜著有《澹生堂藏书约》,在郑樵"求书八法"的基础上提出"三说"。[②] 清代此方面的文献以孙庆增的《藏书纪要》、叶德辉的《藏书十约》为代表,二书对图书的购求、鉴别、校雠、钞录、装潢、编目、收藏、陈列、印记等方面的问题进行了全面探讨,颇受好评。民国时期,诸多学人都有典藏学方面的论述[③],现举其要者分述如下:

一、袁同礼的古代藏书史研究

袁同礼(1895—1965),著名图书馆学家和目录学家,河北徐水人。1916 年毕业于北京大学,后赴美深造并获得文学学士和图书馆学学士学位,之后还曾到英国伦敦大学和法国巴黎古典学校进行短暂的学习。袁同礼为中国近现代图书馆事业作出了杰出贡献,曾先后任职于清华园图书馆、广东岭南大学图书馆、国立北京大学图书馆、国立北平图书馆。尤其是在担任国立北平图书馆馆长期间,积极开展图书馆业务如藏书、编目等,广泛招罗人才,派人出国深造,创办馆刊并进行学术研究,树立了中国现代图书馆的楷模,获得图书馆学界的广泛好评。此外,他还曾担任国立北京大学目录学和图书馆学教授。袁同礼为中国图书馆事业贡献颇多,其著述宏富,主要有《现代中国数学研究目录》《新疆研究丛刊》《中国美术学目录》等及论文数十篇。在中国古代藏书史的研究方面,袁同礼亦有深入研究,著有《宋代私家藏书概略》[④]《明代私家藏书概略》[⑤]《清代私家藏书概略》[⑥]《皇史宬记》[⑦]等文,史料翔实,多有精辟之论。《宋代私家藏书

---

① 程千帆认为,"典藏学的内涵与现代图书馆学是一致的"(程千帆、徐有富:《校雠广义·典藏编》,齐鲁书社 1998 年版,第 2 页),而现代图书馆学又与多个学科(如文献学、历史学等)有着千丝万缕的联系,因此,程氏在梳理典藏学的相关理论文献时列举了诸多史料,同时分析典藏学与它们之间的关系。详情可参阅氏著:《校雠广义·典藏编》,齐鲁书社 1998 年版,第 4—9 页。

② 最早记载于《澹生堂藏书约》购书训中,可参阅《刘咸炘学术论集(校雠学编)》,广西师范大学出版社 2010 年版,第 271—272 页。

③ 可参阅李希泌、张椒华编:《中国古代藏书与近代图书馆史料(春秋至五四前后)》,中华书局 1982 年版。

④ 原载《图书馆学季刊》第二卷第三期。

⑤ 原载《图书馆学季刊》第二卷第一期。

⑥ 原载《图书馆学季刊》第一卷第一期。

⑦ 原载《图书馆学季刊》第二卷第三期。

概略》《明代私家藏书概略》和《清代私家藏书概略》现已收入《中国古代藏书与近代图书馆史料(春秋至五四前后)》一书,成为研究袁同礼中国古代私家藏书论的主要资料。

　　在《宋代私家藏书概略》一文中,袁氏首先对北宋初年官方藏书状况进行了说明,他说:"宋初承五季抢攘之后,书多荡焚。建隆初,官府所藏,仅万二千卷。乾德元年(963),平荆南……均收其图籍,以实三馆。钱俶来朝,又收其书。自是稍加裒集,群书渐备。"接下来对私家藏书兴起的原因进行了分析,"北宋一百六十年间,屡下诏征求遗书。凡献书者,或支绢,或给钱,或补官,莫不以利诱之。是当时之书,多散在民间。加以雕板流行,得书较易,士大夫以藏书相夸尚,实开后世学者聚书之风"①。袁氏认为,宋代私家藏书兴盛,一方面的重要原因是官方"以利诱之",另一方面的重要原因则为雕版印刷术的流行,从而在客观上促进了书籍的生产和传播,为私家藏书的兴盛准备了条件。袁氏从主观和客观两个方面总结宋代私家藏书兴盛原因的观点得到了后世学者的认可,如台湾学者潘美月在总结宋代私家藏书风气之兴盛时说:"私家藏书的风气,至宋代而大盛。五代战乱之后,北宋初年的公家藏书零落,凡有赖于私人收藏。加以雕版流行,得书比较容易,故藏书家不可胜数,士大夫以藏书相夸尚,实开后世学者聚书之风气。"②周少川对两宋私家藏书兴盛原因也有总结,他说:"有宋一代……屡次下诏向民间求书,并以绢匹、钱帛或官职对献书者给以奖励。由此可见,当时书籍多散于民间。再者,两宋的雕版印刷,在唐代开创的基础上有了提高。除官刻本外,私人刻印的'家塾本''坊刻本'也日渐盛行。雕版印刷既已流行,在技术上又能精益求精,不论校勘、刻版、用纸、选墨都有讲究。书的形制也由卷轴改为册页,购置和收藏都比较方便。藏书家不仅得书较易,而且多了份喜爱的感情,于是私家藏书之风,至宋而大盛。"③综上可知,官方的征求和"利诱"及雕版印刷的流行为两宋私家藏书兴盛的两大动因,这一观点如今已成公认,在学界得到较大范围和较大程度的认可。对宋代私人藏书家及藏书情况的考证是《宋代私家藏书概略》一文论述的重点,袁氏以历史时序分阶段对其进

① 袁同礼:《宋代私家藏书概略》,载李希泌、张椒华编《中国古代藏书与近代图书馆史料(春秋至五四前后)》,中华书局1982年版,第406页。

② 潘美月:《宋代藏书家对图书文献之搜集、整理与利用》,载《宋代文化研究(第十七辑)》,四川大学出版社2009年版,第37页。

③ 周少川:《藏书与文化——古代私家藏书文化研究》,北京师范大学出版社1999年版,第35页。

行研究和介绍。如宋初的江正、王溥、李昉、杨徽之、毕士安等人以及此后的宋敏求。宋仁宗时的应天府王洙父子、邯郸李淑父子,此外还有亳州祁氏、鄱阳吴氏、荆州田氏、濡湏秦氏、历阳沈氏、大梁蔡氏等均为当时著名的藏书家。皇祐以降,士大夫中著名的藏书家还有司马光、李常及刘恕。元祐以后,晁说之及贺铸等人不但富有藏书,而且精于校雠,"靖康之变,海内俶扰,中秘所藏,与士大夫之家,悉为乌有。高宗南渡,北方为金、元所蹂躏,南方亦多士气之不振。文学凋零,图籍散佚,藏书者寥寥可数。惟叶梦得(字少蕴,吴县人,1077—1148)少年贵盛,平生好读书,逾十万卷,置之霅川斯山弁山山居,建书楼以贮之,极为华焕"①。北宋灭亡后,随着政治文化中心的南移,南方也出现了诸如叶梦得、晁公武等藏书家。在南宋藏书家中,以越、闽两地最为集中,越地藏书家主要有陆宰、石公弼和诸葛行仁等人。闽中由于"不经兵火,故家文籍多赖保存",藏书之家多集中在莆田,如郑氏(郑樵、郑侨、郑寅)、陈氏、方氏,此外还有漳州吴氏。中兴之后,士大夫藏书家中当推尤袤和陈振孙。宋朝末年,江南地区又出现了许棐和周密等藏书家。对于两宋时期的这些藏书家,袁同礼都进行了详细周密的考证,引用古籍文献多达数十部且一一注明其出处,可谓字字珠玑,由此可见其治学之严谨与学识之渊博。通过对宋代藏书家的个人生平及在图书文献的搜辑、整理、分类、编目、利用及归宿等方面的研究,袁氏也表达了自己的思想和观点,其中不乏精辟之论。如称晁公武为"宋以来著录家之祖"②。对郑樵《通志·校雠略》的评价:"南宋诸儒,大抵崇义理而疏考证,樵撰《通志》以博洽闻于时,其《校雠略》尤为精心之作。虽不无武断之处,然其论类例,论亡书,论求书,皆典籍中之经济,至今尤可奉为圭臬也。"③袁氏还认为尤袤"书目(《海山仙馆》本、《常州先哲遗书》本)兼载数本,开版本学之先河。"④他对宋代私家藏书整体状况的评价:"宋代私家藏书,多手自缮录,故所藏之书,钞本为多……然自雕板流行,得书较易,直接影响于私家藏书者亦甚钜(同"巨")……北宋藏书家

---

① 袁同礼:《宋代私家藏书概略》,载李希泌、张椒华编《中国古代藏书与近代图书馆史料(春秋至五四前后)》,中华书局 1982 年版,第 410 页。

② 袁同礼:《宋代私家藏书概略》,载李希泌、张椒华编《中国古代藏书与近代图书馆史料(春秋至五四前后)》,中华书局 1982 年版,第 411 页。

③ 袁同礼:《宋代私家藏书概略》,载李希泌、张椒华编《中国古代藏书与近代图书馆史料(春秋至五四前后)》,中华书局 1982 年版,第 412 页。

④ 袁同礼:《宋代私家藏书概略》,载李希泌、张椒华编《中国古代藏书与近代图书馆史料(春秋至五四前后)》,中华书局 1982 年版,第 412 页。

多在四川、江西,南宋藏书家多在浙江、福建。"①这些观点大多得到后世学者的认可并在学术界产生越来越大的影响。此外,袁氏在该文中还引用了一些典故②,增加了其趣味性与可读性,避免了多数学术文章的枯燥与晦涩。

明代是中国古代藏书史上又一个重要发展阶段。在这一时期,不仅私人藏书家大量涌现,而且藏书数量不断增多,规模日益扩大,甚至"超过了官府藏书"③。藏书家们在抄书、刻书、校书、著书过程中,促进文化的传播和典籍保护,为中华民族的文化传承作出了重要贡献,同时为后来清代"私家藏书事业的鼎盛奠定了基础"④。袁同礼对明代私家藏书也有深入的研究,在其《明代私家藏书概略》一文中,袁氏首先对明代的学风及私家藏书的总体情况进行了阐述,他说:"明代自姚江倡致良之说,学者渐忽读诵之功,学术空疏,风气堕落,学者束书不观,猖狂自肆,虚伪之习,靡然全国。然二百年间,颇多缥缃之贮,对于空疏之习,多所纠正。而且嘉靖以降,海宇平定,私家藏书,极称一时风尚,是不可不为之记。"⑤接下来袁氏对明代私人藏书情况分别进行论述,他认为明代私家藏书,"当以诸藩为最富",而诸藩之中首推周、晋二府。诸藩之外,则有金华宋濂,"聚书数万卷"。此外浦江、昆山、太仓、长洲分别有郑濂(仲养)、叶盛(与中)、陆容(文量)、吴宽(原博)等著名藏书家。宪宗朝之后,藏书之风更加盛行,苏州有朱存理(性甫)、杨循吉(君谦)、都穆(元敬)、文璧(徵明)等人;华亭有徐献忠(伯臣)、何良俊(元朗)等;上海有陆深(子渊)及黄标(良玉),以上"诸人藏书之地,俱未出江苏之境者也"。嘉靖、隆庆年间,"天下承平,学者出其绪余,以藏书相夸尚,浙江与江苏乃互相颉颃"。武进唐顺之、太仓王世贞、长洲钱穀、海虞杨仪、归安茅坤、乌程沈节甫、嘉兴项元汴、宁波范钦等"均富收藏,开清代私

① 袁同礼:《宋代私家藏书概略》,载李希泌、张椒华编《中国古代藏书与近代图书馆史料(春秋至五四前后)》,中华书局1982年版,第413页。

② 如引用《遂初堂书目跋》和杨万里《益斋藏书目序》中李寿所言,谓"延之(尤袤字延之)于书靡不观,观书靡不记,每公退则闭门谢客,日计手钞若干古书,其子弟及诸女亦钞书。一日,谓予曰:吾所钞书,今若干卷,将汇而目之,饥读之以当肉,寒读之以当裘,贫贱读之以当友,孤寂而读之以当友朋,幽忧而读之以当金石琴瑟也"。此段文字描述惟妙惟肖,将尤袤藏书心态较为形象地表达出来,增强了文章的感染力和可读性,令人兴趣盎然。

③ 康芬:《明代私家藏书特点试析》,《江西图书馆学刊》2001年第4期。

④ 周少川:《藏书与文化——古代私家藏书文化研究》,北京师范大学出版社1999年版,第64—65页。

⑤ 袁同礼:《明代私家藏书概略》,载李希泌、张椒华编《中国古代藏书与近代图书馆史料(春秋至五四前后)》,中华书局1982年版,第414页。

家藏书之端绪焉"①。万历以降,"钜儒宿学,亟亟以搜罗典籍为务",其中最著名者为焦竑、李鹗翀、钱谦益、朱承爵,他们皆"晚明江阴之藏书家也"。此外,陈继儒、王圻、施大经、宋懋澄、俞汝辑等人"均为万历间沪上藏书之富者"。在江南地区,这一时期还出现了一些著名的藏书楼,如赵琦美的脉望馆、钱谦益的绛云楼,以及毛晋的汲古阁,"均以藏书雄视于东南"②。此外还有山阴祁氏澹生堂、余姚纽氏世学堂、黄氏续钞堂,均以藏书丰富闻名于时。晚明万历以降,福建亦是藏书家之重镇,其中最为著名的是连江陈弟。在明代武人中也有一些藏书家,如陈弟和涿州高儒等人。此外,陈暹、马森、林懋和、谢肇淛等人亦颇好藏书,然"捐馆未几,书尽散亡"。有明一代,相对于南方,北方藏书家较少。嘉隆年间,濮州有李廷相,开州有晁瑮,涿州有高儒,章丘有李开先。天启之后,顺天有孙承泽,真定有梁清标,祥符有周亮工。在这些藏书家中,以章丘李开先为冠,"开先藏书之富,甲于齐东,然经百余年后,散逸无遗。西亭王孙得其大半,余则归于徐乾学及毛扆"。最后,袁同礼对明代私家藏书进行了总结和概括,"明人好钞书,颇重手钞本。藏书家均手自缮录,至老不厌。每以身心性命,托于残编断简之中。而兵火迭侵,一生辛勤之力,顷刻云散者,亦数见不鲜。岂天地菁英,有聚必散耶? 抑当时缺乏公共收藏机关,有以使之然耶? 吾人记其概略,益因之而有感矣"③。

　　清代的藏书事业蔚为大观,"就私家藏书的数量而论,当推各代首位;就质量而言,更是集中国古代典籍之大成"④。清代私家藏书事业之所以如此发达,

---

① 袁同礼:《明代私家藏书概略》,载李希泌、张椒华编《中国古代藏书与近代图书馆史料(春秋至五四前后)》,中华书局1982年版,第415页。

② 袁同礼:《明代私家藏书概略》,载李希泌、张椒华编《中国古代藏书与近代图书馆史料(春秋至五四前后)》,中华书局1982年版,第417页。

③ 袁同礼:《明代私家藏书概略》,载李希泌、张椒华编《中国古代藏书与近代图书馆史料(春秋至五四前后)》,中华书局1982年版,第420页。

④ 谢灼华:《清代私家藏书的发展》,《图书情报知识》2000年第1期。类似的表述还有:"清代乃中国古代私家藏书最为兴盛的时期,无论是数量还是质量,都是前所未有的。"(陈东辉:《清代私家藏书与学术发展之互动关系》,《文献》2003年第4期)。"据粗略统计,有藏书事迹记载的清代以前的藏书家将近两千人,而有清一代,就有藏书家两千一百人左右,超过了其前历代之总和。清代仅藏书在万卷以上的藏家,就有五百四十多家。其中藏书业绩卓著、贡献突出,因藏书而名诸后世的著名藏书大家就有不下百人。"(李万健:《清代藏书家及其书目》,《图书馆工作与研究》2010年第1期)据范凤书在《中国私家藏书史》(大象出版社2001年版)一书中的统计,有清一代确有文献记载藏书事实者,共计2082人,超过了此前历代藏书家的总和。由此可见,清代是我国私家藏书业的鼎盛时期。

原因固然有很多,但清代的学术发展尤其是朴学发展应是其中不可忽视的重要因素。① 袁同礼在《清代私家藏书概略》对此也有论及,"清代私家藏书之盛,超逸前代,其故果何在乎? 简言之,则对于晚明理学一反动也。明代学术界虚伪之习,靡然全国。所刻之书,或沿袭旧讹,或窜改原文,昔人谓明人刻书而书亡,盖有由矣。嘉靖以前,风尚近古,时有佳本。万历以后,风气渐变,流弊极于晚季。流弊既多,故有反动。反动之动机,一言蔽之,曰恢复古书之旧而已。有清学者,以实事求是为学鹄,力矫颓风,或广搜善本,亲手校勘,或翻刻孤本,以广流传。故校雠簿录之学,绝胜前代,而丛书之盛,卓越千古,俨然与类书对抗焉。反动之初期,虽断断于求真,而循是以往,流泽益衍,直接影响于藏书者甚巨"②。学术的发展自有其独特的规律,从历史的长时段观察,梁启超提出了学术思潮的"反动"之说③,袁同礼在这里重新提出显然有承袭梁启超之意。但以学术发展来论证藏书之盛则似袁氏首创,从而将"治学"与"治书"二者紧密联系起来。袁氏认为,明代藏书楼中"岿然独存而又影响于清代藏书者,则范氏天一阁及毛氏汲古阁二家而已"④。明清之交,虞山藏书家除毛氏外,尚有钱氏绛云楼、钱氏述古堂。此外还有金陵黄氏千顷堂、昆山徐氏传是堂、禾中曹氏倦圃、秀水朱氏曝书亭、仁和赵氏小山堂、钱塘吴氏瓶花斋,"均著闻于一时"。清代乾隆以降,"海宇平定,学者得有余裕以自属于学。既矫晚明刻书之陋,乃博征善本以校雠之,而校勘学又彪然成一专门学"。卢文弨、顾千里、孙星衍等均成就斐然,而此数人,"又以藏书相夸尚"⑤。在乾嘉大藏书家中,以吴县黄丕烈为巨擘,此外还有长沙周仲连(锡瓒)、元和顾抱冲(之逵)、吴县袁又恺(延梼)藏书尤多,并称为四大藏书家。这一时期的藏书家还有海昌吴槎(骞)及陈仲鱼(鳣)、常熟陈子准(揆)及张若云(海鹏)、福州陈兰麟(徵芝)。道光末年,著名藏书家有上海郁万枝(松年),其"善搜罗典籍,复饶于财,梯航所至,访求不遗余力,尽收艺芸

①　现代学者认为,"清代私家藏书与学术发展存在着互为因果、互相促进的互动关系"。参见陈东辉《清代私家藏书与学术发展之互动关系》,《文献》2003年第4期。
②　袁同礼:《清代私家藏书概略》,载李希泌、张椒华编《中国古代藏书与近代图书馆史料(春秋至五四前后)》,中华书局1982年版,第420页。
③　可参考梁启超:《清代学术概论》,上海古籍出版社1998年版,第1—12页。
④　袁同礼:《清代私家藏书概略》,载李希泌、张椒华编《中国古代藏书与近代图书馆史料(春秋至五四前后)》,中华书局1982年版,第420—421页。
⑤　袁同礼:《清代私家藏书概略》,载李希泌、张椒华编《中国古代藏书与近代图书馆史料(春秋至五四前后)》,中华书局1982年版,第423页。

书舍,水月亭、小读书堆、五研楼之藏。全国精华,集于沪渎,俨然乾嘉时之黄荛
圃(丕烈)也"。太平天国起义,江南图书遭受灭顶之灾,其所残剩者归于聊城杨
氏海源阁和常熟瞿氏铁琴铜剑楼;而当时东南士大夫以藏书闻于海内者有仁和
朱学勤、丰顺丁日昌、长沙袁芳瑛。同治初年,"宜稼堂之书,散失殆尽,所收艺
芸书舍之藏,归于海源阁,其他宋元旧椠名抄精校,归于持静宅,其余精帙,俱归
陆氏皕宋楼。而持静宅之书,旋复分散,今归涵芬楼及日本,结一庐之书,今归
丰润张氏,卧雪庐之书,于光绪壬申散出,今归德化李氏"①。此一时期,陆氏皕
宋楼与常熟瞿氏铁琴铜剑楼、聊城杨氏海源阁、钱塘丁氏八千卷楼并称"四大藏
书楼","足与乾嘉之黄、周、顾、袁相辉映"。光绪中叶之后的藏书家有吴县潘伯
寅(祖荫)、常熟翁叔平(同龢)、宗室盛伯希(昱)、江阴缪筱珊(荃孙)、湘潭袁漱
六(芳瑛)、元和江建霞(标),"百宋千元,相与竞美"。此后的藏书家有江安傅
增湘、武进董康、德化李盛铎、长沙叶德辉、乌程张均衡、上元邓邦述,"均足与
瞿、杨之藏相发明"。袁氏通过对清代藏书家藏书状况的研究,总结出治学与藏
书之间的关系,即如他所言,"有清一代藏书,几为江浙所独占,考证之学,盛于
江南者,盖以此也"。同时还以清代书籍之厄呼吁建立现代图书馆。② 作为民国
时期中西会通的著名图书馆学家,袁氏从事中国古代私家藏书史的研究,显示
了其学以致用的治学之道和浓郁的现实关怀。他以中西方藏书之间的差异及
学术与藏书之间的关系呼吁建立现代图书馆,对于现代图书馆在民国时期的出
现,发挥了积极的促进作用。

　　袁同礼关于中国古代私家藏书史的研究,虽然略显粗疏,但却大致勾勒了
宋、明、清三代私家藏书发展的线索,为后世学者从事此方面的研究奠定了良好
的基础,其筚路蓝缕的开拓之功不容忽视。袁氏的私家藏书系列研究论文,资
料翔实,考证严密,是关于中国古代藏书史研究的经典之作。

① 袁同礼:《清代私家藏书概略》,载李希泌、张椒华编《中国古代藏书与近代图书馆史料(春秋至
　五四前后)》,中华书局 1982 年版,第 425 页。
② 袁氏说:"明刻臆改错讹,妄删旧注,清儒苦之,遂宝宋本。而丧乱之余,古书多毁于火……后世
　研究书史者,亦无所稽考,此亦清代藏书家之普遍现象也……全国缺乏公共收藏机关,实学术不
　发达之主要原因。此则愿今之服务典籍者,以有力矫之矣。"袁同礼:《清代私家藏书概略》,载
　李希泌、张椒华编《中国古代藏书与近代图书馆史料(春秋至五四前后)》,中华书局 1982 年版,
　第 426 页。

二、陈登原《古今典籍聚散考》

陈登原(1900—1975)[①],原名登元,字伯瀛,浙江余姚(今慈溪)人。1921年考入东南大学历史系,毕业后先后任教于东南大学、金陵大学,1935年升任教授。后历任杭州之江大学、广州中山大学教授,20世纪50年代后任西北大学教授。毕生从事教育和学术研究,长于文献学和史学,著述达数十种,总字数不下千万[②],主要有《天一阁藏书考》《中国土地制度》《中国文化史》《古今典籍聚散考》《中国田赋史》等。

《古今典籍聚散考》,又名《艺林四劫》[③],撰成于1932年10月[④]。1936年1月由商务印书馆出版,同年5月再版。其后该书多次重印,充分说明其在学术界无可替代的学术地位和学术价值。为此,现代学者也给予了较高评价,如谢灼华认为《古今典籍聚散考》是"中国文献史研究的滥觞"[⑤];王余光认为,该书是20世纪初主要的文献史研究著作之一[⑥]。

在该书的"凡例"部分,陈氏对《古今典籍聚散考》的主要内容及编纂原则进行了说明。对于其内容,他说:"本书叙述古今典籍聚散之由,而以各事分隶四厄,一曰政治,二曰兵燹,三曰藏弆,四曰人事。"[⑦]将聚散之故分为四种,是陈氏在继承前人学说基础上的创新。对此,陈氏进行了较为详细的阐述。他首先分析了历史上学者们(如牛弘、封演、洪迈、周密、胡元瑞)关于书籍散亡的相关论述,然后作了进一步的归纳和总结,他说:"综观前言,历征聚散,其故可分为

---

① 陈登原生卒年均有两说:生年一说为1899年,一说为1900年;卒年一说为1974年,一说为1975年。范凡认为,陈登原"生于1900年1月29日,1975年1月7日病逝"(范凡:《陈登原及其文献学论著》,《图书情报工作》2006年第2期)。若范凡所说为公历(1900—1975),则农历应为(1899—1974)。由此可知,郭海清《陈登原学术研究》(华东师范大学2005年硕士学位论文)采用(1899—1975)说似将公历农历混为一谈,显然为误。

② 周锦泉:《陈登原生前点滴事》,载政协慈溪市文史资料委员会编《慈溪文史(第三辑)》,第68页。

③ 陈登原有言,"兹编所述,以书之聚散为经,而以年事为纬。其在聚散之际,艺林故事,足资兴怀,亦如采录。因颜吾书,曰《艺林四劫》,又名为《古今典籍聚散考》云"(陈登原:《古今典籍聚散考》,华东师范大学出版社2010年版,第14页)。

④ 该书的"凡例"中注有"民国21年10月,余姚陈登原记"(陈登原:《古今典籍聚散考·凡例》,华东师范大学出版社2010年版,第2页)。由此可知,该书撰成于1932年10月。

⑤ 谢灼华、朱宁:《20年来我国文献学理论研究综述(1978—1998)》,《津图学刊》1999年第3期。

⑥ 王余光:《20世纪中国文献学研究综论》,《图书情报工作》2002年第11期。

⑦ 陈登原:《古今典籍聚散考》,华东师范大学出版社2010年版,"凡例"第1页。

四:秦之焚书,群经淆乱,则独夫之淫威也;永嘉之乱,荡析无遗,则兵燹之结果
也。此牛弘、封演所言者也。杨文庄、毕文简之书,一夕化为灰烬;晁以道之书,
火亦告谴,则自然之人事不臧也。此洪迈所增言者也,至如先世藏书,不善保
存,遭时多故,不免散佚,收藏家之子孙,不能维护勿坠,则收藏之困厄也。此周
密所增言者也。聚散之故,可得论矣。"①此外,陈氏这一观点的另一理论依据则
是谢肇淛《文海披沙》卷六《物聚必散》中的相关论述②,对此,陈氏毫不讳言。
他认为,谢肇淛之言虽与其他学者所论不同,但对书画器具之聚散,皆扼腕叹
息、痛心不已。对于牛弘"五厄"说和胡应麟"十厄"说,陈氏也表达了自己的看
法,"以今论之,牛弘言书有五厄,如弘所记,古往今来,何可胜计? 数决不止五,
亦不必如胡元瑞之足成十厄也"。在综合多家学说的基础上,陈氏强调,"若以
性质相近,比属而论,默推典籍聚散之故,盖以一则受厄于独夫之独断而成其聚
散;二则受厄于人事之不臧而成其聚散;三则受厄于兵匪之扰乱而成其聚散;四
则受厄于藏弆者之鲜克有终而成其聚散"③。在该书中,《政治卷》即"志典籍之
受厄于独夫之专断";《兵燹卷》即"志典籍之受厄于兵匪之莅临";《藏弆卷》即
《收藏卷》,主要叙述"历代藏弆家之聚书,及其散书",而叙述之结果,则基于
"藏书者之鲜克有终,故典籍反受其厄",本卷所述各代大藏书家,除散见于他卷
者外,"言其散必志其聚,论其始亦详其终,略存私人藏书略史之意也";《人事
卷》即"志典籍之以人谋不臧而聚散也",他还特别指出,某些典籍的散逸,直接
原因固然可归为自然灾害的发生如水火等,但最终原因仍是人事的不作为,"盖
文献所聚,昔人以为造物所妒,即指水火之莅临也。然揆之于事,水火之劫盖非
由于灾异,而实由于人事之不修"④。作为历史学家的陈登原不仅对历史上的文
献聚散进行了仔细梳理和认真考证,而且还有浓郁的现实关怀和强烈的时代责

---

① 陈登原:《古今典籍聚散考》,华东师范大学出版社 2010 年版,第 14 页。
② 谢肇淛《文海披沙》(卷六)《物聚必散》云:"大凡尤物,聚极必散。毋论货财,即书画器具,哀集
甚难,而其究也,或厄于水火,或遭于兵燹,或败坏于不肖子孙,或攘夺于有力势豪。如隋嘉则之
书籍,宋宣和之玩好,李卫公平泉之木石,赵明诚校雠之书刻,以四海之物力,毕世之精神,而一
旦澌灭,无复孑遗。"(转引自陈登原:《古今典籍聚散考》,华东师范大学出版社 2010 年版,第 14
页),上述四说可分别对应于陈氏"聚散之故"四种,即人事、兵燹、藏弆和政治。
③ 陈登原:《古今典籍聚散考》,华东师范大学出版社 2010 年版,第 14 页。
④ 陈登原:《古今典籍聚散考》,华东师范大学出版社 2010 年版,第 15—20 页。

任感。① 在论述了文献"四劫"之后,针对民国时期的藏书情况,陈氏提出了三条建议:一曰孤本罕笈急待印;二曰遗著稿本急待收拾;三曰藏书家应有高度的自觉意识。陈氏认为,虽然民国政府颁布有保护古籍之法令,在一定程度上可以避免历史上出现的人存书存、人亡书亡之现象。但"人爱其私,人恋其藏,要非国家功令所能深入"②。为此,他倡议藏书家效仿梁启超将藏书归之于公,或者以廉价的方式"售之于公家图书馆"而保留为后人"阅读之便利"。③

关于本书的编纂体例,陈氏有言,"史实之编排,以事为经,以时为纬,如《人事卷》中,以火厄为聚散之大故,因另辟一类。其历来火厄之灾及典籍,则依时代之先后编入"④。在编排的原则方面,陈氏提出四条:一曰贵因。如清修《四库全书》,政治作用是主因,故凡关于《四库全书》编修背景、经过及其流传和今日之状况,悉入《政治卷》中。二曰贵果。若聚书之因查无可考者,而其散书之"果"确有可征者,则以"果"为准进行归类。如《永乐大典》,确以八国联军入侵而流离失所,故将《永乐大典》之始末,全部归入《兵燹卷》中。三曰贵今,陈氏认为,"史家所记,往往乐于道古而忽于述今",而《古今典籍聚散考》一书则"爰反其例",对近世与典籍相关之事均记之,如浙江之修复文澜阁、山东海源阁之遭劫、上海图书馆之焚毁。四曰辩证。作为一个严谨的历史学家,陈氏以恢复历史真实为己任,他不盲从,不独断,考证史事则"引各家之说,推求其故,明其究竟,以符考实之意"。对于不能以类收入者,则随事附记,如论藏书家之后世子孙,语及阮元修《曝书亭诗》,则以曝书亭来由附记;论二老阁之火,则举二老阁来由附焉。⑤ 陈氏的这种"以事为经,以时为纬"的编排体例,难免给人以割裂之感,如将《四库全书》列《政治卷》,《永乐大典》列《兵燹卷》,皕宋楼列《藏弄卷》,而绛云楼则列《人事卷》。对此,陈氏有明确的认知。为更好地方便读者阅读,避免"可议之处",陈氏"特制索引以当书后","索引既成,检阅自易"。如

---

① 正如他说言,"盖历史之学,贵在明往知来,促人反省,故语曰前事之覆,后事之师。本书虽专为记载聚散而著,然于当日典籍之盛,及其所以衰落之故,亦未敢忽。盖前者所以资鉴戒,后者所以动眷恋,必有鉴戒而后知爱国文献之可贵,有眷恋而后知文献难证之可悲,竟若相反,而实相成,故曰'聚散'也"。参见陈登原:《古今典籍聚散考》,华东师范大学出版社2010年版,第15页。

② 陈登原:《古今典籍聚散考》,华东师范大学出版社2010年版,第21页。

③ 陈登原:《古今典籍聚散考》,华东师范大学出版社2010年版,第380页。

④ 陈登原:《古今典籍聚散考》,华东师范大学出版社2010年版,"凡例"第1页。

⑤ 陈登原:《古今典籍聚散考》,华东师范大学出版社2010年版,"凡例"第2页。

"海源阁之一志于卷二,再志于卷三者,集斑而观,可观全豹,前后可以比属矣"①。但陈氏所提"索引",各版本均未见附②,是陈氏之未做抑或出版之疏忽,不得而知。但瑕不掩瑜,陈氏《古今典籍聚散考》在藏书史和文献学史上的地位却是毋庸置疑的。

陈氏《古今典籍聚散考》一书系全面研究中国藏书史上典籍图书散佚、毁失现象的著作,也是陈氏文献学研究的集大成之作,被誉为"中国藏书史上第一部史论结合的专著"。陈氏提出的"解决典籍聚散的方案,均体现出作者神圣的历史责任感"。今天我们重读此书,依然可以"感受到其中蕴含的深刻理论意义和强烈的现实意义"③。

除此之外,关于民国时期典藏学的理论著述还有觉迷《铁琴铜剑楼藏书》(1913);洪有丰《清代藏书家考》系列论文(1926—1927);聂光南《山西藏书考》(1928);王献唐《海源阁藏书之损失与善后处理》(1931);陈登原《天一阁藏书考》(1932);何多源《广东藏书家考》(1933);赵万里《重整范氏天一阁藏书记略》(1934)等④,限于篇幅,兹不一一列举。

第二节　年代学

年代学,又称历史年代学,是"考索历史事件和历史文献等的年代的学科"。在历史研究和文献研究中,年代学发挥了重要作用,因此多数学者认为其为"历史学的辅助学科"⑤。同时,年代学的研究还是"历史文献学研究的主要课题"⑥。年代学最基础的概念是纪年和历法,这两个概念可以看作是年代学研究的基础和标准。年代学对于历史学来说,其重要性不言而喻。因此,作为历史学辅助学科的年代学,历来为中外史家所重视。

---

① 陈登原:《古今典籍聚散考》,华东师范大学出版社2010年版,第21页。
② 陈登原:《古今典籍聚散考》,华东师范大学出版社2010年版,"凡例"第2页。
③ 范凡:《陈登原及其文献学论著》,《图书情报工作》2006年第2期。
④ 其他关于民国时期典藏学方面的学术论文可参阅李希泌、张椒华《中国古代藏书与近代图书馆史料(春秋至五四前后)》,中华书局1982年版,第428—502页。
⑤ 吴泽、杨翼骧主编:《中国历史大辞典·史学史卷》,上海辞书出版社1983年版,第161页。
⑥ 白寿彝:《要继承这份遗产——纪念陈援庵先生诞生一百周年》,载陈智超编《励耘书屋问学记(增订本)》,生活·读书·新知三联书店2006年版,第106—107页。

民国时期对历史年代学作出重大贡献的是史学家陈垣,他先后编著有《中西回史日历》和《二十史朔闰表》等年表,这些年表至今仍是人们考索历史年代不可或缺的重要工具书。陈垣早年致力于外来宗教研究,在研究中经常遇到宗教历史事件发生的时间问题,因当时没有正确的日历对照工具书,各书记载参差纷乱。在这种情况下,陈垣认为编制中西回史日历可以给历史学研究和中外文化交流研究带来极大便利,于是决心编撰一本中西回史日历,正如他自己在该书叙中所说:"民国纪元以前,中西历法不同。西历岁首恒在中历岁暮。少者差十余日,多者差五十余日。今普通年表多只为中西年之比照,而月日阙焉。据此计年,中西历恒有一岁之差异。"①为了更为深入详细地阐述这一问题,陈垣还以诸多例证进行说明,例如施闰章之生年,在明万历四十六年,据普通年表为西历之 1618 年,此亦无误。但施闰章之生日在中历十一月廿一日,若以西历推算,当为 1919 年 1 月 6 日。在上述具体事例的基础上,陈垣进行了总结,"泰西名人之生卒在岁一二月者,以中历纪之,恒为前一年之十一二月"②。因此,要想对历史人物生卒年和历史事件时间在中历和西历之间进行准确的换算,必须"有精密之中西长历为工具不可"。在对中历和西历进行比较之后,他还对中西历与回历进行了对比,"西历如此,回历尤甚。中西历每年鳞接之际,虽时有一年之误计,然积年尚大体无异。回历则以不置闰月之故,岁首无定。积三十二三年即与中历差一年,积百年即与中西历差三年"③。为此,陈垣同样以史书中的材料进行具体说明,"《明史·历志》谓回回历起西域阿喇必年,下至洪武甲子七百八十六年,本无误也。然按中历上推七八六年,谓其历元为隋开皇己未,则大误。若按回历上推七八六年,则实为唐武德五年壬午……又如《册府元龟》卷九九九,载唐开元七年二月康国王诉大食侵略。其表有曰:'大食只合一百年强盛,今年合满。'此指回回历也。若照中历由唐武德五年计至开元七年,只九十七年耳。不有中回长历,于此等史料何由解释之?又如《长春西游记》,纪长春于辛巳岁至塞蓝城。十一月四日土人以为年,旁午相贺。此回历六一八年十月回教开斋大节也,非年也。不有中回长历,何以知其误会之由?此尤为研究中

① 陈垣:《中西回史日历》,载《二十史朔闰表(附西历回历)》,古籍出版社 1956 年版,第 237 页。
② 陈垣:《中西回史日历》,载《二十史朔闰表(附西历回历)》,古籍出版社 1956 年版,第 237 页。
③ 陈垣:《中西回史日历》,载《二十史朔闰表(附西历回历)》,古籍出版社 1956 年版,第 237 页。

西交通史及西域史者所亟需之工具也"①。正是基于这样的考虑,在较长时间酝酿的基础上,结合自己平日读书和写作积累的材料,从1922年起,陈垣曾先后制订了《回历岁首表》《中历西历岁首表》《二十史朔闰表》等图表。1926年,他将这些图表加以综合增补修订,以《陈氏中西回史日历》为题定稿付梓,先以陈垣书斋名"励耘书屋"的名义初版,后交由北京大学研究所国学门出版。中华人民共和国建立之后,1956年北京古籍出版社影印再版,1962年经陈垣修订增补后,由中华书局再次出版。

《中西回史日历》的编制表达了陈垣的学术理想和学术抱负,他认为中国史学学术研究的水平,应该走在世界的前列。对于当时国内回历的研究水平和学术状况,陈垣也表达了自己的不满和遗憾,"夫日本民族,固无回族也。然四十五年前,日人已注意及此。吾国号称有回教徒若干万,有明一代,参用回回历法者又二百六十余年。而中回历比照年表,从未之见。年表且无,何有日表?故至今言回教者,犹时循《明史》以来之误,谓回历始于隋开皇己未。古今史实之谬,罕有如是之甚者也。海通而后,市上有所谓中西月份牌。汉回错杂之区,又有所谓西域斋期单。固中西回日表也。然皆一年一易,旋即废弃,无裨于考史……余之不惮烦,亦期为考史之助云尔,岂敢言历哉"②。他还曾不止一次地告诫他的学生,要把汉学研究中心夺回中国,夺回北京。③陈垣的学生柴德赓回忆说,援庵老师"深以中国史学不发达为憾"④。《中西回史日历》的编制体现了陈垣甘为人梯、不甘落后、学术报国的学术情怀和学术品质,这种精神也潜移默化地影响着他的学生,正如郑天挺所说:"直到今天,我仍喜欢说,我们要努力,要使中国学问的研究水平,走在世界水平前面,实在是重申陈老(陈垣)遗教。"⑤

《二十史朔闰表》是《中西回史日历》的压缩本,正如陈垣所说:"始吾欲为中西二千年日历,曾先将中史二千年朔闰考定。迨中西回史日历告成,凡二十卷,卷帙较繁,一时不能付印。而朋辈索观及借钞者众,故特将中史朔闰表先付

① 陈垣:《中西回史日历》,载《二十史朔闰表(附西历回历)》,古籍出版社1956年版,第237—238页。
② 陈垣:《中西回史日历叙》,载《二十史朔闰表(附西历回历)》,古籍出版社1956年版,第239页。
③ 郑天挺:《深切怀念陈援庵先生》,载《励耘书屋问学记(增订本)》,生活·读书·新知三联书店2006年版,第14页。
④ 柴德赓:《我的老师——陈垣先生》,《文献》1980年第2期。
⑤ 郑天挺:《深切怀念陈援庵先生》,载《励耘书屋问学记(增订本)》,生活·读书·新知三联书店2006年版,第15页。

影印,而西历、回历亦附见焉。"①这两书"繁简不同",可以"互相为用"。在《二十史朔闰表》《例言》中,陈垣对前代学者的历法著述进行了系统研究并提出了自己的看法,他说:"秦以前历法无考,汪曰桢为《历代长术辑要》,起周共和,然鲁隐以后与《春秋》不合,非史实也。顾栋高仿杜氏《长历》为《春秋朔闰表》,与《春秋》合矣,然与推算不符,亦不足征信。惟《通鉴目录》载宋刘羲叟《长历》,断自汉高元年,今从之。""清《万年书》每朝例预推二百年,然预推之朔日,后来每有改定。今悉以当年颁行之《时宪书》为主,不以《万年书》预推之月朔为主。幸故宫图书馆历年《时宪书》尚存,可供参校。"②《二十史朔闰表》的编制参考了众多前人的研究成果,如刘羲叟《长历》、耶律俨《辽宋闰朔考》等,"刘氏《长历》止于五代,续之者有耶律俨《辽宋闰朔考》,载于《辽史·历象志》。南宋、辽金、元有钱侗《四史朔闰考》,明以来有汪氏《长术》,清有《万年书》,今表即根据诸书,参以各史纪志,正其讹误,终于清宣统三年,为旧历作一总结"③。接下来陈垣结合中西回历三者的不同特点用较大篇幅阐述了《二十史朔闰表》的编制原则。他指出,西历的前身,始于罗马共和国独裁官儒略,以罗马七〇九年一月一日实行,即耶稣纪元前四十五年,汉元帝初元三年十一月二十九日。儒略历原定每四年一闰,即逢中历子、辰、申年为闰年。平年三百六十五天,闰年三百六十六天。儒略历每月天数,原定一、三、五、七、九、十一月各三十一天,四、六、八、十、十二月各三十天,二月平年二十九天,闰年三十天。全年平年三百六十五天,闰年三百六十六天。但儒略历实行以后,误为每三年一闰,积三十六年应闰九日者,已闰十二日。奥古斯都觉察其误,于是下令连续十二年不置闰,并改定每月日数一、三、五、七、八、十、十二月各三十一天,四、六、九、十、十一月各三十天,二月平年二十八天,闰年二十九天,此为奥古斯都修正之儒略历,亦称旧历。至一五八二年,教皇格里高利十三世又觉历法不合,再次商议修订历法。以该年十月五日为十五日,中间消去十日,并定逢百之年不闰,逢四百年仍闰,是为格里高利历,又称新历。儒略历制订以前,历法纷乱不可记。儒略改历以后,因误置闰者三十余年,不置闰者又十余年,每月日数又与后来历法不同,故陈垣在编制《二十史朔闰表》时,自耶稣元年始,一五八二年以前用旧历,一五八

① 陈垣:《二十史朔闰表(附西历回历)》,古籍出版社1956年版,"例言"第1页。
② 陈垣:《二十史朔闰表(附西历回历)》,古籍出版社1956年版,"例言"第1页。
③ 陈垣:《二十史朔闰表(附西历回历)》,古籍出版社1956年版,"例言"第1页。

二年以后用新历。"新历虽较旧历精密,然一五八二年以前,旧历却为史实也。"①西历在欧洲各国实行的情况也不尽相同,"泰西各国采用新历,先后不同。大抵天主教各国采用最先,至一千七百年耶稣教各国始用之,一七五二年英国始用之,一九一八年俄国始用之。今我国所用者即格里哥利历,日本则一八七三年已采用之也"②。他还指出,以耶稣降生之岁纪元,本起于五二七年罗马教士之推定。"今表于罗马未亡以前,并记罗马纪年。又耶稣之生,实在今纪元之前数年,第各国沿用已久,不便更正,故仍之耳。"③回历系纯太阳历,与中西历都不相同。回历每月的天数固定,单月大尽,各三十天;双月小尽,各二十九天。每隔二、三年有一次闰年,逢闰年十二月末加一天,成为三十天。所以回历平年三百五十四天,闰年三百五十五天。因回历不设闰月,每年岁首不定,又无三十一日,故与季节无关。回历和中历对算,每经三十二三年就差一年,即回历每过三十二三年就比中历多一年,每一百年多三年多。如不了解这种差异,必然会出现很多错误。更因为在《明史·历志》里谈到回历时,说回历"起西域阿喇必年(原注:隋开皇己未),下至洪武甲子,七百八十六年"。洪武甲子是洪武十七年(1384),由这一年按回历上推七百八十六年,是回历纪开始,本来不错。上推七百八十六年应为唐高祖武德五年壬午(622),但《明史》在下面注"隋开皇己未",隋开皇己未是隋文帝开皇十九年(599),这就大错了。这是因为《明史》作者错误地按中历上推了七百八十六年,则把回历纪元的开始提早了23年。从此,很多人就按着这个错误的推算来计算回历纪元,因此在历史文献典籍上,凡涉及中回历比较时,大多错误。对于历史上改历的情况,陈垣在表中以粗墨线示之,"以明月之地位不移,而月之名称有已改易者"④。至于中国历史上的改朝换代、列国分立等情况的年号记载,陈垣都一一进行了说明,如"至于两朝递嬗之际,亦用此例。凡前朝未尽覆亡,必著其年号于上,而将新朝年号著于下,如陈之祯明、宋之祥兴、明之永历是也。汪氏《长术》于明万历四十四年即冠以清元,甚所不取,今特矫之";"又正统闰位之说,今日实无辩论之价值。惟当列国分立之际,本表限于篇幅,不能将诸国年号并列,故只得取史家通例,任

---

① 陈垣:《二十史朔闰表(附西历回历)》,古籍出版社1956年版,"例言"第3页。
② 陈垣:《二十史朔闰表(附西历回历)》,古籍出版社1956年版,"例言"第3页。
③ 陈垣:《二十史朔闰表(附西历回历)》,古籍出版社1956年版,"例言"第3页。
④ 陈垣:《二十史朔闰表(附西历回历)》,古籍出版社1956年版,"例言"第1—2页。

择一国列之,而将同时与国之年号分列于下,固无正闰之见存也";"三国、南北朝朔闰异同,亦以一国为主,其殊异少者记于本年之下,其殊异较多者另为一表,附于卷末"。①《二十史朔闰表》内容起于汉高祖元年(公元前206)。自汉平帝元始元年起加入西历,以中历朔闰可求西历年月日;自唐高祖武德五年(622)起加入回历,以回历岁首可求中西历年月日。西历四七六年(刘宋后废帝元徽四年)前,并注明罗马历。"卷末附日曜表,何年起应用何表,以数字识于眉端。"②此表以中历为基础,每页十年,分十行,每行一年(以顶上一个干支纪年作为一行)。表前还有"年号通检",将《二十史朔闰表》中的年号以笔画列之,下注西历纪年,极易查寻。

20世纪前半叶,陈垣在前人研究的基础上编制的《中西回史日历》《二十史朔闰表》等各种年表、历表是"中国近代历表编制的创举……使中国近代史学研究由传统走上科学";"援庵于史学研究所追求的实事求是的精神通过这两部历书的编著,进一步确立起来,并在工具和方法方面赋予近代史学以科学精神"。③《二十史朔闰表》甫一问世,学术界颇多赞誉,如胡适认为"这是一部'工具'类的书,治史学的人均不可不备一册……给世界治史学的人作一种极有用的工具"④。民国著名学者陈庆年认为《二十史朔闰表》为"史界未有之作",他致函陈垣说此书有两大功能,即不仅可以解决中外历史上的很多纠纷,而且"可腾耀于外邦也"。他还进一步评论说:"把卷细读,惟见其条理分明,朱墨朗然,二千年之历日,一检即得,中西回之比照,方便法门,莫过于是。非我公之精勤卓绝,造诣深邃,曷克臻此。从此嘉惠史林,为功当无伦比,不朽事业,此其选矣。"⑤

陈垣所著《二十史朔闰表》《中西回史日历》二书并非尽善尽美⑥,但正如刘乃和所说,"这是我国第一次有中西回三历对照的年代工具书,尽管这书还有值

---

① 陈垣:《二十史朔闰表(附西历回历)》,古籍出版社1956年版,"例言"第2页。

② 陈垣:《二十史朔闰表(附西历回历)》,古籍出版社1956年版,第11页。

③ 牛润珍:《陈垣学术思想评传》,北京图书馆出版社1999年版,第184页。

④ 胡适:《介绍几部新出的史学书》,载《古史辨(第二册)》,上海古籍出版社1982年版,第331—333页。

⑤ 陈庆年1927年致陈垣函,载陈智超编《陈垣来往书信集(增订本)》,生活·读书·新知三联书店2010年版,第63页。

⑥ 邱靖嘉在《〈辽史·历象志〉溯源——兼评晚清以来传统历谱的系统性缺陷》(《中华文史论丛》2012年第4期)指出,"由晚清汪曰桢开始建立、并由陈垣最终奠定的近二百年来通行历谱,存在着两大缺陷:一是推步依据本身存在某些漏洞,二是历谱推算结果缺乏历史文献的校验"。此结论是否成立还有待于进一步研究。

得商榷的地方,但半个多世纪以来,这两部书给学者以极大便利"①。

第三节　史讳学

　　避讳学(又称史讳学)是与文献学密切相关的一门学科②,如今在学界已得到较大程度的认同。避讳是中国古代社会特有的一种现象,是专制社会独有的产物。其主要表现即为在著书立说时必须采用改字、空字、缺笔等方式回避君王及尊亲名字。避讳的结果往往人为造成某些人名、地名、事物名以及其他词语的改变,造成书面语言的混乱,给阅读古书增加困难。避讳是社会政治因素影响汉语变化和正常应用的一个重要方面,这种现象在中国由来已久,最早可以追溯到先秦时期,直至辛亥革命退出历史舞台,其在中国延续了两千多年。正是由于避讳现象的长期存在,一些学者开始着力于对这种现象的研究。但直至陈垣《史讳举例》一书的出现,避讳学(或史讳学)才作为近代史学的辅助学科确立了自己的学科地位,避讳学开始受到越来越多学者的重视,从而大大方便了后世学者对文献的阅读、理解、研究和应用。

　　《史讳举例》撰成于1928年2月,同年4月首次发表于《燕京学报》第4期;1934年陈垣将其收入《励耘书屋丛刻》第2集;20世纪50年代,陈垣助手刘乃和对全书引文出处及卷数页码等进行全面检校,1958年由科学出版社重新排版印行;1963年中华书局再版;后有台湾文史哲出版社1987年版;1996年8月,河北教育出版社出版《现代学术经典》丛书之《陈垣卷》,亦将此书收录;1997年上海书店出版社再版;2004年和2012年中华书局分别重新出版。数家出版社多次再版,可见该书在学术界的地位和价值。其实,早在20世纪20年代,胡适就曾专为该书撰写书评,认为其"一面是结避讳制度的总账,一面又是把避讳学做

---

①　刘乃和:《试论陈垣同志的史学研究》,《文献》1980年第3期。

②　除白寿彝的相关论述外,吴怀祺、牛润珍、周少川、张俊燕等均以不同方式表达了这一观点。如吴怀祺《陈垣先生在历史文献学上的贡献》(《史学史研究》1984年第1期)、牛润珍《陈垣学术思想评传》(北京图书馆出版社1999年版)第二章"主要著作与学术成就"中的第三节"中国历史文献学研究"、周少川《陈垣的避讳学研究——论〈史讳举例〉的历史文献学价值》(《淮北煤炭师范学院学报(哲学社会科学版)》2006年第4期)、张俊燕《试论陈垣对中国历史文献学的贡献》(《广西师范大学学报(研究生专辑)》1992年增刊)、肖雪《论陈垣先生的历史文献学思想》(《图书与情报》2004年第3期)等均认为陈垣《史讳举例》为文献学著作。

成史学的新工具"。20 世纪以来,诸多学者利用《史讳举例》进行古籍整理和史学考证就足以说明该书在学术界所产生的重要影响。

在该书自序中,陈垣对"避讳"和"避讳学"进行了严格的区分。① 在这里,陈垣不仅对"避讳"一词进行了准确的定义,而且对避讳发展的历史及其出现所产生的问题进行了说明。更为重要的是,陈垣从中发现了避讳的规律,将之应用于校勘学及考古学的研究,从而使之成为"史学中一辅助科学",正式确立了其科学的地位②,这是陈垣对避讳学③的重大贡献。但在陈垣之前,也有学者对避讳现象进行研究,正如他自己所说,宋代避讳之风最为浓厚,因此宋人著述中有诸多关于历朝历代避讳之记载,如洪迈《容斋随笔》、王观国《学林》等。到了清代,考据学盛行,顾炎武《日知录》、钱大昕《十驾斋养新录》、王鸣盛《十七史商榷》等对于避讳"皆有特别著录之条"。在清代史学家的著述中,钱大昕《廿二史考异》"以避讳解释疑难者尤多",惜其"散在诸书","未能为有系统之整理"。嘉庆年间,周广业以 30 年之力著《经史避名汇考》四十六卷,可谓"集避讳史料之大成",然其书未曾刊行,甚为可惜。此后通行专言避讳之著述有陆费墀《帝王庙谥年讳谱》一卷、黄本骥《避讳录》五卷、周榘《廿二史讳略》一卷。但此三书"同出一源,谬误颇多";"其所引证,又皆不注出典";"其所记录,又只敷陈历代帝王名讳,未能应用之于校勘学及考古学上发人深思"。④ 前贤的研究虽有这样那样的问题,但却是陈垣避讳学研究的基础和前提。在研究大量宋人、清人有关避讳的著述,并收集引用诸多古籍材料的基础上,陈垣终于撰成了避讳学方面的总结性著作《史讳举例》,"自《史讳举例》出,避讳学才真正成为一门

---

① 他说:"民国以前,凡文字上不得直书当代君主或所尊之名必须用其他方法以避之,是之谓避讳。避讳为中国特有之风俗,其俗起于周,成于秦,盛于唐宋,其历史垂二千年。其流弊足以淆乱古文书,然反而利用之,则可以解释古文书之疑滞,辨别古文书之真伪及时代,识者便焉。盖讳字各朝不同,不啻为时代之标志,前乎此或后乎此,均不能有是,是与欧洲古代之纹章相类,偶有同者,亦可以法识之。研究避讳而能应用之于校勘及考古者,谓之避讳学。"参见陈垣:《史讳举例》,中华书局 2012 年版,"序"第 1 页。

② 现代学者认为,《史讳举例》一书已经构建了避讳学的基本理论框架,主要体现在三个方面:一为"归纳避讳通例,总结避讳规律";二是对"避讳史和历代讳例"的总结;三是"利用避讳学的知识校勘古籍,考证史实"(邓瑞泉:《陈垣的〈史讳举例〉》,《文史知识》1999 年第 7 期),兼及理论、历史和方法,具备了一门学科应有的基本条件,故我们可以认定,此时避讳学作为一门学科已经形成。

③ "避讳学"这一概念是陈垣首先提出的。1928 年年初,他在北京平民大学的讲演中说:"避讳学……这个名词,乃是我个人硬造出来的。能成立与否,尚不敢确定。"参见陈垣:《历史辅助科学的避讳学》,载《史讳举例》,中华书局 2012 年版,第 236—237 页。

④ 陈垣:《史讳举例》,中华书局 2012 年版,"序"第 1—2 页。

新的专门学问"①,从而也开启了避讳学研究新的历史时期。

《史讳举例》全书共九万字,分为八卷,八十二类例,分析并说明了历代避讳的种类、避讳所用的方法及其利用情况,以及与避讳相关的问题。如卷一《避讳所用之方法》举出避讳改字、空字、缺笔和改音四例;卷二《避讳之种类》举出避讳改姓、改名、改干支名、改经传文、改物名及文人避家讳、文人避外戚讳、宋辽金夏互避讳、宋金避孔子讳、宋禁人名寓意僭窃、清初书籍避"胡虏夷狄"字、恶意避讳等共十七例;卷三《避讳改史实》举出避讳改前人姓、改前人名、改前人谥、改前代官名、改前代地名、改前代书名、改前朝年号共七例;卷四《因避讳而生之讹异》举出因避讳改字而致误、因避讳缺笔而致误、因避讳改字而原义不明、因避讳空字而误作他人、因避讳空字后人连写而出现脱字、讳字旁注而混入正文、因避讳使一人二史异名、因避讳使一人一史前后异名、因避讳导致一人数名、因避讳使二人误为一人或一人误为二人、因避讳使一地误为二地或二地误为一地、因避讳使一书误为二书、避讳改前代官名而遗却本名、避讳改前代地名而遗却本名共十四例;卷五《避讳学应注意之事项》举出十一个问题,即避嫌名、二名偏讳、已祧不讳、已废不讳、翌代仍讳、数朝同讳、旧讳新讳、前史避讳之文后史沿袭未改、避讳不尽或后人回改、避讳经后人回改未尽、南北朝父子不嫌同名;卷六《不讲避讳学之贻误》举出不知为避讳而致疑、不知为避讳而致误、不知为避讳而妄改前代官名、不知为避讳而妄改前代地名、非避讳而以为避讳等七种类型;卷七《避讳学之利用》举出因讳否不画一知有后人增改等共十一范例;卷八《历朝讳例》,历述秦汉、三国、晋、南北朝、唐、五代、宋、辽金、元、明、清共十一个时期的避讳历史。该书所论,"以史为主,体例略仿俞氏《古书疑义举例》,故名曰《史讳举例》"②,"《举例》在内容上多论史书避讳,于经书、文集避讳例举较少"③。他强调撰著此书的目的是"为避讳史作一总结束,而使考史者多一门路一钥匙也"④;他还说:"避讳为民国以前吾国特有之体制,故史书上之记载,有待于以避讳解释者甚众,不讲避讳学,不足以读中国之史也,吾昔撰《史讳举例》问世,职为是焉。"⑤由此可见,他撰写此书不仅是为了总结中国的避讳史,

① 牛润珍:《陈垣学术思想评传》,北京图书馆出版社1999年版,第194页。
② 陈垣:《史讳举例》,中华书局2012年版,"序"第2页。
③ 牛润珍:《陈垣学术思想评传》,北京图书馆出版社1999年版,第193页。
④ 陈垣:《史讳举例》,中华书局2012年版,"序"第2页。
⑤ 陈垣:《通鉴胡注表微·避讳篇》,载《史讳举例》,中华书局2012年版,第257页。

而且还要为史学研究提供一种治史的利器。因此他在书中卷七《避讳学之利用》中,总结了如何利用避讳考证人物、考证地理或年代、辨别典籍真伪、校勘典籍内容等的 11 种方法,从而发挥了避讳学考史的重要作用。《史讳举例》一书的撰著既源于陈垣作为历史学家的责任感,同时也与其学术风格有关。①

对于避讳学的学术地位和学科属性,陈垣也有论述,他说:"校勘学和古文字学,近来研究的很多,避讳学可说是校勘学的一支,也可说是和古文字学有同等的重要。我们要研究校勘学或古文字学,也应该研究避讳学。避讳学研究的结果,可以利用他来解决古书的真伪和时代,以及其他种种的讹误。所以我们便叫他做历史的补助科学,也可说是历史的工具科学。"②职是之故,将避讳学纳入文献学的相关学科就在情理之中了。

《史讳举例》一书"寓理于事例,不仅论证方法严密,而且于考证操作示范性极强。拆开来每一案例即为一史实,合起来别为类例足能说明一问题,各类例辑为一书,有关避讳学的系统理论便可形成"③。该书厚积薄发,言简意赅,学术水平很高;同时,文字通俗易懂,不失为一本较好的普及性读物。八十多年过去了,它影响了一代又一代史学家,诸多史学家以之为工具,整理古籍,考证史实,在学术上作出了巨大贡献。近年来,虽然有学者曾指出《史讳举例》一书的瑕疵④,但这丝毫不影响其价值及在史学界和学术界的地位。

第四节　史源学

史源学为考寻史料来源的学问,它是陈垣在长期教学实践过程中结合自己

---

① 邓瑞全在《陈垣的〈史讳举例〉》(《文史知识》1999 年第 7 期)一文中指出:"陈垣学术风格中的一个重要特点就是善于在纷繁的历史现象中寻找一般规律,归纳成具有高度概括性的类例,简洁明了而又不失全面系统,能使读者触类旁通,很快掌握某一门学问的要领,《史讳举例》就是陈垣用这种类例笔法撰写的第一部专著。"
② 陈垣:《历史辅助科学的避讳学》,载《史讳举例》,中华书局 2012 年版,第 236 页。
③ 牛润珍:《陈垣学术思想评传》,北京图书馆出版社 1999 年版,第 193—194 页。
④ 马秀兰《〈十驾斋养心录〉〈史讳举例〉"刘聘君"避讳改字说商榷》(《文献》2012 年第 2 期)、李学铭《"至道三年避真宗讳"考》(《学术研究》2001 年第 8 期)、杨朝明《东晋后讳并不甚严说——陈垣先生〈史讳举例〉中的一处疏失》(《历史教学》1991 年第 7 期)、郭康松《对〈史讳举例〉的补充与修正》(《湖北民族学院学报(社会科学版)》1996 年第 4 期)、王旭光《对〈史讳举例〉的一条补充》(《文献》1989 年第 3 期)等均对《史讳举例》一书进行了修正和补充。

多年从事史学研究的经验总结出来的一门学科。20世纪三四十年代,陈垣先后在北平师范大学等高校讲授过这门课程,最先名为"史源学研究",后改为"史源学实习"。陈垣认为,"史源不清,浊流靡己",读史"必须观其语之所自出",对于史书的记载,"非逐一根寻其出处,不易知其用功之密,亦无由知其致误之源"。① 通过史源学的学习和实习,既可以"诸一追寻其史源,检照其合否,以练习读一切史书之识力及方法",又"可警惕自己论撰时之不敢轻心相掉也"。②

　　陈垣还提出这门课程的具体讲授和实习方法,首先是选定教材,教材必须是史学名著,"使学生在学习中能得其精神",另外还必须符合这门课程的要求,为此他提出选定教材的四个标准。③ 按照这一标准,在十多年的教学中,他将赵翼的《廿二史札记》、顾炎武的《日知录》和全祖望的《鲒埼亭集》用作"史源学实习"课的教材。陈垣认为,这三部书"错误以《札记》为最多,《鲒埼》次之,《日知》较少。学者以找得其错处为有意思,然于找错处之外能得其精神,则莫若《鲒埼》也"④。其次,在这门课中他有时也提到钱大昕的《廿二史考异》和王鸣盛的《十七史商榷》以及其他著作。钱氏考证最为精密,从史源学的角度一般不易挑出毛病,故常正面引用他的论述,王氏目空一切,到处骂人,故常作为反面典型,加以批评。⑤ 选定教材之后,则让学生以正楷抄之,"每期选出文四页,长者一篇,短者二篇,预先告学者端楷抄之。虽自有书亦须抄,亦一种练习"。抄书不仅可以练书法,而且可以培养学生严谨的治学态度和治学精神。最后则为考寻史料出处,正其讹误,正如陈垣所说:"钞好后即自点句,将文中人名、故事出处考出,晦者释之,误者正之。隔一星期将所考出者缀拾为文,如《某某文考释》或《书某某文后》等等。"⑥对于初入史学园地的新手来说,考证史料的出处并非易事。这是因为,过去的文章,大多并不注明出处,要找出它的史源,无异于大海捞针。但通过这样的训练,学生学到了考源的本领,为以后从事史学研

---

① 陈垣:《通鉴胡注表微》,辽宁教育出版社1997年版,第84页。
② 陈垣:《陈垣讲授史源学实习课的教学资料》,载陈智超编注《陈垣史源学杂文(增订本)》"附录二",生活·读书·新知三联书店2007年版,第120页。
③ "四个标准"即分量不大不小、时代不远不近、范围不广不狭、品格不粗不精。
④ 陈垣致陈乐素函(1946年6月1日),载陈智超编注《陈垣来往书信集(增订本)》,生活·读书·新知三联书店2010年版,第1145页。
⑤ 陈智超:《陈垣史源学杂文(增订本)·前言》,生活·读书·新知三联书店2007年版,第7页。
⑥ 陈垣致陈乐素函(1946年6月1日),载陈智超编注《陈垣来往书信集(增订本)》,生活·读书·新知三联书店2010年版,第1144页。

究打下了坚实的基础。

陈垣强调,通过研究作为教材的史著,认真考寻其所依据的史料来源,可以进一步发现其根据是否可靠,引证是否充分,叙述是否正确,判断是否合理。同时为了给学生以示范,使学生的实习有所依据,陈垣每次给学生布置作业时自己也要写一篇,事后或印发、或张贴,学生通过比较师生文章的不同之处可以发现自己的问题和缺陷所在,从而达到进一步提升的目的。此外,他还逐个对学生的作业进行认真详细的修改,这"对学生研究历史以及撰写论文的方法都有很大帮助"[1]。

---

[1] 史树青:《励耘书屋问学札记》,载陈智超编《励耘书屋问学记(增订本)》,生活·读书·新知三联书店 2006 年版,第 206 页。

第七章　近代文献学的课程设置与教学建设

学科作为高等教育的重要元素,为现代知识生产和知识传授提供了体制性保障。中国现代意义上的高等教育学科制度,在清末民初由西方移植而来。就具体时间而言,现代学科从萌芽到基本形成,经历了一段较为漫长的历程,但关键时间段是"五四"前后的 10—15 年,"即在清末废科举、兴学校的 1905 年到1935 年之间,特别是在 1912 年到 1930 年之间,学科体制创建基本完成"①。就学科形成的过程而言,一般是从译介西方某专业学科的著作开始的,随后一些教会学校、同文馆及清末新式学校或讲解该门学科知识,或开设相关专业初级课程。"五四"时期,主掌北京大学的蔡元培仿效德国研究型大学体制,率先建构起一套由教授、院系、学科、评议会、研究所、图书馆、实验室、学术社团、学术期刊等元素构成的现代高等教育制度,从而奠定了北京大学作为民国时期全国高等教育和学术研究中心的独特地位。② 随后一些高校纷纷效仿,开始正式设置专业的门、科、系讲授这些课程,学科体制在各高校逐渐确立,现代高等教育制度的雏形基本形成。

根据华勒斯坦(Immanuel Wallerstein)等人的论述,一门学科的创建,"首先在主要大学里设立一些首席讲座职位,然后再建立一些系来开设有关的课程,学生在完成课业后可以取得该学科的学位"③。也就是说,初具规模的学科教育体系,包括大学设立专业课程,具有一定数量的专业教师和学生是学科形成的

---

① 周棉、赵惠霞:《留学生与中国现代学科的创建和学术体系的形成》,《文化研究》(第 21 辑)(2014 年·冬),社会科学文献出版社 2015 年版,第 218 页。
② 左玉河:《蔡元培与五四时期中国现代大学制度的创建》,《河北学刊》2019 年第 2 期。
③ 华勒斯坦等:《开放社会科学》,生活·读书·新知三联书店 1997 年版,第 31 页。

重要标志。① 现代学者认为,"一门学科是否成立,有大致相同或相近的标准,其中重要标志就是是否进课堂"②。因此,院系建制及课程开设是学科制度之核心,一个现代学科能否在大学之中占有一席之地,是衡量一个学科确立与否的重要标志。民国时期,随着现代学科制度的建立,中国古代传统的校雠学在西方学科理念的影响下逐渐分化为目录学、版本学、校勘学等分支学科及年代学、史源学、文字学、音韵学等相关学科,文献学的相关课程在各个高校纷纷开设,文献学的学科地位得以进一步确立。

第一节   课程设置及教学概览

一、图书馆学教育中的文献学课程

20 世纪初,西学东渐,在欧美图书馆学理念的影响下,中国图书馆学教育开始了实务培训等初步尝试。1920 年代初,"中国图书馆学教育正式成立"。到了 20 世纪三四十年代,"办学机构有所减少,条件也相对恶化,但是坚定的图书馆学人维护了图书馆学教育的延续发展"③。杜定友认为,中国图书馆学由来已久,在我国历史上,自刘向、刘歆起就有目录之学。"班固因《七略》而作艺文志,其后各代正史每附经籍志。其他郑樵的《校雠略》,章学诚的《校雠通义》,也都是研究图书馆学的成绩。"④虽然近代图书馆学理论来自西方,但民国时期"中国图书馆学教育注重西方图书馆学与中国传统目录学、校雠学的结合"⑤。由此可见,文献学本身就是中国图书馆学不可分割的一部分,目录学等文献学教学也是民国图书馆学教育的重要组成部分。

在民国时期的图书馆学教育中,文献学及相关课程一直是图书馆学专业较为重要的基础课程。这是因为中国近现代图书馆学,本身就有两个重要来源,一是源远流长的中国古典文献学传统,二是欧美图书馆学的理论与方法。早在

---

① 周棉、赵惠霞:《留学生与中国现代学科的创建和学术体系的形成》,《文化研究》(第 21 辑)(2014 年·冬),社会科学文献出版社 2015 年版,第 219 页。

② 周棉:《留学生群体与中国现代文学学科的创建》,《江苏社会科学》2015 年第 2 期。

③ 中国图书馆学会编著:《中国图书馆学学科史》,中国科学技术出版社 2014 年版,第 202 页。

④ 杜定友:《图书馆学的内容和方法》,《教育杂志》1926 年第 9 期。

⑤ 任家乐:《民国时期图书馆学教育研究》,国家图书馆出版社 2018 年版,第 157 页。

20 世纪二三十年代,文华图专等学校就开设了中国目录学、版本学等文献学课程。关于中国文献学的讲授范围,王余光认为应当包括:①文献知识与重要文献;②文献价值与社会性;③文献整理,内容包括对目录、版本、校勘、辨伪、辑佚、类纂等方法的介绍;④文献整理成就的总结与文献学家。① 研究表明,民国时期的图书馆学教育机构及短期培训机构均开设有文献学课程。现将民国时期主要图书馆学正规教育机构列表如下:

表 2　民国时期图书馆学正规教育机构主要信息概览②

序号	学校	创办年份	创办者或主要成员
1	武昌私立文华图书馆专科学校	1920	韦棣华、沈祖荣、胡庆生
2	上海国民大学图书馆学系	1925	杜定友
3	四川成都图书馆学校	1926	穆德枢
4	金陵大学图书馆学系	1927	李小缘、刘国钧、洪有丰、万国鼎
5	江苏省立教育学院民众教育系	1930	
6	国立社会教育学院图书博物馆学系	1941	汪长炳
7	北京大学图书馆学专修科	1949	王重民
8	上海商业通讯社通信学校	1937	徐亮
9	广州市职业学校图书管理科	1929	
10	安徽省立职业学校图书馆专修班	1930	安徽省图书馆
11	上海创新中学女子部图书馆科	1932	

(一)文华图书馆专科学校

我国图书情报专业中的目录学教育开始于 20 世纪 20 年代,"文华学派"起了主导作用。1920 年,韦棣华女士在武昌文华大学创立图书科,"正规意义上的图书馆学教育在中国出现"③。文华图书科成立初期主要倡导西方图书馆学教育体系,仿制美国"以实务培训"为主要目标的课程体系。④ 图书科第一批学生全部来自文华大学二年级以上文科生,学生须修完原专业课程以获得文华大学的文凭和学位。与此同时,兼修图书科课程可获得文华图书科毕业证书。由此

---

① 王余光:《图书情报与档案管理学科中的文献学教育》,《国家图书馆学刊》2012 年第 2 期。
② 李刚:《制度与范式:中国图书馆学的历史考察(1909—2009)》,科学出版社 2013 年版,第 9 页。
③ 王平、柯平:《坚守与创新:中国目录学教育历史回望与现状透视》,《大学图书馆学报》2019 年第 6 期。
④ 中国图书馆学会编著:《中国图书馆学学科史》,中国科学技术出版社 2014 年版,第 207 页。

可见,"图书馆学课程仅为辅修性质,学生的主要精力还不是学习图书馆学"①。

由于图书馆学在当时处于辅修地位,因此其开设课程数量相对较少。目前可见文华图书科最早的课程记录是一份 1920—1921 年前后课程的成绩单,该学年上下学期开设的目录学课程分别有 Cataloging(编目,2 学分)、Classification(分类,2 学分)、Reference work(参考工作,2 学分)、Book select & review(图书选读,2 学分),四门课共 16 学分。② 为了培养中国图书馆事业发展需要的专门人才,文华图专在课程设置方面不断探索。1929 年,文华图专在课程设置上逐渐形成了中西结合的教学体系,中国目录学和西文编目同时成为主干科目。这一时期的文献学课程主要有中国目录学、中文参考书举要、西文参考书举要、中文书籍选读、西文书籍选读、西文书籍编目学(实习在内)、中文书籍编目学、西文书籍分类法、中文书籍分类法等。③ 相对于文华初期的课程设置来说,文献学课程数量明显增加并呈现出多样化的趋势。

20 世纪三四十年代,文华图专课程体系进一步完善,文献学课程分为必修和选修。其中必修课程有中国目录学、西洋目录学(附印刷史)、中文参考、英文参考、中文书籍选评、英文书籍选评、版本学、中西分类法、中西编目法等;选修课程有排检法、档案管理、当代史料等。与此同时,加大了中国目录学、分类法、参考书及书籍选读课程的比重,尤其是检字法和索引法等具有中国特色课程的设置,其课程设置的本土化色彩更为鲜明。

表3　文华图书馆专科学校不同时期文献学课程一览④

时间	课程、学分、学时及教员
1920 年	分类、编目、主题词、图书选读、图书评论、参考工作⑤或:分类、编目、图书选读、参考工作⑥ 教员:韦棣华、沈祖荣、胡庆生

① 任家乐:《民国时期图书馆学教育研究》,国家图书馆出版社 2018 年版,第 151 页。
② 彭斐章、彭敏惠:《文华图专目录学教育与目录学思想现代化》,《图书馆论坛》2009 年第 6 期。
③ 吴鸿志:《武昌文华图书科之过去现在及其将来(续)》,《武昌文华图书科季刊》1929 年第 2 期。
④ 根据任家乐《民国时期图书馆学教育研究》(国家图书馆出版社 2018 年版)和彭斐章等《文华图专目录学教育与目录学思想现代化》(《图书馆论坛》2009 年第 6 期)等资料整理。
⑤ William Hwang. *The First Library School in China*,《文华温故集》,1920 年第 4 期。
⑥ 彭斐章、彭敏惠:《文华图专目录学教育与目录学思想现代化》,《图书馆论坛》2009 年第 6 期。

续表

时间	课程、学分、学时及教员
1929 年	中国目录学、中文参考书举要、西文参考书举要、中文书籍选读、西文书籍选读、西文书籍编目学(实习在内)、中文书籍编目学、西文书籍分类法、中文书籍分类法(上述课程均为 3 学分)
1937 年前	必修课： 中国目录学(2 或 1 学分)、西洋目录学(附印刷史)(2 或 1 学分)、中文参考(1 学分)、英文参考(1 学分)、中文书籍选评(2 或 1 学分)、英文书籍选评(2 或 1 学分)、版本学(1 学分)、中西分类法(2 学分)、中西编目法(2 学分)、索引(2 或 1 学分) 选修课： 排检法(2 或 1 学分)、档案管理(2 或 1 学分)、当代史料(1 学分)
1937 年	第一学年第一学期： 图书馆分类法 A(分类法通论)(2 学时)、图书编目法(西文编目法)(2 学时)、图书馆经营法 A(书籍之购求保管与应用)(2 学时)、目录学 C(中国目录学)(2 学时)、参考书 A(西文参考书)(2 学时)、索引与检字 AB(索引法、检字法)(2 学时)、实习(4 学时) 第一学年第二学期： 图书馆分类法 B(分类法专论甲 西方分类法)(2 学时)、图书编目法 A(西文编目法)(2 学时)、目录学 C(中国目录学)(2 学时)、参考书 A(西文参考书)(2 学时)、索引与检字 C(序列法)(2 学时)、书籍选择 A(书选通论)(1 学时)、实习(4 学时) 第二学年第一学期： 图书馆分类法 B(分类法专论甲 西方分类法)(2 学时)、图书编目法 A(西文编目法)(2 学时)、目录学 A(西洋目录学)(2 学时)、参考书 B(中文参考书)(2 学时)、书籍选择 B(西洋各科名著选要)(2 学时)、实习(4 学时) 第二学年第二学期： 图书分类法 C(分类法专论乙 中国分类法)(2 学时)、图书编目法 B(中文编目法)(2 学时)、目录学 B(西洋书籍史)(2 学时)、书籍选择 C(中国各部名著选要)(2 学时)、实习(4 学时)

时间	课程、学分、学时及教员
1940年或 1941年	目录学(4学分,一学年)、西洋目录学(4学分,一学年)、书籍史(2学分,一学期)、目录学专题研究(2学分,一学期)、编目原理(3学分,一学期)、中文编目法(4学分,一学年)、西文编目法(6学分,一学年)、编目专题研究(2学分,一学期)、特种目录编制法(2学分,一学期)、资料整理法(2学分,一学期)、分类原理(2学分,一学期)、分类法(2学分,一学年)、各种分类法研究(4学分,一学年)、分类实习(2学分,一学期)、图书选择(2学分,一学期)、书评(2学分,一学期)、中西文参考书(4学分,一学年)、参考实习(2学分,一学期)、档案编目(2学分,一学期)、检字法(2学分,一学期)、索引法(2学分,一学期)、序列法(2学分,一学期)、史料整理法(2学分,一学期)、实习
1947年9月— 1949年6月	中国目录学、图书分类、西文编目法、检字法、立排序列、索引法、西洋目录学、各种分类法、中西文参考书、中文编目法、图书选购、中国目录学

（二）金陵大学图书馆学教育

1913年,美国人克乃文到金陵大学,主持图书馆工作并首设图书馆学课程,但当时并没有开班授课,属于非正规的师徒教育性质,此为金陵大学图书馆学教育开端。1922年左右,"金陵大学与美国国会图书馆合作办理图书馆研究班。该校文学院又另设图书馆科,均办理不久即停"[1]。

1925年,金陵大学图书馆开始为入学新生培训图书馆用法,主要讲授图书馆中西文目录使用方法与藏书特点、重要参考书内容与性质以及图书馆的借书方法等,讲毕即带领学生参观学习,"该馆对于新入校学生,向有使用图书馆方法之演讲。本学期系在十月三日晚间举行。首由刘衡如博士讲述大学图书馆与大学生生活之关系,并说明借阅图书规则之大要;复由陈长伟先生解释中西文目录使用之方法。听者均极满意,旋即率领至馆内纵览一切"[2]。这种图书馆学教育的目的,是使学生掌握使用图书馆的方法。在今天看来,作为高校新生入学教育的必要组成部分似已成常态,但在当时却为导风气之先。

1927年,金陵大学正式建立图书馆学系,与文华图书科类似,初设时的金陵

① 张锦郎:《中国图书馆事业论集》,(台北)台湾学生书局1984年版,第141—142页。
② 佚名:《金陵大学图书馆之农业部与图书馆教育》,《中华图书馆协会会报》1930年第2期。

大学图书馆学系也处于依附的地位,隶属于教育学系,该系下设教育学组、心理学组、图书馆学组。图书馆学组暂不列为主系,凡以图书馆学为辅系者必修目录学(3 学分)、分类法(3 学分)、编目法(3 学分)等。学生毕业需修完 6 门课程,至少取得 18 学分。[①]

　　1930 年春,图书馆学隶属于调整后的文学院,其核心课程包括参考书使用法、目录学、分类法。[②] 作为金陵大学图书馆学系第一任系主任的李小缘先生既是图书馆学家,又是目录学家,在其"中西融合""文化相互"办学宗旨的指导下,图书馆学系汇集了一批学贯中西的专家,他们将现代西方图书馆学与中国的目录学相结合,在课程设置等方面取得了丰硕的成果。在分类法课程方面,强调中国"四部法"与"杜威法""国会法"并重。在编目课程方面,则讲授中西图书馆编目原理及方法,并作比较研究。[③]

　　1931 年,金陵大学有改图书馆学系为图书馆学专修科的打算,但并没有实现。1937 年 11 月,金陵大学奉教育部令西迁,刘国钧、李小缘等随校员工学生500 余人分批溯江而上,迁往成都华西坝临时校址。1940 年,金陵大学向国民政府教育部申请开办图书馆学专修科,后得到批准,遂重开图书馆学教育。同年秋,图书馆学专修科成立,刘国钧以院长身份兼任科主任,金陵大学图书馆教育进入专科教育的阶段。由此可见,金陵大学图书馆学教育经历了师徒教育、课程教育、辅系教育、专科教育四个阶段。[④] 从 1913 年克乃文首开图书馆学课程到 1949 年中华人民共和国成立,金陵大学的图书馆学教学活动曾有短暂中断,但其教学活动的高水准则毋庸置疑。

① 任家乐:《民国时期图书馆学教育研究》,国家图书馆出版社 2018 年版,第 151—152 页。
② 沈固朝、刘树民:《涓涓成川有师承——1913—1948 年间金陵大学图书馆学教育的发展历程》,《图书情报工作》2005 年第 11 期。
③ 王平、柯平:《坚守与创新:中国目录学教育历史回望与现状透视》,《大学图书馆学报》2019 年第 6 期。
④ 任家乐:《民国时期图书馆学教育研究》,国家图书馆出版社 2018 年版,第 45—46 页。

表4　1933年金陵大学图书馆学系文献学课程及教学内容①

代码、科名、学分	课程内容	课时	备注
一四〇 图书馆学大纲 四学分	注重普通图书馆之内部组织及行政类别,各种图书馆之性质及其管理方法,并分论选择、编目、分类、典藏、装订、特藏、宣传、流通、目录用法等,及其一切附属问题,有习题与实地参观。	每周四小时	必修
一四一 参考书使用法 三学分	研究中西文重要参考书籍之性质及其特色问题,使学生能对各类普通参考书籍运用自如,逐课皆有习题。	每周三小时	必修
一四四 目录学 三学分	研究中西目录学原理及其范围,说明目录种类及实用目录之意义,辨别目录学与编目法之同异,目的在能运用原理而自行编制实用,目录参考讨论及课外阅读。	每周三小时	必修
一五一 分类学 三学分	研究图书分类之性质与原理,对于中西各家图书分类法比较的研究。中文偏重四部分类法及金大图书分类法,英文偏重 Dewey 十进法与国会图书分类法,逐课皆有习题练习。	每周三小时	必修 预修学程图书馆学一四〇
一五二 编目法 三学分	讲授中西图书编目原理及其方法,对于各种条例做比较的研究,尤注重现代中国图书编目法之实际问题,逐课皆有习题。	每周三小时	必修 预修学程图书馆学一四〇
一六〇 书史学 二学分	研究中西书籍演化之程序及书籍对于文化与图书馆之关系,凡与书籍有关系之材料如纸墨笔等皆在研究之中。	每周二小时	三、四年级学生选修
一六三 图书选择之原理 二学分	讨论图书选择之原理及各种图书馆实际选书之问题,如版本鉴别、书估舞弊、价目高下,营业目录之研究等,并讨论购置之方法。	每周二小时	选修

①　任家乐:《民国时期图书馆学教育研究》,国家图书馆出版社2018年版,第159—160页。

（三）上海国民大学图书馆学系

1925 年 8 月,在上海图书馆协会支持下,私立上海国民大学图书馆学系创办。上海图书馆协会会长杜定友兼任系主任,教授有杜定友、胡朴安二人,助教有孙心磐、陈伯逵二人,同时聘请沈祖荣、刘国钧、李小缘、洪有丰等担任临时讲师。国民大学图书馆学系设有 14 门必修课程,其中与文献学相关的课程有图书选择法、图书分类法、图书编目法、图书参考法、研究法、目录学、古书校读法(古书之鉴别、分类及校勘学等)、国学概论、国学书目(审定国学书目,编制国学书索引)及若干辅修科目及随意科目。该系最初开设课程仅图书馆学概论、图书馆学原理、图书馆行政三门图书馆学课程,图书目录学、图书分类法、图书馆实习为 1926 年增开课程。该系采用的教学方法较为灵活多样,不仅有教授、讨论,还包括编辑、实习、参观及与该校图书馆联络。①

在国民大学图书馆学系课程中,传统目录学内容也占有较大比重,如"图书馆学原理"课程包括中国目录学之名词;"图书分类法"课程讲授重点是中国图书分类法(包括古代分类法、现代分类法之研究和实习);"图书选择法"课程重在讲述中国目录学、版本学、校雠学及国学书目等知识②;"图书目录学"课程包括中文编目法及著者号码编制法等内容。此外,杜定友要求学生对中国传统典籍如《九通》《御览》《通鉴》《永乐大典》等加以提要式介绍,并编印国学书目、中国书籍索引等。③

除与上海图书馆协会合作开设相关课程外,该系准备从事及正在从事的文献学工作还有:①介绍中国参考书及古籍参考书的内容及用法。②整理国故,编印各科应用书目。中国书籍以经史子集分类,该系采用西方图书馆学的分类方法整理目录,以方便后人研究,该项工作由胡朴安负责。③编印各种索引。传统文献纷繁复杂,欲求关于某一问题的检索很难,金陵大学图书馆尝试编制各类书籍分类索引,在刘国钧、李小缘老师指导下,由学生分别负责编制工作。④在洪有丰指导下研究版本。从课程设置来看,该系特别注重西方图书馆学与中国传统目录学、国学、校雠学的结合。

（四）国立社会教育学院图书博物馆学系

1941 年 8 月,国立社会教育学院开设图书博物馆系,首任系主任是汪长炳,

① 李刚:《制度与范式:中国图书馆学的历史考察(1909—2009)》,科学出版社 2013 年版,第 12 页。
② 刘应芳:《民国时期图书馆学教育本土化研究及其现代意义》,《图书馆建设》2012 年第 2 期。
③ 杜定友:《图书馆学的内容和方法(下)》,《教育杂志》1926 年第 10 期。

该系的成立主旨是培养和造就图书馆博物馆高级专门人才。图书博物馆系主要招收对象为高中毕业生,学制四年,学生毕业时考核合格可授予教育学士学位。虽然名为图书博物馆系,但该系的"主要课程是图书馆类,实际上就是图书馆学,而博物馆课程只是作为选修学习的"①。图书博物馆系所设20门课程分为四种类型:一般性课程、技术性课程、学术性课程和辅导性课程。其中有关文献学的课程有目录学、版本学、资料整理法、图书编目法、分类法、各科名著介绍、中国书史、史料研究、国学专著选读、图书选择、检字索引法、方志学、参考书及参考工作、问题研究法、阅览调查与报告等,较为全面覆盖了文献学及其分支学科,大大推动了文献学的学科发展。

在师资配备方面,先后在该系任教的主要有钱亚新、杨家骆、顾颉刚、皮高品、徐家麟、严文郁、岳良木、黄元福、鲁润玖、蓝乾章、熊毓文、顾家杰、李芳馥和周连宽等,这些教授有的是文献学家,有的是图书馆学家和史学大家,强大的师资阵容保证了抗战时期文献学及图书馆学教育的质量,培养了一批高素质的文献学专门人才,为文献学和图书馆学的学科发展作出了积极贡献。

在教学设施方面,该系附设有专业资料室,负责搜集国内外有关图书馆学博物馆学的重要图书杂志,以供师生参考之用。资料室收藏丰富、数量可观,其中不乏多种中西文期刊和图书,如美国图书馆协会、哥伦比亚大学图书馆学院、美国国会图书馆等机构赠送的外文书刊杂志及讲义等,这在当时都是十分宝贵的参考资料。其所设的打字室内有打字机8架,供学生学习训练,系内还设有供学生实习的各类实验室。1945至1947年,该系共毕业学生62人,不少优秀毕业生后来成为图书馆学和文献学界的专家、学者或教授等社会知名人士,他们为中国的图书馆学教育和文献学事业作出了突出贡献。②

(五)北京大学图书馆学教育

北京大学是较早开设图书馆学教育的高校。1924年11月,北京大学决定在教育系内设立图书学科目,主要课程有目录学、图书利用法、图书馆学、图书馆史,每科目每周授课2学时,由袁同礼、杨荫庆、樊际昌、严毅、傅铜等讲授。这些课程虽然为教育系1924至1925年度图书学科目,但同时允许其他各系学生选修,各班人数限20人。

① 彭飞:《国立社会教育学院图书博物馆学系简史》,《大学图书馆学报》2007年第3期。
② 李刚:《制度与范式:中国图书馆学的历史考察(1909—2009)》,科学出版社2013年版,第13页。

从当时的课程内容来看,虽然有些科目名称是图书馆学科目,但多与文献学有直接的关系,如"图书利用法"课程,讲授"现代图书馆之组织,中西参考书之利用,借以知治学方法之初步"。"图书馆学"课程讲授"现代图书馆之建筑,各种图书馆之管理,中西文图书之分类编目"。"图书馆史"则叙述"中西藏书之沿革,并说明其与学术盛衰之关系"①。由此可见,"图书利用法"涉及了中西参考书的利用,"图书馆学"对中西文图书分类编目有所涉猎,这些都与目录学有紧密的联系。而"图书馆史"对中西藏书史的发展论述较多,涉及与文献学相关的典藏学知识。从这一意义上说,这些以图书馆命名的课程都属于文献学课程的一部分。

1947 年,北京大学在文学院内创办图书馆及博物馆专科,"北大奉教部核准,于三十六年起,创办图书馆及博物馆两专科,附设于文学院内。他院学生选修专科课程满三十二学分,成绩总平均七十分以上者,即给予任何一科毕业证书"②。图书馆学专修科自设立至 1949 年中华人民共和国建立前夕,专任教员只有三名(王重民、王利器、陈绍业),任课教师大部分为兼职教员。③ 当时开设的目录学课程有中国目录学(王重民主讲,全年,选修,2 学分)、西洋目录学(毛准主讲,全年,选修,1 学分)、四库总目研究(王重民主讲,半年,选修,2 学分)、图书参考(王重民主讲,全年,选修,3 学分)、中文编目法(陈鸿舜主讲,全年,选修,2 学分)、西文编目法(耿济安主讲,全年,选修,2 学分)、中国史料目录学(赵万里主讲,全年,必修,2 学分)。④ 在开设的 12 门课程中,目录学课程就有 7门,总学分为 14。

---

① 北京大学教务处:《教务处布告》,《北京大学日刊》第 1572 号,1924 年 11 月 18 日第 1 版。
② 佚名:《北大文学院增设两专科》,《中华图书馆协会会报》1948 年 3—4 期。
③ 任家乐:《民国时期图书馆学教育研究》,国家图书馆出版社 2018 年版,第 111—112 页。
④ 周佳贵:《王重民设立北京图书馆学专修科的始末》,《国家图书馆学刊》2013 年第 4 期。

表5　民国时期北京大学图书馆学教育中的文献学课程概要①

时间	主任	课程	教员	周课时(学时)、学分
1924 年	蒋梦麟	图书利用法	袁同礼	2
		图书馆学	杨荫庆	
		目录学	陶孟和	
		图书馆史		
		图书利用法	樊际昌	
	高仁山	图书利用法	严毅	
		英文教育宣读		
1928 年	陈大齐	图书馆学	傅铜	
1947 年—1949 年 7 月	王重民	中国目录学	王重民	2(全年)
		西洋目录学	毛准	1(全年)
		校勘学	王利器	2(全年)
		版本学	赵万里	2(全年)
		四库总目研究	王重民	2(半年)
		图书参考	王重民	3(全年)
		中文编目法	陈鸿舜	2(全年)
		西文编目法	耿济安	2(全年)
		中国史料目录学	赵万里	2(全年)
		工具书解题		
		中国图书分类法		
		图书选择与参考		

　　除此之外,中山大学、河南大学、大中华大学、厦门大学、上海大学、东南大学也开设了目录学、诸子书目、图书分类等课程②,对普及目录学和图书馆学知识起到了积极的推动作用。

---

① 根据张树华《早期的北大图书馆学系》(《黑龙江图书馆》,1987 年第 5 期)、任家乐《民国时期图书馆学教育研究》(国家图书馆出版社 2018 年版,第 108—109 页)、李刚《制度与范式:中国图书馆学的历史考察(1909—2009)》(科学出版社 2013 年版,第 198 页)等资料整理。

② 中国图书馆学会编著:《中国图书馆学学科史》,中国科学技术出版社 2014 年版,第 207 页。

（六）其他形式的图书馆教育

民国时期，随着"新图书馆运动"的开展，各地图书馆如雨后春笋般层出不穷。虽然图书馆学正规教育有了一定程度的发展，专业人才不断增加，但仍难以满足当时社会对图书馆学人才的需求。在这种情况下，短期培训班及函授学校等多种形式的图书馆教育应运而生。与此同时，短期培训班及函授教育的兴起也得到当时政府、图书馆协会及图书馆学专家的提倡。1922年，在中华教育改进社第一次年会上，图书馆组曾提出在图书馆学正规教育之外另寻专家进行课外讲演的建议。1935年，沈祖荣也主张多样化的图书馆教育方式，如学徒制训练、利用暑期做讲习的训练、大学图书馆系的训练、大学图书馆附设图书馆学学校的训练、图书馆学研究院的训练等。1936年，中华图书馆协会第三次年会图书馆教育委员会报告对讲习会名称、讲习时间、受训人员、进行方法、课程、教员、经费与设备、毕业等做了明确规定。[①] 在这些图书馆学短期培训班和函授教育中，文献学及其相关课程大量存在，现列表如下：

表6　民国图书馆短期培训班及函授教育开设文献学课程概览[②]

序号	时间	主办方或讲习所名称	课程	教员
1	1920年8月	北京高等师范学校暑期图书馆讲习会	图书编目法、分类法、实习	戴志骞、李大钊、沈祖荣、李贻燕、程伯卢、陈筱庄、邓萃英
2	1922年3月	广州图书管理员养成所	学习科目20余种、实习	杜定友、穆耀枢、陈德芸等
3	1923年夏始办，以后连续四年开办	南京东南大学暑期图书馆讲习所	分类法、编目法、检字法	洪有丰、杜定友、李小缘、刘国钧、朱家治、王云五

---

① 据李刚：《制度与范式：中国图书馆学的历史考察（1909—2009）》，科学出版社2013年版，第16页。

② 据李刚：《制度与范式：中国图书馆学的历史考察（1909—2009）》（科学出版社2013年版，第17—18页）和李明杰、李瑞龙：《民国图书馆学教育编年（1913—1949）》（《图书情报知识》2018年第2期）等资料整理。

序号	时间	主办方或讲习所名称	课程	教员
4	1925年7月	中华图书馆协会与国立东南大学、中华职业教育社、江苏省教育会合办图书馆暑期学校	分类法、编目法、检字法	洪有丰、李小缘、杜定友、袁同礼
5	1928年7月、1930年夏	上海商务印书馆图书馆讲习班	中外图书统一分类法、著者排列法、图书选择法、实习	王云五、孙心磐、沈丹泥（学植）、陈伯逵、宋景祁、陈友松
6	1930年11月	安徽省立图书馆专班	图书选择法、参考书使用法、中国目录学、分类法、编目法、中国重要书籍研究、外国重要书籍研究、实习	陈伯逵、宋景祁、沈文华、黄警顽、程学桢、鲍益清、孙心磐、金敏甫、黄维廉、陈祖怡、胡卓
7	1932年初	上海图书馆学函授学校	理论、选择、登记、分类、编目、参考	
8	1932年5月	河北省教育厅在天津开办图书馆学讲习班	图书分类学	刘国钧
9	1937年7月	私立商务印书馆函授学校图书馆科	目录学、图书分类法、图书编目法、图书选择法、图书运用法	王云五、徐亮
10	1940年11月	中等学校图书管理员讲习班	图书馆各类课程和实习	刘国钧、李小缘、陈长伟、戴安邦、曹祖彬、陶述先、吕洪年、陶吉庭

续表

序号	时间	主办方或讲习所名称	课程	教员
11	1942 年 7 月	国立中央图书馆学补习学校	目录学、版本学、参考咨询编目学、分类学、图书参考、专题演讲等	

二、文史学教育中的文献学课程

白寿彝认为,历史文献学的分支学科应该包括目录学、版本学、校勘学、辑佚学和辨伪学。此外还包括古汉语、古民族语文、甲骨文字、金石文字、年代学、历史地理学等等。① 对于上述观点,白寿彝后来有所修正。他说古汉语、古民族语文、甲骨文字、金石文字、年代学、历史地理学等等这些学科有它们的独立性和相对独立性,应该是与历史文献学相关联的学科或与文献学有联系的学科,不应该包含在历史文献学的分支学科范围之内。他还指出,年代学和历史地理学跟历史文献学的关系是最密切的。② 在民国高校的课程设置中,文献学课程备受文史学系重视。清末民初,学者们就开始注重传授目录学等文献学知识。民国年间,随着整理国故运动的开展,各大学文史学系等纷纷开设目录学及其他文献学课程。

(一)北京大学

1917 年,北京大学史学门课程设置是将所有的课程分为通科和专科,其中通科课程包括"历史学原理""中国通史""东洋通史""西洋通史"等基础课,而专科课程则包括"中国地理沿革""西洋地理沿革""年代学""考古学"等内容相对单一的课程③,这是民国高校较早设置年代学课程的高校。

1929—1930 年,北大史学系开设有"史籍名著评论"(陈垣讲授,必修)、"历史专书选读(中国)"(顾颉刚讲授,必修)、"历史专书选读(西洋)"(陈衡哲讲授,必修)、"明清史籍研究"(伦明讲授)等课程,这些课程多与史学目录学相

---

① 白寿彝:《谈历史文献学——谈史学遗产答客问之二》,《史学史研究》1981 年第 2 期。
② 白寿彝:《关于历史文献学问题答客问》,《文献》1982 年第 4 期。
③ 《北京大学文理法科本预科改定课程一览》,《教育公报》1917 年第 4 卷第 14 期。

关。与此同时，还开设有"文字学"等选修课程。

1931 年年初，朱希祖辞去史学系主任职务，遗缺由刚刚就任校长兼文学院院长的蒋梦麟暂代，蒋氏非常重视目录学的建设，他说："史学的工具，第一类是目录学，目录学诚然可以流成，然而不习目录学，如何去做第一步搜集史料的工作呢？本年度本系的课程在二、三、四年的学生已无所谓必修课，但第一年尚以目录课为必修，庶几使初习史学者，先得走进史籍之门。"①基于这样的理念，蒋梦麟制定了史学系的选课规则，将本系的课程分为甲乙两类，甲类为"史学之一般科目"，乙类近于"专题研究者"。他要求一年级学生选课，每周须至少满 25 小时，至多不得超过 30 小时，除文学院共同必修科 12 小时外，必须修习史学系"史学研究法"2 小时、"中国史料目录学"3 小时、"清代史学书录"2 小时。② 蒋氏在这里将中国史料目录学和清代史学书录列为甲类必修科目，同时他还强调史学系一年级学生必须修习，由此可见其对目录学课程的重视。

"中国史料目录学"课程由赵万里副教授讲授，该课"包涵之空间性为中国及高丽、安南等旧属国，时间性为史后迄近代，旧史料如正史、编年史、传记、实录、志乘，新史料如甲骨、金石文字、档案等并重"。"清代史学书录"由伦明主讲，讲述内容可分八类：（一）辑佚，如《旧五代史》《七家后汉书》；（二）补注，如《汉书补注》；（三）重编，如《晋略》《新元史》；（四）补志、补表、补传，如《补后汉书艺文志》《后汉书补表》《宋史翼》；（五）考订，如《廿二史考异》《诸史拾遗》；（六）史评，如《读通鉴论》《文史通义》；（七）撰著，此类非一体，录其要者；（八）方志，择其体例备而文笔优者。在授课过程中，通过对"各书详其主旨与地位，评较其优劣"，使学生"多所采获，述作者得所仿效"。③

与此同时，这一时期北京大学史学系也非常注重学生实践能力的培养，如设置版本学和金石学课程即是如此。版本学课程为"中国雕板史"，赵万里副教授主讲，每周 2 小时，其课程内容并不限于雕板史，如课程说明所言："本学程虽名为雕板史，然写本书及未有雕板前之简册与卷子本亦论及之。以近世新出及

①　《国立北京大学史学系课程指导书》，1931 年度，1931 年 9 月至 1932 年 6 月。转引自王应宪编校《现代大学史学系概览（1912—1949）（上）》，上海古籍出版社 2016 年版，第 56 页。
②　《国立北京大学史学系课程指导书》，1931 年度，1931 年 9 月至 1932 年 6 月。转引自王应宪编校《现代大学史学系概览（1912—1949）（上）》，上海古籍出版社 2016 年版，第 57 页。
③　《国立北京大学史学系课程指导书》，1931 年度，1931 年 9 月至 1932 年 6 月。转引自王应宪编校《现代大学史学系概览（1912—1949）（上）》，上海古籍出版社 2016 年版，第 61—62 页。

旧有之材料为有系统之研究,注重目验。"由此不难看出,"中国雕板史"课程实为从写本到雕版的较为完整的版本学史,"注重目验"则表明了其具有较强实践性的教学特征。金石学课程名称为"中国金石学并实习",由马衡讲授,每周 4 学时,"此科专为整理中国史之客观的材料而设,所以补载籍之不足,或订正其谬误者也"。马衡认为,古人之遗文及一切有意识之作品,"赖金石或其物质流传至今者也"。这种材料虽然残缺,但却是最原始、最有价值的历史材料。由于金石学"范围广漠种类繁琐,向之研究此学者鲜有具体的及系统的整理,致此学尚未能充分发展"。马衡特意指出,开设此课程的目的在于"示人以治学之方法"。由此可知,"中国金石学并实习"实为文献整理课。

1931 年 10 月,西洋中古史和中西文化思想交通史专家陈受颐担任史学系主任。"中国史学目录学"(每周 4 学时,上下学期各 4 学分)、"清代史学书录"(每周 2 学时,上下学期各 2 学分)、"金石学"(每周 4 学时,上下学期各 4 学分)继续作为必修课在史学系开设,仍由赵万里、伦明和马衡讲授。"中国雕板史"和"西方史籍举要"两门课停开。

1932 年,史学系增加了"殷周史料考定"课程,由董作宾、徐仲舒讲授,每周 2 学时,上下学期各 2 学分。该课"以近代的史学工具,研治殷周两代历史。根据甲骨、金文及考古发掘的遗物、遗迹,参证典籍中的记载、传说以考定真实的史料,使选修者得具体的研究方案,以养成其自动研治古海道史,运用新方法,处理新材料之能力与兴趣"①。这实际上涉及文献辨伪学的相关知识。

1933 年,在系主任陈受颐教授的支持下,西方史籍举要课程重新开设,陈受颐亲自授课。该课为西洋史籍目录初步课程,主要"选择西洋史籍中之重要者,分为若干类,作简略之说明。西洋人之东方史学著述,亦附带论及"②。"中国史学目录""殷周史料考定"继续开设,任课教师均不变。"清代史学书录"本年度停开。1934 年,"中国史学目录学"仍作为必修课开设,但"殷周史料考定"课程不再开设。

1935 年,史学系开设了"中国史学名著评论",由陈垣主讲,每周 2 学时,上下学期各 2 学分。"中国史学名著评论"课程的讲授是"择取历代史学名著,说

① 《国立北京大学史学系课程指导书》,1932 年 8 月至 1933 年 7 月。转引自王应宪编校《现代大学史学系概览(1912—1949)(上)》,上海古籍出版社 2016 年版,第 73 页。
② 《国立北京大学史学系课程指导书》,1933 年 8 月至 1934 年 7 月适用。转引自王应宪编校《现代大学史学系概览(1912—1949)(上)》,上海古籍出版社 2016 年版,第 81 页。

明其史料之来源、编纂之体例、板本之异同,使学者明了著述及读史方法"①。该课程综合了目录学、版本学、编纂学、史源学的相关知识,不仅提升了学生的历史文献学素养,而且为后来史源学课程的开设奠定了基础。与此同时,"西方史籍举要"课程本年不再开设。

1936 年,陈垣增开"史源学实习",每周 2 学时,上下学期各 2 学分,课程主要内容是通过选择"近代史学名著一二种,一一追寻其史源,考正其伪误,以练习读史之能力,儆惕著论之轻心"。同年开设的课程还有"明清史料择题研究"和"西洋史学名著选读"。"明清史料择题研究"主要通过对明清历代皇帝及其时代的选题进行系统研究,"为清史记事本末之试笔"。学生可"以一帝一时代为大略限断,立一题即择一文,积成巨帙,或众手为之,以期成此创作"。"西洋史学名著选读"则暂选"西洋史名著数种,作为研习西洋史之补助,以促进学者阅读西洋史籍之能力(详细内容,随堂说明)"。"明清史料择题研究"类似于历史编纂学,侧重于培养学生的史书编纂能力。而"西洋史学名著选读"则是较为典型的目录课教学。

1939 年,"中国史料目录学"由必修改为选修科目,每周 2 学时,在三年级开设。早期的北大史学系,由于师资力量等因素,较为重视中国史教学及研究。后来,陈受颐及姚从吾主事,史学系在课程设置方面有所改变,如"课程说明"所言:"本系课程,中国史及东西洋史均重,期使学生通习而不偏废。凡中国及东西洋通史并中外历史要籍之研究,均列为本系必修科目。"与此同时,为了弥补中国史教学的不足,"课程说明"还特意强调"本国历史自应特加详习,故于选修科目内列入中国近代史及中国史料目录学、金石学等课,以资补充。各种学术史亦均列入选修科目内,则为本系必修科目项中所列诸种文化史之补充课程也"。同年,"外国史专籍研究"和"中国史专籍研究"(两课均为第二、三两年连修)同时开设并列为必修,外国史籍文献研究开始和中国史籍文献研究平分秋色。

1941 年,"外国史专籍研究"和"中国史专籍研究"继续列为必修并在第二、三两年连修,每周讲授 2 学时。此外,增加"中国文字学概要",在第一学年上下两学期开设,每学期各 2 学分。中国史料目录学仍为选修。

---

① 《国立北京大学一览》,1935 年度。转引自王应宪编校《现代大学史学系概览(1912—1949)(上)》,上海古籍出版社 2016 年版,第 97 页。

1946年,"史料目录学"为必修课继续开设。在此之前,北大文科所增设有四个研究室,其中三个是与文献学有关:明清史整理室,主任由郑天挺先生兼任;古物整理室,主任是向达先生;金文字整理室,主任原定由姚从吾兼任,后姚氏调离,改由中国文学系唐兰兼任。1947—1948年,中国史料目录学继续开设,教师为赵万里。

(二)清华大学

1929年,清华大学历史系开设有"历史专书选读(中或西)"和"唐代西北史料"。"历史专书选读(中或西)"由朱希祖(中)和刘崇鋐(西)分别讲授,2学分。本课程教授法为选择中西历史之重要名著,令学生切实看完,且辅以参考载籍,使其体会名著中之方法、见解、结构等项,以辅助史学方法及史学史之研究,以养成学生看完大部著作之习惯。"唐代西北史料"由张星烺讲授,此课程为取近年西北发现之史料与旧史互相解释证明,所用旧史为《旧唐书》和《蒙古源流》,学生"自问题研究论文"。此外,在"史学方法"(4学分)中也有目录学知识的讲解,如"课程说明"所言,本课程不仅在于指导学生以治史的正确方向及途径,"凡重要之历史辅助科学目录学及治史必具之常识,均择要讲授"①。

1930年,本年度历史系新开有"西洋近代史史料概论"和"西洋史家名著选读"。"西洋近代史史料概论"为2学分,由杜捷尔讲授。此课程主要讲述西洋近代史史料之类别及各类之价值、史料之收藏与编辑、史料之书目。"西洋史家名著选读"课程为4至6学分(全年),讲授教员为蒋廷黻、孔繁霱、刘崇鋐。本学程之宗旨,"在使学生体会名著中之方法、见解、结构等项,以辅助史学方法及史学史之研究,并养成学生看完大部著作之习惯"。孔繁霱开设的"史学方法",全年4学分,对于目录学及治史必具之常识,亦择要讲授。

1932年,陈寅恪在历史系开设"蒙古史料之研究",全年4学分。本课程取东西文字中旧有之蒙古重要史料加以解说及批评,当时北平故宫博物院发现之满蒙文书籍,其与蒙古史有关者亦讨论及之。蒋廷黻开设"清史史料研究",全年6学分。本课程注意下列两点:(1)各种史料产生之过程及可靠之程度;(2)各种史料之新知识的贡献。所研究之史料多半为故宫博物院及中央研究院所出版。

①《国立清华大学学程大纲附学科说明(1946)》,1929年。转引自王应宪编校《现代大学史学系概览(1912—1949)(上)》,上海古籍出版社2016年版,第315页。

　　1932—1933 年,刘盼遂在中国文学系开设必修课"文字学",全学年 4 学分,每周 2 小时。该课程通过"叙述字体之变迁及字义之分析,使修习者了然于语言符号之构造及其演变"。同年,王力开设有必修课"音韵学",全学年 6 学分,每周 3 小时。该课程注重音韵学原理及实地练习,以今国音、班中各人本地音和古音为练习材料,参考书以各种韵书字书为主。本年度开设的选修课则有"校勘实习""目录学"。"校勘实习"由刘文典讲授,全学年 6 学分,每周授课 3 小时。本课程系将古籍校读法所讲理论和方法进行演习试验,要求学生"取古书数种,用清代校勘家及日本西洋学者之方法是正其文字之伪错,补习其章句之缺逸,俾学生实际练习养成其董理古书之能力"。目录学为 2 学分,每周讲授 2 小时,该课的开设"欲使学者明了中国书籍分类之方法及其历史"。

　　1937 年,历史系将"史学名著选读"作为本科及研究院公修课程开设,4 个学分,由孔繁霱、刘崇鋐、雷海宗、张荫麟主讲。本课程主要目的为训练学生精读西文史籍,强调西文史籍是因为清华在教学和科研中坚持"中西历史并重,综合与考据并重,历史学与社会科学并重"[1]。与此同时,不少留学生回国任教也为清华历史系提供了优良师资。当时选读资料分两种:(一)论文,由担任此课之教授选史学论文若干篇,轮流上班指导研读。(二)专书,诸教授各担任名著一两种,学生各选定一种,个别请教授指导研读。本年选读之专书为下列五种:①Gibbon, E., *Decline and Fall of the Roman Empire*(Bury's Edition).②Dill, S., *Roman Society in the Last Century of the Western Empire*.③Spengler, O., *The Decline of the West*.④Fay, S. B., *Origins of the World War*.⑤Langer, W., *The Diplomacy of Imperialism*.[2]

　　1947 年,清华大学历史学部主任为雷海宗,教员兼任七人。抗战期间,雷海宗、刘崇鋐、噶邦福三位先生,迄未离校,复员后随校北返。陈寅恪自英返校,赓续授课。此外,邵循正、王信忠、孙毓棠、丁则良、孔繁霱等也陆续返校。本年度历史系在三、四年级开设选修课"中国史部目录学""中国史学名著选读""西洋史学名著选读",均为 4 学分。

---

[1]　西南联合大学北京校友会编:《国立西南联合大学校史——1937 至 1946 年的北大、清华、南开》,北京大学出版社 1996 年版,第 148 页。

[2]　《国立清华大学一览》,1937 年。转引自王应宪编校《现代大学史学系概览(1912—1949)(上)》,上海古籍出版社 2016 年版,第 345 页。

(三)其他高校的文献学课程

民国时期,现代大学体制处于草创阶段,各项规章制度并不完善。20 年代到 40 年代,高校课程一般由学校依照既有师资安排,并无统一标准,但文献学及其相关课程在各高校却广泛存在,现列表如下:

表 7　民国时期其他高校文献学课程设置情况一览①

学校	时间	课程	教员
安徽大学	1936	声韵学	
		训诂学	
		文字学专书研究	
		声韵学专书研究	
		训诂学专书研究	
		甲骨文字研究	
		金石文字研究	
		文字学史	
		校勘学	
		目录学	
国立青岛大学	1931	文字学	
		音韵学	
		目录学	
		古文字学	
武汉大学	1930	西洋史学名著选读	
		校勘学	
	1931	西洋史学名著选读	周谦冲
	1932	西洋史学名著选读(一)	李惟果
		声韵学	刘赜
		古代文字学	吴其昌

---

① 根据《民国大学校史资料汇编》(凤凰出版社 2014 年版)、《民国史料丛刊》及《续编》(大象出版社 2009、2012 年版)、全国报刊索引等资料整理。民国高校文献资料繁杂,囿于目力及学识,本表为不完全统计,特此说明。

学校	时间	课程	教员
武汉大学	1933	文字学	刘赜
		西洋史学名著选读(一)	
		声韵学	刘赜
		目录学	刘异
		古代文字学	吴其昌
	1934	文字学	刘赜
		西洋史学名著选读(一)	郭斌佳
		声韵学	刘赜
		目录学	谭戒甫
		甲骨文	吴其昌
		金文	吴其昌
	1935	文字学	刘赜
		西洋史学名著选读(一)	郭斌佳
		声韵学	刘赜
		西洋史学名著选读(二)	郭斌佳
		目录学	谭戒甫
		甲骨文	吴其昌
		金文	吴其昌
	1936	文字学	刘赜
		西洋史学名著选读(一)	郭斌佳
		声韵学	刘赜
		西洋史学名著选读(二)	郭斌佳
		目录学	谭戒甫
		甲骨文	吴其昌
		金文	吴其昌
	1937—1938	文字学	刘赜
		西洋史学名著选读(一)	郭斌佳
		声韵学	刘赜

续表

学校	时间	课程	教员
武汉大学	1937—1938	西洋史学名著选读（二）	郭斌佳
		目录学	谭戒甫
		甲骨文	吴其昌
西北大学	1947	中国史部目录学	
		古文字学	
		中国史学名著选读	
		西洋史学名著选读	
西南联合大学	1937	年代学	毛子水
		战史资料收集试习	
	1939	波斯文	邵循正
		西域史料选读	邵循正
		史籍名著	毛准
	1940	史籍名著	毛准
	1941	史籍名著（《史记》）	毛准
		史籍名著（宋元明清史）	吴晗
	1942	史籍名著（《汉书》）	
		史籍名著（《晋书》）	
		史籍名著（俄国史）	
	1943	史籍名著（《史记》）	
		史籍名著（《资治通鉴》）	
		史籍名著（西方学者中国史地论文）	
	1944	中国史部目录学	郑天挺
		史籍名著（《左传》）	
	1945	史籍名著（《史记》）	
		史籍名著（《资治通鉴》）	
		史籍名著（《史通》）	
厦门大学	1930	史学专书研究	
		史籍提要	
	1934	目录学	郑德坤
	1935	中国目录学	

续表

学校	时间	课程	教员
燕京大学	1928	研究耶稣之史料	夏尔孟
		中国史学目录	陈垣
	1929	中国史学目录	陈垣
		中国史学评论	陈垣
	1930	中国史学目录	陈垣
		中国史学评论	陈垣
		年代学	刘朝阳
	1931	中国史籍名著选读	
	1941	中国史学名著选读	齐思和
		西洋史学名著选读	贝卢思、王克私、齐思和
中国公学	1929	古籍校读法	
		甲骨金文研究	
中山大学	1930	殷墟文字研究	
		说文解字部首笺异	
	1933	中国史部名著研究	
		西洋史学名著研究	
	1943	抗战史料	
中央大学	1930	中国史部目录学	
		西洋史部目录学	
	1933	文字学	
		目录学	
		英文史学名著选读	
	1941	中国史部目录学	
		西洋史部目录学	
北京民国大学	1924	年代学	
北京师范大学	1942	甲骨文及金文	
		中国史学目录学	

续表

学校	时间	课程	教员
北平大学女子师范学院	1930	史料整理实习	
	1936	声韵学	
		文字及训诂	
		目录及校勘	
		文史要籍解题	
		中国古代史料研究	
		西洋文学名著选读	
		西洋史学名著选读	
北平大学女子学院	1930	本国史学名著选读	
北平临时大学补习班第七分班	1946	史学目录学	
北平师范大学	1934	史学目录学	
		史源学实习	
		西洋史学名著选读	
		日本中国史料研究	
长沙临时大学	1929	历史目录学	
		史学名著研究	
	1937	年代学	毛子水
		战史资料收集实习	雷海宗、姚从吾及本系其他教授
成都师范大学	1930	历史目录学	
		殷墟文字研究	
		中国历史名著研究	
重庆大学	1935	中国史部目录学	
		西洋史部目录学	
		史学名著导读	
		史学专著研究	

续表

学校	时间	课程	教员
东北大学	1931	编史学	
东南大学	1923	史部目录学	
辅仁大学	1930	文字学	
		目录学	
		年代学	
		中国史学名著评论	
		西文汉学书阅读	
	1931	目录学	
		国文名著选读	
	1935	史源学实习	
		目录学	
		史学名著评论	陈垣
	1937	史源学实习	陈垣
	1938	目录学	
		文字学纲要	
		中国史学名著选读	陈垣
	1939	目录学	
		文字学纲要	
		史源学实习	陈垣
		中国史学名著评论	陈垣
		海外汉学研究	福克斯
		《汉书·艺文志》理董	余嘉锡
	1941	史源学实习	陈垣
	1942	中国史学名著选读	陈垣
		中国佛教史籍概论	陈垣
		声训论	沈兼士
		甲骨文研究	于省吾
		中国佛教史籍概论	陈垣
		中国古代风俗史料	陈祥春
	1947	史源学实习	陈垣

学校	时间	课程	教员
广东大学	1941	中国史部目录学	
		《汉书·艺文志》《隋书·艺文志》研究	
		校勘学	
		编年史研究	
广东省勤勤大学教育学院	1935	中国文字形义	
		中国文字音韵	
		目录学	
		中国史部目录	
		西洋史部目录	
		中国史学名著研究	
		中国论史名著研究	
		西洋史部名著研究	
光华大学	1936	史籍研究	
河北省立女子师范学院	1934	目录学	
		国文名著选读及习作	
河南大学	1935	文字学	高晋生
		音韵学	邵次公
		目录学	邵次公
		甲骨文	李雁晴
		训诂学	邵次公
		校勘学	李雁晴
	1936	文字学	高晋生
		目录学	邵次公
		训诂学	邵次公
		音韵学	邵次公
		文字专书研究	高晋生
		史源学实习	牟润孙

294　近代文献学科史论稿

续表

学校	时间	课程	教员
暨南大学	1936	年代学	
		史料研究	
齐鲁大学	1931	考证	
山西大学	1947	中国史部目录学	
		古文字学	
		中国史学名著选读	
		西洋史学名著选读	
山西省立教育学院	1934	中国史部目录学	
		史学名著评论	

第二节　课程设置及教学特点

一、以目录学为主体的多样化多层次教学体系

目录学是指导读书治学门径的专门学问,相对于文献学其他分支学科来说,中国目录学历史悠久,积淀深厚,在文献学学科体系中占有重要地位。20 世纪二三十年代,目录学教学风靡一时。1920 年,武昌文华大学图书科开设中国目录学课程,1922 年,"壬戌学制"的颁布使目录学教育作为图书馆学教育的一个重要组成部分被正式纳入了教学体系。① 与此同时,各大高校中国语言文学系和史学系也纷纷开设目录学等相关课程。

民国时期,随着西方目录学理念的传入,中国整理文献的传统目录学与西方推荐文献、传播思想和学术的现代目录学同生共存,竞相成长。此时的目录学教学不仅是通过一两门冠以"目录学"名称的课程的讲授, 而且是通过目录学范畴之内的各种课程的开设和与其他课程的相互配合,来达到教学目标。通过梳理这一时期的课程设置,可以发现目录学课程的设置种类繁多,名目多样,如 1920—1921 年文华图书科开设的目录学课程有 Cataloging（编目,2 学分）、Classification（分类, 2 学分）、Reference work（参考工作,2 学分）、Book select &

---

① 彭斐章、彭敏惠:《文华图专目录学教育与目录学思想现代化》,《图书馆论坛》2009 年第 6 期。

review(图书选读,2 学分)。1929 年,文华图专在课程设置上逐渐形成了中西结合的教学体系,中国目录学和西文编目同时成为主干科目。这一时期的目录学课程主要有中国目录学、中文参考书举要、西文参考书举要、中文书籍选读、西文书籍选读、西文书籍编目学、中文书籍编目学、西文书籍分类法、中文书籍分类法等。① 20 世纪三四十年代,又增加了书籍选择、索引法和检字法等目录学课程。1927 年,金陵大学正式建立图书馆学系,隶属于教育学系,当时辅修图书馆学者必修目录学(3 学分)、分类法(3 学分)、编目法(3 学分)等。② 在国民大学图书馆学系课程中,传统目录学内容也占有较大比重,如"图书馆学原理""图书分类法""图书选择法""图书目录学"课程分别讲授中国目录学之名词、中国图书分类法(包括古代分类法、现代分类法之研究和实习)、中国目录学和国学书目、中文编目法及著者号码编制法等内容。③ 为了强化目录学的本土认知,杜定友还要求学生对中国传统典籍如《九通》《御览》《通鉴》《永乐大典》等加以提要式介绍,并编印国学书目、中国书籍索引等。④ 1947 年,北京大学图书馆专修科开设有"四库总目研究"等具有显著中国特色的目录学课程。除此之外,中山大学、河南大学、大中华大学、厦门大学、上海大学、东南大学也开设了目录学、诸子书目、图书分类等课程。⑤ 与此同时,大量的图书馆学短期培训班及函授教育也开设有大量目录学理论和实践课程。这些课程的设置对普及目录学知识起到了积极的推动作用。

在民国时期的文史学系,目录学课程的设置也较为普遍,不仅当时著名的北京大学、清华大学、国立西南联合大学、中央大学开设有目录学课程,一些教会学校和私立大学也普遍开设此类课程。这些课程名称不一,讲述内容也不尽相同。如中国目录学课程,有的名之为"中国史部目录学",有的则为"中国史料目录学""中国史学目录学",还有的是对具体书目的讲授,如"清代史学书录""文史要籍解题""《汉书·艺文志》《隋书·艺文志》研究""史籍提要""中国历史文献书目"等等。这些目录学课程的设置情况列表如下:

① 吴鸿志:《武昌文华图书科之过去现在及其将来(续)》,《武昌文华图书科季刊》1929 年第 2 期。
② 任家乐:《民国时期图书馆学教育研究》,国家图书馆出版社 2018 年版,第 151 页。
③ 刘应芳:《民国时期图书馆学教育本土化研究及其现代意义》,《图书馆建设》2012 年第 2 期。
④ 杜定友:《图书馆学的内容和方法(下)》,《教育杂志》1926 年第 10 期。
⑤ 中国图书馆学会编著:《中国图书馆学学科史》,中国科学技术出版社 2014 年版,第 207 页。

表 8　民国时期高校目录学课程设置情况概览

名称	学校
目录学	北京高等师范学校(国文系,1920,黎锦熙)、南京第四中山大学(文学院,1928—,汪辟疆)、北京大学等(国文系,1928—,余嘉锡)、北平大学女子文理学院(文史学系,1936)、辅仁大学(史学系,1930—1938)、广东省勤勤大学教育学院(文史学系,1935)、河北省立女子师范学院(史地学系,1934)、河南大学(文史学系,1935—1936)、清华大学(中国文学系,1932—1933,1947)、安徽大学(中国文学系)、国立青岛大学(中国文学系,1931)、武汉大学(史学系,1933—1934,刘异、谭戒甫)、厦门大学(历史社会系,1934—1935,郑德坤)、中央大学(史学系,1933)
中国史部目录学	重庆大学(史学系)、广东大学(史学系,1941)、清华大学(历史系,1947)、山西大学(历史系,1947)、山西省立教育学院(史学系,1934)、西北大学(历史学系,1947)、西南联合大学(历史社会学系,1944,郑天挺)、中央大学(史学系,1930)、中央大学(历史社会学系,1941)、北京大学(史学系)、广东省立文理学院(史地系,1943)、光华大学(史学系)、四川大学(历史系,1947,毛坤)
西洋史部目录学	重庆大学(史学系,1935)、中央大学(史学系,1930)、中央大学(历史社会学系,1941)、光华大学(史学系)
中国史料目录学(史料目录学)	北京大学(文学院、史学系,1931—1941、1946、1947—1948,赵万里)
中国史学目录学	北京师范大学(史学系,1942)
中国史学目录	燕京大学(历史学系,1928—1930,陈垣)
史学目录学	北平师范大学(历史系,1934)
历史目录学	长沙临时大学(历史社会学系,1929)、成都师范大学(历史学系,1930)
史书目录学	北平临时大学补习班第七分班(史学系,1946)
中国史部目录	广东省勤勤大学教育学院(文史学系,1935)
史部目录学	东南大学(历史系,1923)
史部目录	南开大学(历史系,1947)
西洋史部目录	广东省勤勤大学教育学院(文史学系,1935)
西方史籍举要	北京大学(文学院,1931,陈受颐)

名称	学校
清代史学书录	北京大学(文学院,1931—1944,伦明)
文史要籍解题	北平大学女子文理学院(文史学系,1936)
《汉书·艺文志》《隋书·艺文志》研究	广东大学(史学系,1941)
史籍提要	厦门大学(史学系,1930)
中国历史文献书目	燕京大学(历史系,1929—1930,陈垣)

在普及目录学知识的同时,版本学、校勘学、辨伪学、辑佚学等文献学课程在民国时期也常有开设,如北京大学、金陵大学、文华图书馆专科学校、上海国民大学、国立社会教育学院、国立中央图书馆学补习学校等开设有版本学课程,北京大学、清华大学、安徽大学、武汉大学、河南大学、广东大学、北平大学女子师范学院等开设有校勘学课程。还有一些文献整理方面的课程,如文华图专的"资料(史料)整理法"、上海国民大学的"古书校读法"、国立社会教育学院的"资料整理法"、西南联合大学的"战史资料收集实习"、中国公学的"古籍校读法"、北平女子师范学院的"史料整理实习"、长沙临时大学的"战史资料收集实习"等,这些课程与目录、版本、校勘、辨伪、辑佚等也有紧密的联系,属于文献学课程。由于"文献学"是"图书馆学的核心内容"①,一些以图书馆学等命名的课程实际上也是文献学课程。如1933年,金陵大学开设有"图书馆学大纲"和"图书选择之原理"两门图书馆学课程,"图书馆学大纲"主要讲授"普通图书馆之内部组织及行政类别,各种图书馆之性质及其管理方法,并分论选择、编目、分类、典藏、装订、特藏、宣传、流通、目录用法等,及其一切附属问题"。这里的"选择、编目、分类、典藏"及"目录用法"就与版本学、目录学、典藏学有关,属于文献学课程。而"图书选择之原理"课程则重在"讨论图书选择之原理及各种图书馆实际选书之问题,如版本、鉴别书估舞弊价目高下,营业目录之研究等,并讨论购置之方法"②。这里显然涉及版本学、目录学的相关知识,实际上也是文献学

---

① 中国图书馆协会编著:《中国图书馆学学科史》,中国科学技术出版社2014年版,第50页。
② 任家乐:《民国时期图书馆学教育研究》,国家图书馆出版社2018年版,第159—161页。

课程。上海国民大学图书馆学系中的"图书选择法"课程则"重在讲述中国的版本学、校雠学、目录学、古书校读法、国学概论、国学书目"①。因此,在中国图书馆学发展的早期阶段,文献学课程在图书馆学课程中占有较大比重。相对于文献学核心内容来说,与馆员、管理、读者、事业等外围内容相关的课程较少。

除此之外,与文献学相关联的典藏学、年代学、史源学、文字学、音韵学、训诂学等课程的开设也较为普遍。如1917年北京大学史学门将所有的课程分为通科和专科,而专科课程就包括"中国地理沿革""西洋地理沿革""年代学""考古学"等内容相对单一的课程②,这是民国高校较早设置年代学课程的高校。开设年代学课程的高校还有燕京大学、辅仁大学、暨南大学、西南联合大学、长沙临时大学、北京民国大学等。1924年,北京大学教育系开设的"图书馆史"课程则叙述"中西藏书之沿革,并说明其与学术盛衰之关系"③。很明显,这类课程属于与文献学相关的藏书史或典藏学的课程。1929—1930年,北大史学系还开设有"文字学"等选修课程,开设"文字学"等课程的学校还有武汉大学、西北大学、安徽大学、中山大学、国立青岛大学、北平大学女子师范学院等。此外,史源学课程也在北京大学、辅仁大学、河南大学等高校开设。

综上所述,民国时期文献学课程的开设表现出以目录学为主体的多样化多层次特点。这不仅仅是因为目录学是文献学的核心,更是因为中国目录学有着悠久的历史和深厚的渊源。民国时期,目录学的课程体系与教学内容日益完备。在目录学课程中,既有理论性和通论性的目录学课程,也有实践性和应用性的目录学课程。与此同时,版本学、校勘学、辨伪学、辑佚学、典藏学、年代学等课程也逐渐开设。开设的学校既有综合性的大学,如北京大学、清华大学,也有专科性的学校如文华图专等,既有公办大学,也有私立大学和教会大学,还有短期的补习班和函授学校,从而表现出多样化和多层次的特点。

二、学术研究带动课程教学的教育理念

民国时期,中西文化激烈碰撞,在借鉴欧美高校运作理念的基础上,中国现代大学制度与体制逐渐确立和完善。由于处于初创阶段,教材和讲义多由教授

---

① 刘应芳:《民国时期图书馆学教育本土化研究及其现代意义》,《图书馆建设》2012年第2期。
② 《北京大学文理法科本预科改定课程一览》,《教育公报》1917年第4卷第14期。
③ 北京大学教务处:《教务处布告》,《北京大学日刊》第1572号,1924年11月18日第1版。

自编或采用外文原版或译成中文的欧美大学教科书。"这些讲义的编纂,不仅仅是为了授课的需要,同时也是他们多年研究成果的结晶。"①这些研究成果作为讲义在高校课堂上使用,提升了专业课程的理论高度,对推动研究型课程教学发挥了积极作用,从而使得大量的研究型人才脱颖而出,同时也为现代高校课程教学提供了可资借鉴的教学模式。

以目录学课程为例,1920 年,黎锦熙就任北京高等师范学校(北京师范大学前身)国文系教员,开始讲授"目录学"等课程。② 在教学的过程中,黎氏深入研究了目录学的相关知识。后来,他将其目录学研究成果编著为《新目录学论丛》《绍述官话字母的书报录要》《边疆语文教育新书提要》《元杂剧总集曲目表》等。

1922—1927 年,汪辟疆受聘江西心远大学文科主任兼文学系教授,1927 年后改任南京第四中山大学文学院中国文学系副教授。在此期间主要讲授"目录学""读书指导"等课程,深受同系师生敬重。③ 汪氏认为,目录学是治学之工具,必须给予重视,如其所言:"目录学者,提要钩玄,治学涉径之学也。学术万端,讵能遍识?亡书轶籍,无补观摩。故必有目录为之指示其途径,分别其后先,使学者得此一编,而后从事于四部之书,不难识其指归,辨其缓急。此目录学之本旨也。"④为更好指导学生读书治学,汪氏还著有《读书举要》《工具书之类别及其解题》《读书说示中文系诸生》等目录学著作。在《读书举要》中,他认为传统文献浩如烟海,汗牛充栋,遍读实属不易,因此选择重要典籍研读,便成为当务之急,"载籍极博,遍读实难;提要钩元,是为急务"。虽然在汪氏之前有胡适《一个最低限度的国学书目》和梁启超《国学入门书要目及其读法》,但他还是"尚嫌过多,非今日举子所能尽读"⑤。为此,他鼓励学生阅读源头书,认为守此数部,若能锲而不舍,便能由约而博。汪氏《读书举要》,就收录范围与数量多寡而言,"贯彻了少而精的原则,仅收 130 种书,同胡适与梁启超的上述书目相比,更切合读者的需要"。"就分类而言,汪目也比胡目、梁目科学。"⑥汪氏还

①　尚小明:《北大史学系早期发展史研究(1899—1937)》,北京大学出版社 2010 年版,第 119 页。
②　柯平:《论目录学的教学》,《四川图书馆学报》1989 年第 4 期。
③　李雅:《汪辟疆及其文献学贡献》,《图书情报工作》2009 年第 11 期。
④　汪辟疆:《目录学研究》,华东师范大学出版社 2000 年版,第 3 页。
⑤　汪辟疆:《目录学研究》,华东师范大学出版社 2000 年版,第 180 页。
⑥　徐有福:《汪辟疆目录学成就管窥》,《古典文献研究(总第六辑)》,江苏古籍出版社 2003 年版,第 13—14 页。

非常注重提要的撰写,他曾说:"其主提要钩玄、治学涉径者,则流略之涉及读书指导者也。"①"读书家以实用切要为归,故书不必求其隐僻,板不必论其新旧,要必于古今学术之全,寓提要钩玄之旨;又贵区析其类别,而不囿成规;论列其得失,而不尚高谈。使操觚之士,获此一编,庶几如操舟于烟海之中,得南针而辨其方位;冥行于暗室之内,得孤光而识其方隅。此读书家书目之可贵也。"②他还与中文系诸生约定"竭四年之力,熟读十书;卷少者年诵二种,多者分年治之,务蕲贯达"。他认为"以此治基,基固,则日进缉熙光明矣"③。

　　1928年,余嘉锡被辅仁大学聘请为国文系讲师,主讲目录学。④ 后在陈垣支持和引荐下,余氏又兼在北京大学、中国大学、女子师范大学等校教授目录学。余嘉锡注重学科间的融会贯通,主张把目录学与版本学、校勘学、史学、制度学、地理学等相结合,把目录学引入一个更加深广的学术体系。在教育理念方面,余氏主张以培养学术人才为教学目标。⑤ 在课堂上,余氏旁征博引,举例详实、循循善诱、因材施教,据学生回忆:"先生博学多闻,涉猎至为广泛,常谓'读书五千册以上',较之南皮张氏《书目答问》所列诸书,远超过之。"⑥"余师上课,态度严肃,偶露笑容,同学甚至戏比为'黄河清'。虽然湖南方音略重,听久了,自然入耳心解,授课时口若悬河,举例详明,断制精确,完全凭其特殊的记忆力。"⑦1931年,余氏升任辅仁大学教授。因在北大兼授目录学课程备受师生推重,文学院院长胡适就聘任余氏任北大史学系专职教授一事专访陈垣,但余氏碍于"与援庵交谊甚深,共事已久,渠既不欲吾他适,义不得去此取彼"⑧。最终无果。1935年,陈垣与余嘉锡共同指导学生合作编辑了《四库全书提要考异》《各史姓名备检》等并成书出版,不仅展示了当时的教学成果,而且培养了学生从事科学研究的能力。⑨

---

① 汪辟疆:《汪辟疆文集》,上海古籍出版社1988年版,第620页。
② 汪辟疆:《目录学研究》,华东师范大学出版社2000年版,第242页。
③ 汪辟疆:《目录学研究》,华东师范大学出版社2000年版,第208页。
④ 转引自孙邦华:《身等国宝 志存辅仁——辅仁大学校长陈垣》,山东教育出版社2004年版,第125页。
⑤ 王语欢:《余嘉锡学术年谱》,黑龙江大学2013年硕士论文,第28—29页。
⑥ 李国良:《怀恩师余季豫先生》,《艺文志》1976年第124期。
⑦ 傅试中:《忆余季豫先生》,载《学府纪闻》,南京出版有限公司1982年版,第126页。
⑧ 张舜徽:《诚挚的仰慕,深切的怀念——纪念余嘉锡先生诞生一百周年》,载《旧学辑存》,齐鲁书社1988年版,第289页。
⑨ 吴立保:《陈垣与辅仁大学办学特色的形成》,《教育评论》2009年第4期。

三、注重培养学生实践能力的教学思想

1919 年,美国哲学家、教育家约翰·杜威(John Dewey)关于实用主义和生活教育理论的一系列演说对中国社会影响深远。1922 年,"实用主义"和"生活教育"成为新学制的理论依据。受此影响,实用主义教育、职业教育成为教育界的流行话题并被政府大力提倡。在这种背景下,文献学课程设置也非常重视实习和实践方面的训练。

在 1928 年文华图专课程设置中,仅"实习"课两个学年就有 400 学时。此外,还有训练专业技能的西文打字法和各种字体书写法的相关课程有 120 学时。与此同时,理论课程中的"西文书籍编目学"也含有实习学时。在全部 25 门课程 1900 学时中,实习和实践课程就占 30%。其比例之高,前所未有。而 1937 年文华图专的课程表显示,第一学年和第二学年实习课分别为每周 8 学时和 6 学时,而理论课多为 2 学时,个别为 1 学时和 4 学时。相对于理论课来说,实习课学时仍为最高。这一时期,还增加了毕业论文 1 学时。① 实践课时与学分的增加使学生在具体工作中充分掌握目录分类的技巧与方法,大大提升了学生的动手能力和操作技能。综上所述,文华图专目录学教学不仅重视目录学理论的讲授,"还通过目录学范畴之内的各种课程的开设及其与其他课程的相互配合,来达到教学目标,并延伸到课外的实习、社会实践和研究之中"②。有学者指出,"由文华图专所奠定的目录学教育基础从一开始就不是唯理论的,而是一个自成体系的、中西并重、理论与实践兼顾的完整领域"③。文华图专在目录学授课方式上坚持讲授与实习结合,对中国目录学及书目工作发展产生了重大影响。自此之后,中国目录学和西方目录学在教育实践中得以兼容并存,为中国图书馆学系"新目录学"教育发展奠定了基础。从学分构成比例来看,文华图专目录学课程占到了总学分的 48.5%(47/97),图书馆学其他课程仅占 18.6%(18/97)④,目录学课程在图书馆学科教学体系中居于最重要、最突出的地位。

---

① 周洪宇:《不朽的文华——从文华公书林到文华图书馆学专科学校》,华中师范大学出版社 2013 年版,第 293—296 页。
② 彭斐章、彭敏惠:《文华图专目录学教育与目录学思想现代化》,《图书馆论坛》2009 年第 6 期。
③ 王平、柯平:《坚守与创新:中国目录学教育历史回望与现状透视》,《大学图书馆学报》2019 年第 6 期。
④ 彭斐章、彭敏惠:《文华图专目录学教育与目录学思想现代化》,《图书馆论坛》2009 年第 6 期。

文华图专是中国目录学教育的奠基者,她奠定了目录学在图书馆学教育中的地位,并确立了"中西融合、实践导向"的课程体系特征。① 以实践为导向,文华图书馆专科学校坚持理论与实践相结合,对于入学新生,要求在修完两年专业课之后到图书馆接受实地训练,"这样培养出来的学生既具有良好的专业知识,又具有熟悉的专业技能,能很快适应图书管理工作"。文华图专教学模式后来为诸多图书馆学校所效仿,成为当时培养图书馆学人才的标准,"为初期的图书馆行业培养了不少出色的管理人员"②。

金陵大学非常重视图书馆学教育,从新生入学就开始对学生文献学实践能力的培养。中西文目录使用方法与及藏书特点、重要参考书内容与性质等文献学课程是新生入学之后必须学习的课程,教师讲授完毕即带领学生参观学习,"该馆对于新入校学生,向有使用图书馆方法之演讲。本学期系在十月三日晚间举行。……复由陈长伟先生解释中西文目录使用之方法。听者均极满意,旋即率领至馆内纵览一切"③。在很多文献学理论课程的讲授中,实践教学也占有一定的比例,如"图书馆学大纲"在分论选择、编目、分类、典藏、装订、特藏、宣传、流通、目录用法及其一切附属问题的同时,还有"习题与实地参观"。"参考书使用法"主要讲授中西文重要参考书籍之性质及其特色问题,但还特意强调"使学生能对各类普通参考书籍运用自如,逐课皆有习题"。"目录学"不仅讲述中西目录学原理及其范围、说明目录种类及实用目录之意义,还要使学生"能运用原理而自行编制实用"。"编目法"则尤为注重"现代中国图书编目法之实际问题"。"图书选择之原理"课程则"讨论图书选择之原理及各种图书馆实际选书之问题"。④ 由此可知,这些文献学理论课程均是围绕培养学生实践能力的需要而进行设置的。

1926年,上海国民大学图书馆学系增开图书目录学、图书分类法、图书馆实习等文献学实践类课程。该系的教学方法也较为灵活多样,不仅有传统的教授、讨论,还包括编辑、实习、参观及与该校图书馆联络。⑤ 除与上海图书馆协会

① 王平、柯平:《坚守与创新:中国目录学教育历史回望与现状透视》,《大学图书馆学报》2019年第6期。
② 李刚:《制度与范式:中国图书馆学的历史考察(1909—2009)》,科学出版社2013年版,第10页。
③ 佚名:《金陵大学图书馆之农业部与图书馆教育》,《中华图书馆协会会报》1930年第2期。
④ 任家乐:《民国时期图书馆学教育研究》,国家图书馆出版社2018年版,第159—161页。
⑤ 李刚:《制度与范式:中国图书馆学的历史考察(1909—2009)》,科学出版社2013年版,第12页。

合作开设相关课程外,该系准备从事及正在从事的文献学实践工作还有:①介绍中国参考书及古籍参考书的内容及用法;②整理国故、编印各科应用书目;③编印各种索引;④在洪有丰指导下研究版本。

国立社会教育学院图书博物馆学系所设 20 门课程分为四种类型:一般性课程、技术性课程、学术性课程和辅导性课程。其中的技术性课程就是为培养学生文献学实践能力而设置的。此外,该系所设的打字室内有打字机 8 台,供学生学习训练,系内还设有供学生实习的各类实验室。该系附设的专业资料室搜集了国内外众多的图书杂志,其中不乏多种中西文期刊和图书,如美国图书馆协会、哥伦比亚大学图书馆学院、美国国会图书馆等机构赠送的外文书刊杂志及讲义等,这些十分宝贵的参考资料为培养学生的文献学实践能力提供了硬件保障。在图书馆学短期培训教育的课程设置中,实习等实践类文献学课程也广泛存在,如 1920 年 8 月的北京高等师范学校暑期图书馆讲习会、1922 年 3 月的广州图书管理员养成所、1928 年和 1930 年的上海商务印书馆图书馆讲习班、1930 年 11 月的安徽省立图书馆专班、1940 年 11 月的中等学校图书管理员讲习班等都有实习课程。

不仅图书馆学教育中的文献学课程重视培养学生的实践能力,民国时期文史学教育中的文献学课程同样如此,如北京大学设置版本学和金石学课程即是如此。版本学课程名为“中国雕板史”,课程说明强调“以近世新出及旧有之材料为有系统之研究,注重目验”。“注重目验”则表明了其具有较强实践性的教学特征。金石学课程名称为“中国金石学并实习”,由马衡讲授,“此科专为整理中国史之客观的材料而设,所以补载籍之不足,或订正其谬误者也”。古人之遗文及一切有意识之作品,“赖金石或其物质流传至今者也”。这种材料虽然残缺,但却是最原始、最有价值的历史材料。马衡指出,开设此课程的目的在于“示人以治学之方法”。由此可见,“中国金石学并实习”实为具有实践特征的文献整理课。20 世纪 30 年代清华大学的“校勘实习”及陈垣在北平师范大学、辅仁大学、北京大学等高校开设的“史源学实习”都是实践类的文献学课程。

第八章 近代文献学科发展的现代走向

第一节 文献学著作的博通与普及

中国古代学术是以儒家经典为主体、人文社会科学为主流的传统学术,科技知识相对较少。在这种背景下,传统"读书人"①治学的方式是通过对文献的研读、传诵、整理,将其内化为自己的道德和行为,进而实现修身齐家治国平天下之社会责任。② 也就是说,中国古代传统学术为修身之学,即内圣外王之学,"吾国人对于典籍之观念,约有二点,曰修身治国而已"③;梁启超也曾提出过类似的说法,认为"德性的学问"是"我们最特出之点",并且强调儒学和佛教是"德性的学问"的"源泉"④。为了达到修身的目的,传统"读书人"必须在对经典文献进行开发整理("文献的学问")的基础上熟读典籍,进而领悟经典的含义,

---

① 徐复观说:"中国文化精神的指向,主要是成就道德而不在成就知识。因此,中国知识分子的成就,也就在行为而不在知识。换言之,中国人读书,不是为了知识;知识也不是衡量中国知识分子的尺度。这在二千多年的历史中是表现得很明白的。所以,中国知识分子,缺乏'为知识而知识'的传统,也缺乏对客观知识负责的习性。"他还说:"把这一群人称为'知识分子',实在有一点勉强。我觉得最妥当的称呼是'读书人'。因为在教育未普及的情况下,这一群人都或多或少的是读过书,则是不可争的事实。"(徐复观:《中国知识分子的历史性格及其历史的命运》,载李维武编《中国人文精神之阐扬》,中国广播电视出版社1996年版,第176—177页)传统读书人是相对于近代知识人而言的,笔者在这里没有使用"士大夫"一词是因为其并不能代表传统读书人的全部。

② 这与近代"知识人"("知识人"相对于"知识分子"来说,其内涵与外延都相对较大。"知识分子"一般指"知识人"中的精英阶层,其更多的是以关注社会、对社会负责为己任。在近代中国,其主体大略由传统士大夫转换而来)的基本理念则完全不同,近代"知识人"是"为知识而知识""为真理而真理",学术研究成为一种以知识生产为谋生手段之职业,"为稻粱谋"与"为学问而学问"成为近代知识人之双重特性。

③ 郑鹤声、郑鹤春:《中国文献学概要》,上海古籍出版社2001年版,第10页。

④ 梁启超:《治国学的两条大路》,载《读书指南》,中华书局2010年版,第180—184页。

然后躬行实践("德性的学问")。因此,"修身之学"内在地包含了"治书之学"。同时士大夫们也并非为了整理经典而整理经典,在整理经典的过程中也必然对经典进行品味和"内省"。这样,"治书之学"同样内在地包含了"修身之学"。从这一意义上说,"治书之学"即为"修身之学","文献的学问"即为"德性的学问",二者犹如一枚硬币的两个侧面,彼此相辅相成、紧密相连、不可分离。由此可见,传统"读书人"做学问的基本方法和途径就是对文献的整理和开发,"做学问"的历史亦为"文献学"的历史,这与近代自然科学以实验室为载体的治学方式截然不同。

在中国,文献学经历了一个漫长的发展过程,其发展的路向也可分为两种,即博通与专精,正如张舜徽所说:"从历史记载中,看过去二千年间的我国学术界,可以肯定从汉初至清末,学者们做学问的风气,有着两条道路:一是博通的道路,一是专精的道路。"①在这里,张氏所说的"做学问的风气"实际上就是文献学的发展道路,这与张氏主张广义文献学的概念一脉相承,对此,张氏曾有明确的表述,他说:"文献学的范围,包罗本广。"他还进一步分析说,从中国古代两千多年的学术发展来看,刘向、刘歆父子校书秘阁是整理文献的工作,郑玄遍注群经也是整理文献的工作,即便如司马迁写成皇皇巨著《史记》,同样是文献整理的工作。下至于清代乾嘉时期的考证之学,"如果以史家的眼光去估计他们的成绩,也不过是替我们整理了一部分文献资料而已"②。综合上述说法,我们可以得出结论,中国古代文献学的发展道路亦可分为博通与专精两种。从先秦到清末直至民国时期,专精与博通两种文献学的发展道路并行不悖。春秋之前,学在官府,学官各司其职。春秋时期,学术下移,诸子百家兴起。汉武帝时置五经博士,从此开始了文献整理与研究的专精之路。直至清代,治学越来越走向专精,正如梁启超所言,清代考据学的特色之一,是"喜专治一业,为'窄而深'的研究"③。文献学研究的专精化趋势,是由学术研究的特点和文献整理本身的特点决定的。相对于专精来说,中国古代博通的文献学家相对较少,可谓屈指可数,为大家所熟知的有西汉时期的司马迁、扬雄、刘向、郑玄,此后有唐代的陆德明,宋代的郑樵,清代的纪昀。纵观中国文献学的发展道路,我们可以得

①　张舜徽:《清代扬州学记·顾亭林学记》,载《张舜徽集(第二辑)》,华中师范大学出版社2005年版,第219页。

②　张舜徽:《中国文献学·前言》,上海古籍出版社2011年版,第1页。

③　梁启超:《清代学术概论》,上海古籍出版社1998年版,第47页。

出如下结论:专精的学术之路发展到极致和一定阶段,必然出现博通的文献学家对此进行总结和反思,学术发展就在专精—博通—专精—博通的历史循环中不断得以突破,从而实现文献学的发展与创新,这也是由学术本身发展的规律所决定的。

清代文献学发展的专精之路决定了民国时期的文献学必然走向博通的道路,这一时期不仅出现了一大批带有解题或没有解题的导读书目,如梁启超的《国学入门书要目及其读法》和《要籍解题及其读法》、钱穆的《论语解题及其读法》、陈衍的《要籍解题》等;同时还出现了一批概论性的学术读物,如梁启超的《清代学术概论》(1920年)、周予同的《群经概论》(1931年)、吕思勉的《先秦学术概论》(1933年)、范文澜的《群经概论》(1933年)、蒋伯谦的《十三经概论》(1944年);更为重要的是,这一时期关于文献学通论性的理论著述也大量涌现,如刘咸炘《目录学》(1928年),郑鹤声、郑鹤春《中国文献学概要》(1929年),胡朴安、胡道静《校雠学》(1934年),蒋元卿《校雠学史》(1934年),向宗鲁《校雠学》(1944年),蒋伯谦《校雠目录学纂要》(1944年),张舜徽《广校雠略》(1945年)等。其中很多著作不仅使用了流行的章节体,而且使用了白话文。这些书目的出版对于文化的传播和普及发挥了重要作用,同时对于文献学理论的发展也起到了积极作用。

20世纪50年代以来,随着现代教育制度和体系的逐步确立,中国传统文化教育和文献学教育独占鳌头的局面已不复存在,在一个相当长的时期,还有被弱化的趋势。传统文献学的学习仅仅是现代教育体系中的一部分,同时,绝大多数人也没有时间和精力去研读浩如烟海、汗牛充栋且晦涩难懂的经典原著。在这种情况下,教育界、学术界的有志之士沿着民国学者文献学博通的学术道路,开始了文献学理论教育的普及之路。同时,民国学者对文献学理论的探索也为这一时期文献学理论著述的出现奠定了坚实的基础。这方面的较早的代表性著作则为王欣夫的《文献学讲义》和张舜徽的《中国文献学》。

《文献学讲义》最初为王欣夫1957至1960年在复旦大学中文系讲授“文献学”课程时所用的讲稿,该讲义于1959年12月定稿。后由于种种主观与客观的原因,该讲义始终未能出版。20世纪80年代,随着文献学学科自身的发展及该讲义在学术界的地位和影响,该讲义最终由上海古籍出版社正式出版;此后台湾商务印书馆也曾出版此讲义;2005年,上海古籍出版社将其纳入“世纪文库"重版刊印。此讲义分为四个部分：第一部分主要阐述文献学的涵义及其主要内容；第二部分则对目录学的起源、演变、界义、方法、作用及其重要性等进行说明，接下来将目录分为史家与补史、官家与私家、地方著述与专科分类，依次按历史时序分类讲解；第三部分是对版本学的研究，涉及版本本义、起源、发展、作用等，对版本前的文献资料——甲骨、金石、简牍、写本及版本发展的历史和鉴别版本的方法等都有涉及；第四部分是对校雠学的论述，其中涉及校雠起源、校雠必备的条件、校雠所依据的材料，接下来以较大篇幅对校雠学的发展历史进行梳理和说明。全书逻辑层次清晰，征引资料翔实，内容全面丰富，语言通俗易懂，对文献学及其分支学科的相关理论、方法和历史发展作了相对较为全面系统的分析和阐述。尤其值得注意的是，王欣夫还十分重视 20 世纪出土的考古文献资料以及海外所藏中国典籍，如在金石文献中介绍了 1957 年出土的鄂君启金节；在简帛文献中介绍了 1930 年发现的居延汉简及 50 年代在湖南发掘的战国楚墓竹简等。从先秦时期到 20 世纪 50 年代，中国长达三千多年的古文献学的理论、方法和历史在《文献学讲义》一书中应有尽有，可谓包罗万象。由于该书博通的性质，书中的诸多内容只能进行较为简略的介绍，但它对于文献学知识和理论的普及发挥了不可替代的作用。在 20 世纪 50 年代通论性的文献学理论著述普遍缺乏的情况下，该书所发挥的先导作用也是不可忽视的。

《中国文献学》是张舜徽在中国历史文献学理论研究方面的代表作，它对于构建中国文献学学科的思想、方法和体系，作出了杰出贡献，"实为中国文献学学科建设的奠基之作"①。《中国文献学》全书分为 12 编、60 章，全面系统论述了文献学的研究范围、任务，记录文献的载体，古代文献的著作、编述、抄纂、散亡等情况；在整理中国古代文献的基本知识方面，张氏依次按版本、校勘、目录对其定义、起源、分类、条件、依据、态度、重要性和必要性等方面给予了说明和阐述；此外，他还对前人整理文献的具体工作（如抄写、注解等）及其丰硕成果（修通史、纂方志等），历代文献学家整理文献的业绩及未来整理文献的工作、方向、目的和任务都进行了总结性的说明，"初步构建起了中国文献学这一学科的

① 姚伟钧:《中国文献学》，上海古籍出版社 2011 年版，"导读"第 1 页。

理论体系"①。相较于其 40 年代的文献学理论通论性著作《广校雠略》②来说，《中国文献学》不仅内容更为全面③，而且采用了白话文的写作手法，更加通俗易懂，为文献学理论的普及和传播作出了重大贡献。张氏一生涉猎四部，学问淹博，主张通人之学，这些思想和方法在其专著《中国文献学》一书中都有明显的体现，从中我们可以看到张氏广博的学识、深厚的文化积淀、睿智的议论和富于前瞻性的总结。《中国文献学》一书的出版在学术界产生了较大反响，对于文献学理论的教育和普及及文献的整理和研究都发挥了重要作用。首先，在文献学理论的教育方面，由于其通俗易懂，内容全面，该书曾被诸多高校和科研机构作为教材广泛使用，培养了大批古籍整理和文献学方面的人才；其次，《中国文献学》的出版，标志着"中国文献学的最后确立"，此后的文献学教材和理论著作的出版，都"或多或少地受到《中国文献学》的影响"，张舜徽不愧为"中国现代文献学的开创者和奠基人"。④

此外，关于文献学理论的通论性著作还有吴枫《中国古典文献学》(齐鲁书社 1982 年版)，张家璠、黄宝权《中国历史文献学》(广西师范大学出版社 1989 年版)，杨燕起、高国抗《中国历史文献学》(书目文献出版社 1989 年版)，洪湛侯《中国文献学新编》(杭州大学出版社 1994 年版)，杜泽逊《文献学概要》(中华书局 2001 年版)，张三夕《中国古典文献学》(华中师范大学出版社 2003 年版)，黄爱平《中国历史文献学》(中国人民大学出版社 2010 年版)等都曾在不同时期的不同高校和科研机构作为教材广泛使用，对于文献学理论的传播和普及发挥了积极的作用。

随着文献学通论性知识和理论的逐步普及，文献学理论走向专精的研究也是必然的，这也是由学术发展的规律所决定的。如今这一趋势已经逐渐明朗

---

① 姚伟钧：《中国文献学》，上海古籍出版社 2011 年版，"导读"第 8 页。

② 《广校雠略》采用传统学术札记体的写法，其中部分内容考辨较细。但其理论色彩较为浓厚且论述系统全面，"导文献学研究之先路"（李华斌、鲁毅：《〈广校雠略〉在张舜徽学术著述中的地位》，《古籍整理研究学刊》2010 年第 2 期），为后来《中国文献学》之理论基础。因此，从书名及其内容分析，将其定为通论性的文献学理论著述似无大碍。

③ 如增加了未来文献学发展方向的论述，即第十一编"今后整理文献的重要工作"、第十二编"整理文献的主要目的和重大任务"，从而使《中国文献学》的内容更为系统全面，同时也凸显了其通论著作的性质。邓声国指出，在目前的文献学著作中，仅张舜徽《中国文献学》对此内容有所涉及。（邓声国：《关于中国古典文献学学科内容设置问题之我见》，台湾《书目季刊》2004 年第 4 期。）

④ 姚伟钧：《中国文献学》，上海古籍出版社 2011 年版，"导读"第 20—21 页。

化,如宋代文献学、汉代文献学的研究在学术界都已经有所涉及。①

第二节　文献学理论的趋同与差异

在中国,文献整理与开发的历史源远流长,但文献学的理论却相对薄弱。即使有个别文献学家如郑樵、胡应麟等总结了些许理论,但寥若晨星且余绪不振。民国时期,西学东渐,文献学家在总结中国传统文献学(古文献学)理论和借鉴西方人文社会科学理论的基础上,逐渐尝试创建中国文献学的理论架构和学科体系,为中国传统文献学(古文献学)作为一门独立学科屹立于学术之林作出了重大贡献。

民国时期,梁启超首先提出了"文献学"和"中国文献学"的概念并就文献学的研究方法、原则、标准及体系等问题进行了初步探讨。因此,有学者指出,中国近现代文献学的创立和发展,始于"新史学"的代表人物梁启超。② 遗憾的是,梁氏对文献学理论的论述散见于其部分学术著作、论文和演讲文稿中,此时文献学理论的专门之书并未出现。梁氏之后,大约从 20 年代中后期开始,文献学的理论研究开始出现建立综合性研究体系的趋向。也就是说,随着时代的变化和中外文化交流的加剧,学者们开始尝试运用近现代科学研究的方法,结合中国古代传统文献研究的理论和实践,逐步建立起一个相对独立的文献学理论体系和学科框架。在这种背景下,郑鹤声、郑鹤春《中国文献学概要》一书应运而生,此书是我国目前所见第一部以"文献学"命名的学术理论专著,在中国近现代文献学发展史上享有较高的地位。该书以章节体的形式,论述了古籍文献在结集、审订、讲习、翻译、编纂、刻印等方面的发展源流,涉及文献学研究的各个领域,构建了自己的文献学体系,其中不乏创新之处。③ 由于时代的局限,以"文献学"命名的著作仍属空谷足音,但以"校雠学"命名的著作则大量涌现,如胡朴安、胡道静《校雠学》(1934 年),蒋元卿《校雠学史》(1934 年),向宗鲁《校

---

① 如张富祥著有《宋代文献学研究》(上海古籍出版社 2006 年 3 月版)一书;陈一梅《汉代文献学及其思想研究》(西北大学 2007 年博士学位论文)。

② 张家璠、黄宝权:《中国历史文献学》,广西师范大学出版社 1989 年版,第 328 页。

③ 如《中国文献学概要》专题论述了"讲习""编纂"和"翻译",而这些内容是传统文献学不曾涉及的。尤其"翻译"一章,为其他传统文献学著作所罕见。

雠学》(1944年),蒋伯谦《校雠目录学纂要》(1944年),张舜徽《广校雠略》(1945年)等。名为"校雠学",实为"文献学"①,虽然名称有异,但它们同样为构建文献学理论体系作出了自己的贡献。通过研究发现,民国时期的多数校雠学著述均将"校雠学"(即"文献学")定义为"治书之学",且强调其相对独立性。对于目录、版本、校勘各个组成部分之间的关系,他们认为彼此紧密相连、不可分割,这一观点在较大范围内得到认同。但他们对校雠学(即文献学)体系的构建却有所不同,归纳起来,大致可分为三类:第一类主张校雠学是由目录、版本、校勘构成的,如蒋元卿《校雠学史》、向宗鲁《校雠学》、刘咸炘《目录学》、张舜徽《广校雠略》;第二类认为校雠学除包括目录、版本、校勘之外,还包括辨伪和辑佚,如胡朴安、胡道静《校雠学》,蒋伯谦《校雠目录学纂要》;第三类是以程千帆、徐有富《校雠广义》为代表的包括目录、版本、校勘和典藏在内的四位一体的校雠学体系。同时,在校雠与目录、版本、校勘的关系方面,蒋元卿《校雠学史》,程千帆、徐有富《校雠广义》主张目录、版本、校勘三者可独立成学,而张舜徽《广校雠略》则反对这一说法。向宗鲁《校雠学》认为,在校雠学体系中,"是正文字"(校勘)为"本务","辨章学术"(目录)为"余事";而刘咸炘则认为校雠学是"以部次书籍为职,而书本真伪及其名目篇卷亦归考定",其意在"辨章学术,考镜源流"。在对校雠学和目录学关系的理解上,刘咸炘《目录学》和蒋伯谦《校雠目录学纂要》均认为校雠、目录为同一概念,校雠学即是目录学,目录学也是校雠学,其他学者则不认同这一观点。此外,张舜徽《广校雠略》和程千帆、徐有富《校雠广义》均认为校雠学为治书之学并强调各个组成部分之间的会通与相互联系。但不同的是二者对校雠学体系的构建并非完全相同。程氏主张校雠学的各个组成部分目录、版本、校勘独立成学,而张氏则恰恰相反。但不可否认的是他们均是主张广义校雠学的,这不仅因为二书都有一个"广"字,更重要的是他们"力图在实践中扩大和确立校雠学的学科定义"②。上述校雠学著作在文献学体系构建方面作出的努力和尝试对于现代中国传统文献学学科体系的建立,发挥了积极的作用。

---

① 张舜徽认为,古代的校雠学就是现代的文献学,二者名异实同,这是因为古代文献的整理、编纂和注释都是由校雠学家来完成。参见张舜徽:《中国文献学》,上海古籍出版社2011年版,第3页。
② 李晓明:《20世纪上半期有关校雠学定义的辨析》,《华中科技大学学报(社会科学版)》2007年第5期。

　　20世纪50年代之后,王欣夫《文献学讲义》对"文献"和"文献学"重新进行了定义,他认为孔子所说的"文献",是相对于"礼"而言的。而"礼"包含的范围极广,举凡一切典章制度及历史文化,均在其中。他认为,记载典章制度及历史文化的载体就是所谓的"文"。而"献"则是那些学识渊博、熟悉典故、记录典章制度和历史文化的"贤才",同时这些贤才又是典章制度和历史文化的创造者。从这一意义上来说,"文之与献是不可分割的"①。他赞同刘师培《文献解》所云"仪献古通"的观点,在此基础上,他将"文献"定义为"一切历史性的材料"。接下来,他对马端临《文献通考》的内容进行了说明,认为马端临《文献通考》"所分的二十四门",就是"广义的文献学","真是无所不包"。王氏指出,广义的文献学无法在课堂上讲授,因此,必须对"文献学"进行具体而微的定义,使"文献学"能够"名副其实"。在王氏看来,"文献学"学者至少"要掌握怎样来认识、运用、处理、接受文献的方法",并且强调"这方法必须要能够执简御繁,举一反三"。② 由此可见,王氏心目中的"文献学"即为"治书之学",也就是他所说的"认识、运用、处理、接受文献的方法",是开启书籍知识宝库的钥匙。对于文献学的内容,他根据"前人积累的经验,实践的效果",将其定为三个内容:目录、版本和校雠。这里的"校雠"实为"校勘",就是所谓的"正文字"③。至于三者之间的关系,王氏认为"不应该分什么先后",因为"这三个内容本来是三位一体的"。接下来他以《汉书·艺文志》和《隋书·经籍志》中的文字论述了自己的观点,指出刘向整理文献先版本、再校勘、后目录的次序为研究工作的程序。而学习的程序却恰恰相反,首先需要翻查目录以求得书的版本,有了可靠的版本,然后再进行校雠。他还说:"本来目录中也可包括版本、校雠,分章叙述,是为了更加清楚些,并不是说三个内容可以各自独立。"④应该说,王氏的观点具有共性,代表了20世纪初期以来绝大多数文献学家的观点和看法,是对民国时期文献学家观点的继承和进一步发扬光大。

　　张舜徽《中国文献学》中的诸多观点基本沿袭了其成书于20世纪40年代

---

①　王欣夫:《文献学讲义》,上海古籍出版社2005年版,第2页。

②　王欣夫:《文献学讲义》,上海古籍出版社2005年版,第3页。

③　王欣夫:《文献学讲义》,上海古籍出版社2005年版,第155—156页。

④　王欣夫:《文献学讲义》,上海古籍出版社2005年版,第4页。

的《广校雠略》中的相关说法。① 在《广校雠略》的基础上，张氏通过《中国文献学》一书的撰写较为全面构建了中国文献学的理论体系。在该书中，张氏对"文献"和"文献学"的范围及任务进行了清晰的界定，如关于"文献"的定义和范围，张氏认为不应该抛弃文献的本义而加入别的内容，他特别强调古迹、古物、模型、绘画不能称之为历史文献，因为这些东西和"文献"二字的原意是不相符合的。而带有文字的龟甲、金石、竹简、缯帛，应纳入历史文献的范畴，必须加以重视。至于地下发掘的远古人类的化石，墓葬中出土的没有文字的陶器、铜器、漆器等实物则是古生物学和古器物学的研究范围，"都是考古学家的职志，和文献学自然是有区别的"②。显然，张氏对"文献"内容的把握与其对"史"字的认识密不可分，他曾指出："'史'字的本义，既是文字，那么，用文字记录下来的材料，都可称史料。"③他还认为，史的范围极为广泛，不仅包括通常意义上所说的书籍、报章、档案、信札等，还包括老药铺里的药物价格、流水账簿，大地主家里的田庄契约、收租和高利贷的簿据，等等，因为我们可以从这些带有文字的材料中寻觅到历史的讯息。在此之前，梁启超也曾将文献定义为"史部"之书或"史料"之书。④ 因此，张氏关于"文献"一词的定义更对的是对梁启超文献定义的继承和发展。姚伟钧认为，张氏将"有没有文字记载作为区别是不是古代文献的重要标志，应该是非常正确的"，"他廓清了对文献概念的种种误解，对文献的范围作了明确的界定，特别是把古迹从文献中剔除出去，使文献学的研究对象更清楚，对文献学的学科建设起着积极引导的作用"。⑤ 同时，我们也应该看到，在现代社会学科日益细化的时代背景下，张氏顺应了时代发展的潮流，对文献学的相关概念进行了科学的定义，也区分了文献学与考古学、古生物学之间的不同，有利于中国文献学的持续健康发展，其奠基之功毋庸置疑。在《中国文献学》一书中，张氏还构建了自己的文献学体系。他认为，目录、版本、校勘为"整理古代文献的基础知识"，三者可相互为用，但不能独立成学，这与其《广校雠略》中的观点一脉相承。而抄写、注解、翻译、考证、辨伪和辑佚则为"前人整理

---

① 李华斌、鲁毅：《〈广校雠略〉在张舜徽学术著述中的地位》，《古籍整理研究学刊》2010年第2期。
② 张舜徽：《中国文献学》，上海古籍出版社2011年版，第3页。
③ 张舜徽：《中国历史要籍介绍》，湖北人民出版社1955年版，第3页。
④ 此观点可参阅本文第3章第2节"梁启超对文献学体系的构建"的相关内容。
⑤ 姚伟钧：《中国文献学》，上海古籍出版社2011年版，"导读"第10页。

文献的具体工作"。整理文献的"基础知识"可理解为"方法",即经过长时间实践检验并进而从实践中总结出来的规律性的东西,"具体工作"相对于"方法"而言,则无规律可言,是一种初级阶段的操作。由此可知,在张氏的文献学理论体系中,目录、版本、校勘与抄写、注解、翻译、考证、辨伪、辑佚之地位有较大的差别。

白寿彝对历史文献学①的学科建设和理论体系也有自己的思考,在1981年的《谈历史文献学——谈史学遗产答客问之二》中他首先对历史文献学科建设的必要性作了说明。他认为我们通常所说的历史实际上包含两个层面的含义,一为客观存在的历史,二为书面记载的历史。客观存在的历史是历史的本身,它随着时间的流逝一去不复返了。在这种情况下,后人要研究前代的客观历史,必须依靠前人留下来的历史记录,也就是我们通常所说的历史文献。历史文献由于种种主观与客观的原因,往往会出现文本的破损、模糊、伪造及文字的讹误、缺漏等情况。在这种情况下,就需要对文本及其内容进行鉴别、校勘、辨伪和辑佚,而历史文献学就是"关于历史文献的专业知识和研究历史文献的方法"②的学科。白寿彝强调,掌握了历史文献学的基本方法和技巧,就能够很好地开展历史学的研究。因此他提出了建立历史文献学学科的必要性,并且认为这是"历史工作者应该担负的任务"③。同时,他还对历史文献学的定义、学科属性及其任务进行了界定,认为历史文献学是一种"方法",是一把钥匙,可以开启历史文献的大门,帮助历史工作者更好地研究历史。对于历史文献学的分支学科与相关学科,白寿彝也表达了自己的观点,他认为历史文献学的分支学科应该包括目录学、版本学、校勘学、辑佚学和辨伪学。此外还包括古文字(如甲

---

① 此处白寿彝所说的"历史文献学"可以理解为传统文献学、古文献学,亦即广义的文献学,并非指单一的"史学"文献学,对此,白寿彝有所论述,他说:"历史文献指的是有重要历史意义的书面材料,……但是,什么是重要的历史材料呢? 这由于研究角度的不同而不同。我们一般的习惯,常说政治文献、经济文献,而没有听说思想文献。但是我们有常说马克思主义文献,难道马克思主义文献里不包括思想文献吗? 应该说其中一大部分是属于思想文献,或者说思想史的文献。像历代的诗词、散文,我们不习惯说它们是文献,但对于文学史工作者来说,它们中的重要作品也可以说是文献。我们古代的农书,象《齐民要术》,科技书象《天工开物》,在政治史工作者看来,不能算是什么文献,但对于科学史工作者来说,却是重要的文献。又如《颜氏家训》《世说新语》等书,还没有听说它们是历史文献。但是从社会史的角度来看,也应该说是文献。所以,历史文献的内容,不能说得太死,要看工作的需要而定。"(白寿彝:《谈历史文献学——谈史学遗产答客问之二》,《史学史研究》1981年第2期)

② 白寿彝:《谈历史文献学——谈史学遗产答客问之二》,《史学史研究》1981年第2期。

③ 白寿彝:《谈历史文献学——谈史学遗产答客问之二》,《史学史研究》1981年第2期。

骨文字和金石文字)、古代语文(如古汉语和古民族语文)、年代学、历史地理学等等。① 对于上述观点,白寿彝后来有所修正。他说古文字(如甲骨文字和金石文字)、古代语文(如古汉语和古民族语文)、年代学、历史地理学等等这些学科有它们的独立性和相对独立性,应该是与历史文献学相关联的学科或与文献学有联系的学科,不应该包含在历史文献学的分支学科范围之内。他还指出,年代学和历史地理学跟历史文献学的关系是最密切的,因为它们"一个是讲时间,一个是讲空间,是历史发展过程中所不能离开的"②。这些观点的修正表明了白寿彝对历史文献学理论思考的进一步成熟,但他认为年代学和历史地理学跟历史文献学的关系最密切的观点则有待进一步商榷。白寿彝还强调,历史文献学这门学科亟须建立,但目前还没有完全建立起来。同时,他还指出历史文献学的理论大致可以包含四个部分,即理论的部分、历史的部分、分类学的部分、应用的部分。接下来他还对每一部分的内容进行了说明。对于理论的部分,他认为应该包含历史、历史文献、历史文献学的内涵与外延;历史文献的多样性与复杂性;历史文献的史料局限性;历史文献学与其他学科之间的关系。历史的部分指的是历史文献和历史文献学的发展史,其中历史文献的发展史,又包括历史记录条件、记录手段及记录载体的发展;文献著录与整理的发展;文献传播与典藏的发展。分类学应该"以目录学为基础而又不同于目录学,分类学有统观全局的要求,这跟一般对目录学的要求是不同的";而"版本学、校勘学、辑佚学和辨伪学等"都是"从应用方面说的"。③ 白寿彝的相关论述虽然还有争议,如将目录学独立于版本学、校勘学、辑佚学、辨伪学之外,但却在一定程度上构建了历史文献学学科的基本内容,后来的文献学通论性著作大多以此为理论基点加以进一步发展编纂而成。

后来的文献学通论著述如吴枫《中国古典文献学》(齐鲁书社 1982 年版),杨燕起、高国抗《中国历史文献学》(书目文献出版社 1989 年版)等在构建文献学学科体系时基本以文献学的理论、方法和历史为主,他们都认为目录、版本、校勘为文献学的分支学科,但对于辨伪、辑佚、编纂、考证、注释、标点、翻译等是否为文献学的分支学科则有较大的观点差异,如杨燕起、高国抗《中国历史文

① 白寿彝:《谈历史文献学——谈史学遗产答客问之二》,《史学史研究》1981 年第 2 期。
② 白寿彝:《关于历史文献学问题答客问》,《文献》1982 年第 4 期。
③ 白寿彝:《关于历史文献学问题答客问》,《文献》1982 年第 4 期。

学》将目录、版本、校勘、辨伪、辑佚、史源、传注、编纂、藏书作为文献学的分支学科,金石、档案等则作为文献学的相关学科;张家璠、黄宝权《中国历史文献学》将目录、版本、校勘单独论述,而考证、辨伪、辑佚合章讲述,标点、注释、今译合章讲述,典藏与阅读合章讲述;洪湛侯《中国文献学新编》认为目录、版本、校勘、辨伪、辑佚、编纂处于平行地位;杜泽逊《文献学概要》将目录、版本、校勘与辨伪和辑佚置于相同的地位;张三夕的《中国古典文献学》则分章论述了文献的目录、版本、校勘、辨伪、辑佚、标点、注译和检索。这些文献学著作撰述的不同特点反映了学者对于文献学体系理解的差异。

综上所述,20 世纪 50 年代之后,学者们已经普遍使用"文献学"的名称,"校雠学"这一称呼也逐渐淡出了人们的视野;文献学著作的内容涵盖了文献学的理论、方法和历史;文献学是由目录、版本、校勘三者组成的,这是文献学理论著述相同的地方。但对于文献学的分支学科和相关学科的构成,则有较大的争议。这说明文献学学科体系"正在建设中","还没有建立起来"(白寿彝语),文献学的理论和学科体系建设还有很长的路要走。

结　语

　　在中国,文献学是一门既古老又年轻的学科。民国时期,文献学处于新旧交替的历史时期。它上承传统校雠学,下启现代文献学,在中国文献学发展史上占有重要地位。通过对近代文献学学科发展的研究,我们可以得出如下几点认识。

　　第一,民国学者初步构建了中国文献学的学科发展框架,对传统文献学和现代文献学有了一定的认识,中国文献学的基本格局已经形成。

　　20世纪初,西学东渐,在中与西、新与旧的激烈碰撞中,中国学术经历着知识观念和学术制度两个层面的转型。由于这一转型明显受到现代西方制度与思潮的影响,并带有强烈的民族主义、科学主义色彩以及反传统倾向,我们不妨将之称为中国学术的"现代化"。在这一转变过程中,西方现代学术的某些理念、方法、范式以压倒性的优势风靡中国学界。正是在这样的时代潮流中,梁启超应时而起,通过借鉴西方相关学术理念及挖掘中国传统文化,提出了"文献学"和"中国文献学"的概念,同时也构建了自己的文献学学术体系,现代中国文献学由此发端。由此可见,正是在梁启超的努力之下,中国传统文献学一度实现了与西方现代精神和科学方法的对接。同时,作为西学背景下具有现代学科色彩的中国文献学也开始了学术现代化进程中的蹒跚前行。

　　梁启超认为,中国文献学由传统文献学和现代文献学两部分构成,而传统文献学又有狭义与广义之分。狭义的传统文献学指的是"史学",即传统学术分类"四部"中的"史部"之学,而广义的"文献学"指的是"史料"之学,其范围涵盖"经史子集"四部。他还指出,中国传统文献学是国学的主要组成部分,国学应包括两个方面,即"文献的学问"和"德性的学问",二者紧密相连、相辅相成、不可分离。现代文献学包括文字学、社会状态学、古典考释学、艺术鉴评学等等。

由此可见,梁氏心目中"文献学"的概念不仅包括中国传统学术,还包括中西学术激荡下的"现代"学术。换言之,对作为学术载体的"文献",梁氏认为它不仅包括"古书",而且包括"新书",即"现代"文献。这不仅仅是因为"今天"的"材料"必将成为"明天"的"史料",更为重要的是这些"现代"材料中蕴含着"历史"的信息。应该说,在 20 世纪初中国文献学的发轫时期,梁氏对文献学体系的构建较为全面而系统,有其科学合理之处。梁氏将文献学分为传统文献学和现代文献学的理念对后来中国文献学的发展影响深远,此后的文献学通论性著述大多采纳了这一观点。更为重要的是,梁氏阐述了文献学的研究对于学术文化的促进和国民素质的提高所发挥的重要作用,一定程度上提高了文献学在现代学术体系中的地位。但梁氏以西方学科理论裁剪中国传统学术,过度迷信西方所谓的"科学方法",认为中国传统学术无"学"的观念则有待进一步商榷。

在梁启超文献学概念和体系的影响下,郑鹤声、郑鹤春兄弟编纂了中国学术史上首部以"文献学"命名的通论性著作——《中国文献学概要》。郑氏以文献的生产来定义"文",以文献的传播来定义"献",迥异于马端临以"文""叙事"、以"献""论事"的观点,是对传统"文献"一词解释的颠覆,这是郑氏在中西文化交流冲突背景下对中国文献学体系构建所作出的努力和尝试。由于郑氏"学衡"派的文化理念和立场,更强调中国文化的本位意识,强调中国文献在世界的地位和价值,因此该著首叙"中国文献的渊源与价值"和"中国文献之世界化",以结集、审订、讲习、翻译、编纂和刻印构建文献学体系。通过分析,我们不难发现,郑鹤声的文献学观念是在继承传统文献学理论的基础上,糅合了现代文献学的元素,显示了中西文化激烈碰撞的时代背景下文献学理论探索的某些特征。同时,由于时代的局限,《中国文献学概要》一书的缺陷与不足也是难以避免的。首先全书所述均是对"古籍"的整理、传播和利用,对于非古籍但有文字记录的甲骨、金石、竹木、缣帛等载体未曾涉及;其次则是注重对文献学发展史的梳理,而忽略了对文献学基本理论和方法的探讨。

民国时期还出现了诸多以"校雠学"命名的著作,如胡朴安、刘道静《校雠学》,向宗鲁《校雠学》,刘咸炘《校雠述林》和《续校雠通义》,蒋伯谦《校雠目录学纂要》,蒋元卿《校雠学史》,程千帆、徐有富《校雠广义》,张舜徽《广校雠略》等。这些学者通过总结历史上文献整理和开发的实践经验和理论,逐渐构建起了自己的文献学理论体系,为中国文献学的学科发展和理论提升作出了积极的贡献。

第二,民国时期出现了诸多文献学的理论著述,推动了文献学分支学科和相关学科的发展。

民国时期,文献学分支学科的理论建设也取得了较大成就。就目录学来说,这一时期目录学家人才辈出,目录学著作亦层出不穷,但大致可以分为三派:传统派、现代派和折中派(新旧俱全派)。传统派以余嘉锡《目录学发微》和刘纪泽《目录学概论》为代表,现代派以杜定友《校雠新义》和楼云林《中文图书编目法》为代表,折中派(新旧俱全派)以汪辟疆《目录学研究》和姚名达的目录学著作(《目录学》《中国目录学史》)为代表。此外,还有容肇祖《中国目录学大纲》、黎锦熙《新目录学论丛》、裘开明《中国图书编目法》、蒋元卿《中国图书分类之沿革》等。这些目录学著作或继承传统的目录学理论,或借鉴西方的目录学观念,为后来中国目录学的理论建设作出了重要贡献。

20世纪初,版本学真正从校雠学、目录学中分离出来。这一时期出现了诸多版本学理论专著,如叶德辉《书林清话》和《书林余话》、钱基博《版本通义》、孙毓修《中国雕板源流考》等。叶氏著述奠定了民国版本学研究的基础,纠正了乾嘉时期对目录版本学的错误认识,为版本目录学走上良性发展轨道产生了积极影响。钱基博《版本通义》是第一部以"版本"命名的学术著作,更是第一次试图从理论和实践两方面对版本学进行研究的专著。该著对现代版本学的建立和版本学学科建设的开创之功将会随着版本学自身的发展而不断得以彰显。其他诸如孙毓修《中国雕板源流考》等也对中国版本学的发展作出了积极贡献。

民国时期是现代学科意义上校勘学理论的滥觞时期,在这一发展阶段,梁启超开其端绪,其提出的五种校勘方法奠定了现代校勘学的理论基础,对后世校勘学发展产生了深远影响。此后,陈垣在校补《元典章》的实践经验基础上,结合梁启超等人总结的校勘学的理论与方法,提出了"校勘四法"(对校、本校、他校、理校),从根本上确立了现代校勘学的学科地位,标志着现代校勘学的正式创立。作为校勘学发展史上的经典之作,胡适的《校勘学方法论》通过总结陈垣校勘《元典章》的经验,结合自己的校书体会,对校勘学的理论与方法进行了系统总结。《校勘学方法论》集理论、方法、历史于一身,将校勘学发展提升到一个新的高度,使它更加具有自己的理论体系,这是胡适对中国校勘学理论发展的新贡献。作为著名的文献学家,张舜徽对民国校勘学的理论创新也作出了重要贡献,他强调在校书时应坚持实事求是的原则,不能拘泥于某种或某类具体校勘方法的运用。他认为任何校勘的方法都不是绝对的,为此,他强调博学明辨在典籍校勘中的重要作用,强调"博稽广揽,融会错综"思想在校勘学中的运用。

中国文献辨伪学作为一门学科,其真正构建是在 20 世纪初至 30 年代末,主要标志是辨伪学理论由过去传统、零散的经验总结逐渐形成科学、完整、系统的理论体系,一些现代学科(如考古学、社会学、逻辑学等)的理论和方法也逐渐加入辨伪的理论和方法中。在这一过程中,胡适扮演了"开风气之先"的角色。在辨伪实践方面,胡适虽然有一些成果,但与其方法论相比,毕竟相形见绌。因此,胡适的辨伪学成就和影响主要体现在方法论层面。作为现代辨伪学开创性人物之一,梁启超不仅是传统辨伪方法的总结者,更是民国辨伪学理论的奠基者,其辨伪学研究实际上促成了辨伪学从古代的重辨伪实践向现代的重理论建树的转型。顾颉刚《中国辨伪史略》是迄今所能看到的较为详尽的辨伪学专著,也是较早全面系统论述中国辨伪学史的学术著作,书中的很多观点及顾氏勾勒的中国辨伪学史的发展脉络一直为后世所沿袭。在前人辨伪学理论和方法的基础上,张心澂积十年之力完成的《伪书通考》,成为 20 世纪文献辨伪的集大成之作。其中有关辨伪学理论的阐述,将民国辨伪学推进到一个新的发展阶段。

民国时期,梁启超开启了辑佚学理论研究的先河,第一次对清代的辑佚活动作了较为全面系统的总结,为辑佚学的进一步发展奠定了坚实的理论基础。刘咸炘《辑佚书纠缪》为中国辑佚学发展史上的经典之作,刘氏提出的清代辑佚存在的问题("漏""滥""误""陋")不仅存在于清代辑佚书的实践活动中,而且贯穿于整个中国辑佚学史的发展过程,因此可视为辑佚书纠缪的通则。王重民《清代两个大辑佚书家评传》专门论述了章宗源、马国翰两大辑佚家,同时对"马窃章"这一流传甚广的历史疑案进行了考证,得出"马非窃章"的观点。张舜徽的辑佚理论和思想则颇有识见,为后来的辑佚学家所继承,大大促进了辑佚学理论和实践的发展。民国关于辑佚学的理论前后相承,其内在理路历历可辨。

除此之外,民国时期还出现了有关典藏学的研究论著,如袁同礼的"宋明清私家藏书史"系列、陈登原的《古今典籍聚散考》等。陈垣作为著名历史学家和文献学家,其在年代学、史讳学、史源学方面的研究和理论成就为近代文献学的现代转型作出了重大贡献。古文字学是与文献学、历史学、考古学紧密相连的一门学科,这一时期的文字学理论著作主要有胡朴安《文字学 ABC》(1929 年)、《中国文字学史(上、下册)》(1937 年)和《中国训诂学史》(1939 年)、刘大白《文字学概论》(1933 年)、唐兰《古文字学导论》(1935 年)、杨树达《中国文字学概要》等。这些文字学著作的出现对于文献学理论的发展也起到了积极的推动作用。

综上所述,正是在近代文献学家继承前代文献学相关理论的基础上进行的开拓性研究,使得这一时期的文献学分支学科和相关学科得到较快的发展,为后来文献学的学科建设产生了积极影响。

第三,民国时期文献学逐渐开始摆脱对于传统学术的依附,向着独立学科的方向发展。

中国古代学术是以经史子集为主体的四部之学,即以儒家经典为基础、人文社会科学为主流的传统学术。在这种学术格局下,中国文化精神的指向主要是成就道德而不是成就知识,汲取知识主要是为了涵养道德,它更多地强调知行合一。也就是说,中国古代传统学术为修身之学,即"内圣外王"之学,这与西方社会"为知识而知识"的传统有着本质的区别。对此,梁启超也有明确的认识。他指出,国学应包括两个方面,即"文献的学问"和"德性的学问",并且强调"德性的学问"是"我们最特出之点"。他还说,儒学和佛学是"德性的学问"的"源泉"。[①] 在这样的理念指引下,读书人为了达到修身的目的,必须对传统经典进行开发整理("文献的学问"),在此基础上熟读典籍并进而领悟经典的含义,然后躬行实践("德性的学问")。也就是说,"德性的学问"内在地包含了"文献的学问","文献的学问"始终附属于"德性的学问",一直未曾脱离。

20 世纪以来,随着西方自然科学和人文社会科学理念、思想和方法的传入,中国传统学术在此发生嬗变,文献学逐渐开始脱离传统学术的母体向着独立的方向发展。在梁启超、郑鹤声等一大批学者和文献学家的努力下,中国传统文献学(即"校雠学")逐渐被纳入现代学科体系并与西方文献学融合。同时,文献学理论也在这一时期蓬勃发展,出现了一大批文献学的理论专著。从此,文献学理论的涓涓细水逐渐汇成洪流,为中国文献学在现代学术分科中确立自己的地位作出了巨大的贡献。

20 世纪 50 年代之后,随着王欣夫《文献学讲义》和张舜徽《中国文献学》的

---

① 梁启超:《治国学的两条大路》,载《读书指南》,中华书局 2010 年版,第 180—184 页。

出版,文献学作为独立学科的发展已势不可当。80 年代之后,大量通论性文献学著作的出现使得文献学这门学科完全摆脱传统学术的羁绊而进入现代学科之林。从这一意义上说,近代文献学理论的发展为文献学作为独立学科的出现奠定了坚实基础。

主要参考资料

（一）学术著作（按出版时间先后顺序排列）

1. 郑鹤声、郑鹤春：《中国文献学概要》，商务印书馆 1930 年版。

2. 裘开明：《中国图书编目法》，商务印书馆 1931 年版。

3. 姚名达：《目录学》，商务印书馆 1933 年版。

4. 胡应麟：《四部正讹》，朴社 1933 年版。

5. 胡朴安、胡道静：《校雠学》，商务印书馆 1934 年版。

6. 顾颉刚：《崔东壁遗书》，亚东图书馆 1936 年版。

7. 崔述：《考信录提要》，商务印书馆 1937 年版。

8. 向宗鲁：《校雠学》，商务印书馆 1944 年版。

9. 蒋元卿：《中国图书分类之沿革》，中华书局 1944 年版。

10. 楼云林：《中文图书编目法》，中华书局 1951 年版。

11. 陈垣：《二十史朔闰表（附西历回历）》，古籍出版社 1956 年版。

12. 俞樾：《古书疑义举例》，中华书局 1956 年版。

13. 张舜徽：《中国历史要籍介绍》，湖北人民出版社 1957 年版。

14. 张心澂：《伪书通考》，商务印书馆 1957 年版。

15. 卡特著、吴泽炎译：《中国印刷术的发明和它的西传》，商务印书馆 1957 年版。

16. 黄云眉：《古今伪书考补证》，山东人民出版社 1959 年版。

17. 张舜徽：《广校雠略》，中华书局 1963 年版。

18. 马端临：《文献通考》，中华书局 1972 年版。

19. 刘纪泽：《目录学概论》，台湾中华书局 1979 年版。

20. 余嘉锡：《四库提要辨证》，中华书局 1980 年版。

21. 顾颉刚:《古史辨(一)》,上海古籍出版社 1982 年版。

22. 吴泽、杨翼骧:《中国历史大辞典·史学史卷》,上海辞书出版社 1983 年版。

23. 罗孟祯:《中国古代目录学简编》,重庆出版社 1983 年版。

24. 王重民:《中国目录学史论丛》,中华书局 1984 年版。

25. 郑良树:《续伪书通考》,台湾学生书局 1984 年版。

26. 郑良树:《顾颉刚学术年谱简编》,中国友谊出版公司 1984 年版。

27. 吕绍虞:《中国目录学史稿》,安徽教育出版社 1984 年版。

28. 蒋元卿:《校雠学史》,黄山书社 1985 年版。

29. 张舜徽:《文献学论著辑要》,陕西人民出版社 1985 年版。

30. 章学诚著、叶瑛校注:《文史通义校注》,中华书局 1985 年版。

31. 李万健、赖茂生:《目录学论文选》,书目文献出版社 1985 年版。

32. 章学诚:《章学诚遗书》,文物出版社 1985 年版。

33. 张君炎:《中国文学文献学》,江西人民出版社 1986 年版。

34. 郑良树:《古籍辨伪学》,台湾学生书局 1986 年版。

35. 章学诚著、王重民释:《校雠通义通解》,上海古籍出版社 1987 年版。

36. 倪其心:《校勘学大纲》,北京大学出版社 1987 年版。

37. 王汎森:《古史辨运动的兴起:一个思想史的分析》,台湾允晨文化实业股份有限公司 1987 年版。

38. 王余光:《中国历史文献学》,武汉大学出版社 1988 年版。

39. 曹慕樊:《目录学纲要》,西南师范大学出版社 1988 年版。

40. 程千帆、徐有富:《校雠广义·目录编》,齐鲁书社 1988 年版。

41. 郑鹤声:《中国史部目录学》,上海书店出版社 1989 年版。

42. 张家璠、黄宝权:《中国历史文献学》,广西人民出版社 1989 年版。

43. 梁启超:《饮冰室合集》,中华书局 1989 年版。

44. 马开樑:《中国史部目录学》,云南教育出版社 1989 年版。

45. 杨燕起、高国抗:《中国历史文献学》,书目文献出版社 1989 年版。

46. 张秀民:《中国印刷史》,上海人民出版社 1989 年版。

47. 戴南海:《版本学概论》,巴蜀书社 1989 年版。

48. 倪波:《文献学概论》,江苏教育出版社 1990 年版。

49. 蒋伯潜：《校雠目录学纂要》，北京大学出版社 1990 年版。

50. 赵国璋、潘树广：《文献学辞典》，江西教育出版社 1991 年版。

51. 张舜徽：《清儒学记》，齐鲁书社 1991 年版。

52. 杜定友：《校雠新义》，上海书店 1991 年中华书局影印本。

53. 程千帆、徐有富：《校雠广义·版本编》，齐鲁书社 1991 年版。

54. 曹之：《中国古籍版本学》，武汉大学出版社 1992 年版。

55. 王重民：《冷庐文薮》，上海古籍出版社 1992 年版。

56. 周彦文：《中国文献学》，台湾五南图书出版公司 1993 年版。

57. 王余光、徐雁：《中国读书大辞典》，南京大学出版社 1993 年版。

58. 张富祥：《宋代文献学散论》，青岛海洋大学出版社 1993 年版。

59. 孙钦善：《中国古文献学史》，中华书局 1994 年版。

60. 张煜明：《中国出版史》，武汉出版社 1994 年版。

61. 王锦贵：《中国历史文献目录学》，北京大学出版社 1994 年版。

62. 梁启超：《中国近三百年学术史》，东方出版社 1996 年版。

63. 李维武：《中国人文精神之阐扬》，中国广播电视出版社 1996 年版。

64. 周少川：《古籍目录学》，中州古籍出版社 1996 年版。

65. 彭斐章等编：《目录学研究文献汇编》，武汉大学出版社 1996 年版。

66. 陈垣：《中国现代学术经典·陈垣卷》，河北教育出版社 1996 年版。

67. 洪湛侯：《中国文献学新编》，杭州大学出版社 1997 年版。

68. 洪湛侯：《中国文献学要籍解题》，杭州大学出版社 1997 年版。

69. 陈垣：《通鉴胡注表微》，辽宁教育出版社 1997 年版。

70. 王燕玉：《中国文献学综说》，贵州人民出版社 1997 年版。

71. 陈垣：《校勘学释例》，上海书店出版社 1997 年版。

72. 梁启超：《清代学术概论》，上海古籍出版社 1998 年版。

73. 曹书杰：《中国古籍辑佚学论稿》，东北师范大学出版社 1998 年版。

74. 邓瑞全、王冠英：《中国伪书综考》，黄山书社 1998 年版。

75. 倪士毅：《中国古代目录学史》，杭州大学出版社 1998 年版。

76. 程千帆、徐有富：《校雠广义·校勘编》，齐鲁书社 1998 年版。

77. 程千帆、徐有富：《校雠广义·典藏编》，齐鲁书社 1998 年版。

78. 叶德辉著、李庆西校：《叶德辉书话》，浙江人民出版社 1998 年版。

79. 叶德辉:《书林清话》,岳麓书社1999年版。

80. 牛润珍:《陈垣学术思想评传》,北京图书馆出版社1999年版。

81. 杨绪敏:《中国辨伪学史》,天津人民出版社1999年版。

82. 汪辟疆:《目录学研究》,华东师范大学出版社2000年版。

83. 曾贻芬、崔文印:《中国历史文献学史述要》,商务印书馆2000年版。

84. 高增德、丁东:《世纪学人自述》,北京十月文艺出版社2000年版。

85. 倪波、张志强:《文献学导论》,贵州科技出版社2000年版。

86. 潘树广:《文献学纲要》,广西师范大学出版社2000年版。

87. 熊笃、许廷桂:《中国古典文献学》,重庆出版社2000年版。

88. 王元化:《学术集林》,上海远东出版社2000年版。

89. 王国强:《明代目录学研究》,中州古籍出版社2000年版。

90. 杜泽逊:《文献学概要》,中华书局2001年版。

91. 柯平:《文献经济学》,中国书籍出版社2001年版。

92. 陈寅恪:《金明馆丛稿二编》,生活·读书·新知三联书店2001年版。

93. 梁启超:《论中国学术思想变迁之大势》,上海古籍出版社2001年版。

94. 余嘉锡:《余嘉锡说文献学》,上海古籍出版社2001年版。

95. 范凤书:《中国私家藏书史》,大象出版社2001年版。

96. 桑兵:《晚清民国的国学研究》,上海古籍出版社2001年版。

97. 路新生:《中国近三百年疑古思潮研究》,上海人民出版社2001年版。

98. 申少春:《中国近现代目录学史》,中国致公出版社2001年版。

99. 姚淦铭:《王国维文献学研究》,江苏古籍出版社2001年版。

100. 黄永年:《古籍整理概论》,上海书店出版社2001年版。

101. 傅璇琮、谢灼华:《中国藏书通史》,宁波出版社2001年版。

102. 姚名达:《中国目录学史》,上海古籍出版社2002年版。

103. 柳曾符、柳佳:《劬堂学记》,上海书店出版社2002年版。

104. 刘青松:《中国古典文献学概要》,湖南大学出版社2002年版。

105. 徐有富、徐昕:《文献学研究》,江苏古籍出版社2002年版。

106. 许冠三:《新史学九十年》,岳麓书社2003年版。

107. 彭斐章、乔好勤、陈传夫:《目录学》,武汉大学出版社2003年版。

108. 王以宪:《中国文献学纲要》,江西高校出版社2003年版。

109. 周国林、刘韶军:《历史文献学论集》,崇文书局 2003 年版。

110. 黄永年:《古文献学四讲》,鹭江出版社 2003 年版。

111. 张舜徽:《中国古代史籍举要》,华中师范大学出版社 2004 年版。

112. 余敏辉:《历史文献学散论》,安徽大学出版社 2004 年版。

113. 吴怀祺:《中国史学思想通史》,黄山书社 2004 年版。

114. 叶树声、许有才:《清代文献学简论》,安徽大学出版社 2004 年版。

115. 左玉河:《从四部之学到七科之学——学术分科与近代知识系统之创建》,上海书店出版社 2004 年版。

116. 王欣夫:《文献学讲义》,上海古籍出版社 2005 年版。

117. 梁启超著、夏晓虹辑:《〈饮冰室〉集外文》,北京大学出版社 2005 年版。

118. 赵晓岚:《中国古典文献学研究》,湖南师范大学出版社 2005 年版。

119. 牟玉亭:《中国古典文献学》,社会科学文献出版社 2005 年版。

120. 赵荣蔚:《中国古代文献学》,中国文史出版社 2005 年版。

121. 张大可、俞樟华:《中国文献学》,福建人民出版社 2005 年版。

122. 陈智超:《励耘书屋问学记》(增订本),三联书店 2006 年版。

123. 孙钦善:《中国古文献学》,北京大学出版社 2006 年版。

124. 张富祥:《宋代文献学研究》,上海古籍出版社 2006 年版。

125. 王俊杰:《中国古典文献学概论》,齐鲁书社 2006 年版。

126. 王叔岷:《校雠学·校雠别录》,中华书局 2007 年版。

127. 钱基博:《版本通义》,上海古籍出版社 2007 年版。

128. 刘咸炘:《刘咸炘学术论集》,广西师范大学出版社 2007 年版。

129. 迟铎、党怀兴:《中国古典文献学》,西北大学出版社 2007 年版。

130. 陈智超:《陈垣史源学杂文》(增订本),三联书店 2007 年版。

131. 邓声国:《文献学与小学论考》,齐鲁书社 2007 年版。

132. 王国强:《古代文献学的文化阐释》,国家图书馆出版社 2008 年版。

133. 周鼎:《刘咸炘学术思想研究》,巴蜀书社 2008 年版。

134. 梁启超:《国学要集研读法四种》,北京图书馆出版社 2008 年版。

135. 孙毓修:《中国雕板源流考》,上海古籍出版社 2008 年版。

136. 刘咸炘:《刘咸炘论目录学》,上海科学技术文献出版社 2008 年版。

137. 董恩林:《中国传统文献学概论》,华中师范大学出版社 2008 年版。

138. 司马朝军:《文献辨伪学研究》,武汉大学出版社 2008 年版。

139. 肖东发等:《中国出版通史》,中国书籍出版社 2008 年版。

140. 张京华:《古史辨派与中国现代学术走向》,厦门大学出版社 2009 年版。

141. 梁启超:《中国历史研究法》,中华书局 2009 年版。

142. 梁启超:《读书指南》,中华书局 2010 年版。

143. 彭树欣:《梁启超文献学思想研究》,光明日报出版社 2010 年版。

144. 梁启超:《中国历史研究法补编》,中华书局 2010 年版。

145. 余嘉锡:《目录学发微》,中国人民大学出版社 2010 年版。

146. 黄爱平:《中国历史文献学》,中国人民大学出版社 2010 年版。

147. 陈登原:《古今典籍聚散考》,华东师范大学出版社 2010 年版。

148. 喻春龙:《清代辑佚研究》,上海古籍出版社 2010 年版。

149. 张舜徽:《中国文献学》,上海古籍出版社 2011 年版。

150. 王记录:《中国史学思想通论·历史文献学思想卷》,福建人民出版社 2011 年版。

151. 胡道静:《胡道静文集》,上海人民出版社 2011 年版。

152. 全根先:《中国近现代目录学家传略》,国家图书馆出版社 2011 年版。

153. 柳和城:《孙毓修评传》,上海人民出版社 2011 年版。

154. 胡适:《中国哲学史大纲》,商务印书馆 2011 年版。

155. 郭国庆:《清代辑佚研究》,民族出版社 2011 年版。

156. 杜定友:《杜定友文集》,广东教育出版社 2012 年版。

157. 梁启超:《古书真伪常识》,中华书局 2012 年版。

158. 陈垣:《史讳举例》,中华书局 2012 年版。

159. 傅荣贤:《中国古代目录学研究》,知识产权出版社 2017 年版。

160. 王余光主编:《中国阅读通史》,安徽教育出版社 2017 年版。

161. 张舜徽:《壮议轩日记》,华中师范大学出版社 2018 年版。

162. 任家乐:《民国时期图书馆学教育研究》,国家图书馆出版社 2018 年版。

163. 傅荣贤:《近代书目与中国传统学术的学科化转型》,社会科学文献出版社 2020 年版。

（二）学位论文（按发表先后顺序排列）

1. 李岚：《张心澂与〈伪书通考〉》，广西师范大学 2001 年硕士学位论文。

2. 朱新民：《叶德辉及其历史文献学研究》，湖南师范大学 2005 年硕士学位论文。

3. 周鼎：《"取釜铁于陶冶"——刘咸炘文化思想研究》，四川大学 2006 年博士学位论文。

4. 杜少霞：《民国时期古籍版本学研究》，郑州大学 2007 年硕士学位论文。

5. 彭树欣：《梁启超与中国文献学的发展》，华中师范大学 2007 年博士学位论文。

6. 陈一梅：《汉代文献学及其思想研究》，西北大学 2007 年博士学位论文。

7. 盛韵：《观念与材料——论近代诸子考辨方法之变迁》，复旦大学 2008 年博士学位论文。

8. 刘佳：《20 世纪版本学史研究》，河北大学 2009 年硕士学位论文。

9. 江瑞芹：《叶德辉〈书林清话〉版本学思想研究》，华中师范大学 2009 年硕士学位论文。

10. 王吉伟：《刘咸炘史学研究》，华东师范大学 2010 年硕士学位论文。

11. 倪梁鸣：《民国目录学研究——以传统目录学为中心》，中国人民大学 2010 年博士学位论文。

12. 乐怡：《孙毓修版本目录学著述研究》，复旦大学 2011 年博士学位论文。

13. 何周：《吕思勉的文献学成就》，安徽大学 2012 年博士学位论文。

14. 邱亚：《张舜徽一九五〇年代的学术研究》，华中师范大学 2017 年博士学位论文。

（三）期刊论文（按发表先后顺序排列）

1. 顾廷龙：《版本学与图书馆》，《四川图书馆》1978 年第 11 期。

2. 张舜徽：《中国校雠学叙论》，《华中师范学院学报（哲学社会科学版）》1979 年第 1 期。

3. 柴德赓：《我的老师——陈垣先生》，《文献》1980 年第 2 期。

4. 刘乃和：《试论陈垣同志的史学研究》，《文献》1980 年第 3 期。

5. 白寿彝:《谈历史文献学——谈史学遗产答客问之二》,《史学史研究》1981 年第 2 期。

6. 王绍曾:《胡适〈校勘学方法论〉的再评价》,《学术月刊》1981 年第 8 期。

7. 乔好勤:《略论我国 1919—1949 年的目录学》,《云南图书馆》1982 年第 1 期。

8. 白寿彝:《关于历史文献学问题答客问》,《文献》1982 年第 4 期。

9. 孙钦善:《古代辨伪学概述(上)》,《文献》1982 年第 4 期。

10. 孙钦善:《古代辨伪学概述(中)》,《文献》1983 年第 1 期。

11. 孙钦善:《古代辨伪学概述(下)》,《文献》1983 年第 2 期。

12. 陈光贻:《辑佚学的起源、发展和工作要点》,《史学史研究》1983 年第 1 期。

13. 姜亮夫:《古籍辨伪私议——有关古籍整理研究的若干问题之四》,《学术月刊》1983 年第 6 期。

14. 吴怀祺:《陈垣先生在历史文献学上的贡献》,《史学史研究》1984 年第 1 期。

15. 艾力农:《试论先秦诸子书的辨伪》,《齐鲁学刊》1984 年第 3 期。

16. 孔智华:《我国古籍中的伪书与辨伪学》,《新世纪图书馆》1985 年第 1 期。

17. 韩有悌:《建立文献学研究体系》,《四川图书馆学报》1985 年第 3 期。

18. 叶鹰:《文献结构与文献学体系探讨——兼论图书情报专业的课程设置》,《情报业务研究》1985 年第 5 期。

19. 吴华:《〈古今典籍聚散考〉漫谈》,《图书馆学研究》1986 年第 1 期。

20. 董恩林:《文献之我见》,《文献》1986 年第 4 期。

21. 秋枫:《目录学家刘纪泽》,《江苏图书馆学报》1986 年第 4 期。

22. 徐雁:《读〈书林清话〉》,《图书情报研究》1986 年第 4 期。

23. 陈江:《古籍整理家与中国童话的创始人——孙毓修》,《出版史料》1986 年第 5 辑。

24. 朱建亮:《论文献观》,《图书情报工作》1986 年第 6 期。

25. 周启付:《论文献学的范围——并与张舜徽等先生商榷》,《广东图书馆学刊》1987 年第 2 期。

26. 华夫:《中国文献与子母工具书纵论》,《天津大学学报》1987 年第 6 期。

27. 王余光:《论文献学》,《武汉大学学报(社会科学版)》1988 年第 6 期。

28. 王旭光:《对〈史讳举例〉的一条补充》,《文献》1989 年第 3 期。

29. 胡道静:《孙毓修的古籍出版工作和版本目录学著作》,《出版史料》1989 年第 3、4 期。

30. 蒋永福:《关于文献属性的新思考》,《图书馆学刊》1990 年第 1 期。

31. 葛民:《大众传播理论与目录学》,《图书与情报》1990 年第 1 期。

32. 陈漱渝:《辨伪古今谈》,《齐齐哈尔大学学报》1990 年第 2 期。

33. 崔文印:《说校勘四法》,《史学史研究》1990 年第 3 期。

34. 蒋永福:《文献学若干理论问题初探》,《情报业务研究》1990 年第 5 期。

35. 吴忠匡:《吾师钱基博先生传略》,《中国文化》1991 年第 4 期。

36. 罗欣:《梁启超对文献学的贡献》,《高校图书馆工作》1992 年第 4 期。

37. 王国强:《"辨章学术考镜源流"之再评判》,《图书与情报》1994 年第 1 期。

38. 闵定庆:《维新派目录学的文化内涵》,《学术研究》1994 年第 3 期。

39. 柯平:《关于文献学体系的来源》,《河南图书馆学刊》1995 年第 1 期。

40. 梁建洲:《毛坤在图书馆学及档案学上的卓越贡献(附著作目录)》,《图书馆学研究》1995 年第 4 期。

41. 柯平:《关于文献学体系的研究法》,《河南图书馆学刊》1996 年第 1 期。

42. 梁鳝如:《昙华学子 图苑英才——缅怀毛坤先生》,《图书与情报》1996 年第 1 期。

43. 陈华:《文献辨伪与社会文化》,《浙江社会科学》1996 年第 3 期。

44. 郭康松:《对〈史讳举例〉的补充与修正》,《湖北民族学院学报(社会科学版)》1996 年第 4 期。

45. 柯平:《科学体系中的文献学》,《河南图书馆学刊》1997 年第 1 期。

46. 王余光:《再论文献学》,《图书情报知识》1997 年第 1 期。

47. 刘跃进:《从文献学角度看国学研究的新起点》,《中国文化研究》1998 年第 2 期。

48. 张小乐:《刘知幾辨伪探微》,《山东社会科学》1998 年第 4 期。

49. 刘重来:《中国二十世纪文献辨伪学述略》,《历史研究》1999 年第 6 期。

50. 谢灼华、朱宁:《20 年来我国文献学理论研究综述(1978—1998)》,《津图学刊》1999 年第 3 期。

51. 王余光:《中国文献学理论研究百年概述》,《图书与情报》1999 年第 3 期。

52. 牟玉亭:《明清辨伪学的发展》,《文史杂志》1999 年第 5 期。

53. 邓瑞泉:《陈垣的〈史讳举例〉》,《文史知识》1999 年第 7 期。

54. 于鸣镝:《试论大文献学》,《图书馆工作与研究》2000 年第 1 期。

55. 谢灼华:《清代私家藏书的发展》,《图书情报知识》2000 年第 1 期。

56. 王国强:《20 世纪 30 年代中国目录学的历史地位》,《图书与情报》2000 年第 1 期。

57. 鲁远军:《从〈版本通义〉看版本研究思想》,《新疆师范大学学报(哲学社会科学版)》2000 年第 1 期。

58. 潘树广:《大文献学散论》,《图书馆工作与研究》2000 年第 3 期。

59. 冯浩菲:《我国文献学的现状及历史文献学的定位》,《学术界》2000 年第 4 期。

60. 牛润珍:《陈垣与 20 世纪中国新考据学》,《史学史研究》2000 年第 4 期。

61. 路新生:《诸子学研究与胡适的疑古辨伪》,《华东师范大学学报(哲社版)》2000 年第 4 期。

62. 白国应:《杜定友图书分类思想的发展》,《晋图学刊》2000 年第 4 期。

63. 于鸣镝:《再论大文献学》,《图书馆工作与研究》2000 年第 6 期。

64. 冯广宏:《考古发现对辨伪学的冲击》,《文史杂志》2001 年第 1 期。

65. 张利:《顾颉刚对崔述古史辨伪学说的继承和超越》,《浙江学刊》2001 年第 2 期。

66. 乔好勤、李锦兰:《当代目录学的观论与实践》,《图书与情报》2001 年第 3 期。

67. 牛润珍:《陈垣对清史研究的贡献》,《清史研究》2001 年第 4 期。

68. 傅荣贤:《中国古代目录学研究之我见》,《图书与情报》2001 年第 4 期。

69. 康芬:《明代私家藏书特点试析》,《江西图书馆学刊》2001 年第 4 期。

70. 冯浩菲:《试论中国文献学学科体系的改革》,《文史哲》2002 年第 1 期。

71. 洪认清：《顾颉刚的"疑古辨伪"思想与胡适的学术影响》，《安徽史学》2002 年第 1 期。

72. 俞君立：《20 世纪上半叶中国文献分类法理论与实践的发展及其历史经验》，《中国图书馆学报》2002 年第 2 期。

73. 吴效华：《我国现代图书馆事业的先驱——袁同礼》，《河南图书馆学刊》2002 年第 4 期。

74. 韦顺莉：《论张舜徽在考证、辨伪、辑佚诸领域的理论建设》，《广西社会科学》2002 年第 5 期。

75. 韦顺莉：《张舜徽先生的校勘学思想探析》，《东南亚纵横》2002 年第 7 期。

76. 高俊宽：《从校雠学到文献学：中国文献学理论认知的轨迹探讨》，《图书情报工作》2002 年第 10 期。

77. 王余光：《20 世纪中国文献学研究综论》，《图书情报工作》2002 年第 11 期。

78. 周国林：《张舜徽先生历史文献学成就述要》，《安徽大学学报》2003 年第 1 期。

79. 张谦元：《辨伪学论纲》，《甘肃社会科学》2003 年第 4 期。

80. 李志等：《目录学理论研究与"三基点"》，《津图学刊》2003 年第 4 期。

81. 胡萍：《我国目录学研究对象的发展轨迹》，《中南民族大学学报》2003 年第 4 期。

82. 陈东辉：《清代私家藏书与学术发展之互动关系》，《文献》2003 年第 4 期。

83. 林艳红：《张心澂与〈伪书通考〉》，《津图学刊》2003 年第 5 期。

84. 王媛：《〈王重民教授著述目录〉补遗》，《图书情报工作》2003 年第 5 期。

85. 刘尚恒：《蒋元卿先生事略》，《大学图书情报学刊》2004 年第 2 期。

86. 王树民：《古籍整理与辨伪求真》，《河北师范大学学报》2004 年第 2 期。

87. 杨世钰：《对中国现代图书馆学发展的重要贡献——读〈毛坤图书馆学档案学文选〉》，《图书馆理论与实践》2004 年第 3 期。

88. 肖雪：《论陈垣先生的历史文献学思想》，《图书与情报》2004 年第 3 期。

89. 陈力：《二十世纪古籍辨伪学之检讨》，《文献》2004 年第 3 期。

90. 陈光祚:《我的目录学实践活动及对现代目录学理论的思考》,《图书馆论坛》2004 年第 6 期。

91. 冯淑静:《中国文献学学科体系建设的成就与发展构想》,《理论学刊》2004 年第 11 期。

92. 吴建伟:《浅谈刘知幾对经史的辨伪方法》,《河南图书馆学刊》2005 年第 1 期。

93. 江贻隆:《蒋元卿先生的文献学成就》,《安庆师范学院学报(社会科学版)》2005 年第 1 期。

94. 王鑫义:《〈我国文献学的分级分类表解〉评议》,《学术界》2005 年第 3 期。

95. 林艳红:《从〈伪书通考〉中考寻张心澂的辨伪学思想及贡献》,《桂林师范高等专科学校学报(综合版)》2005 年第 3 期。

96. 张涛:《钱大昕的史籍辨伪》,《史学史研究》2005 年第 4 期。

97. 张子侠:《关于中国历史文献学基本理论的几点认识》,《安徽大学学报》2005 年第 4 期。

98. 蒋海升:《从主流到边缘:20 世纪 50 年代初期的史料考订派》,《山东大学学报》2005 年第 6 期。

99. 江敏、张立新:《试述中国文献学学科体系建设的特点》,《社会科学家》2006 年第 2 期。

100. 范凡:《陈登原及其文献学论著》,《图书情报工作》2006 年第 2 期。

101. 周国林:《二十世纪中国古文献学检论》,《淮北煤炭师范学院学报(哲学社会科学版)》,2006 年第 4 期。

102. 王琼:《胡适的辨伪学理论和实践》,《兰州教育学院学报》2006 年第 4 期。

103. 张开选:《中国古典目录学的源流与发展》,《学术界》2006 年第 4 期。

104. 朱梅光:《章学诚辨伪学成就初探》,《湖南社会科学》2006 年第 4 期。

105. 曹萌、张次第:《古典文献学术传播研究及其对传统文献学的拓深》,《沈阳师范大学学报》2006 年第 5 期。

106. 孙钦善:《古文献学的内涵与意义》,《江西社会科学》2006 年第 8 期。

107. 韩松涛:《目录学基本理论探讨》,《图书情报工作》2006 年第 9 期。

108. 黄爱平:《中国古代的文化传统与图书编纂》,《理论学刊》2006年第10期。

109. 安尊华:《略论梁启超的古籍整理思想》,《贵州文史论丛》2007年第1期。

110. 张京华:《辨伪学与辨伪史的再评价——顾颉刚〈中国辨伪史〉读后》,《咸阳师范学院学报》2007年第1期。

111. 徐道彬:《戴震辨伪成就述论》,《古籍整理研究学刊》2007年第1期。

112. 徐有富:《目录学与中国学术史》,《新世纪图书馆》2007年第2期。

113. 陈晓华:《历史文献学学科建设及教学的思考》,《历史教学(高校版)》2007年第2期。

114. 王娜:《辩证看待古人辨伪》,《晋图学刊》2007年第3期。

115. 张永瑾、袁轶青:《文献学的多途发展与学科整合》,《大学图书情报学刊》2007年第5期。

116. 李晓明:《20世纪上半期有关校雠学定义的辨析》,《华中科技大学学报(社会科学版)》2007年第5期。

117. 李勤合:《目录观发微》,《九江学院学报》2007年第5期。

118. 丁伟国:《崔述与辨伪》,《贵图学刊》2008年第1期。

119. 杨俊杰:《对文献学研究中若干问题的思考》,《河南图书馆学刊》2008年第2期。

120. 傅荣贤:《中国古代目录学学术价值之反思》,《图书情报知识》2008年第2期。

121. 郑春汛:《〈版本通义〉学术特色浅议》,《图书馆理论与实践》2008年第3期。

122. 赵海丽、王希平:《"郑""张"中国文献学著述之比较》,《重庆交通大学学报(社科版)》2008年第3期。

123. 董恩林:《论传统文献学的内涵、范围和体系诸问题》,《史学理论研究》2008年第3期。

124. 赵艳平、张小芹:《浅论梁启超的校勘学思想》,《编辑之友》2008年第3期。

125. 张小乐:《刘知幾的疑古思想与辨伪实践》,《华南师范大学学报》2008

年第 5 期。

126. 臧其猛:《梁启超在辑佚学理论方面的成就》,《巢湖学院学报》2008 年第 5 期。

127. 董恩林:《传统文献学几个理论问题再探讨》,《陕西师范大学学报》2008 年第 5 期。

128. 袁世亮:《对目录学核心问题的研究综述》,《大学图书情报学刊》2008 年第 6 期。

129. 李本军:《论陈垣与梁启超二家校勘方法论异同及渊源》,《安徽文学(下半月)》2008 年第 10 期。

130. 胡喜云、王磊:《清代辑佚学研究综述》,《图书与情报》2009 年第 1 期。

131. 徐有富:《试论刘咸炘的成材之路》,《古籍整理研究学刊》2009 年第 1 期。

132. 王化平:《刘咸炘先生目录学成就浅述》,《中华文化论坛》2009 年第 1 期。

133. 付先华:《试论目录学的功能演绎与发展规律》,《高校图书情报论坛》2009 年第 1 期。

134. 涂耀威:《现代学术文化与 20 世纪古文献学研究》,《云梦学刊》2009 年第 2 期。

135. 臧其猛:《论张舜徽先生的辑佚学思想》,《大学图书情报学刊》2009 年第 2 期。

136. 谢贵安:《中国历史文献学与中国史学史的交叠与分野》,《湖北大学学报》2009 年第 2 期。

137. 董恩强:《顾颉刚疑古辨伪原因新探》,《三峡大学学报》2009 年第 3 期。

138. 于峻嵘:《中国古典文献学研究的当代价值谫论》,《社会科学论坛》2009 年第 4 期。

139. 沈志富:《论蒋元卿的图书分类思想与实践》,《贵图学刊》2009 年第 4 期。

140. 马林:《中国文献学的开山之作——读郑鹤声、郑鹤春〈中国文献学概要〉》,《山东教育学院学报》2009 年第 5 期。

141. 姚乐野、王阿陶:《毛坤先生档案学教育思想探微》,《图书情报知识》2009 年第 5 期。

142. 李吉东:《现代文献学学科建设新论》,《理论学刊》2009 年第 6 期。

143. 卢颖:《余嘉锡目录学思想考略》,《兰台世界》2009 年第 11 期。

144. 张慧丽:《程千帆先生的文献学成就》,《图书情报工作》2009 年第 11 期。

145. 常兰会:《浅谈梁启超对史料的辨伪方法》,《兰台世界》2009 年第 17 期。

146. 陈峰:《文本与历史:近代以来文献学与历史学的分合》,《山东社会科学》2010 年第 1 期。

147. 李万健:《清代藏书家及其书目》,《图书馆工作与研究》2010 年第 1 期。

148. 李华斌、鲁毅:《〈广校雠略〉在张舜徽学术著作中的地位》,《古籍整理研究学刊》2010 年第 2 期。

149. 孙钦善:《关于古文献学内涵的全面认识与具体贯彻》,《文献》2010 年第 3 期。

150. 周少川:《新世纪古文献学研究的交叉与综合》,《文献》2010 年第 3 期。

151. 刘玉才:《古典文献学的定义、知识结构与价值体现》,《文献》2010 年第 3 期。

152. 梁瑶:《蒋元卿先生的图书分类学成就》,《山东图书馆学刊》2010 年第 3 期。

153. 张青:《毛坤的图书馆学思想及其现实意义》,《四川图书馆学报》2010 年第 4 期。

154. 贾艳艳:《刘咸炘文献学贡献初探》,《信阳师范学院学报(哲社版)》2010 年第 4 期。

155. 黄海烈:《从辨伪到疑古:顾颉刚的新史学之路》,《古代文明》2010 年第 4 期。

156. 王化平:《刘咸炘论古籍辨伪》,《西南大学学报》2011 年第 1 期。

157. 董恩林:《简谈历史文献学的定位定性及其面临的几个问题》,《淮北师范大学学报(哲学社会科学版)》2011 年第 2 期。

158. 陈晓华:《全球史视野下的中国历史文献学学科建设》,《史学理论研究》2011 年第 3 期。

159. 周生杰:《刍议历史文献学理论的基本特点与研究方法》,《淮北师范大学学报(哲学社会科学版)》2011 年第 2 期。

160. 周国林:《学贯四部、业兼体用——张舜徽先生的学术成就与治学精神》,《华中师范大学学报(人文社会科学版)》2011 年第 3 期。

161. 王记录:《中国古代文献校勘思想三论》,《河北学刊》2011 年第 3 期。

162. 张昌红:《古籍辨伪献疑》,《图书馆论坛》2011 年第 4 期。

163. 陈尚胜:《全球化与民族性:郑鹤声史学精神探析》,《文史哲》2011 年第 5 期。

164. 喻春龙:《清代辑佚学形成的三大标志》,《东北史地》2011 年第 5 期。

165. 林霞:《西学东渐对中国近代目录学分类体系的影响》,《图书馆学刊》2011 年第 8 期。

166. 牛润珍:《"史学二陈"及其学术精神》,《河北学刊》2012 年第 1 期。

167. 黄爱平:《明末清初学术潮流的转换与文献学的发展》,《江淮论坛》2012 年第 1 期。

168. 董恩林:《论古文献编纂及其主要形式》,《史学理论研究》2012 年第 3 期。

169. 张昳、郭瑞芳:《我国文献学研究的"现代性"蠡论——基于外部视角的考察》,《图书馆理论与实践》2012 年第 5 期。

170. 周少川:《当前历史文献学学科建设刍议》,《淮北师范大学学报(哲学社会科学版)》2012 年第 6 期。

171. 邓怡舟:《民国时期的校勘学研究》,《编辑之友》2012 年第 9 期。

172. 黄爱平:《历史文献学学科基础理论与教材编写的思考》,《文献》2013 年第 1 期。

173. 陈冬冬、周国林:《西方校勘学中的"理校"问题——兼评胡适介绍西方校勘学的得失》,《河南大学学报(社会科学版)》2013 年第 2 期。

174. 王国强、刘云飞:《近十年中国文献辨伪学研究述评》,《图书馆论坛》2015 年第 12 期。

175. 柯平、刘旭青:《中国目录学七十年:发展回溯与评析》,《中国图书馆学报》2019 年第 5 期。

176. 冯国栋:《"活的"文献:古典文献学新探》,《中国社会科学》2020 年第 11 期。